STATE OF WISCONSIN
DEPARTMENT OF HEALTH AND SOCIAL SERVICES
ORIGINAL CERTIFICATE OF DEATH

STATE FILING DATE: AUG 9 84

NUMBER: 1537

NAME: Edward Gein
SEX: Male
DATE OF DEATH: Jul
AGE: 77 Years
DATE OF BIRTH: Month 8 Day 26 Year 06
COUNTY OF DEATH: Dane
HOSPITAL OR OTHER INSTITUTION: Mendota ... Institute
CITIZEN OF WHAT COUNTRY: USA
SOCIAL SECURITY NUMBER: 8-8860
USUAL OCCUPATION: Farm
KIND OF BUSINESS OR INDUSTRY: Agri-Busi
COUNTY: Dane
CITY: Madison / Plainfield
STREET AND NUMBER: 301 Troy Drive

FATHER: George Gein
MOTHER MAIDEN NAME: Augusta

INFORMANT: N. Bolter
MAILING ADDRESS: P.O. Box 897, Wautoma, Wisconsin

CEMETERY OR CREMATORY NAME: Plainfield Village
LOCATION: Plainfield, Wisconsin
NAME OF FACILITY: Gasperic F.H.
ADDRESS OF FACILITY: P.O. Box 336 Plainfield

SIGNED: L. Ganser MD
DATE SIGNED: 7-26-1984
HOUR OF DEATH: 7:45 AM

UNCERTIFIED
Not Valid for Identification

CERTIFIER: Leonard Ganser MD, 301 Troy Drive, Madison, Wisconsin

IMMEDIATE CAUSE: Respiratory failure
DUE TO: Carcinomatosis
DUE TO: Carcinoma of Colon metastasis to Liver and Lungs
OTHER SIGNIFICANT CONDITIONS: Schizophrenic Disorder Chronic Dementia
AUTOPSY: No

CRIME SCENE
DARKSIDE

WHOEVER FIGHTS MONSTERS
Text Copyright © 2018 by Robert K. Ressler
and Tom Shachtman/ Published by arrangement
with St. Martin's Press. All rights reserved.

Tradução para a língua portuguesa
© Alexandre Boide, 2020

Diretor Editorial
Christiano Menezes

Diretor de Novos Negócios
Chico de Assis

Diretor de Planejamento
Marcel Souto Maior

Diretor Comercial
Gilberto Capelo

Diretora de Estratégia Editorial
Raquel Moritz

Gerente de Marca
Arthur Moraes

Gerente Editorial
Bruno Dorigatti

Capa e Projeto Gráfico
Retina 78

Coordenador de Diagramação
Sergio Chaves

Preparação
Isadora Torres
Retina Conteúdo

Revisão
Talita Grass
Retina Conteúdo

Finalização
Sandro Tagliamento

Marketing Estratégico
Ag. Mandíbula

Impressão e Acabamento
Gráfica Geográfica

DADOS INTERNACIONAIS DE CATALOGAÇÃO NA PUBLICAÇÃO (CIP)
Angélica Ilacqua CRB-8/7057

Ressler, Robert K.
  Mindhunter profile : serial killers / Robert K. Ressler, Tom
Shachtman ; tradução de Alexandre Boide. — Rio de Janeiro :
DarkSide Books, 2020.
  416 p.

  ISBN: 978-65-5598-029-5
  Título original: Whoever Fights Monsters

  1. Assassinos em série 2. Investigação criminal I. Título II.
Shachtman, Tom III. Shachtman, Tom IV. Boide, Alexandre

20-3532   CDD 363.259523

Índices para catálogo sistemático:
1. Assassinos em série

[2020, 2025]
Todos os direitos desta edição reservados à
DarkSide® *Entretenimento* LTDA.
Rua General Roca, 935/504 — Tijuca
20521-071 — Rio de Janeiro — RJ — Brasil
www.darksidebooks.com

PROFILE
profile

ROBERT K. RESSLER E TOM SHACHTMAN

MINDHUNTER
SERIAL KILLERS
PROFILE
ENTRE NA MENTE DOS ASSASSINOS

TRADUZIDO POR ALEXANDRE BOIDE

ROBERT K. RESSLER E TOM SHACHTMAN

PROFILE
profile

CRIME SCENE
DARKSIDE

Para meu grande amigo e cunhado, que
durante sua carreira de 33 anos na polícia
combateu muitos monstros nas ruas de Chicago.

Policial FRANK P. GRASZER
Distintivo da Polícia de Chicago nº 4614
Na ativa de 13.07.1953 a 11.05.1986.

Nascido em 3.10.1928; falecido em 24.12.1990.

ROBERT K. RESSLER

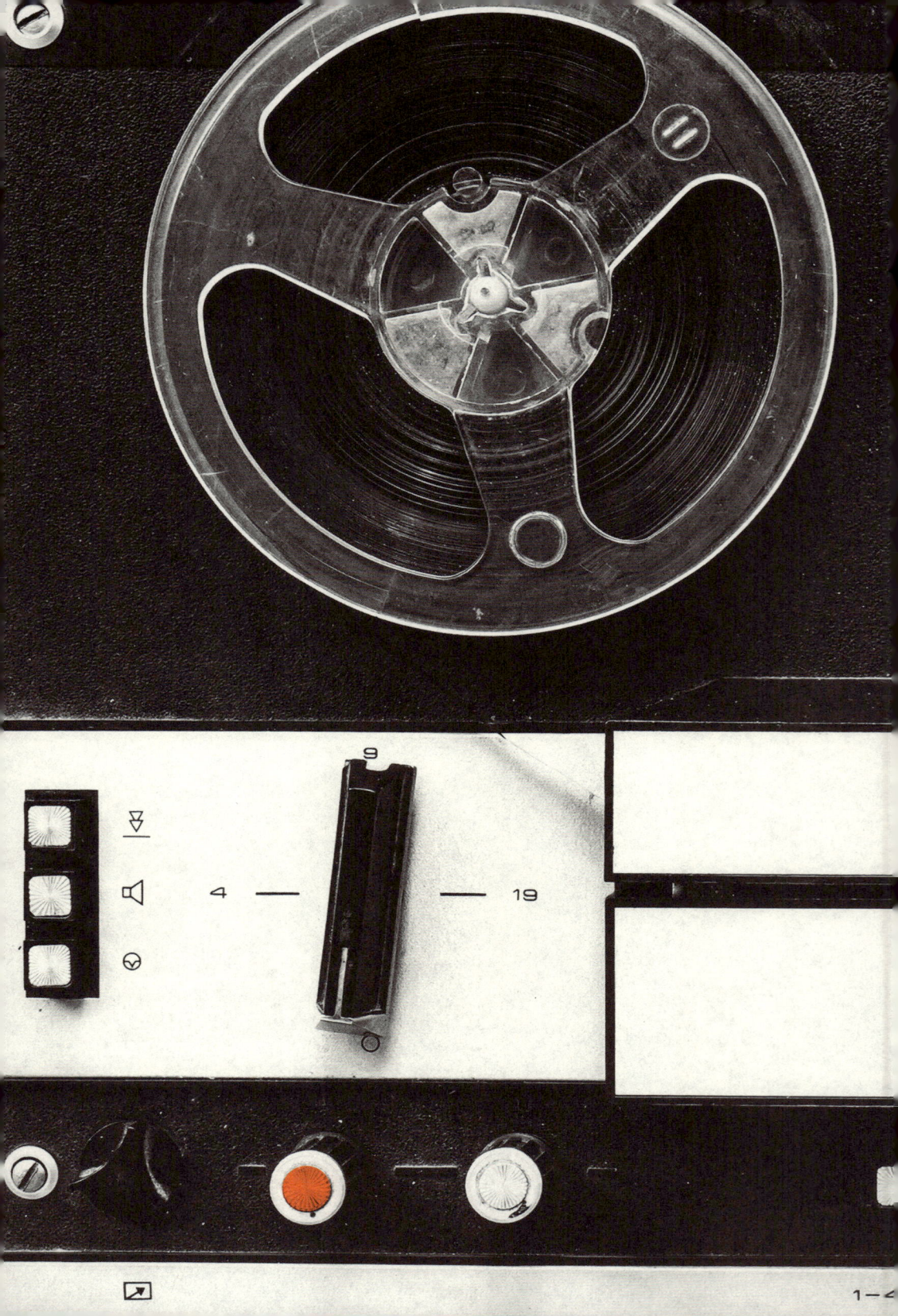

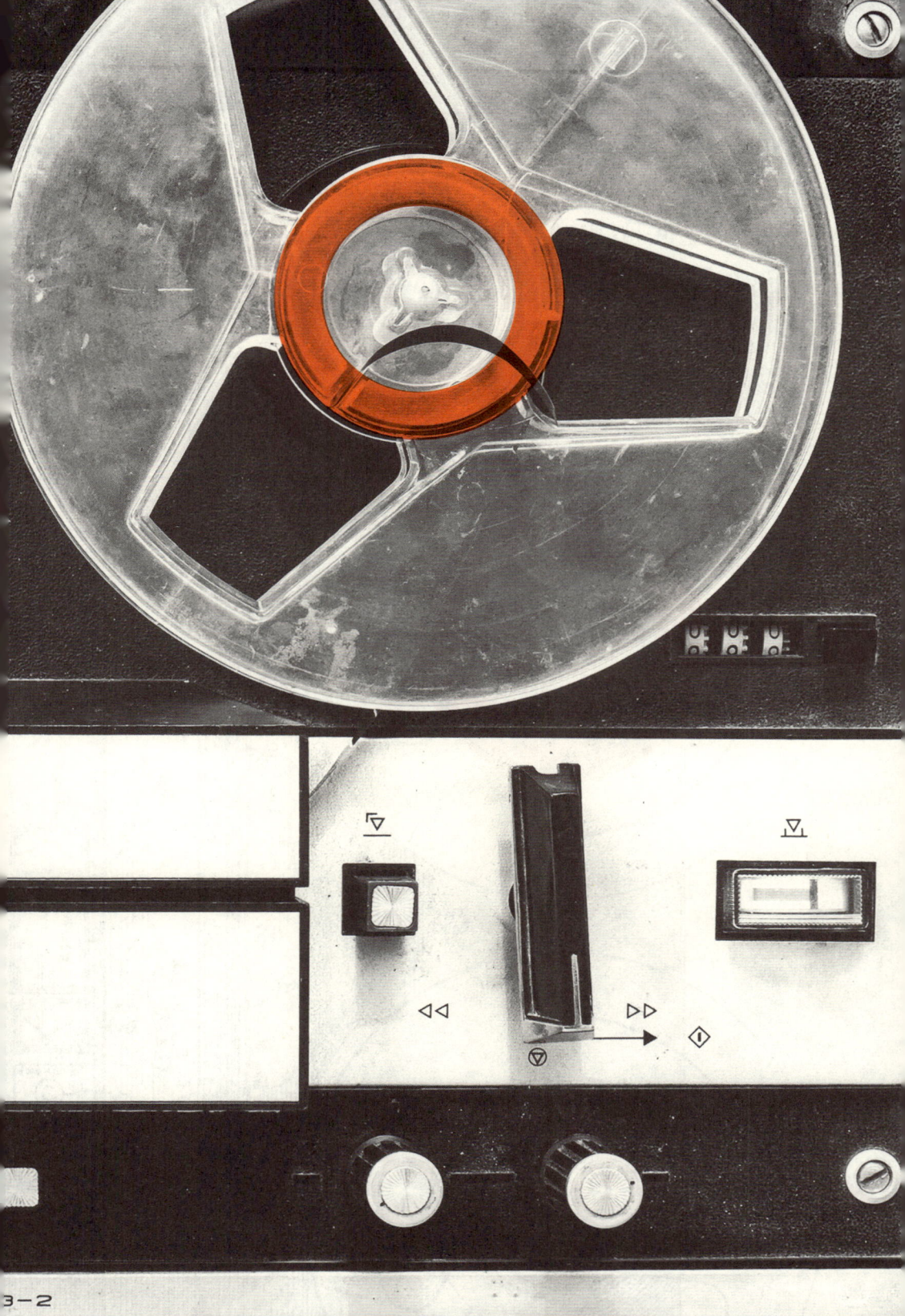

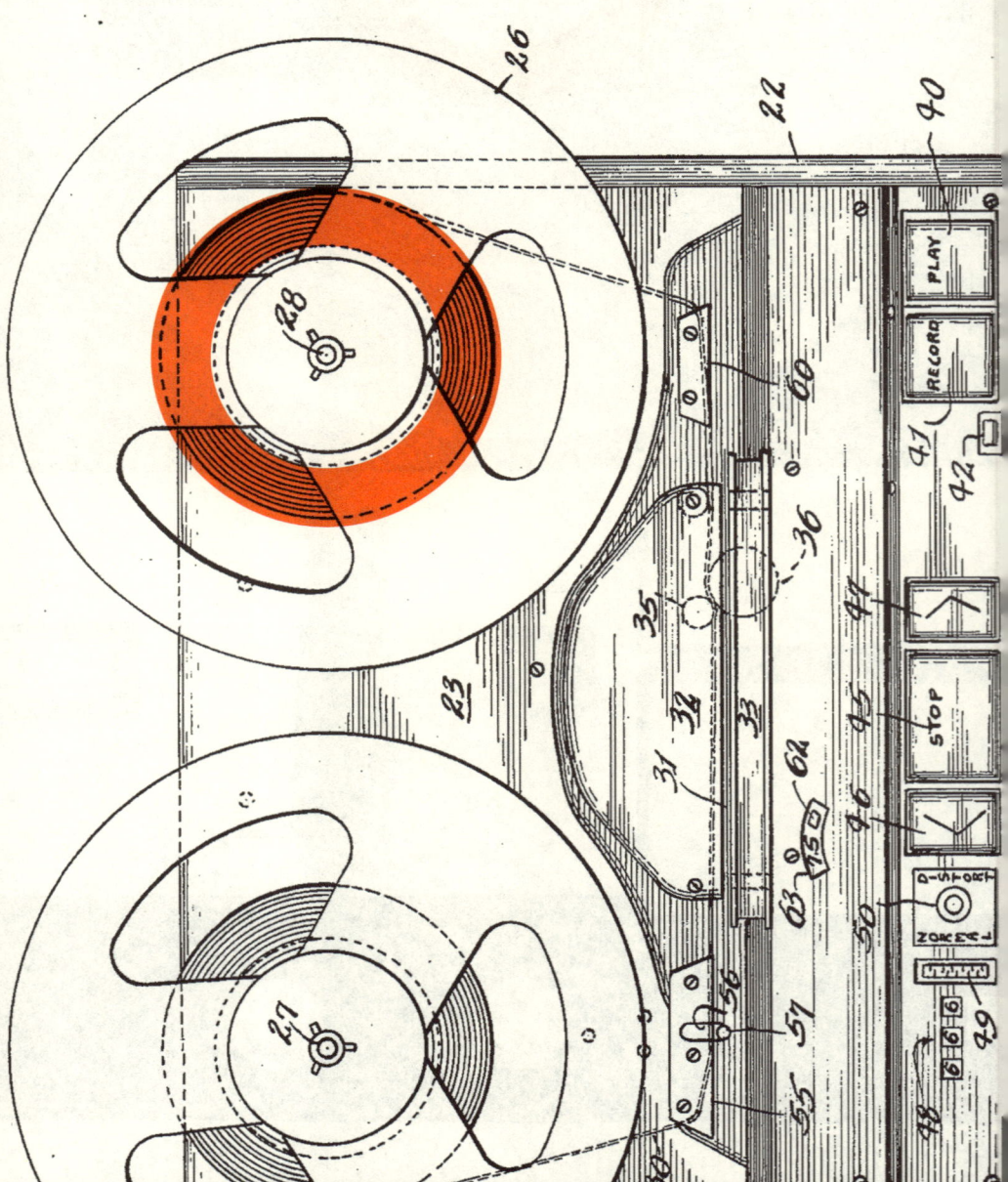

Nov. 16, 1965   S. L. PASTOR   3,218,397
TAPE RECORDER APPARATUS
Filed March 11, 1960   7 Sheets-Sheet 1

SUMÁRIO

      AGRADECIMENTOS .14
01. ASSASSINO VAMPIRO .18
02. MONSTROS REAIS .48
03. OUÇA O MONSTRO .88
04. INFÂNCIA VIOLENTA .126
05. MORTO À FACA .156
06. ORDEM E CAOS .186

07. MÉTODO DEDUTIVO .218
08. PISTAS FALSAS .254
09. VOLTAR A MATAR? .282
10. FECHANDO O CERCO .306
11. O SHOW DUPLO .330
12. PORTAS ABERTAS .368
      ÍNDICE REMISSIVO .402

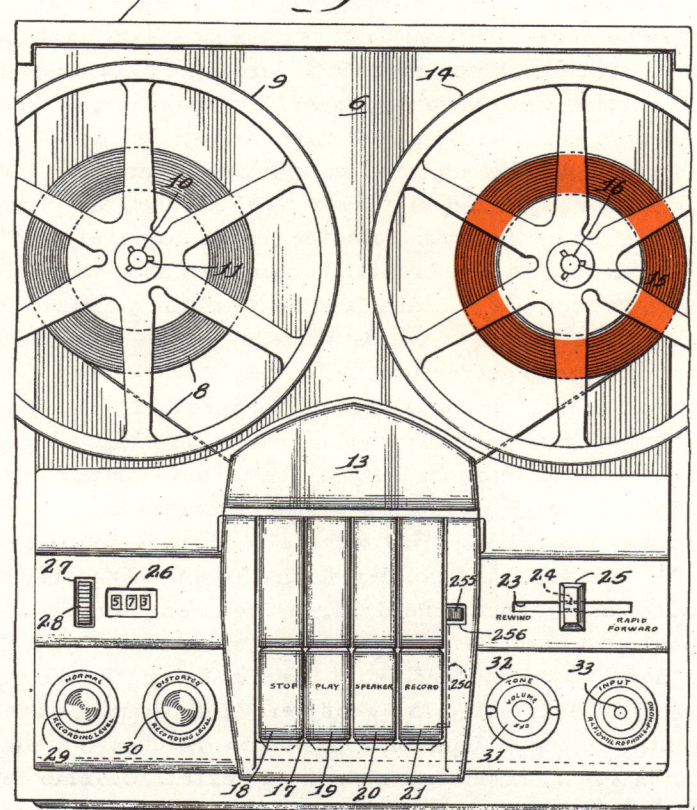

Fig. 1

Inventors.
Robert L. Moore.
Sheldon Lee Pastor.
By Labd, Baker, York, Jones & Dithmar
Attorneys.

AGRADECIMENTOS

Gostaria de agradecer a muitas pessoas que foram de tremenda ajuda para tornar este trabalho possível. Em primeiro lugar, Mary Higgins Clark, que me convidou para uma palestra na conferência anual da associação Mystery Writers of America, realizada em Nova York em 1987. Foi lá que conheci a secretária executiva da mwa, Priscilla Ridgway, que me tornou membro da organização e mais tarde me apresentou a Ruth Cavin, editora da St. Martin Press, que me incentivou a escrever este livro. Mary, Priscilla e Ruth continuaram me pressionando até que desse início ao projeto após sair do FBI, em agosto de 1990.

Dentro do Bureau Federal de Investigações, alguns poucos tiveram a visão para apoiar meus esforços na criação de um serviço inteiramente novo para o FBI. Os mais úteis e prestativos entre eles foram Larry Monroe, dr. Ken Joseph e James McKenzie, ex-diretores-assistentes, e James O Connor, ex-diretor-assistente adjunto da Academia do FBI. Todos eles foram de grande ajuda nas inúmeras ocasiões em que precisei combater monstros dentro da estrutura burocrática da instituição.

Howard Teten e Pat Mullany foram os membros originais da equipe de elaboradores de perfis psicológicos de criminosos, e ambos foram meus professores na Academia do FBI e no caminho para a formação desse conceito futurista de investigação criminal. Um agradecimento especial aos meus amigos e colegas na Unidade de Ensino e Pesquisa em Ciência Comportamental do FBI e do programa vicap, com quem trabalhei tão de perto nos últimos anos, em especial o chefe de unidade John Henry Campbell, Dick Ault, Al Brantley, Kathy Bryan, Bernadett Cloniger, Joe Conley, Connie Dodd, Terry Green, Joe Harpold, Roy Hazelwood, Jim Horn, Dave Icove, Ken Lanning, Cindy Lent, Ellen Maynard, Joyce McCloud, Winn Norman, Roland Roboussin, Jim Reese, Ed Sulzbach e Art Westveer. Além disso, agradeço aos agentes de campo John Conway, John W. Mindermann, John Dunn, Dick Wrenn, Jim Harrington, Neil Purtell, Charlie Boyle, Byron MacDonald, Laroy Cornett, Ralph Gardner, Karl Schaefer, Mary Ellen Beekman, Don Kyte, Dick Artin, Rich Mathers, Bob Scigalski, Dan Kentala, Candice DeLong, Don Zembiec, Joe

Hardy, Hank Hanburger, Larry Sylvester, Pete Welsch, Ton DenOuden, Tom Barrett, Tom Diskin, Jane Turner, Max Thiel, Mel DeGraw, Bill Cheek, Chuck Lewis, John McDermott, Mickey Mott, Stan Jacobson e Bill Haggerty. A maioria continuou no Bureau, alguns se aposentaram, mas todos, e vários outros não citados, foram de grande ajuda na condução de minha pesquisa sobre as mentes e os crimes desses monstros.

Seria negligência minha deixar de agradecer a Bob Heck, do Departamento de Justiça dos Estados Unidos, a John Rabun, do Centro Nacional de Crianças Desaparecidas e Exploradas, e a Roger Adelman, advogado de Washington dc, com quem trabalhei no julgamento de John Hinckley pela tentativa de assassinato ao presidente. Meus agradecimentos especiais também a Ray Pierce, do Departamento de Polícia da Cidade de Nova York, a Eddie Grant, da Polícia do Estado de Nova York e a Joseph Kozenczak, Chefe de Detetives do Departamento de Polícia de Chicago.

Entre os acadêmicos do campo da saúde mental que deram contribuições significativas à minha carreira em dezessete anos de trabalho estão a dra. Ann W. Burgess, o dr. Allen Burgess, o dr. James Cavanaugh, o dr. Park E. Dietz, o dr. Richard Goldberg, o dr. Derrick Pounder, o dr. Richard Ratner, o dr. Robert Simon, o dr. Robert Trojanowicz e Richard Walter. Também devo gratidão especial aos falecidos dr. Paul Embert e dr. Marvin Homzie.

Meus amigos e colegas da polícia do Exército e do cid também merecem agradecimentos, já que minha experiência em 35 anos no serviço militar foi muito mais extensa do que os anos que passei no FBI: majores-generais (reformados) Paul Timmerberg e Eugene Cormartie, ex-comandantes do Comando de Investigação Criminal do Exército dos Estados Unidos, e major-general Pete Berry, atual comandante da usacidc, general-de-brigada Tom Jones, coronel Harlan Lenius, coronel Thomas McHugh, tenente (reformado) John F. Jackson, oficial Ray Kangas e uma lista numerosa demais para citar aqui.

Por fim, gostaria de dedicar um agradecimento especial à minha esposa, Helen, e aos meus filhos, Allison, Betsy e Aaron, que me deram apoio durante muitos anos de ausência, enquanto conduzia minhas investigações e pesquisas para o Exército dos Estados Unidos e para o FBI.

FriedrichNietzsche, AlémdoBem

FRIEDRICH

te, monstruosidac

, o abismo também

IEDRICH NIETZ

"Quem combate monstruosidades deve cuidar para que não se torne um monstro. E se você olhar longamente para um abismo, o abismo também olha para dentro de você."
— **FRIEDRICH NIETZSCHE**, *Além do Bem e do Mal*

PROFILE
profile — 18

RichardTrentonChase
ASSASSINO VAMPIRO

O último vislumbre que tive foi do seu rosto intumescido e manchado de sangue, crispado em sorriso diabólico digno das mais tenebrosas profundezas do inferno.
Bram Stoker, *Drácula*

ROBERT K. RESSLER E TOM SHACHTMAN

MINDHUNTER PROFILE

CAPÍTULO 1

Russ Vorpagel era uma lenda no Bureau Federal de Investigações (FBI, na sigla em inglês), um ex-detetive de homicídios de Milwaukee com mais de 1 metro e 90 de altura e quase 120 quilos, formado em direito, além de especialista em crimes sexuais e demolição com explosivos. Seu trabalho como coordenador da Unidade de Ciências Comportamentais (BSU) do FBI em Sacramento o obrigava a viajar pela Costa Oeste para dar aula às polícias da região sobre crimes sexuais, e tinha muita credibilidade, porque os policiais e xerifes admiravam seu conhecimento profundo do assunto.

Na noite de 23 de janeiro de 1978, segunda-feira, essa confiança da polícia local se traduziu em um telefonema para Russ feito de um pequeno distrito policial a norte de Sacramento. Um homicídio terrível tinha acontecido, algo que ia muito além de um assassinato comum em termos da violência infligida à vítima. David Wallin, 24 anos, motorista de lavanderia, voltou para sua modesta casa suburbana alugada por volta das seis da tarde daquele dia e encontrou Terry, sua esposa de 22 anos e grávida de três meses, morta no quarto, com um corte profundo no abdome. Ele saiu correndo aos gritos, e bateu à porta de um vizinho, que chamou a polícia. Wallin estava tão abalado que não conseguiu conversar com as autoridades que atenderam a ocorrência. O primeiro policial a entrar na casa, um vice-xerife, também ficou em choque. Mais tarde, o oficial contou que teve pesadelos durante meses depois de ver a carnificina.

Na verdade, os detalhes eram bem piores, mas, Russ me contou, foram mantidos em sigilo para não causar pânico na comunidade.

Assim que a polícia percebeu o que tinha nas mãos, Russ foi acionado para ajudar, e ele me procurou na Academia de Treinamento do FBI em Quantico. Apesar de ter ficado transtornado com o crime, também tive enorme interesse, porque logo de início me pereceu um caso que me proporcionaria a oportunidade para aplicar a técnica de elaboração de perfis psicológicos de criminosos para prender o assassino. Na maioria das vezes, quando uma investigação ia para a Unidade de Ciências Comportamentais, a trilha das pistas costumava já ter esfriado fazia tempo. Em Sacramento, ainda estava quentíssima.

As notícias nos jornais do dia seguinte relataram que, ao que tudo indicava, Terry Wallin fora atacada na sala de estar de casa enquanto se preparava para levar o lixo para fora. Havia sinais de luta corporal da porta da frente até o quarto; duas cápsulas de balas deflagradas foram encontradas. A mulher morta estava de calça e blusa de frio; a blusa, o sutiã e a calça tinham sido repuxados, e seu abdome fora cortado. Os policiais na cena do crime disseram aos jornalistas que não eram capazes de determinar a motivação para o homicídio, e que latrocínio fora descartado, já que nada tinha sido roubado.

Na verdade, os detalhes eram bem piores, mas, Russ me contou, foram mantidos em sigilo para não causar pânico na comunidade. As pessoas quase sempre pensam na polícia como homens durões e sem coração que gostam de empurrar goela abaixo histórias escabrosas para os pagadores de imposto saberem o tipo de coisa com as quais os policiais precisam lidar no dia a dia. Mas não nesse caso: alguns detalhes foram mantidos secretos para poupar as pessoas de agonia e medo desnecessários.

Havia outro motivo para não revelar os detalhes: era preciso manter em segredo alguns fatos que apenas o assassino saberia, fatos que poderiam se provar valiosos durantes os interrogatórios. Por exemplo, que o maior dos ferimentos à faca ia do peito ao umbigo; porções do intestino estavam penduradas para fora, e diversos órgãos internos tinham sido arrancados da cavidade corporal e picados. Faltavam algumas partes do corpo, havia perfurações no seio esquerdo da vítima, e a lâmina parecia ter sido torcida dentro dessas aberturas. Fezes de animais foram enfiadas na boca da vítima. Evidências sugeriam que ==o criminoso havia coletado sangue da mulher com um copo de iogurte e bebido==.

A polícia local estava horrorizada e perplexa, e Russ Vorpagel se mostrou alarmado também, porque sabia reconhecer um homicídio com conotação sexual, e ficou claro para ele — e imediatamente óbvio para mim — que precisávamos agir com rapidez; havia um perigo considerável de que o assassino de Terry Wallin atacasse de novo. O nível extremo de violência, que se refletiu na macabra cena do crime, tornava isso quase certeza e toda uma sequência de assassinatos poderia vir em seguida. Eu estava com viagem marcada para a Costa Oeste na próxima segunda-feira, para algumas de nossas aulas itinerantes, e conseguimos adiantar minha chegada para a sexta-feira (sem gastar nem um centavo a mais de dinheiro público), a fim de ajudar Russ nesse crime. Seria a primeira vez que eu poderia visitar uma cena do crime para elaborar o perfil psicológico, e estava ansioso. No entanto, Russ e eu estávamos tão convencidos da probabilidade de o assassino atacar de novo que trocamos uma série de anotações por teletipo e fizemos o perfil preliminar do possível homicida. A elaboração de perfis psicológicos de criminosos era ciência (ou arte) relativamente nova na época, uma maneira de obter a descrição deduzida de um perpetrador desconhecido analisando em detalhes a cena do crime, as vítimas e outras evidências.

Aqui está reproduzido (embora não exatamente com a mesma ortografia e gramática) o perfil do provável assassino, que elaborei em minhas anotações originais desse crime terrível:

> Homem branco, entre 25 e 27 anos; magro, aparência pouco chamativa. Evidências do crime serão encontradas na sua residência, que deve ser suja e mal-arrumada. Histórico de doença mental, envolvimento no uso de drogas. Um solitário sem relações com homens ou mulheres e, provavelmente, passa muito tempo em casa, onde vive sozinho. Desempregado. Possivelmente recebe algum auxílio por invalidez. Se morar com alguém, deve ser um dos pais; entretanto, é improvável. Sem passagem pelas forças armadas; abandonou ensino médio ou faculdade sem se formar. É provável que sofra de uma ou mais formas de psicose paranoica.

Eu tinha razões de sobra para fazer essa descrição tão detalhada do possível criminoso. Embora a técnica de elaboração de perfis psicológicos ainda fosse incipiente, havíamos analisado casos suficientes para saber que homicídios com conotação sexual — e era nessa categoria que se encaixava, apesar da ausência de evidências de que um ato sexual foi cometido na cena do crime — em geral são perpetrados por homens, e costuma ser crime intrarracial, de brancos contra brancos, ou de negros contra negros. Esse tipo de assassino é constituído, em sua maioria, por homens brancos na casa dos vinte e poucos anos; esse simples fato bastava para eliminar segmentos inteiros da população na tentativa preliminar de saber que tipo de pessoa teria cometido crimes tão hediondos. Como se tratava de área residencial habitada por brancos, eu podia ter certeza de que o culpado era branco.

Em seguida, deduzi com base em uma linha divisória importante que a Unidade de Ciências Comportamentais estava começando a formular: a distinção entre assassinos que demonstravam certa lógica no que faziam e aqueles cujos processos mentais não tinham lógica aparente pelos padrões convencionais — ou seja, havia criminosos "organizados" e "desorganizados". Ao analisar as fotografias da cena do crime e os relatórios policiais, ficou aparente para mim que não era homicídio de um assassino "organizado", que perseguia as vítimas, executava os atos de forma metódica e tomava cuidado para não deixar pistas de sua identidade. Pelo contrário, levando em conta o estado da cena do crime, era óbvio que estávamos lidando com um assassino "desorganizado", uma pessoa com grave doença mental, em meio a um surto. O tipo de loucura que levou aquele homem a estraçalhar o corpo de Terry Wallin não surge do dia para a noite. São necessários de oito a dez anos para desenvolver o nível de psicose que vem à tona nesse tipo de ato de matança aparentemente tão sem sentido. A esquizofrenia paranoide, em geral, se manifesta primeiro na adolescência. Acrescentar dez anos a partir da primeira incidência da doença, que começou depois dos quinze anos de idade, nos deixaria com um assassino na faixa dos vinte e poucos. E eu achava que ele não era muito mais velho que isso por duas razões: a primeira é que a maioria dos criminosos sexuais que chegam ao ponto de matar tem menos de 35 anos; a segunda é que, caso fosse mais velho, a doença estaria em estado tão avançado que já teria deixado uma sequência de homicídios bizarros ou não resolvidos em seu rastro. Nada desse tipo havia sido relatado na região, e a ausência de outros crimes nesses moldes era uma pista de que aquele era o primeiro assassinato daquele homem, que provavelmente nunca havia tirado a vida de outro ser humano antes. Os demais detalhes da aparência do provável perpetrador seguiam a lógica de que se tratava de um esquizofrênico paranoide, com base em meus estudos de psicologia.

Por exemplo, em minha opinião, o criminoso era magro. Fiz essa dedução porque conhecia os trabalhos do estudioso alemão dr. Ernst Krestchmer e do dr. William Sheldon, da Universidade Columbia, que tratavam de tipos físicos. Ambos acreditavam que havia um alto grau de correlação entre o tipo físico e a disposição mental. Krestchmer descobriu que homens de compleição magra (astênicos) demonstravam tendências a formas introvertidas de esquizofrenia; a categorização de Sheldon era similar, e considerei que, levando tudo isso em conta, o assassino seria um ectomorfo. Essas teorias sobre tipos físicos são desacreditadas pelos psicólogos hoje — já se passaram mais de cinquenta anos de sua elaboração —, mas descobri que se mostram com mais frequência assertivas do que o contrário, pelo menos quanto à possibilidade de uso na dedução do tipo físico provável de um assassino em série psicótico.

Então foi por isso que considerei que deveríamos procurar por um sujeito magro e esguio. Era uma questão de lógica: esquizofrênicos introvertidos não se alimentam bem, não se preocupam com a nutrição do corpo e não fazem refeições regulares. O mesmo se aplica à aparência, pois eles não se preocupam com limpeza e asseio. Como ninguém gostaria de viver com uma pessoa assim, então o assassino necessariamente era solteiro. Esse tipo de raciocínio também me permitiu supor que seu domicílio seria bagunçado, e também que nunca servira às forças armadas, já que alguém com esse nível de desorganização pessoal não seria aceito no corpo militar. Da mesma forma, ele não teria sido capaz de se manter na faculdade, embora pudesse ter conseguido concluir o ensino médio antes de entrar em colapso. Tratava-se de um indivíduo introvertido com perturbações que remontavam à puberdade. Caso tivesse um emprego, seria trabalho braçal, como faxineiro ou varredor de rua e parques públicos; era introvertido demais até para ser capaz de cumprir as funções normais de entregador. Era mais provável que fosse um recluso que se mantinha com a ajuda de auxílio social por invalidez.

Algumas de minhas opiniões não foram incluídas no perfil, mas eu achava que, se o assassino tivesse um carro, também estaria em péssima conservação, com embalagens de fast-food no banco traseiro, ferrugem por toda parte e aparência similar àquela que eu esperava encontrar em sua residência. Também achava provável que o perpetrador morasse perto da vítima, porque talvez estivesse desorientado demais para ir longe, cometer um crime tão perturbador e conseguir voltar para casa. Meu palpite era que tinha recebido alta de alguma instituição de tratamento psiquiátrico havia pouco, no máximo um ano antes, e a partir de então seu comportamento violento vinha saindo de controle.

> Se você fica de vigia o tempo todo isso não significa que está o tempo todo com medo? Bem. Acho que você precisa estar com medo suficiente para ficar de vigia, em primeiro lugar. Para ser cuidadoso. Vigilante.
> **Cormac McCarthy,** *A Estrada*

Russ levou esse perfil a vários departamentos de polícia da região, e os policiais saíram às ruas em busca de suspeitos. Diversas residências foram visitadas, pessoas entrevistadas por telefone e tudo mais. A atenção dedicada pela mídia ao caso era grande, e se concentrava em duas questões: quem matou aquela jovem e — ainda mais intrigante — por quê?

Os detalhes continuaram a vir à tona nas 48 horas seguintes. Sacramento é a capital da Califórnia; Terry Wallin era servidora estadual, e estava de folga no dia. Naquela segunda-feira de manhã, descontara um cheque em um shopping center perto de sua casa, e foi especulado que o assassino pudesse ter visto a transação e a seguido. Terry recebeu a ligação de sua mãe em casa à uma e meia da tarde e ninguém atendeu. O laudo da autópsia informava que ela fora assassinada antes disso. O instituto de medicina legal também relatou que alguns dos ferimentos perfurantes foram infligidos antes da morte, mas esse fato não veio a público. Os homens a cargo da investigação declararam à imprensa que o assassino provavelmente tinha manchas de sangue na roupa e, por isso, solicitou a todos que tivessem visto alguém com a camisa ensanguentada a entrarem em contato com uma linha direta.

Na quinta-feira, a região norte de Sacramento sofreu outro abalo com a notícia de mais assassinatos macabros. Por volta de meio-dia e meia, um vizinho encontrou três corpos em uma casa a, aproximadamente, um quilômetro e meio da residência dos Wallin. Os mortos eram Evelyn Miroth, 36 anos, seu filho Jason, seis anos, e Daniel J. Meredith, 52 anos, um amigo da família; além deles, o bebê Michael Ferriera, sobrinho de Miroth, de 22 meses de idade, estava desaparecido e sem dúvida fora sequestrado pelo assassino. Todos haviam sido mortos a tiros, e o corpo de Evelyn Miroth tinha marcas de facadas similares às encontradas na sra. Wallin. Ao que tudo indicava, o assassino fugira com a perua vermelha de Meredith, encontrada abandonada não muito longe da cena do crime. Mais uma vez, não havia motivo aparente para os homicídios. Segundo relatos oficiais, nada fora levado da casa. Evelyn Miroth era divorciada e mãe de três crianças; uma delas morava com o ex-marido, e a outra estava na escola quando os assassinatos aconteceram.

O xerife Duane Low declarou à imprensa que aqueles eram "os assassinatos mais bizarros, grotescos e sem sentido que vi em 28 anos de carreira", e o deixaram "terrivelmente abalado". Evelyn Miroth prestava serviços de babá no bairro, e muitas das crianças e mães da vizinhança a conheciam bem; outros eram colegas do filho de 6 anos dela. Ninguém era capaz de pensar em uma razão para alguém assassiná-los. Uma vizinha que era amiga da vítima declarou à mídia que sentia vontade de chorar, "mas estou com medo também. Foi muito perto de nós". Os moradores locais ficaram vidrados no noticiário em busca de todos os detalhes disponíveis, depois saíram às ruas para conversar. Era noite de neblina e, com as viaturas e ambulâncias ao redor e o clima de assassinato no ar, muitos consideraram o cenário sinistro. Embora houvesse relatos de tiros disparados, não foi localizada nenhuma testemunha que os tivesse escutado.

As pessoas estavam com medo. Embora a polícia tomasse a precaução de não revelar muito dos assassinatos para não provocar histeria, o que veio a público foi suficiente para que as portas passassem a ficar trancadas e as persianas das janelas, abaixadas; houve até quem colocasse as coisas em carros e picapes, e deixasse a região.

Russ Vorpagel me ligou assim que soube do caso. Ambos ficamos alarmados, claro, mas nosso papel de profissional era deixar a perplexidade de lado e resolver o enigma — imediatamente. Do ponto de vista do analista de cenas de crimes, o homicídio múltiplo forneceu novas informações relevantes e reiterou o que considerávamos já saber sobre o assassino. Nessa segunda cena de crime — mais uma vez, detalhes que não vieram a público na ocasião —, o homem e o menino foram mortos a tiros, mas os corpos não foram molestados. A chave do carro e a carteira de Daniel Meredith foram levadas. Evelyn Miroth, por sua vez, tinha sofrido violações ainda piores que a vítima anterior. Foi encontrada nua na cama, com um tiro na cabeça e dois cortes cruzados no abdome, através dos quais porções das entranhas foram parcialmente expostas. Seus órgãos internos foram picotados, e havia ferimentos causados por objeto cortante por todo o corpo, inclusive cortes no rosto e na região anal. Um exame de tecido retal constatou a presença de quantidade significativa de esperma. No chiqueirinho em que seu sobrinho bebê costumava brincar, estavam um travesseiro encharcado de sangue e um projétil conflagrado. No banheiro, havia água avermelhada, além de massa encefálica e matéria fecal. ==Aparentemente, alguém tinha bebido sangue no local também.== Outro elemento importante era que a perua roubada fora encontrada não muito longe, com porta entreaberta e chave no contato. O bebê não foi localizado, mas pela quantidade de sangue no chiqueirinho a polícia tinha quase certeza de que não estaria mais vivo.

Munido dessas novas informações — além de um senso de urgência e da certeza de que se não fosse pego aquele homem mataria de novo —, refinei o perfil elaborado poucos dias antes. A motivação sexual por trás dos crimes se tornara mais aparente. O número de vítimas a cada ataque estava crescendo. A conduta violenta vinha se agravando. Eu me convenci ainda mais de que o perpetrador era um jovem com doença mental gravíssima que tinha saído tranquilamente da cena do crime e ido embora a pé do local onde largara o carro roubado. Incluí essas convicções no perfil revisado, segundo o qual o provável criminoso era "solteiro, morava sozinho em local entre oitocentos metros e um quilômetro e meio da perua abandonada". Para mim, tratava-se de indivíduo tão desorientado que sequer sentia a necessidade de esconder alguma coisa, e era provável que houvesse estacionado o veículo tirado da cena do crime perto da própria casa. Também reforcei a ênfase na aparência suja e desleixada, e que essa falta de asseio devia se refletir também em sua residência.

Além disso, comentei com Russ que, em minha opinião, antes de matar, o criminoso possivelmente cometera roubos por fetiche na região, e quando fosse pego descobriríamos que seus crimes e perturbações mentais remetiam à infância. Os roubos por fetiche são caracterizados em casos de invasão de domicílio em que os itens

furtados ou tirados do lugar são peças de roupas femininas, em vez de joias e outros objetos de valor monetário; o ladrão só tem interesse em usá-los com fins autoeróticos.

Com esse novo perfil em mãos, mais de 65 policiais saíram às ruas para passar um pente fino no raio de oitocentos metros do local onde foi localizada a perua abandonada. Foi uma tremenda operação: em apartamentos, casas e calçadas, pessoas foram abordadas e interrogadas a respeito de jovens magros de aparência desleixada. A área de varredura foi ainda mais precisa quando a polícia recebeu um relato de que um cachorro fora morto e estripado no clube de campo próximo do local onde o carro fora deixado.

Os policiais descobriram duas testemunhas que afirmavam ter visto quando a perua foi levada até lá, mas, mesmo sob hipnose, só conseguiram se lembrar de que o veículo era dirigido por um homem branco. A pista mais promissora veio de uma mulher de vinte e tantos anos, que encontrara um jovem que conhecia dos tempos de colégio no shopping center próximo ao local do primeiro assassinato, uma ou duas horas antes do ataque a Terry Wallin. A mulher ficara chocada com a aparência do antigo colega — desarrumado, cadavericamente magro, a roupa suja de sangue, uma mancha amarela em torno da boca e olhos fundos —, e quando ele tentou puxar conversa e abrir a porta de seu carro ela fugiu às pressas. Seu contato com as autoridades acontecera quando a polícia lançou o alerta de um homem com marcas de sangue na roupa. ==A testemunha revelou à polícia que o nome dele era Richard Trenton Chase==, e que se formara no mesmo colégio que ela em 1968.

Isso foi em um sábado. A polícia descobriu que Richard Trenton Chase morava a menos de um quarteirão do local onde a perua fora abandonada, a um quilômetro e meio do clube de campo e a um quilômetro e meio a leste do shopping center. Os policiais montaram vigilância nos arredores de seu apartamento e esperaram que saísse. A essa altura, era só mais um entre meia dúzia de suspeitos. Não atendeu às chamadas quando ligaram para seu apartamento, e perto do fim da tarde os policiais de campana tentaram atraí-lo para fora. Sabiam que o assassino usava um revólver calibre .22 e que não tinha o menor pudor em matar, por isso agiram com cautela. Um policial entrou no apartamento do zelador do prédio sob o pretexto de usar o telefone, enquanto o outro passou bem na frente da porta de Chase. Momentos depois, Chase apareceu com uma caixa debaixo do braço e saiu em disparada na direção de sua picape.

> A meu ver, a questão decisiva para a espécie humana é saber se, e em que medida, a sua evolução cultural poderá controlar as perturbações trazidas à vida em comum pelos instintos humanos de agressão e autodestruição.
> **Sigmund Freud**, *O Mal-Estar na Civilização*

Assim que ele correu, os policiais souberam que haviam descoberto o culpado e o perseguiram. Quando se atracaram fisicamente, o revólver calibre .22 caiu do coldre que Chase usava no ombro. Ao ser imobilizado, tentou esconder o que levava no bolso traseiro: a carteira de Daniel Meredith. A caixa que carregava estava cheia de pedaços de pano ensanguentados. Estacionada perto do apartamento, a picape de Chase tinha mais de dez anos de uso, péssimo estado de conservação e estava cheia de jornais velhos, latas de cerveja, embalagens vazias de leite e trapos. Uma caixa de ferramentas trancada com chave e um facão de açougueiro também foram encontrados, junto de galochas de borracha que pareciam ter manchas de sangue. No apartamento — tão imundo e desarrumado como seria de se esperar —, havia coleiras de animais, três liquidificadores com sangue e recortes de jornais sobre o primeiro assassinato. As roupas sujas estavam espalhadas pelos cômodos, algumas ensanguentadas. Vários pratos guardados na geladeira continham partes de corpos e, em um pote, foi encontrado tecido cerebral humano. Em uma das gavetas da cozinha estavam várias facas subtraídas da residência dos Wallin. ==No calendário da parede, estava anotada a palavra "hoje"== nas datas dos assassinatos de Wallin e dos Miroth e de Meredith; a mesma inscrição fora feita em 44 outras datas espalhadas pelo restante de 1978. Haveria mais 44 assassinatos? Felizmente, nunca vamos saber.

PROFILE
profile

A polícia ficou aliviadíssima por pegar o assassino — pois não havia dúvidas de que era de fato o perpetrador, considerando as evidências encontradas com o indivíduo e o fato de se encaixar em todas as descrições. Todos se mostraram gratos ao FBI e fizeram fartos elogios ao perfil psicológico do criminoso, que segundo foi dito mais tarde, foi o principal elemento responsável pela prisão. Isso não é verdade, claro. *Nunca* é. Perfis não bastam para prender assassinos, para isso são necessários policiais dotados de grande persistência e que contem com a ajuda dos cidadãos comuns, além de boa dose de sorte. Meu perfil era uma ferramenta investigativa, que nesse caso claramente ajudou a refinar a busca por um assassino perigoso. Se meu trabalho ajudou na captura de Chase? Pode apostar que sim, e tenho orgulho disso. Se fui eu quem o pegou? Isso não.

O fato de Chase se encaixar tão bem no perfil que elaborei com Russ Vorpagel foi gratificante para mim em dois níveis. O primeiro, e o principal, foi ajudar na captura de um assassino violento que, sem dúvida nenhuma, continuaria a matar, se não fosse preso logo. A segunda satisfação veio de que, como o perpetrador se enquadrava no perfil, isso proporcionou à Unidade de Ciências Comportamentais mais informações de como avaliar cenas de crimes e identificar os sinais característicos que os assassinos deixam para trás; em resumo, o caso ajudou a aprimorar a arte (nesse caso, arte *mesmo*, porque ainda não era considerada ciência) da elaboração de perfis psicológicos de criminosos.

Nos dias e meses subsequentes à prisão de Chase, acompanhei de perto as informações divulgadas sobre aquele estranho jovem. Quase de imediato após ser preso, ele foi associado a um homicídio não resolvido que acontecera em dezembro do ano anterior, não muito antes dos dois outros crimes. No fim, eu estava errado sobre Terry Wallin ser a primeira vítima; na verdade, era a segunda. Em 28 de dezembro de 1978, o sr. Ambrose Griffin voltava do supermercado com a esposa e tirava as compras do carro em frente de casa. Chase passou nesse momento com a picape e disparou duas vezes; um dos tiros atingiu Griffin mortalmente no peito. O exame balístico do revólver calibre .22 de Chase, apreendido depois dos outros dois casos de assassinato, mostrou que a arma também havia disparado o projétil que matou Griffin.

Chase também se encaixava na descrição do ladrão desconhecido que realizava roubos por fetiche na vizinhança, e foi apontado como provável responsável pelo sumiço de diversos cães e gatos. Várias coleiras e guias encontradas em seu apartamento coincidiam com as usadas em cachorros e filhotes desaparecidos na área. Esses animais sem dúvida foram mortos por razões bizarras; ele pode até ter bebido o sangue deles, embora seja impossível ter certeza disso.

Pesquisas em arquivos informatizados também apontaram para um incidente ocorrido em meados de 1977 na região do lago Tahoe, quando o guarda de uma reserva indígena abordou e deteve um homem com roupas imundas de sangue e que levava armas na picape, além de um balde cheio de sangue; era Chase. Na época, conseguiu escapar porque o sangue era bovino. Pagou a multa e explicou as manchas dizendo que estava caçando coelhos, e que os animais sangraram em seu colo.

Quando jornalistas e a equipe forense começaram a entrevistar pessoas que conheciam Chase e a consultar os registros oficiais sobre ele, a história do assassino veio à tona. Nascido em 1950, Chase era de família com posses modestas e considerado uma criança meiga e obediente. Aos oito anos de idade, começou a urinar na cama, mas esse comportamento logo parou. Seus problemas parecem ter surgido de fato por volta dos doze anos, quando os pais começaram a brigar em casa. Sua mãe acusou o marido de infidelidade, de tê-la envenenado e de ser usuário de drogas. O pai, quando questionado, confirmou que essas alegações e outras discussões em altos brados foram ouvidas por Chase. Em avaliação posterior, uma equipe de psicólogos e psiquiatras que tiveram acesso à família classificou a sra. Chase como a clássica mãe de esquizofrênico, "extremamente agressiva[...], hostil[...], provocadora". Os desentendimentos do casal prosseguiram por quase dez anos, depois dos quais veio o divórcio, e o pai voltou a se casar.

Chase era de inteligência mediana — QI por volta de 95 — e era um secundarista como outro qualquer em meados dos anos 1960. Chegou a namorar, mas os relacionamentos acabavam se encerrando quando, ao tentar manter relações, se mostrava incapaz de ter ereção. Não tinha amigos próximos, nem intimidade com ninguém que não fosse da família. Profissionais de saúde que o examinaram mais tarde relataram que a doença mental de Chase começou a se agravar no segundo ano do ensino médio, quando ele se tornou "rebelde e desafiador, não demonstrava nenhuma ambição, e seu quarto estava em constante desarranjo. Ele fumava maconha e bebia muito". Uma de suas namoradas afirmou que ele começou a andar com "a galera do ácido". Chegou a ser preso em 1965 por posse de maconha e condenado a prestar serviços comunitários de limpeza.

Quando esses detalhes apareceram na imprensa, houve muitos articulistas e leitores relacionando os assassinatos cometidos por Chase à influência de entorpecentes. Eu discordo. ==Embora as drogas pudessem contribuir para o agravamento da doença mental severa de Chase, não foram fator relevante para os homicídios==; em nossas pesquisas descobrimos que as substâncias intoxicantes, embora presentes em muitos casos, quase nunca são o elemento disparador das ações de homicidas em série; as verdadeiras causas são mais profundas e complexas.

Apesar da deterioração mental, Chase conseguiu se formar no ensino médio e se manter em um emprego por um bom tempo em 1969; foi o único trabalho em que durou mais de um ou dois dias. Começou a frequentar uma instituição local de ensino superior, mas não foi capaz de suportar a rotina de estudos nem, segundo relatos de colegas, as pressões sociais da vida na faculdade. Em 1972, foi detido em Utah por dirigir embriagado. Isso parece tê-lo afetado bastante, pois, conforme relatou mais tarde, parou de beber depois do incidente, mas a espiral descendente continuaria. Em 1973, foi parar na cadeia por porte ilegal de arma e resistência à prisão. Estava em um apartamento em que jovens faziam sexo abertamente, e tentou bolinar os seios de uma moça; foi expulso do local e, quando voltou, os presentes o imobilizaram e acionaram a polícia; nisso, um revólver calibre .22 caiu da cintura de Chase. Foi indiciado por infração leve, pagou multa de 50 dólares e saiu da sede do distrito policial pela porta da frente. Como era incapaz de se manter empregado, vivia entre as casas do pai e da mãe e era sustentado por eles.

Em 1976, depois de tentar injetar sangue de coelho nas veias, Chase foi mandado para uma clínica psiquiátrica. Profissionais da área de assistência social foram designados para supervisioná-lo, aliviando seus pais dessa responsabilidade; cuidar de Chase estava além da capacidade de qualquer cidadão já nessa época. O acionamento do serviço de assistência social também é uma forma de transferir para o governo os custos gerados pela pessoa portadora de doença mental grave; pagar as despesas de um tratamento de longo prazo pode levar a maioria das famílias à falência. Quando internado na clínica, de acordo com o depoimento colhido mais tarde entre os membros da equipe de enfermeiros, Chase era um paciente "assustador". Arrancava a dentadas as cabeças dos pássaros que capturava no mato e, várias vezes, foi encontrado com o rosto e a roupa sujos de sangue. Em um diário, descrevia a matança de pequenos animais e o gosto do sangue. Duas auxiliares de enfermagem pediram demissão pela presença dele na instituição. Chase era conhecido entre os funcionários como Drácula.

Todas essas atitudes bizarras tinham uma razão, pelo menos na mente de Chase. Ele acreditava que estava sendo envenenado, que seu sangue estava virando pó, e que precisava do sangue de outras criaturas para repor o seu e, assim, evitar a morte. Certa noite, um enfermeiro recebeu ordens para colocar Chase no quarto com outro paciente, mas se recusou a obedecer, temendo que se algo acontecesse — possibilidade bem realista, no seu ponto de vista —, ele poderia ter seu registro profissional cassado. Os medicamentos pareciam capazes de estabilizar Chase, e um dos psiquiatras queria tirá-lo da internação para dar lugar a outros pacientes mais graves. Conforme o mesmo enfermeiro lembrou: "Quando soubemos que [Chase] receberia alta, fizemos um estardalhaço, mas não adiantou nada". Um médico de fora da instituição, quando consultado sobre o que poderia ter motivado a liberação de Chase, opinou que pode ter sido "porque a medicação conseguia mantê-lo sob controle". (As famílias das vítimas dos homicídios cometidos por Chase mais tarde processaram os psiquiatras que o liberaram da internação, pedindo reparações altíssimas por danos morais.)

Chase recebeu alta em 1977 e foi colocado sob a responsabilidade principal da mãe, que conseguiu um apartamento para ele — o mesmo que ocupava quando foi preso. Ele passava algum tempo com ela, mas quase sempre ficava sozinho. Ainda era considerado um paciente psiquiátrico, vivia do auxílio que recebia por invalidez e costumava se gabar por não ter que trabalhar. Algumas das contas do apartamento eram pagas pelo pai, que também tentou se aproximar do filho com viagens de fim de semana e presentes. Antigos conhecidos que cruzavam com ele nesse período pós-internação relataram que Chase parecia viver no passado, falando de coisas da época do colégio como se fossem recentes, e não dava nenhuma explicação sobre o que fizera nos oito ou dez anos anteriores. No entanto, falava de discos voadores, óvnis e de uma organização criminosa nazista que, segundo seus relatos, estava em operação desde seus tempos de adolescência e continuava atrás dele. Quando sua mãe reclamou da bagunça no apartamento, ele a proibiu de voltar lá. No incidente do lago Tahoe, seu pai se deslocou até o local para liberá-lo e Chase minimizou o acontecido, dizendo se tratar de um mal-entendido com os guardas locais sobre um acidente ocorrido enquanto caçava.

Esse incidente ocorreu em agosto de 1977. As atitudes de Chase daí em diante até seu suposto primeiro assassinato oferecem um quadro claro de uma mente em deterioração e do aumento de comportamentos criminosos que precisamos examinar em mais detalhes. Em setembro, depois de discutir com a mãe, Chase matou o gato dela. Em outubro, em duas ocasiões, adotou cachorros do serviço de proteção aos animais, pagando uma taxa de cerca de 15 dólares a cada vez. Em 20 de outubro, roubou o equivalente a 2 dólares de combustível para a picape em um posto de gasolina; quando questionado por um policial, manteve a calma, negou a acusação e foi liberado. Em meados de novembro, respondeu ao anúncio de jornal que oferecia filhotes de cães labrador, apareceu na casa do dono e pechinchou até conseguir levar dois pelo preço de um. Mais tarde nesse mesmo mês, começou a ligar para atormentar uma família cujo cachorro havia pegado; o número do telefone foi descoberto por ele em um anúncio que pedia informações sobre o paradeiro do animal. A polícia recebeu queixas de outros animais desaparecidos na área.

Em 7 de dezembro, Chase foi a uma loja de armas e comprou o revólver calibre .22. Teve que preencher um formulário no qual era preciso responder se já havia sido tratado em alguma instituição psiquiátrica, e escreveu que não. A compra exigia um período de espera, e só pôde pegar a arma em 18 de dezembro. Nesse meio-tempo, atualizou a documentação da picape e realizou outras tarefas que exigiam certo nível de coerência mental. Vinha colecionando recortes de jornais sobre um estrangulador que agia em Los Angeles e marcava nos classificados os anúncios de doação de cães. Seu pai o levou para comprar um presente de Natal, e Chase escolheu uma parca laranja, que passou a usar o tempo todo.

Depois de pegar a arma na loja, em 18 de dezembro, e de comprar várias caixas de munição, começou a atirar. Primeiro, um tiro em uma parede sem janelas da residência da família de sobrenome Phares. Um dia ou dois depois, atirou contra a janela da cozinha da casa dos Polenske, e acertou de raspão os cabelos da dona da casa, que estava de pé diante da pia; um único tiro foi disparado na ocasião. Pouco depois, Chase deu dois tiros em Ambrose Griffin, um deles fatal. A casa dos Griffin ficava em frente à dos Phares. Os disparos contra Griffin e a sra. Polenske não foram acidentais; análises posteriores revelaram que, de dentro de um carro em movimento, seria necessário mirar muito bem para não acertar uma das muitas árvores nos arredores e atingir Griffin no peito. A sra. Polenske escapou com vida por sorte.

Em 5 de janeiro de 1978, Chase comprou um exemplar do *Sacramento Bee* que continha artigo de opinião sobre o assassinato de Griffin; ele guardou o recorte do texto que condenava aquele crime gratuito.

Em 10 de janeiro, comprou mais caixas de munição. Em 16 de janeiro, pôs fogo em uma garagem para expulsar da vizinhança pessoas que estavam ouvindo música alta e o irritaram.

Os investigadores conseguiram fazer uma reconstituição completa de seus atos em 23 de janeiro — o dia do assassinato de Terry Wallin. Naquela manhã, tentou invadir uma casa nos arredores, mas foi embora depois de dar de cara com uma mulher na janela da cozinha. Em seguida, ficou sentado no quintal da residência por um bom tempo, sem se mover. Ela chamou a polícia, mas ele foi embora antes que as autoridades chegassem. Pouco tempo depois, um morador o pegou saindo de sua casa depois de invadi-la. Chase fugiu, e o homem o perseguiu pela rua, mas perdeu seu rastro e resolveu voltar para avaliar o estrago. Alguns objetos de valor foram levados, e o ladrão tinha defecado na cama de uma criança e urinado em uma gaveta de roupas — sinais clássicos de roubo por fetiche. Uma hora depois, Chase estava no estacionamento do shopping center, onde encontrou a mulher que reconheceu como antiga colega de escola — e que o encarou com desconfiança.

Com a roupa suja de sangue e a mancha amarela em torno da boca, não lembrava em nada o rapaz que fora seu colega anos antes. Só o reconheceu quando Chase lhe perguntou se estava na moto quando um ex-namorado seu, e amigo dele, havia morrido. Ela respondeu que não e perguntou quem era ele. Chase disse seu nome. A jovem tentou se desvencilhar da abordagem e falou que precisava ir ao banco. Ele a esperou e, depois de segui-la até o carro, tentou abrir a porta do passageiro; ela acionou a trava e arrancou com o veículo às pressas. Minutos depois, ele atravessou a varanda de uma casa perto do shopping center e, ao ser repreendido pelo morador do local, disse que só estava pegando um atalho. Em seguida, se retirou da propriedade e invadiu a residência quase vizinha de Terry Wallin.

Em meados de 1978, o corpo da criança desaparecida foi encontrado, também não muito longe da residência de Chase. Na prisão, ele se recusou a dar esclarecimentos. O local do julgamento foi transferido de Sacramento para Palo Alto, e houve outros impedimentos que geraram atrasos. Durante o ano seguinte, um psiquiatra conseguiu ganhar confiança suficiente de Chase para manter certo nível de diálogo com o assassino e, em uma dessas conversas, conseguiu extrair de forma notável a seguinte confissão quando perguntou se os crimes continuariam:

> ==A primeira pessoa que matei foi meio por acidente.== Meu carro quebrou. Eu queria arrancar, mas o câmbio não funcionava. Precisava do apartamento. Minha mãe não ia me deixar ficar no Natal. Antes ela sempre me deixava ficar no Natal, jantar e conversar com ela, a minha avó e a minha irmã. Nesse ano, ela não ia me deixar ficar e eu atirei do carro e matei alguém. Na segunda vez, o pessoal tinha ganhado muito dinheiro e fiquei com inveja. Estava sendo vigiado, e atirei numa mulher — tirei um pouco de sangue. Fui para outra casa, entrei e tinha uma família inteira lá. Matei a família inteira. Alguém me viu lá. Eu vi uma menina. Ela chamou a polícia e eles não conseguiram me achar. A namorada de Curt Silva — ele morreu num acidente de moto, assim como outros amigos meus, e fiquei com a ideia de que ele foi morto pela organização, que ele estava na máfia, vendendo drogas. A namorada lembrava de Curt — eu estava tentando obter essa informação. Ela falou que estava casada com outro e que não queria conversar comigo. A organização inteira estava ganhando dinheiro fazendo a minha mãe me envenenar. Sei quem eles são e acho que podem ser julgados num tribunal se eu conseguir juntar as peças como estava tentando.

O julgamento começou no início de 1979, e em 6 de maio daquele ano a repórter Iris Yang, do *Sacramento Bee*, descreveu assim a figura de Chase no tribunal: "O réu se distingue pela absoluta ausência de características marcantes. Cabelos castanhos lisos e sem graça, olhos opacos e afundados, pele amarelada e compleição física que é praticamente pele e osso. Nos últimos quatro meses e meio, Richard Trenton Chase, a duas semanas de completar 29 anos, limitou-se a ficar sentado na cadeira, encurvado, brincando com pedaços de papel ou observando com olhar ausente as lâmpadas fluorescentes da corte".

Só houve julgamento porque a acusação fez questão de pleitear a pena de morte, recentemente reinstituída pela lei estadual da Califórnia. A defesa queria provar que Chase era doente mental que não reunia condições legais para ser julgado, mas a promotoria argumentou que ele demonstrou "astúcia e conhecimento" suficientes na época dos crimes para ser considerado responsável por seus atos. Chase foi indiciado por seis homicídios dolosos: o de Terry Wallin, o das três pessoas na casa dos Miroth, o do bebê e o de Ambrose Griffin. O júri deliberou por apenas algumas horas antes de declará-lo culpado de todas as acusações. O juiz o mandou para o corredor da morte em San Quentin, onde aguardaria pela cadeira elétrica.

Eu não concordei com o veredito nem com a maneira como o caso foi tratado. Na mesma época, foram julgados os assassinatos do prefeito de San Francisco, George Mosconi, e do vereador Harvey Milk por Dan White, ex-membro da câmara municipal da cidade. White alegou insanidade causada por motivos como se alimentar de forma não saudável e ingerir em excessos produtos como o bolinho recheado Twinkie; sua argumentação foi aceita, e foi mandado para um manicômio judiciário, em vez de receber a sentença de morte. Richard Chase, que era sem dúvida nenhuma doente mental e deveria passar o resto da vida em uma instituição psiquiátrica, foi condenado à morte na cadeira elétrica.

Enquanto Chase estava no corredor da morte em San Quentin, em 1979, John Conway e eu fomos vê-lo. Conway era o homem de ligação do FBI com o sistema prisional da Califórnia, um sujeito boa pinta, educado e de fala mansa, capaz de se comunicar com os detentos com grande facilidade. Essa visita a Chase foi uma das experiências mais estranhas que vivi. Do momento em que entrei na penitenciária até me sentar na sala onde a entrevista seria conduzida, passei por uma série de portas que em seguida eram trancadas, uma a uma atrás de mim, o que me transmitiu uma sensação opressiva e assustadora. Já tinha ido a várias prisões antes, mas aquela era a mais sinistra; parecia que havia chegado a um ponto sem retorno. Conway encarou tudo com muito mais naturalidade do que eu.

Entramos e saímos de vários elevadores, e o último deles nos colocou no corredor da morte. Ouvi barulhos estranhos, como grunhidos e outros ruídos inumanos nas celas. Nos sentamos em uma sala à espera de Chase, e ouvi sua aproximação pelo corredor. Estava acorrentado pelos pés quando entrou, e me lembrei imediatamente do fantasma de Jacob Marley em *Um Conto de Natal*, de Charles Dickens. Além das correntes, estava imobilizado pelos pulsos graças a um cinto com argola por onde passavam os elos das algemas. No máximo, conseguia se movimentar arrastando os pés.

Sua aparência também me chocou. Era um jovem magro e estranho com cabelos pretos e compridos; mas foram seus olhos que me chamaram atenção. Nunca vou me esquecer disso. Eram como os do monstro assassino do filme *Tubarão* — como se não tivesse pupilas, só duas manchas pretas. Eram olhos malignos, que continuaram em minhas lembranças por muito tempo depois da entrevista. Fiquei quase com a impressão de que, na verdade, não estava me vendo — era como se olhasse através de mim, para o vazio. Não demonstrou nenhum sinal de agressividade, se manteve sentado em postura passiva. Carregava nas mãos um copo de plástico e a princípio ficou em silêncio.

Como já havia sido condenado e estava no corredor da morte, não precisei passar pelas preliminares que normalmente caracterizam minha primeira entrevista com assassinos. ==Em geral, preciso me esforçar para mostrar ao entrevistado que sou digno de confiança e que ele pode falar tranquilamente comigo.== Chase e eu nos comunicamos com relativa facilidade, considerando seu estado mental. Não negou os assassinatos, mas disse tê-los cometido para salvar a própria vida. Ele me contou que estava preparando uma apelação, que teria como base a alegação de que estava morrendo e havia tirado aquelas vidas para obter o sangue de que necessitava para sobreviver. A ameaça principal à sua vida era envenenamento por sabão.

Quando disse não conhecer esse tipo de envenenamento, ele me esclareceu. Todo mundo tem uma barra de sabão na pia da cozinha de casa, Chase falou. Se você levantar o sabão e a parte de baixo estiver seca, tudo bem, mas se estiver gosmenta significa que está sofrendo de envenenamento por sabão. Perguntei qual era o efeito provocado pelo veneno, e ele respondeu que era transformar o sangue em um pó que corroía o corpo e as energias da pessoa e a debilitava.

Sei que os leitores deste relato devem considerar a explicação de Chase risível ou inacreditavelmente esquisita. Ao me deparar com essa justificativa, porém, eu não podia reagir dessa forma. Não podia parecer perplexo ou chocado, e precisei tomar aquela resposta pelo que de fato era — um exemplo do processo mental do assassino. Em geral, ou o entrevistador se abstém de comentar essas fantasias, ou responde alguma coisa apenas para manter o criminoso falando. Sobre o envenenamento por sabão, não poderia dizer "Essa coisa não existe", porque isso não me ajudaria em nada. Da mesma forma, não poderia falar: "Ah, sim, conheço pessoas que sofreram envenenamento por sabão". Apenas aceitei a explicação e evitei discutir o assunto.

O mesmo princípio foi aplicado quando começou a me contar que era judeu de nascimento — o que eu sabia ser mentira — e que vinha sendo perseguido por toda a vida pelos nazistas em razão da Estrela de Davi marcada em sua testa, que Chase fez questão de me mostrar. Diante disso, poderia ter respondido "Que conversa ridícula!", ou então tomado a direção oposta e falado: "Puxa, que beleza, queria ter uma também". Nenhuma dessas reações me ajudaria muito naquela conversa. Não vi Estrela de Davi nenhuma, mas achei que poderia ser uma espécie de armadilha que Chase queria usar contra mim, ou um teste para saber até que ponto eu acreditava nele. Ele poderia estar me enganando, e depois dizer que, na verdade, era no braço ou no peito e não na testa, e que só queria verificar o quanto eu sabia dele. Nesse caso, respondi apenas que havia esquecido meus óculos e que a iluminação no local era insuficiente, por isso não via a marca de nascença, mas acreditava que estivesse lá. Chase falou que os nazistas tinham ligação com óvnis que pairavam sobre a Terra o tempo inteiro e que mandavam ordens telepáticas para ele

44 — PROFILE – profile

matar outras pessoas a fim de repor seu sangue. A explicação foi resumida para mim nos seguintes termos: "Então, como você pode ver claramente, sr. Ressler, os assassinatos foram cometidos em legítima defesa".

A informação mais importante que obtive com essa entrevista talvez tenha vindo da resposta à pergunta de como Chase escolhia as vítimas. Era tema no qual muitas outras pessoas que falaram com ele não conseguiram tocar, mas eu havia conquistado sua confiança pelo menos o suficiente para perceber que teria uma explicação. Ele ouvia vozes que o mandavam tirar vidas e saía pelas ruas forçando as portas das casas. Se estivesse fechada a chave, ele não entrava. Mas, se estivesse destrancada, ele abria. Perguntei por que não podia apenas arrombar a porta se quisesse entrar. "Ah", disse Chase, "se a porta estiver trancada, significa que você não é bem-vindo." Como era tênue a linha que separou aqueles que escaparam de serem vítimas de crime hediondo e os que morreram de forma terrível pelas mãos de Chase!

Por fim, perguntei do copinho que carregava. Chase respondeu que era uma prova de que a penitenciária estava tentando envenená-lo. Ele o empurrou para o outro lado da mesa, e vi que continua uma gosma amarela, que mais tarde identifiquei como os restos do jantar em que lhe foi servido macarrão com queijo. Chase queria que eu levasse ao laboratório do FBI em Quantico para análise. Era um presente que considerei bom demais para recusar.

A informação que reuni a partir da entrevista foi útil para confirmar a definição de assassino "desorganizado" que a Unidade de Ciências Comportamentais vinha compondo, em contraste agudo com o retrato do homicida "organizado". Chase não só se encaixava no padrão dos desorganizados mais do que qualquer outro que as forças de aplicação da lei houvessem encontrado, ele era a síntese disso. Nesse sentido, era um caso clássico.

Em San Quentin, os outros presos costumavam provocar Chase. Faziam ameaças avisando que, caso se aproximasse demais, seria morto, e diziam que ele deveria se matar. Os psicólogos e psiquiatras que o examinaram nesses primeiros dias esperaram que o burburinho em torno da pena de morte se acalmasse, e depois argumentaram que, como se tratava de um detento "psicótico, insano, e cronicamente incapaz", deveria ser transferido para uma instituição do sistema prisional em Vacaville conhecida como Instalações Médicas da Califórnia, onde ficavam os declarados criminalmente insanos. Eu concordava com essa avaliação, sem dúvida nenhuma. Nessa época, por pensar que o FBI faria a análise da comida fornecida pela penitenciária, Chase mandava cartas para Conway e para mim, dizendo que precisava ir a Washington DC para obter mais elementos para seu pedido de apelação. Ele estava certo de que o FBI iria querer saber que os óvnis àquela altura estavam provocando quedas de aviões, e que armas antiaéreas desse mesmo tipo eram usadas pelos iranianos contra os Estados Unidos. "O FBI pode detectar os óvnis facilmente pelo radar", Chase me escreveu, "e vão descobrir que eles me seguem e que existem estrelas no céu à noite que se acendem por algum tipo de máquina de fusão controlada."

Foi o último comunicado que recebi de Chase. Pouco depois do Natal de 1990, ele foi encontrado morto em sua cela em Vacaville. Tinha conseguido juntar alguns antidepressivos, administrados para reduzir as alucinações e torná-lo um prisioneiro passível de tratamento, e tomou todos os comprimidos de uma só vez. Alguns definiram sua morte como suicídio; outros insistiam em afirmar que fora acidental, e que Richard Trenton Chase tinha engolido todos aqueles remédios na tentativa de calar as vozes que o levaram a matar e que continuariam a atormentá-lo até a morte.

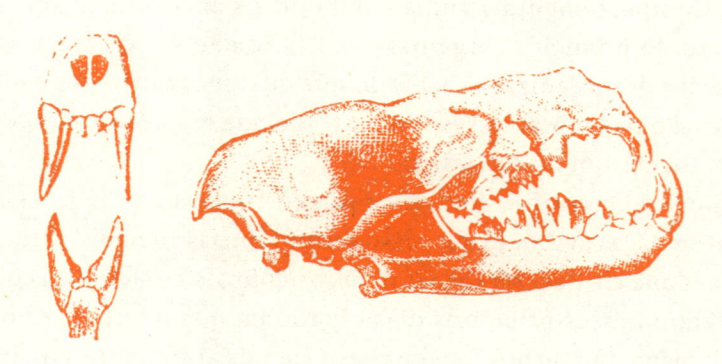

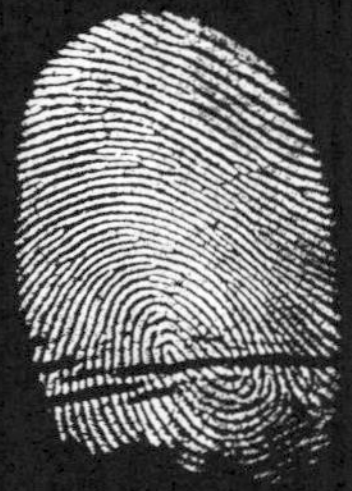

PROFILE
profile — 48

Chicago Tribune
THE WORLD'S GREATEST NEWSPAPER

MONSTROS
REAIS

"...me tornei, em minha própria pessoa, criatura devorada e esvaziada pela febre, languidamente fraca tanto no corpo como na mente, e unicamente ocupada por um pensamento: o horror a meu outro eu."
— **Robert L. Stevenson,** *O Médico e O Monstro*

ROBERT K. RESSLER E TOM SHACHTMAN

MINDHUNTER PROFILE
CAPÍTULO 2

Havia um monstro à solta em Chicago, e isso me deixou intrigado. Era 1946, e eu tinha nove anos. Meu pai trabalhava no departamento de segurança e manutenção do *Chicago Tribune*, então sempre tínhamos jornal em casa. Em meados do ano anterior, eu havia lido no *Tribune* sobre o assassinato de uma mulher casada de meia-idade em um condomínio de apartamentos. O caso foi tratado como crime isolado até que, em dezembro, uma ex-voluntária da Marinha foi morta em um quarto

50 PROFILE
   profile

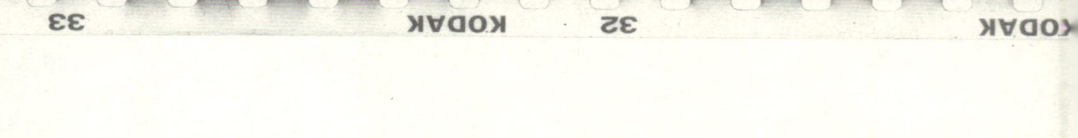

de hotel. O assassino escreveu no espelho, com o batom da mulher: "Pelo amor de Deus, me prendam antes que eu mate mais gente. Não consigo me controlar." A partir de evidências chocantes demais para serem publicadas no jornal (que na época eu sequer conseguia imaginar quais seriam), a polícia passou a considerar que os dois crimes poderiam estar relacionados.

O *Tribune* acompanhou de perto a perseguição ao assassino, mandando repórteres a vários lugares em busca de pistas. Logo depois da virada do ano, houve outro crime que a princípio não foi associado a esses dois. Suzanne Degnan, uma menina de seis anos, foi tirada do quarto em casa e assassinada; o corpo foi encontrado aos pedaços nos esgotos da região de Chicago e Evanston. A população de Chicago ficou abalada com aquele homicídio sinistro; diversos pais passaram a se preocupar com a segurança dos filhos. Eu me perguntei: "Quem seria capaz de matar e esquartejar uma garotinha? Um monstro? Um ser humano?". Aos nove anos de idade, eu não era capaz de conceber que tipo de pessoa cometeria um crime tão hediondo, mas podia fantasiar a ideia de capturar o assassino de Suzanne. Provavelmente, eu estava um tanto assustado, e essa fantasia foi minha forma de lidar com o medo — mas na verdade acho que estava mais fascinado do que amedrontado.

Quando ia ao cinema aos sábados, eu encontrava um modelo que desejava reproduzir. No seriado *Os Batutinhas*, havia uma agência de detetives; nas férias de verão de 1946, eu criei uma com três amigos meus. A agência RKPK tinha como sede uma garagem e um "carro de guerra": uma estrutura de madeira com rodas que chamávamos de Expresso RKPK. Quando não estávamos envolvidos em nenhuma investigação, usávamos o Expresso para levar compras de supermercado, a 25 centavos por entrega. O serviço de entregas era só um negócio paralelo que mantínhamos para cobrir os custos. Como grande parte dos detetives particulares do cinema, nós não tínhamos casos suficientes para garantir o pagamento do aluguel. Nossa principal atividade nesse verão era vestir os trajes de detetives — chapéu e sobretudo — e vigiar os pontos de ônibus em busca de suspeitos para seguir. Queríamos ser como os agentes do FBI, considerados heróis do país na época, ou talvez como

Sam Spade. Se um pai ou um irmão mais velho que morava na vizinhança descia do ônibus carregando a marmita ou a pasta de documentos, nós o considerávamos suspeito do assassinato de Suzanne Degnan e o seguíamos até sua casa, depois assumíamos posição ao redor da residência até chegar a hora de trocar de turno e avaliar as anotações. Os sujeitos deviam ficar imaginando o que aqueles garotos esquisitos de chapéu e sobretudo estavam fazendo; na verdade, nunca descobriram.

> Spade, com os olhos pregados na escrivaninha, fez uma inclinação quase imperceptível de cabeça. — Sim — disse com um estremecimento. — Bem, mande-a entrar.
> **Dashiell Hammett**, *O Falcão Maltês*

William Heirens foi preso naquele verão, e fiquei assombrado com o fato de ele ter matado a garotinha além das duas mulheres nos apartamentos; o motivo que deu foi que o haviam surpreendido durante roubos que, segundo as descrições da imprensa, tinham motivação sexual. Seguindo as normas de decoro da época, não foram fornecidos mais detalhes e, como eu não sabia muita coisa sobre sexo nessa idade, ignorei esse aspecto do caso. Anos mais tarde, obtive um conhecimento muito mais aprofundado do que o de qualquer cidadão comum sobre o que eram de fato esses roubos por fetiche. Na ocasião, a questão mais intrigante para mim sobre Heirens era ele ser um garoto não muito mais velho do que eu — tinha dezessete anos e era estudante da Universidade de Chicago. Mais tarde, fiquei sabendo que ele se mostrara são o suficiente para voltar ao alojamento universitário em que morava e agir com tranquilidade para esconder seus crimes. Sua prisão ocorreu quase por acidente, quando um policial de folga foi acionado para deter Heirens, que tentava fugir após uma investida malsucedida de roubo. Houve luta corporal intensa, e o policial teve a grande sorte de ver a arma de Heirens falhar duas vezes antes de conseguir atingir a cabeça dele com um vaso de flores convenientemente à mão. No alojamento em que o criminoso morava, as

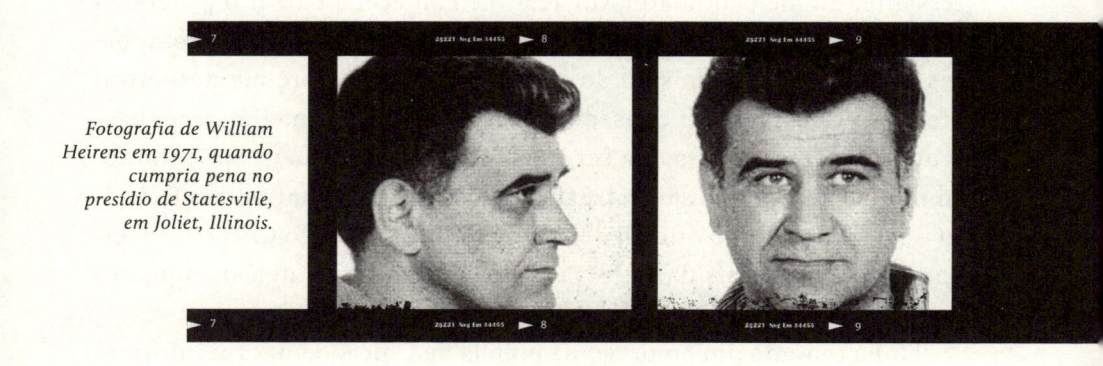

Fotografia de William Heirens em 1971, quando cumpria pena no presídio de Statesville, em Joliet, Illinois.

autoridades encontraram suvenires dos roubos cometidos por fetiche e também dos assassinatos. A revista *Time* definiu o caso Heirens como "a grande história criminal do século", e descreveu com assombro a quantidade de repórteres de todo o país que se deslocou até Chicago para obter mais informações e acompanhar o julgamento. Depois que ele foi pego, nós, os detetives-mirins, começamos a vigiar os pontos de ônibus à espera de Heirens, o perigoso assassino, e fingíamos o seguir até seu esconderijo.

Essa fantasia, junto de nossa agência de detetives, começou e terminou naquele verão, mas de certa forma, mesmo naquela idade, continuei acompanhando casos criminais e sentindo fascínio por figuras como Heirens e outros criminosos similares a ele. Quando cresci, isso se tornou naturalmente parte importante do trabalho ao qual dedico minha vida: o de capturar e entender as mentes criminosas.

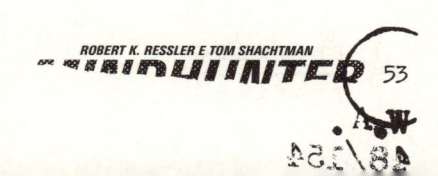

No ensino médio, eu era um aluno mediano, que não demonstrava aptidão específica para nenhum ramo de conhecimento e continuei assim nos dois anos em que frequentei, sem o menor entusiasmo, uma faculdade comunitária em Chicago. Em seguida me alistei no Exército, me casei e fui mandado para Okinawa. Mesmo fora do país, continuei leitor do *Chicago Tribune*, e no suplemento dominical li a respeito de um curso de criminologia e administração de forças policiais que era oferecido pela Universidade Estadual de Michigan. Parecia bem interessante. Eu me candidatei, fui aceito e comecei a cursar o programa de bacharelado depois que terminei meus dois anos de serviço nas forças armadas. O mecanismo de aplicação da lei sempre me despertou grande interesse e, por consequência, minhas notas melhoraram bastante quando esse passou a ser o tema de meus estudos. No entanto, completei apenas um semestre do curso antes de voltar para o Exército — dessa vez como oficial, depois de ter passado pelo Corpo de Treinamento de Oficiais da Reserva (ROTC, na sigla em inglês) enquanto estudava na Estadual de Michigan.

Tinha tentado um emprego na polícia de Chicago, mas fui informado de que normalmente ==não aceitavam recrutas com nível de escolaridade muito alto, porque "tendiam a dar muito trabalho"==. O diretor do meu departamento na universidade era influente e poderia me ajudar, mas fui alertado por Frank Graszer, meu cunhado policial, de que o melhor que a cidade de Chicago tinha a me oferecer era um posto na patrulha de rua, algo ao alcance de qualquer um com diploma de ensino médio. Frank continuou a incentivar meu interesse em trabalhar nas forças de aplicação da lei, mas a melhor proposta veio das forças armadas: a promoção a tenente da Polícia do Exército e um posto na Alemanha. Isso despertou meu interesse porque tanto eu quanto minha esposa somos descendentes de alemães, e resolvemos agarrar a oportunidade de viver na terra de nossos antepassados.

Tive a sorte de conseguir o posto que queria, o comando de um pelotão da Polícia do Exército dos Estados Unidos em Aschaffenburg. A cidade tinha cerca de 45 mil habitantes, e nossa guarnição contava com 8 mil homens, então, na prática, me tornei o chefe do serviço de policiamento local; havia homicídios, roubos e incêndios criminosos, além de todos os demais problemas que um chefe de polícia precisa resolver. Depois de quatro anos, quando mais uma vez pensava em pedir baixa do exército, recebi outra missão que parecia sob medida para mim: a de comandante de uma unidade da Divisão de Investigação Criminal (CID, na sigla em inglês) sediada no Forte Sheridan, nos arredores de Chicago, onde me tornaria responsável, sem a necessidade da farda, por operações de investigação sob jurisdição militar em cinco estados. Eu me tornei o supervisor de agentes da CID em Chicago e região, Detroit, Milwaukee, Minneapolis, St. Paul e vários outros lugares. Ao contrário da opinião do público em geral sobre a carreira militar — a de que nas forças armadas se desperdiça o talento e a motivação —, o Exército dispõe de mecanismos suficientes para atrair e manter pessoas competentes acompanhando seu trabalho e oferecendo funções compatíveis com suas inclinações; por duas vezes, fui beneficiado por essa política interna.

> Será que provocarei espanto se disser que o crime pode me servir para assegurar o meu vigor moral?
> **Jean Genet**, *Diário de Um Ladrão*

Como descobri mais tarde, meu trabalho no Forte Sheridan era bem parecido com o de supervisionar agentes de campo do FBI: todos os meus oficiais usavam roupas civis e carregavam apenas as credenciais, um distintivo e um revólver calibre .38. Inclusive, muitas vezes trabalhávamos com a polícia local e com o FBI. Em Aschaffenburg, como tenente, eu substituíra um capitão; no Forte Sheridan, como primeiro-tenente (uma patente bastante baixa), assumi o posto antes ocupado por um major.

Um de nossos casos mais importantes envolveu trazer ao Forte Sheridan alguns agentes do Bureau Federal de Narcóticos (ou FBN, que mais tarde foi rebatizado como Administração de Combate às Drogas) para desbaratar uma rede de tráfico. Os agentes se infiltraram como recrutas problemáticos que teriam sido alocados no Forte Sheridan enquanto aguardavam o processo de exclusão das forças armadas. A rede foi descoberta, mas o perigo envolvido foi considerável — os policiais à paisana estavam a ponto de ser desmascarados e assassinados, mas soubemos disso bem a tempo. A resolução do caso foi cinematográfica: todas as unidades alocadas no forte foram reunidas no interior do batalhão para a última inspeção antes de uma folga de três dias, e as minhas unidades — junto de agentes do FBN e do FBI — cercaram o perímetro com carros, caminhões e metralhadoras; os infiltrados saíram do meio das fileiras de militares, mostraram os distintivos e, acompanhados pelos oficiais, passaram as tropas em revistas e apontaram um por um os traficantes de droga, que foram mandados para a prisão do quartel.

Essa operação despertou em mim a vontade de continuar nesse tipo de trabalho para o governo, mas como civil, como agente do FBI. Em meu papel de comandante da CID, costumava realizar eventos de integração das diversas instâncias das forças policiais com as quais trabalhávamos, o que incluía o Bureau Federal de Investigações.

Naquela época, em meados da década de 1960, havia casos de sobra sob a jurisdição do FBI. Nos campi universitários, estavam começando os grandes protestos e outras atividades contra o establishment, e algumas delas envolviam estudantes que serviam nas bases militares próximas às instituições de ensino superior. Meus agentes da CID se infiltraram em células organizadas que planejavam ações subversivas e reportaram o que descobriram não só a mim, mas também ao FBI. Para deixar claro que não se tratava de muito barulho por nada, basta mencionar que um desses grupos havia roubado explosivos do Forte Sheridan e foram detidos enquanto estruturavam atentados a bomba contra alvos militares. Vários anos depois, quando já estava no FBI, tive a oportunidade de fazer uma pesquisa a respeito desses casos, e soube que o pessoal da sede regional do Bureau em Chicago havia assumido o crédito pelo trabalho feito pelos investigadores da CID. Foi uma primeira e um tanto chocante lição a respeito de como o FBI é conduzido às vezes. Foi um exemplo do que dentro da agência era chamado de via de mão única: o FBI se apropriava do trabalho de outras instâncias de aplicação da lei, mas não dava nada em troca — jamais.

Em meio ao meu pedido de baixa do Exército, quando eu estava à procura de um caminho dentro das instâncias de aplicação da lei, o processo foi suspenso por conta da intensificação do conflito no Vietnã. Ninguém de patente como a minha receberia permissão para deixar as forças armadas naquele momento. Os militares me fizeram uma proposta interessante: alguém do alto comando havia analisado meus registros de serviço e visto que eu tinha completado um semestre na universidade; o Exército se ofereceu para bancar meus estudos no programa de mestrado em administração de forças policiais e continuar pagando meu salário enquanto estudava — sob a condição do cumprimento de um contrato de dois anos depois que obtivesse o título.

Quando voltei à Universidade Estadual de Michigan, além de casado, já era pai de dois filhos e, além dos estudos, precisava me dedicar a uma missão secreta designada pelo Exército: trabalhar infiltrado em grupos que participavam ativamente da resistência à Guerra do Vietnã. Deixei o cabelo crescer e compareci a diversos eventos do movimento dos Estudantes para uma Sociedade Democrática (SDS) e da Nova Esquerda, inclusive passeatas e afins. Eu me apresentava como veterano de guerra desiludido, e participava de reuniões de planejamento e outras atividades. Existe inclusive uma foto minha no jornal do campus, com os cabelos compridos e carregando minha filhinha nos ombros para tornar meu disfarce mais convincente. Nós estávamos protestando contra o recrutamento da CIA nas universidades; fico me perguntando se por acaso essa minha fotografia não foi parar nos arquivos da agência.

Minha opinião era a de que esses manifestantes "radicais" sequer sabiam do que estavam falando; nunca serviram nas forças armadas e não sabiam como os militares operavam, mas estavam determinados a vê-los como inimigos. Muitas vezes, pareciam dispostos a ações subversivas só pelo prazer de promover o caos. Um professor assistente de psicologia frequentava essas reuniões, tentando motivar os estudantes a protestar contra a guerra, inclusive sugerindo que se alistassem em massa no ROTC para atacar o sistema por dentro. Ele aconselhou que, durante as aulas, dificultassem a vida dos instrutores com perguntas idiotas e, depois que se formassem, recusassem os postos oferecidos pelas forças armadas. Esse professor assistente logo foi convidado a procurar emprego em outra universidade.

As aulas em si progrediam em bom ritmo e de forma satisfatória. Entre meus colegas no programa de pós-graduação estava Ken Joseph, na época agente sênior da sede regional do FBI em Lansing, Michigan; Ken ficou na universidade para fazer o doutorado, enquanto eu voltei ao Exército para cumprir os compromissos que assumira.

Depois de obter o título acadêmico, servi por um ano como comandante de forças policiais na Tailândia, e mais um como subcomandante no Forte Sheridan. A essa altura já era major, e pensava seriamente em seguir carreira militar, mas meus amigos no FBI me convenceram a reativar o processo de admissão a que tinha dado início pouco antes de minha baixa ser suspensa. Essa alternativa não parecia tão atraente em 1970, quando eu já tinha 32 anos, como era em 1967, mas as investigações que o FBI vinha conduzindo na época eram do tipo que me interessava, então me candidatei de coração aberto e fui aceito. Vários de meus superiores no Exército tentaram me convencer a não pedir baixa, e mencionaram minha perspectiva de crescimento dentro da CID, mas eu estava empolgado com a ideia de me tornar um agente especial do FBI, e não havia razão capaz de me convencer a não ir.

Acabei em maus lençóis no FBI logo na primeira hora de serviço. Tinha recebido uma carta avisando para comparecer a uma sala na Antiga Sede do Correio às 8h da manhã de uma segunda-feira de fevereiro de 1970, e cheguei lá às 7h50, todo empolgado e ansioso, mas dei de cara com um bilhete na porta anunciando que a aula fora transferida para uma sala no prédio do Departamento de Justiça, a algumas quadras de distância. Depois de correr até lá, fui recebido pelos tutores responsáveis pela formação profissional dos agentes e eles me disseram que a coisa ficaria feia para mim, e que eu tinha razões de sobra para me preocupar. Dentro da sala, um instrutor que falava sobre os programas de seguridade e do plano de aposentadoria do Bureau, interrompeu a aula para me repreender por estar atrasado; me defendi falando que havia chegado dez minutos adiantado e não sabia que o local a que deveria me apresentar fora alterado. Ele não soube lidar com a situação e me mandou para a sala de um membro do alto comando da instituição.

J. Edgar Hoover ainda estava vivo e na ativa nessa época, e Joe Casper, diretor-assistente em exercício da Divisão de Treinamento, era um de seus velhos comandados. Apesar de ser apelidado de "Fantasminha" (por ter o mesmo nome que o Gasparzinho do desenho animado), de camarada Casper não tinha nada. Eu reiterei meu argumento diante dele: cheguei no horário, mas o local fora alterado. O Fantasminha rebateu dizendo que todos receberam uma carta avisando da mudança, respondi que só tinha em mãos o comunicado para comparecer à Antiga Sede do Correio. Ele queria que eu admitisse que estava errado e havia descumprido ordens, e eu não aceitaria isso; avisei que passara vários anos no Exército e sabia muito bem o que eram ordens, tanto para dá-las quanto para cumpri-las. Pensei que Casper fosse soltar fumaça pelas orelhas quando ameaçou minha expulsão do FBI naquele exato momento. Reagi dizendo que talvez assim ficasse melhor para todo mundo, caso o Bureau fosse mesmo uma instituição tão quadrada que não sabia tratar os novos agentes que se dedicavam tanto a recrutar. O Exército me aceitaria de volta no ato, sem nenhum questionamento.

"Levante a mão direita, maldição", Casper falou, e me fez jurar obediência, me aconselhou a ficar de boca fechada e me deu aquele velho aviso de "estamos de olho em você". Era uma típica tentativa de intimidar um recém-chegado, mas eu era um pouco mais velho, um pouco mais esperto e um pouco mais acostumado ao funcionamento da burocracia militar ou policial do que a média dos recrutas, e soube lidar com a situação de forma relativamente tranquila. No entanto, essa experiência me deixou um gosto amargo por causa da rigidez e da inflexibilidade do Bureau em fazer tudo "conforme o manual", postura que continuei a combater até o dia de minha aposentadoria, vinte anos depois.

O Curso para Novos Agentes 70-2 era coordenado por dois homens de quarenta e tantos anos que buscavam cargos de direção no Bureau e que, para "garantir um carimbo na ficha de serviço", assumiram a responsabilidade da formação dos novatos em um curso de dezesseis semanas. Como soube depois, tratava-se de um trabalho de "alto risco e alta recompensa", pois se o treinamento dos novos agentes não se revelasse bem-sucedido os tutores poderiam cair no ostracismo, em vez de serem promovidos a uma função administrativa de relevância na instituição. ==Joe "O.C. Joe" O'Connell era conhecido pelo combate ao crime organizado==, e tinha contra si um processo judicial multimilionário aberto por mafiosos incomodados por seu desempenho (que posteriormente foi arquivado). Ele não parecia nem um pouco preocupado com isso, mas tinha sérias restrições aos "camisas brancas", a forma pouco simpática como se referia aos supervisores da sede nacional do Bureau. Esses supervisores vinham nos dar aulas dos vários tipos de infrações às leis que os agentes do FBI eram encarregados de administrar e, depois que iam embora, O.C. Joe nos dizia para jogar fora as nossas anotações e garantia que cuidaria pessoalmente de nossa preparação para a prova a respeito daquela lei específica. Ele também avisava que qualquer um que precisasse de ajuda extra deveria procurá-lo no corredor depois das aulas. Olhando para trás, hoje vejo que muitos desses agentes que costumavam procurar O.C. Joe nos corredores em busca de conselhos — porque de verdade precisavam de ajuda — foram aqueles que mais evoluíram na hierarquia do FBI, ao passo que muitos dos agentes de maior potencial ralaram por anos sem nunca chegar a postos de chefia.

O outro tutor era Bud Abbott, que apelidamos de "Tremedeira", por causa de seu nervosismo frequente. O motivo para sua constante apreensão era o comportamento pouco ortodoxo de O.C. Joe. Como os dois eram responsáveis pelo curso, seus destinos estavam atrelados um ao do outro, e Abbott, o burocrata padrão, temia que a postura de O.C. Joe arruinasse sua tentativa de cavar um lugar na sede nacional do FBI. No fim, ambos conseguiram seus cargos de chefia, então acho que nos saímos bem o suficiente para deixar o alto comando satisfeito.

Depois do treinamento, trabalhei durante anos como agente especial nas sedes regionais do FBI em Chicago, New Orleans e Cleveland. Foi nessa época, na primeira metade dos anos 1970, que o Bureau inaugurou sua nova Academia em Quantico, Virgínia — o último legado positivo deixado por J. Edgar Hoover, que defendeu a construção daquela que se tornaria a grande referência mundial para a formação de agentes de aplicação da lei. Ken Joseph fora convocado para a sede principal do FBI para ajudar a elaborar os programas de ensino de Quantico, e em 1974 me tirou de Cleveland e levou para lá. Na Academia Nacional do FBI (FBINA), comecei como uma espécie de babá dos policiais que visitavam o local; cada instrutor era responsável por cinquenta

Robert Ressler, na época supervisor de agentes especiais, fazendo o papel de terrorista durante treinamento antiterrorismo com reféns no norte do estado de Nova York.

alunos, que orientavam ao longo de um programa de vários meses de treinamento. Em junho de 1974, decidi que minha carreira no FBI deveria passar por Quantico; o ambiente acadêmico era atraente, assim como o belíssimo interior da Virgínia, e eu também senti que a permanência na academia era fundamental para subir na hierarquia do FBI. Outro fator que me atraiu para Quantico foi a então embrionária Unidade de Ciências Comportamentais, que na época consistia basicamente em dois agentes, Howard Teten e Pat Mullany, companheiros inseparáveis. Os dois sempre lecionavam juntos, e formavam uma dupla e tanto — Teten tinha 2 metros de altura, era bem magro e sério, enquanto Mullany tinha pouco menos de 1 metro e 80, era meio gordinho e engraçado. Teten, com seu jeito caladão e metódico, e Mullany, todo acelerado e enérgico, dedicavam a maior parte de seu tempo a ensinar, mas de vez em quando analisavam um crime violento e "perfilavam" a aparência e o comportamento de prováveis suspeitos. Eles foram meus mentores nesse campo, e poucos anos depois, quando os dois se aposentaram, assumi o lugar deles como principal elaborador de perfis psicológicos de criminosos do FBI.

Aprender a elaborar perfis era um processo em constante evolução, parte da tentativa de entender as mentes criminosas, algo que eu vinha buscando de outras maneiras com minhas aulas em Quantico sobre a psicologia de comportamentos anormais e criminais. Quem comete crimes contra a pessoa, em que não há nenhum tipo de ganho material envolvido, é uma espécie diferente de criminoso comparado àqueles que infringem a lei para lucro pessoal. Assassinos, estupradores e molestadores de crianças não estão atrás de ganho financeiro com seus crimes; de forma perversa, e até certo ponto compreensível em alguns casos, estão à procura de satisfação emocional. Isso os torna diferentes e, para mim, mais interessantes.

Em Quantico, eu dava aulas sobre temas que iam desde comportamentos anormais a técnicas de interrogatório; e acabei descobrindo que era bom professor. Também me dei conta de que gostava de trabalhar como instrutor. Muitas vezes viajávamos para dar treinamentos, dentro do país e às vezes até no exterior, e apesar de os deslocamentos constantes serem cansativos, conhecemos lugares interessantes do outro lado do oceano e fizemos contato com ótimos profissionais de diferentes instituições de aplicação da lei.

Foi em uma dessas viagens internacionais que cunhei o termo *assassino em série*, hoje muito em voga. Na época, crimes como os do "Filho de Sam", o homicida David Berkowitz que agia em Nova York, eram rotulados como "assassinatos de estranhos". Essa expressão não me parecia apropriada, pois às vezes os criminosos conheciam suas vítimas. Várias outras definições eram usadas, mas nenhuma acertava na mosca. Eu tinha sido convidado a uma semana de palestras em Bramshill, a academia de polícia britânica, e aproveitei a oportunidade para participar como ouvinte de outras aulas e seminários. Em uma delas, o palestrante discutiu aquilo que os britânicos definiam como crimes em série — uma série de estupros, roubos, incêndios criminosos e homicídios. Essa me pareceu uma maneira apropriadíssima de caracterizar os crimes daqueles que cometem um homicídio, depois outro e depois outros em repetição constante, por isso, em minhas aulas em Quantico e em outros lugares, passei a me referir a eles como "assassinos em série". A questão da nomenclatura não era de grande importância para mim na época; era apenas parte de nossos esforços de compreensão desses crimes monstruosos, de procurar formas de entendê-los para agir mais rápido na captura de um assassino em série no futuro.

> **A maioria das pessoas imagina que o homicida tenha uma dupla personalidade do tipo "o médico e o monstro" [...] Assassinos em série não são assim. São obcecados por uma fantasia...**

Pensando hoje na questão da nomenclatura, acho que um dos fatores que também me influenciaram foram os seriados de aventura que via aos sábados no cinema (um de meus personagens favoritos era o Fantasma). A cada semana saíamos com muita vontade de ver o episódio seguinte, porque a história sempre terminava com um gancho do que viria a seguir. Em termos dramáticos, não era um final satisfatório, porque intensificava a tensão, em vez de aliviá-la. O ato de matar funciona da mesma forma para o assassino, porque nunca é perfeito como na fantasia. Quando um episódio terminava com o Fantasma afundando na areia movediça, o espectador se sentia compelido a voltar na semana seguinte para ver como o herói se livraria daquele perigo. Depois de um crime, o homicida em série começa a pensar que sua ação poderia ter sido melhor. "Minha nossa, eu matei depressa demais. Não tive nem tempo de me divertir, de torturar a vítima como deveria. Eu deveria criar outra abordagem, pensar em uma forma diferente de abusar dela sexualmente." Seguindo esse tipo de raciocínio, sua mente passa a se concentrar em um modo de cometer o crime quase perfeito na ocasião seguinte; é um aprimoramento contínuo.

Exemplares do Chicago Tribune sob o colchão de Richard Speck, com a cobertura noticiosa do assassinato das estudantes de enfermagem, descobertos quando de sua prisão.

No entanto, essa não é a maneira como o público enxerga os assassinos em série. A maioria das pessoas imagina que o homicida tenha uma dupla personalidade do tipo "o médico e o monstro": em um dia se comporta como um indivíduo normal, e no outro seus impulsos tomam conta — os cabelos crescem, as presas se tornam maiores e mais afiadas — e então, na lua cheia ele sai atrás de mais uma vítima. Assassinos em série não são assim. São obcecados por uma fantasia, e a partir de seus crimes adquirem o que se denomina experiências não realizadas, que se incorporam a seu imaginário e o levam a cometer mais homicídios. Esse é o verdadeiro sentido por trás do termo *assassino em série*.

Entre 1975 e 1977, dei aulas de técnicas de negociações em situação com refém. Nesse campo, o Bureau estava um tanto defasado em relação à força policial da cidade de Nova York, na dianteira em termos de compreensão e resolução de casos desse tipo. Por outro lado, o FBI foi capaz de obter boa quantidade de informações valiosas sobre esse tipo de ocorrência com os especialistas da polícia nova-iorquina — o capitão Frank Bolz e o detetive Harvey Schlossberg. Nós expandimos suas experiências e ensinamos suas técnicas a agentes de aplicação da lei de todo o país. Como oficial da reserva, também dei aulas sobre o tema na Polícia do Exército e no CID, e imagino que ao longo de quinze anos devo ter sido o instrutor de cerca de 90% do pessoal do Exército dos Estados Unidos habilitado a negociar com sequestradores.

Foi uma época interessante para as forças da lei. No final dos anos 1960 e início da década de 1970, um grande número de pessoas saídas das fileiras militares — ex-Boinas Verdes e outros soldados treinados nas selvas do Vietnã — foram parar nas forças policiais. Suas habilidades e seus conhecimentos em armas de fogo e táticas de invasão serviram de base para o estabelecimento das equipes da SWAT, à época um conceito inteiramente novo na polícia norte-americana. Uma equipe da SWAT, na prática, é uma força paramilitar, e nunca havíamos recorrido a batalhões como esses antes. Mesmo no FBI, onde os agentes eram treinados no uso de fuzis e metralhadoras, além de revólveres e pistolas, até essa época ninguém dava muita atenção aos aspectos paramilitares envolvidos em operações de busca e apreensão. As equipes da SWAT, por sua vez, tinham grande apelo com o público, e atraíam bastante atenção da mídia. Usavam atiradores de elite para matar criminosos e armamento pesado como fuzis de assalto e lançadores de granadas nas tentativas de invadir esconderijos de bandidos ou libertar reféns. O problema era que essas táticas estavam produzindo alta letalidade. Em sua maioria, os criminosos eram mortos, mas os policiais também estavam sendo assassinado em números recordes, e a quantidade de reféns feridos também crescia. A NYPD criou a equipe de negociação em situação com refém para evitar essa carnificina, e o FBI logo abraçou a ideia de defender uma abordagem menos radical nesse tipo de caso.

Eu gostava dessa nova abordagem por enfatizar a necessidade de entender a mente dos criminosos, que era meu assunto preferido — e, claro, a base para a elaboração de meus perfis psicológicos. Nessa época, as forças de aplicação da lei não tinham o menor preparo para assimilar uma técnica que exigisse mais compreensão. A maioria dos policiais não tinha a mínima base de estudos em Psicologia, e tendiam a privilegiar o uso da força em detrimento da persuasão. No entanto, quando o FBI assumiu a tarefa de ensinar técnicas de negociação e desenvolveu um método próprio para isso, o acionamento das equipes da SWAT se reduziu, assim como o número de mortes em situações com refém. A prática de conversar primeiro passou a ser aceita, evitando o uso de armamentos sempre que possível. A adoção dessa abordagem também foi forçada por grande número de processos judiciais contra diversos departamentos policiais por uso injustificado da força, que custaram milhões de dólares às administrações municipais. Esses prejuízos logo se traduziriam em diretrizes para esgotar todos os meios não violentos antes de recorrer à invasão com uma equipe da SWAT.

Em uma década, a abordagem comportamental no combate ao crime iria muito além da negociação em situação com refém e da elaboração de perfis psicológicos, com o estabelecimento do Centro Nacional para a Análise de Crimes Violentos (NCAVC) e do Programa de Apreensão de Criminosos Violentos (VICAP) no FBI; eu estive envolvido diretamente no nascimento tanto do NCAVC como do VICAP — mas estou me adiantando demais à cronologia da história, por isso voltarei a esse assunto em um capítulo mais adiante neste livro.

Enquanto estava em Cleveland como instrutor do serviço de treinamento que visitava os departamentos de polícia locais — um "espetáculo itinerante", como chamávamos —, acabei envolvido em uma situação crítica com reféns. Um homem negro armado mantinha como reféns um capitão da polícia e uma garota de dezessete anos na sede do distrito policial de Warrensville Heights, e nós estávamos tentando resolver tudo na conversa para evitar o derramamento de sangue. Não se sabe como, as exigências do criminoso acabaram vazando para o público: entre outras coisas, ele queria que todas as pessoas brancas desaparecessem da face da Terra imediatamente e gostaria de conversar com o presidente Jimmy Carter. Como essas duas reivindicações tinham um claro caráter irracional, não fiz nenhum esforço para atendê-las. No posto de comando, puseram um telefone em minha mão e me disseram que alguém importante gostaria de falar comigo. Era Jody Powell, porta-voz da presidência, avisando que a Casa Branca estava ciente do fato e informando que o presidente Carter estava disposto a conversar com "o terrorista". Perplexo, respondi que não havia terrorista nenhum em Cleveland. Tentando ser educado, apesar de considerar inacreditável que a Casa Branca cogitasse intervir em situação tão delicada, menti para Powell e falei que ainda não tínhamos conseguido contato telefônico com o criminoso. Avisei que, se precisássemos da ajuda do presidente, ligaríamos de volta. O incidente terminou sem derramamento de sangue e sem a necessidade de envolvimento presidencial.

==Fiquei encarregado do treinamento para negociações em situação com refém no FBI por apenas dois anos==, mas continuei em ações nessa área por um bom tempo depois de 1977 — na maior parte das vezes, como o chefe dos terroristas visitante. Em uma instalação remota destinada a testes atômicos em 1978, e em Lake Placid no início dos anos 1980, além de outros locais ao longo daquela década, as principais agências de aplicação da lei do governo norte-americano e de alguns outros países participaram de simulações de ataques terroristas e negociações para a libertação de reféns que duravam a semana toda. Em vários desses exercícios de treinamento, executei o papel de terrorista principal. Nós sequestrávamos um ônibus cheio de voluntários, supostamente pessoas importantes — cientistas ou dignitários estrangeiros, por exemplo — e os levávamos para uma fazenda

Coleção de material pornográfico de propriedade de Gacy, encontrada pela polícia durante a revista em sua residência.

distante ou uma estação de esqui, onde eram mantidos como reféns. Armas de verdade, granadas, dinamite e outros tipos de dispositivos letais eram usados, e quando exigi um avião de carreira para fugir do país, uma aeronave foi solicitada e enviada à pista de pousos e decolagens mais próximas. Quando o exercício começava, nós cumpríamos nossos papéis à risca, e não saíamos do personagem sequer por um instante. Em Lake Placid, meu codinome era "10", enquanto um especialista em metralhadoras do FBI era "20", e os papéis de "30", "40", "50" e "60" ficavam a cargo de agentes da CIA, do Serviço Secreto, da Força Delta do Exército dos Estados Unidos e de sua equivalente nas forças armadas britânicas, o Serviço Aéreo Especial (SAS). As simulações eram tão realistas que alguns reféns chegaram a desenvolver a "Síndrome de Estocolmo", condição em que a pessoa se identifica tanto com os sequestradores que se dispõe a colaborar com eles para sobreviver. Quem se comunicava comigo por telefone, negociando em nome do FBI, eram ex-alunos meus que às vezes reclamavam que eu era um oponente difícil demais, porque conhecia todos os seus truques e sabia como neutralizá-los. Em todos os exercícios, porém, os "mocinhos" conseguiam libertar os reféns dos "bandidos", mas nem sempre evitando o derramamento de sangue — ainda que simulado.

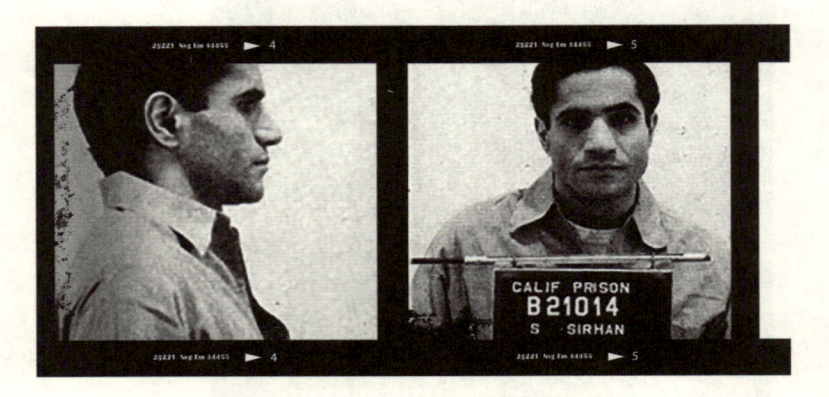

Sirhan B. Sirhan, o assassino de Robert Kennedy.

O fato de, em meados da década de 1970, eu ter me envolvido com essas técnicas de negociação em situação com refém era um sinal de minha inquietação pessoal. Como não me sentia bem repetindo sempre os mesmos ensinamentos em sala de aula o tempo todo, estava sedento por novos desafios. Muitos de meus colegas instrutores em Quantico não tinham o menor interesse em procurar outra coisa para fazer; na maior parte das estruturas burocráticas, a inovação não é uma meta, e no FBI não era diferente, embora o alto escalão afirmasse que sempre incentivava os instrutores a aperfeiçoar técnicas e métodos. Muita gente não se incomodava nem um pouco usar conteúdo "enlatado", por exemplo, casos herdados da geração anterior de instrutores. Meu colega John Minderman se referia a esses professores como "manchas de óleo", porque sua cobertura abrangia vastas superfícies, mas com profundidade de pouco mais de um milímetro. Minderman, ex-patrulheiro motociclista da polícia de San Francisco, me ensinou muito sobre como me relacionar com os policiais que compunham o grosso dos alunos de nossas aulas.

A maioria dos exemplos que eu apresentava em minhas palestras de criminologia não era nada enlatada — eram casos amplamente conhecidos cuja informação disponível vinha quase toda de fontes disponíveis ao público em geral. Livros e matérias jornalísticas sobre Charles Manson, Sirhan, David Berkowitz, o atirador texano Charles Whitman e outros do tipo eram a base de nosso arsenal didático. Estudando esses casos a fundo, comecei a perceber que nossas aulas não davam informações inéditas ou exclusivas desses assassinos, até porque não havia nada disponível. Os livros sobre Manson foram escritos do ponto de vista do advogado de acusação, ou a partir da cobertura da mídia e de entrevistas com membros secundários do entorno do criminoso. Que tipo de entendimento da mente de Manson um policial poderia adquirir com um curso de psicologia criminal na principal instituição do mundo para treinamento de agentes da lei? A maior parte das pessoas, acompanhando o caso de longe, chegara à conclusão de que Manson era "louco" e que nada de bom poderia vir em analisar as ações dele. Mas e se ele não fosse exatamente "louco"?

==Isso significaria que uma nova compreensão poderia ser adquirida a partir dos assassinatos inspirados por Manson?== Infelizmente, essa pergunta não poderia ser respondida, porque tudo o que tínhamos nas mãos era o mesmo que todo mundo. Sobre Richard Speck, que matou oito enfermeiras em Chicago, o material era um pouco melhor: o livro escrito por um psiquiatra que conduzira longas sessões de entrevista com ele. Mas nem mesmo isso era adequado, porque o entrevistador não tinha experiência prévia com criminosos, nem fizera o trabalho da perspectiva de uma agente da aplicação da lei, o que seria um pré-requisito necessário para nossos alunos. Eu queria entender melhor a mente dos criminosos violentos, em primeiro lugar para satisfazer minha curiosidade, mas também para me tornar um professor melhor, para que nossas aulas na Academia do FBI fossem mais valorizadas pelos policiais que as frequentavam.

> O homem que confessa os seus pecados, os seus crimes ou os seus erros nunca é o mesmo que os cometeu.
> **Henry Miller,** *O Mundo do Sexo*

Na época em que cheguei a essa conclusão, o FBI não demonstrava muito interesse por assassinos, estupradores, molestadores de crianças e outros perpetradores de crimes contra a pessoa. A maior parte desses casos de comportamento violento era restrita à jurisdição dos agentes locais de aplicação da lei e não constituíam violações da legislação federal específica que cabia ao FBI investigar. Na academia, dávamos aulas de criminologia aos policiais em treinamento, portanto, o estudo das mentes criminosas era exercício de suma importância para mim, mas aos olhos da maioria de meus colegas e superiores era quase irrelevante, pois não tinham o menor interesse nessas atividades. Por outro lado, meu fascínio pelo tema só crescia.

Eu era incentivado a me aprofundar no assunto pelas pessoas que conhecia nas conferências e convenções que comecei a frequentar — reuniões de profissionais da área de saúde mental e campos correlatos.

Minha curiosidade me levou a conhecer instituições como a Associação Americana de Psiquiatria, a Academia Americana de Ciência Forense, a Academia Americana de Psiquiatria Legal e outras entidades do tipo. Nenhum de meus colegas do FBI via alguma utilidade em contatos desse tipo, e o comando do Bureau não considerava seu trabalho particularmente digno de nota; durante muitos anos, coloquei dinheiro do meu próprio bolso para me tornar membros dessas e outras organizações, embora em alguns casos o FBI me reembolsasse as despesas pela participação em conferências. Essa aversão aos profissionais de saúde mental era parte de uma cultura interna segundo a qual o Bureau já sabia tudo o que era preciso conhecer a respeito dos criminosos.

Minha visão era outra, pois achava que havia muito a aprender, e os diversos especialistas de fora do âmbito da aplicação da lei poderiam nos ensinar coisas que não sabíamos. Sem dúvida nenhuma, minha visão e meus horizontes se expandiam quando assistia a essas conferências e, mais tarde, passei a ser convidado como palestrante a fim de apresentar meu trabalho a gente de fora da polícia. ==Conhecer psiquiatras, psicólogos, especialistas no atendimento a vítimas de crimes violentos e outros profissionais de saúde mental me proporcionou o ímpeto necessário para me aprofundar na pesquisa que minha posição singular me permitiria realizar.==

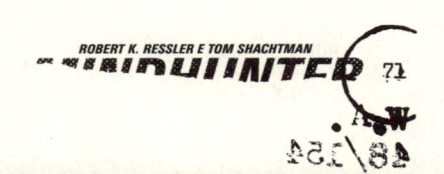

Enquanto viajava pelo país dando cursos, comecei a visitar os distritos policiais locais e pedir cópias das fichas de criminosos especialmente violentos — estupradores, molestadores de crianças, assassinos. Em razão de meus anos de trabalho em colaboração com as forças policiais, tinha grande facilidade em me comunicar com os diversos níveis de autoridades e obter as informações de que precisava. Se me interessasse por um caso, quando um policial da jurisdição onde o crime aconteceu aparecesse para fazer um treinamento em Quantico, eu o incumbia de compilar os arquivos da investigação como parte de um trabalho de pesquisa, e aceitava de bom grado uma cópia do material para acrescentar ao meu cada vez mais volumoso banco de dados particular. As pessoas se revelaram tão cooperativas, tão interessadas em sistematizar o que se sabia e o que não se conhecia dos criminosos violentos, que me mandavam pilhas e pilhas de material. De certa forma, sua colaboração era um reconhecimento da grande necessidade de gerar mais informação e compreensão a respeito do tema.

Mais ou menos nessa época, topei com uma citação de Nietzsche que ficou gravada em minha cabeça. Eram palavras que pareciam explicar meu fascínio pela pesquisa que fazia e ao mesmo tempo me alertar para os riscos que representava. Por isso, eu a incluí nos slides que sempre mostrava em minhas palestras e apresentações. O trecho é o seguinte: "Quem combate monstruosidades deve cuidar para que não se torne um monstro. E se você olhar longamente para um abismo, o abismo também olha para dentro de você".

Era importante para mim manter esse alerta em mente enquanto mergulhava nas profundezas da capacidade criminal humana. Como resultado de minhas entrevistas e meus pedidos de informação, logo acumulei arquivos com descrições factuais sobre criminosos violentos muito superiores às disponíveis na mídia ou nos distritos policiais, e em volume muito maior do que qualquer outra pessoa — talvez porque houvesse pouquíssima gente em busca disso. Como a citação sugere, lidar com monstros gera problemas. Além disso, os demais interessados se deparavam com obstáculos estruturais: os acadêmicos não tinham a mesma facilidade de acesso a fichas policiais que um agente do FBI, e muitas vezes seus esforços eram desencorajados. Portanto, eu estava em posição privilegiada para realizar essa pesquisa.

No escritório e em casa, eu mergulhava nesse material, desenvolvendo novos pontos de vista e promovendo análises sistemáticas. Dessa forma, comecei a perceber o potencial de uma pesquisa em maior profundidade para o melhor entendimento dos criminosos violentos. No mínimo, isso instigou minha vontade de querer conversar com as pessoas sobre as quais eu palestrava — os próprios assassinos. Conversei a respeito disso com John Minderman, e decidimos tentar. Queríamos mais informações de como o fator ambiente, infância e histórico prévio dos assassinos contribuíam para as atividades criminosas. E também gostaríamos de obter muito mais detalhes dos crimes em si — o que aconteceu durante o ataque, o que ocorreu imediatamente após o assassino se dar conta de que a vítima morrera, como escolheu o local de desova do corpo. Se conseguíssemos material suficiente com boa quantidade de entrevistados, poderíamos elaborar listas que seriam de grande utilidade: quantos colecionavam suvenires relacionados a seus atos; quantos consumiam material pornográfico. Além disso, havia outras noções arraigadas sobre homicídios que gostaríamos de pôr à prova — por exemplo, se os assassinos voltavam mesmo à cena do crime.

Grace Hopper, almirante da Marinha e especialista em informática, foi dar palestra em Quantico certa vez, e descreveu de forma bastante eloquente suas estratégias para lidar com a burocracia da Marinha quando queria fazer alguma inovação. Ela contou que o segredo para neutralizar as dificuldades burocráticas era se basear no seguinte axioma: "É melhor pedir desculpas do que permissão". Quando alguma coisa era formalizada em requisição oficial, em caso de negativa o projeto estava morto, explicou Hopper. Mas se não houvesse *nada* no papel... bom, já deu para entender. Para não ser impedido de realizar a pesquisa antes mesmo de começar, considerei que seria melhor conduzir meu projeto de entrevistar assassinos sem comunicar nada ao pessoal da chefia que supervisionava meu trabalho.

No início de 1978, estava de viagem marcada ao norte da Califórnia para dar um curso, e surgiu uma oportunidade. O agente John Conway, que frequentara minhas aulas em Quantico, estava alocado em San Rafael e servia como ligação do Bureau com o sistema prisional californiano. Pedi a Conway para conseguir a localização de determinados criminosos nos presídios estaduais e, quando cheguei lá para meu curso, as informações estavam todas à minha disposição. Como agentes do FBI, poderíamos entrar em qualquer cadeia do país apenas mostrando os distintivos e, uma vez dentro, não precisávamos explicar o porquê de entrevistar determinado prisioneiro. Então, em uma sexta-feira, depois de quatro dias de curso, Conway e eu nos lançamos em um turbilhão de prisões e detentos que durou todo o fim de semana e se estendeu pela semana seguinte. Nesse meio-tempo, entrevistamos sete dos mais perigosos e notórios homicidas presos nos

Estados Unidos: Sirhan Sirhan, Charles Manson, Tex Watson (cúmplice de Manson), Juan Corona (assassino de trabalhadores imigrantes), Herbert Mullin (que matara catorze pessoas), John Frazier (que matara seis) e Edmund Kemper. A condução de entrevistas desse tipo com assassinos condenados nunca havia sido feita antes, e foi uma inovação de grandes proporções.

Minha primeira entrevista foi com Sirhan Sirhan, em Soledad. A direção do presídio colocou Conway e eu em um cômodo bastante espaçoso, que parecia ser usado como sala de reuniões dos funcionários. Não era um ambiente que estimulasse a intimidade que eu gostaria de obter, mas ia ter que servir. Sirhan entrou com os olhos arregalados, assustado e apreensivo. Ficou encostado na parede, os punhos cerrados, e se recusou a apertar nossa mão. Exigiu saber o que queríamos com ele; achava que, caso fôssemos mesmo do FBI, provavelmente estaríamos em conluio com o Serviço Secreto, que costumava interrogar assassinos com frequência. Essas ações do Serviço Secreto eram realizadas por motivos que não tinham nada a ver com os nossos. Quando foi condenado pelo assassinato do senador Robert F. Kennedy, o diagnóstico psiquiátrico de Sirhan apontava para a presença de todos os sinais de esquizofrenia paranoide. E naquele momento entendemos por quê. Ele não queria que usássemos o gravador e pediu para consultar um advogado. Expliquei que se tratava de uma entrevista informal e preliminar, e que só estávamos lá para conversar um pouco.

Para amenizar o medo de Sirhan, comecei com perguntas sobre o sistema prisional, o que o fez falar. Ele estava irritado com um antigo companheiro de cela que o "traiu" e conversou com um repórter da *Playboy*. Pouco a pouco, foi relaxando os punhos e se aproximando da mesa onde Conway e eu estávamos sentados, até por fim se acomodar na cadeira e ficar um pouco mais à vontade.

Ele me revelou, por exemplo, ouvir vozes que lhe disseram para matar o senador, e que certa vez, ao se olhar no espelho, sentiu o rosto se despedaçar e cair no chão; ambos os relatos eram consistentes com esquizofrenia paranoide. Quando se animou a falar, sempre se referia a si mesmo na terceira pessoa: Sirhan fez isso, Sirhan sentiu

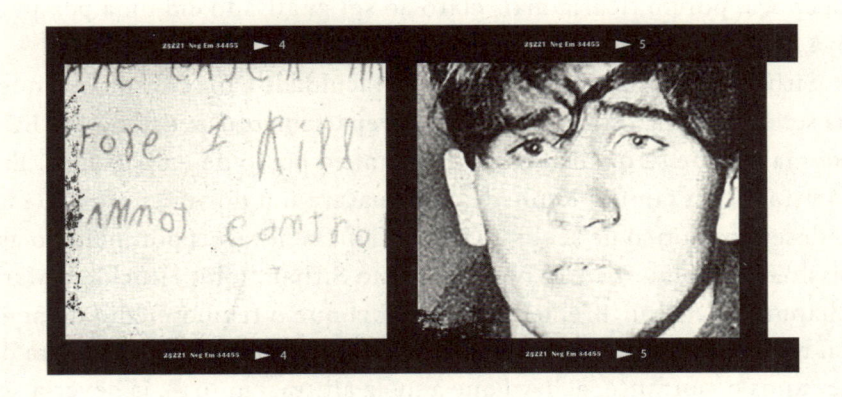

À esquerda: Mensagem deixada na parede da vítima do assassino com motivações sexuais William Heirens, indicando sua aparente sensação de culpa e motivação compulsiva. À direita: Um atormentado William Heirens no momento da prisão pelo assassinato de Suzanne Degnan.

aquilo. Disse que estava em custódia protetiva não porque as autoridades prisionais temiam por sua segurança — o que na verdade era o caso —, mas porque o tratavam com mais respeito do que o dispensado a ladrões comuns e molestadores de crianças.

Sirhan é árabe e cresceu em zona de guerra. As motivações e mentalidade dele eram bastante influenciadas por isso. Do nada, por exemplo, me perguntou se Mark Felt era judeu. Felt era um diretor-assistente que ocupava um posto de alto comando no FBI; a pergunta de Sirhan era reflexo de sua visão de mundo. Ele explicou que ficou sabendo que o senador Kennedy apoiava a venda de mais aviões de combate a Israel e que ao assassiná-lo impediu a chegada à presidência de um homem que continuaria a fornecer auxílio aos israelenses — portanto, havia feito história e ajudado os países árabes com seu crime. Sirhan acreditava que a junta de liberdade condicional tinha medo de colocá-lo de volta nas ruas por temer as consequências de seu magnetismo pessoal.

Caso fosse solto, preferia voltar à Jordânia, onde estava certo de que seria carregado nos ombros pelo povo e desfilaria pelas ruas como herói. Considerava ter cometido um ato que não foi bem compreendido na época, porém ficaria mais claro ao ser analisado em uma perspectiva histórica de longo prazo.

Sirhan estudara ciência política na faculdade e me contou que queria ser diplomata, trabalhando para o Departamento de Estado dos EUA até mais tarde se qualificar para assumir o posto de embaixador. Era admirador da família Kennedy, mas matara um dos membros do clã. O desejo psicótico de ser associado a figuras notáveis por meio do assassinato é comum entre homens como Sirhan, John Hinckley, Mark Chapman e Arthur Bremer. Sirhan sabia que o tempo médio de pena em regime fechado para esse tipo de crime nos Estados Unidos era de dez anos e, portanto, achava que àquela altura, em 1978, já deveria ser solto; acreditava ter um bom potencial para ser reabilitado à vida em sociedade se não passasse tempo demais na prisão.

No fim da entrevista, ficou parado na porta, encolhendo a barriga, flexionando os músculos e revelando a silhueta atlética, já que costumava levantar peso e tinha o corpo bem definido. "Então, sr. Ressler, o que acha de Sirhan agora?"

Eu não respondi e Sirhan foi levado da sala. Obviamente, ele pensava que conhecê-lo significava amá-lo: os aspectos esquizoides de seu comportamento estavam menos em evidência no ambiente da prisão, mas não a paranoia. Sirhan se recusou a dar mais entrevistas para nosso programa.

==Frazier, Mullin e Corona se encaixavam com perfeição na categoria de assassinos "desorganizados", e seu estado mental era tão peculiar que não consegui quase nada com eles.== Corona era incapaz de se comunicar, e Frazier era prisioneiro de seus próprios delírios. Mullin era gentil e educado, mas na verdade não tinha nada a dizer.

Tive mais sorte com Charles Manson, Tex Watson e com os demais, que com certeza eram da categoria de criminosos "organizados", embora Manson e seus cúmplices tenham feito de tudo para fazer parecer que seus assassinatos foram cometidos por alguém com personalidade desorganizada.

Antes de me encontrar com cada um desses assassinos, eu havia feito uma extensa pesquisa sobre eles e seus crimes, claro, e por isso detinha um conhecimento bem aprofundado a respeito de todos; isso foi especialmente útil no caso de Manson. Ao entrar no recinto onde se deu a entrevista, ele quis saber o que o FBI queria e por que deveria aceitar uma conversa conosco. Quando consegui convencê-lo de que meu interesse se resumia a seu aspecto humano, tive uma boa reação, pois Manson era bastante articulado, e seu assunto preferido era falar de si mesmo. Descobri que era dono de personalidade complexa e absurdamente manipuladora, e pude aprender muito sobre como enxergava a si mesmo em relação ao mundo e como havia sido capaz de influenciar as pessoas que cometeram assassinatos com suas instruções. Longe de ser insano, revelava percepção aguçada de seus crimes e das personalidades e formas de pensar daqueles que acabaram atraídos de forma fatal por sua presença carismática. As informações que reuni com essa entrevista preliminar com Manson foram mais reveladoras do que eu esperava, o que me deu a certeza de que o aprofundamento dessas conversas resultaria em novas perspectivas a respeito do comportamento de assassinos desse tipo. Não havia nada na literatura especializada que se comparasse ao que eu estava obtendo no contato com os próprios criminosos. Antes disso, eu e todos os demais profissionais da área nos concentrávamos em questões alheias à mente do homicida, olhando de fora para dentro; a partir desse momento, comecei a adquirir um novo ponto de vista, a partir do que havia em suas mentes, olhando de dentro para fora.

O relato sobre a entrevista com Manson e outras conversas com assassinos será feito em detalhes nos próximos capítulos, mas, por ora, gostaria de explicar como o procedimento de entrevistar assassinos foi inserido na rígida estrutura do FBI.

Em meio àquela semana de entrevistas — e talvez como consequência de lidar com aqueles homens estranhos e obcecados —, fiquei um pouco paranoico também, pensando que, como não tinha o sinal verde do Bureau para aquela atividade, precisava envolver o FBI de alguma forma na iniciativa. Eu deveria ter pedido permissão para me encontrar com presos conhecidos como Manson e Sirhan, mas não pedi. Em meu modo de ver, estava apenas fazendo contatos preliminares, sem anotações, apenas pedindo permissão aos criminosos para voltar outro dia com o gravador — mas, mesmo assim, deveria ter registrado alguma coisa no papel. Um princípio fundamental do Bureau havia sido desrespeitado quando iniciei um projeto sem permissão prévia. ==Na verdade, os agentes do FBI são divididos em dois grupos em termos de condução de trabalhos. Existe uma maioria que pede autorização para tudo o que faz porque não quer problemas com a chefia. Em minha opinião, esses agentes são basicamente pessoas inseguras. O segundo grupo, bem menor, é composto por aqueles que não perdem tempo com permissões para nada porque querem que as coisas sejam feitas.== Eu era um membro convicto do segundo grupo, e estava me preparando para lidar com as consequências de minha ousadia. Seguindo o modo de ação da almirante Hopper, esperava que, quando fosse chamado pelo alto comando, conseguisse arranjar uma boa estratégia para lidar com a situação.

Quando voltei a Quantico, porém, estava tão empolgado com as novas informações que resolvi fazer uma segunda rodada de entrevistas antes de pôr a ideia no papel — já que àquela altura meu "projeto" corria o risco de ser enterrado a sete palmos para sempre. Era o primeiro semestre de 1978. Não muito longe da Academia do FBI, ficava o reformatório feminino de Alderson, na Virgínia Ocidental. Duas das "garotas" de Manson, Lynette "Squeaky" Fromme e Sandra Good, estavam presas lá, assim como Sara Jane Moore, que tentara assassinar o presidente Gerald Ford. Eu poderia entrevistar as três no mesmo dia. Minderman estava se divorciando e decidiu voltar para San Francisco, onde assumiria o posto de supervisor de um grupo de agentes do FBI. Seria necessário um substituto e escolhi John Douglas, jovem de modos expansivos cuja admissão na Unidade de Ciências Comportamentais eu havia recomendado depois de sua passagem por Quantico como instrutor visitante.

Decidi comunicar meu superior imediato, Larry Monroe, sobre o que estava prestes a fazer. Larry ficou irritado. "Você conversou com *quem* na Califórnia? Vai entrevistar *quem* na Virgínia Ocidental?"

Falei para ele não se preocupar, porque quando voltasse colocaria tudo no papel, e Larry teve a reação típica de um chefe de baixa hierarquia. Concordou em nos deixar ir à Virgínia Ocidental com a condição de que, caso houvesse alguma consequência negativa em termos burocráticos, ele pudesse dizer que não sabia de nada e que era tudo culpa minha. Como de fato a responsabilidade era minha, não vi problema algum em concordar.

Fomos conversar com as três mulheres, de quem obtivemos informações úteis. Em resumo, Fromme e Good consolidaram as ideias que eu vinha elaborando sobre Manson e sua influência, formuladas com base em minhas entrevistas preliminares com o próprio criminoso e com Tex Wilson.

No retorno a Quantico, minhas ações poderiam ser classificadas como infrações "em série" — queria aperfeiçoar meus crimes realizando mais algumas entrevistas antes de enfrentar o cadafalso da burocracia. Um de meus amigos, com quem me gabei um pouco sobre o que vinha fazendo, acabou comentando com alguém no refeitório, sem perceber que Ken Joseph estava por perto. À época, Ken era o diretor da Academia do FBI e, apesar de ser meu mentor, era também o chefe administrativo da instituição, um fã do falecido J. Edgar Hoover e defensor de sua crença de que o comando deve estar sempre informado sobre o que acontece na linha de frente; portanto, ele precisava agir de acordo com a liturgia do cargo em relação à conduta claramente não autorizada adotada por seu antigo colega da Estadual de Michigan, Robert Ressler.

Larry Monroe e eu fomos chamados à sala de Ken e questionados do motivo por que ele não fora avisado daquela iniciativa do agente Ressler. Para minha sorte, um ou dois meses antes, Joseph havia emitido um memorando que pela primeira vez incentivava os instrutores a conduzir pesquisas e respondi que meu projeto — ainda em fase preliminar, como fiz questão de enfatizar — havia sido inspirado por aquele documento. Não era exatamente verdade, e acho que nós três sabíamos disso, mas fingimos que era esse o caso. Ken iniciou uma reprimenda, alertando que entrevistar pessoas tão "significativas" como

Sirhan e Manson poderia gerar repercussão negativa para o Bureau. Eu me justifiquei afirmando que havia explicado minhas intenções em memorando enviado antes da viagem à Califórnia. Ken afirmou que não havia lido esse comunicado, e me ofereci de bom grado a procurar uma cópia, que deveria estar em algum lugar em meus arquivos. Larry Monroe se manteve sério durante toda a conversa, assim como Ken Joseph, e em minha expressão também não havia nenhum indício de sorriso. ==Estávamos em meio a uma pantomima burocrática conhecidíssima por qualquer um que já passou por qualquer instância governamental.== Quando saímos do gabinete de Joseph, sabia que precisava escrever um memorando com data retroativa o quanto antes. Escrevi o documento comunicando que faria um "trabalho piloto" em preparação para um programa abrangente de entrevistas com assassinos em série. A visita às prisões californianas seria apenas para sondar o terreno e descobrir se os criminosos condenados estariam dispostos a participar da pesquisa.

Em seguida amassei o papel, pisoteei-o algumas vezes, fiz uma cópia (e depois uma cópia da cópia), guardei por um tempo no arquivo e só então o entreguei a Ken Joseph, explicando que havia sido extraviado e que por sorte eu tinha conseguido achar. Não era um pretexto inaceitável a ponto de Joseph não poder admiti-lo, já que os documentos eram extraviados o tempo todo. Além disso, como o diretor de Quantico aprovava minha ideia de entrevistar esses prisioneiros, ele estava disposto a entrar naquele jogo.

Agora que havíamos "justificado" o projeto piloto, Ken me pediu para escrever um relatório completo explicando as dinâmicas e as verdadeiras dimensões do projeto de entrevistas, como as bases em que seriam realizadas, as eventuais colaborações com profissionais de fora do FBI e instituições acadêmicas etc. Fiz isso com prazer, e os esboços do documento circularam por minha mesa, a de Larry Monroe e a de Ken Joseph até formularmos uma proposta de primeiríssima qualidade identificando os objetivos de longo prazo, as pessoas a entrevistar, as eventuais precauções a tomar para proteger o Bureau e os detentos e assim por diante. Seria necessário um processo de aprovação em sete etapas antes que uma conversa pudesse acontecer; por exemplo, nós não poderíamos entrevistar ninguém que estivesse com recurso a julgar no tribunal de apelações no momento do contato. Além disso, só poderíamos falar dos crimes pelos quais o prisioneiro em questão tivesse sido condenado. Garantimos que não gastaríamos um centavo da verba do Bureau para a realização das entrevistas, que seriam realizadas em paralelo aos cursos que ministrávamos. O memorando foi enviado no fim de 1978, com a assinatura de Ken, para a sede nacional do FBI em Washington aos cuidados de John McDermott, um membro do alto comando da instituição que respondia diretamente ao diretor Clarence Kelley.

McDermott era conhecido dentro do Bureau como "Rabanete", por causa do rosto sempre vermelho em contraste com o colarinho branco, provavelmente por problema de hipertensão, que, por sua vez, devia ser resultado das dificuldades de trabalhar sob as ordens de Hoover por tanto tempo. O Rabanete examinou aquilo que denominamos como Projeto de Pesquisa de Personalidades Criminosas (que incluía a informação do "piloto" que estava em execução havia dezoito meses) e o rejeitou sem hesitação.

Para começo de conversa, escreveu, era uma ideia ridícula. A função do FBI era capturar criminosos, levá-los a julgamento e colocá-los na cadeia. Nosso trabalho não era fazer o papel de assistentes sociais; não éramos sociólogos, e nem deveríamos ser; se os criminosos quisessem ser compreendidos, que se submetessem a entrevistas com acadêmicos. Não havia qualquer precedente no Bureau para a realização de um trabalho absurdo como entrevistar assassinos e, além disso, por causa da relação de antagonismo que estabelecemos desde sempre com a bandidagem, ele tinha certeza absoluta de que os criminosos sequer concordariam em conversar conosco.

A resposta do Rabanete foi bem típica, em consonância com a postura do Bureau na década de 1940, quando ele ascendeu na hierarquia da instituição sob o comando de Hoover. O fato de eu já ter entrevistado vários assassinos condenados, que conversaram comigo sem restrições, e que com isso o FBI ganhara nova perspectiva em relação

PROFILE
82 ------ -
profile

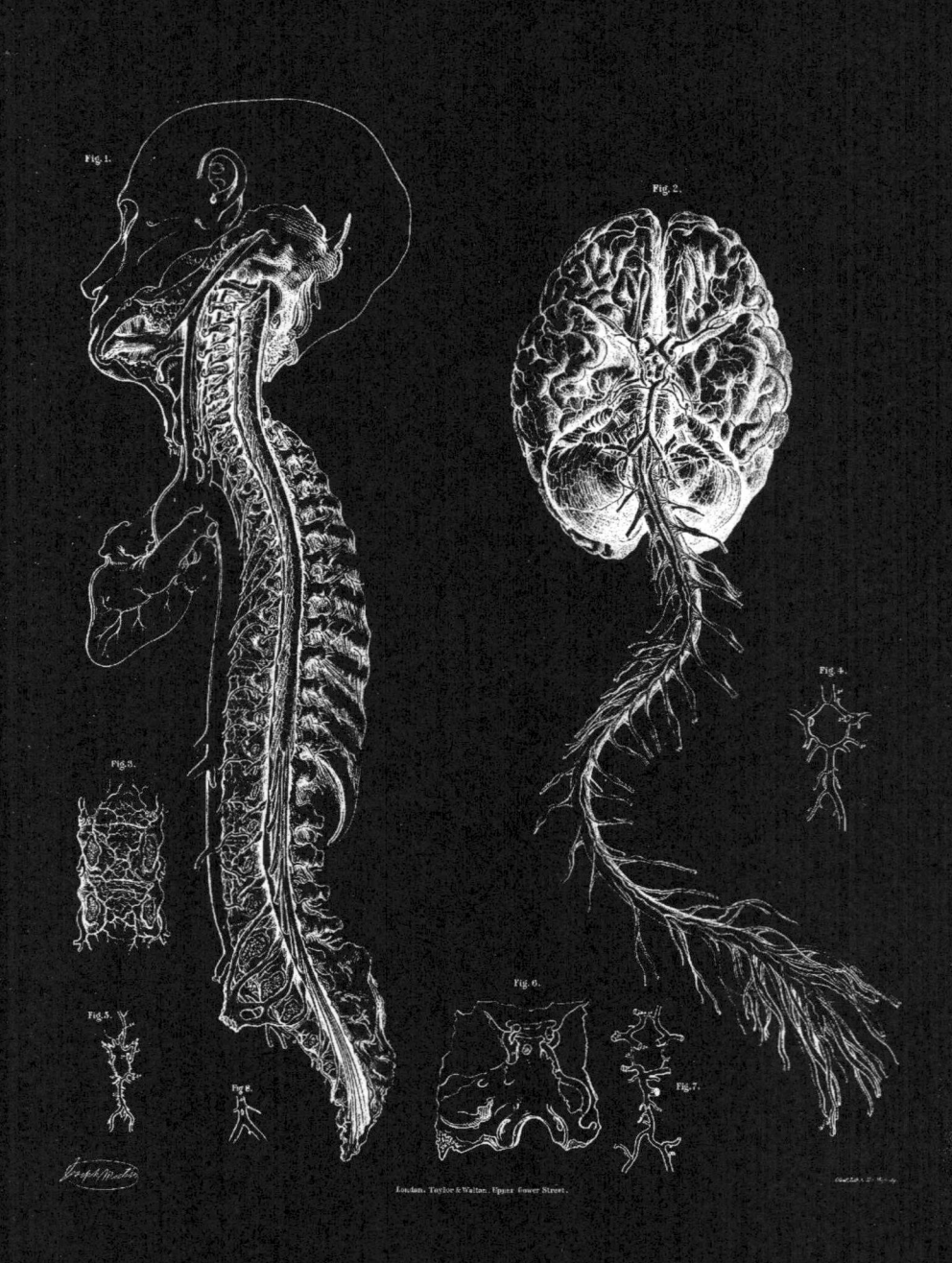

ao comportamento criminoso, foi ignorado por completo. De acordo com a tradição, não havia precedentes para esse tipo de trabalho e, se nunca havia sido feito, então não deveria ser útil. Um de meus objetivos explicitados nesse memorando era envolver especialistas de fora da instituição em comportamento criminoso e psicologia anormal, e o Rabanete também não gostou disso, porque era uma atitude contrária à crença do Bureau de que ninguém de fora tinha algo de bom a nos ensinar. Era uma postura absurda, assim como a resposta do Rabanete como um todo — mas, com seu veto, o projeto estava morto e enterrado. O princípio de Grace Hopper se revelava mais acertado do que nunca. Eu não poderia mais entrevistar os prisioneiros.

Assim, apenas esperei que o Rabanete se aposentasse e que Clarence Kelley fosse substituído pelo mais progressista William Webster. A essa altura, Ken Joseph também estava aposentado, mas nosso novo chefe administrativo, James McKenzie, era um apoiador entusiasmado do projeto. McKenzie foi o homem mais jovem promovido ao cargo de diretor-assistente, e sua rápida ascensão na hierarquia era um indicativo de competência e compreensão da estrutura burocrática. O que McKenzie fez foi ressuscitar o memorando e submetê-lo a Webster, com pouquíssimas alterações. O novo diretor havia recebido ordens de reformular o modo de ação do FBI, e já havia falado de colaborar com especialistas de fora da instituição e de expandir em direção a novas áreas de conhecimento. A resposta inicial ao memorando foi pedir mais informações, e McKenzie, Monroe e eu fomos convidados para um "almoço de trabalho" em seu gabinete.

O almoço aconteceu em uma sala de reuniões razoavelmente espaçosa anexa à sala do diretor, o tipo de lugar sem graça tão apreciado pelas pessoas que projetavam os prédios governamentais na época. Um grande número de burocratas de Quantico havia se vinculado ao projeto àquela altura, então havia um quórum numeroso, mas a ideia era minha, por isso fui o responsável pela apresentação. Os demais se limitaram a comer e não disseram quase nada. Havia um sanduíche à minha frente, mas quase não toquei nele, porque estava ocupado demais falando. O diretor Webster era frio e reservado, mais do que acostumado a não revelar o que se passava em sua mente, e durante minha explicação não recebi nenhum sinal de que havia gostado ou não da ideia. No fim, porém, afirmei que o projeto havia sido rejeitado anteriormente pelo Rabanete, e isso chamou sua atenção, porque Webster havia sido nomeado para reformular o Bureau.

Nesse momento, o diretor assumiu uma postura mais ativa e — o que foi um tanto surpreendente considerando os procedimentos burocráticos habituais —, recebemos o sinal verde no mesmo almoço da apresentação. Ele endossou o projeto, mas apenas se conduzido à risca. Não queria que fosse feito de forma desleixada; a expressão que usou foi "pesquisa marca barbante". Webster insistiu para que recrutássemos colaboradores de universidades e hospitais de primeira linha e ficou satisfeito com o fato de que os principais nomes que escolhi virem da Universidade de Boston e do Hospital Municipal de Boston, e outros participantes a incluir no projeto estavam entre os principais especialistas acadêmicos do país nos campos da psiquiatria, da psicologia e dos estudos do comportamento criminoso. Eram pessoas que eu havia conhecido nas conferências de que participava, e com quem vinha conversando fazia anos. Em resumo, o projeto foi aprovado pelo topo da escala hierárquica do FBI.

Mais tarde, curiosamente, fui informado de que a reunião com Webster fora mesmo considerada um almoço de trabalho, pois recebi um memorando me cobrando 7 dólares pelo sanduíche que não comi por estar ocupado demais falando. Mas tínhamos "passe livre", e era isso o que importava. Nos meses seguintes, obtivemos também verba para pesquisa concedida pelo Departamento de Justiça. Depois disso, podíamos passar uma semana inteira entrevistando prisioneiros sem atrelar a atividade aos cursos itinerantes que ministrávamos.

Antes que a verba para o Projeto de Pesquisa de Personalidades Criminosas fosse liberada, mas quando eu já sabia que a aprovação era certa, decidi visitar William Heirens, o assassino por quem tanto me interessei aos nove anos de idade. Como de costume, meu parceiro e eu estávamos dando curso fora de Quantico, dessa vez em St. Louis, e fomos de carro até uma unidade correcional no sul de Illinois para visitá-lo. Heirens fora preso fazia mais de trinta anos, e estava chegando à casa dos cinquenta. Expliquei que minha curiosidade em relação aos seus crimes vinha da infância, e que de certa forma fomos criados juntos em Chicago — ele tinha dezessete anos na época em que eu tinha nove e àquela altura essa diferença de oito anos já não era tão grande quanto antes.

Entre as décadas de 1940 e 1970, aprendi muita coisa sobre Heirens — a motivação sexual dos assassinatos, os roubos por fetiche que os antecederam, as diversas tentativas de homicídio e lesão corporal não solucionadas às quais foi associado e sua habilidade de esconder os crimes de parentes e amigos. Sua defesa inicial foi tão fora do comum quanto os crimes: alegou que os assassinatos foram cometidos por outro homem, George Murman, com quem havia morado. Heirens inclusive levou os investigadores aos locais dos três homicídios e relatou suas ações nos assassinatos, que incluíam a mentira de atribuí-los a George Murman. Apenas sob interrogatório pesado admitira que George Murman existia somente na sua cabeça.

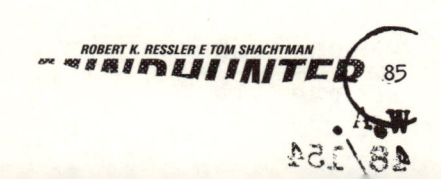

Heirens na verdade não sofria de personalidades múltiplas, mas seus problemas mentais começaram a se tornar evidentes desde cedo, e assumiram proporções mais nítidas no início da adolescência: tinha fantasias sexuais exóticas e, na privacidade de seu quarto, colava fotografias de líderes nazistas em um álbum de recortes que olhava enquanto vestia roupas íntimas femininas. Aos treze anos de idade foi descoberto por ter um arsenal de pistolas e rifles além das fotos secretas, e depois de confessar vários roubos e incêndios criminosos foi mandado para um internato católico para não ser preso. Alguns anos depois, concluiu os estudos e seu comportamento foi considerado adequado para a reinserção social, em especial por ter desempenho acadêmico tão expressivo que lhe permitiu eliminar boa parte das disciplinas no primeiro ano na Universidade de Chicago e participar de classes de estudos avançados. Os assassinatos começaram logo após a saída do internato e, em retrospecto, podiam ser considerados a progressão dos roubos e outros crimes anteriores. Na verdade, entre um homicídio e outro, cometeu diversos outros furtos.

Heirens nunca chegou a ir a julgamento. Nas fases preliminares dos procedimentos jurídicos, os psiquiatras avisaram seu advogado que, embora seu cliente pudesse alegar que agira sob a influência de George Murman (corruptela de Murderman?) e que não podia ser responsabilizado por suas ações em determinados momentos, júri nenhum entenderia ou acreditaria nisso e, caso fosse julgado, sem dúvida seria condenado à morte. As evidências contra ele — que incluíam impressões digitais, mensagens escritas à mão, "suvenires" encontrados em seu quarto e a confissão — eram incontestáveis. A alternativa ao julgamento era se declarar culpado, junto da recomendação por parte dos médicos de uma sentença de prisão e tratamento psiquiátrico. Heirens aceitou o acordo, admitiu a culpa e foi condenado à prisão perpétua. Depois da sentença, seus pais se divorciaram, trocaram de nome e começaram a acusar um ao outro de serem responsáveis pelos crimes do filho. Quanto a Heirens, desde a condenação fora considerado prisioneiro exemplar, o primeiro detento de Illinois a conseguir o diploma de bacharel na cadeia, e até chegou a iniciar uma pós-graduação.

Eu estava empolgado para esse contato com o homem cuja vida vinha acompanhando desde a infância, mas a entrevista não saiu conforme o esperado. Ele não demonstrou nenhuma reação à minha revelação de saber quase tudo a seu respeito, e não estava mais disposto a admitir os crimes pelos quais se declarou culpado. Passara a afirmar que fora vítima de armação e, portanto, se recusava a assumir — como fizera na década de 1940, logo depois de ser preso — que havia matado duas mulheres que o surpreenderam se masturbando dentro de suas casas, ou que tinha estrangulado e esquartejado uma menina de seis anos. Eu me lembrava muito bem do relato de como ele havia subjugado Suzanne Degnan à força na cama e, quando a mãe da garotinha perguntou se estava tudo bem, Heirens a obrigou a responder que sim, e esperou em silêncio até que ela pensasse que a filha dormira. Só depois matou a menina, enrolou o corpo em um cobertor e o levou a um porão para cometer o ato sexual e o desmembramento, para mais tarde desovar o corpo com toda a frieza e voltar ao alojamento universitário onde vivia. ==Quem estava diante de mim era um monstro, que não aceitava se responsabilizar por seus atos.==

Heirens reconheceu que tinha problemas sexuais e que furtara, mas afirmava que não passavam de brincadeiras de adolescente; afirmou que nunca representou perigo à sociedade e que os anos que passara como prisioneiro exemplar o qualificavam a passar o restante da vida fora da cadeia.

Uma decepção. A questão principal, porém — a tentativa de aprender a conduzir entrevistas com assassinos em série condenados para obter informações úteis às forças de aplicação da lei —, estava garantida, e passaria a fazer parte do programa do FBI e do Departamento de Justiça. Com o passar do tempo, eu conversaria pessoalmente com mais de uma centena desses criminosos norte-americanos altamente perigosos e violentos, além de treinar outros agentes para continuar esse trabalho, e as informações obtidas dessa forma contribuíram de maneira significativa para compreender muitos padrões homicidas e como capturar as pessoas em cujas mentes esses comportamentos se manifestavam. Na juventude, Bill Heirens escreveu no espelho com batom: "Me prendam antes que eu mate mais gente". Eu entrevistaria outros criminosos como ele justamente para aprender a fazer isso.

PROFILE
—————— 88
profile

EdmundKemper

OUÇA O MONSTRO

Não tinham portanto uma conversa propriamente dita. Usavam a palavra um pouco como o chefe do trem usa suas bandeiras, ou sua lanterna. Ou então diziam a si mesmos, Vamos descer aqui.
Samuel Beckett, *Malone Morre*

ROBERT K. RESSLER E TOM SHACHTMAN

MINDHUNTER PROFILE

CAPÍTULO 3

Eu estava quase encerrando minha terceira entrevista com Edmund Kemper, um homem enorme, de mais de 2 metros de altura e quase 150 quilos, que na juventude matou os avós, passou quatro anos em reformatórios e quando foi solto matou mais sete pessoas, inclusive a própria mãe. Kemper cumpria sete penas consecutivas de prisão perpétua. Duas vezes antes, eu havia viajado até a prisão de Vacaville, na Califórnia, para vê-lo e falar com ele — na primeira vez, acompanhado

Nov. 16, 1965   S. L. PASTOR   3,218,397
TAPE RECORDER APPARATUS
Filed March 11, 1960   **Kemper**   7 Sheets-Sheet 1

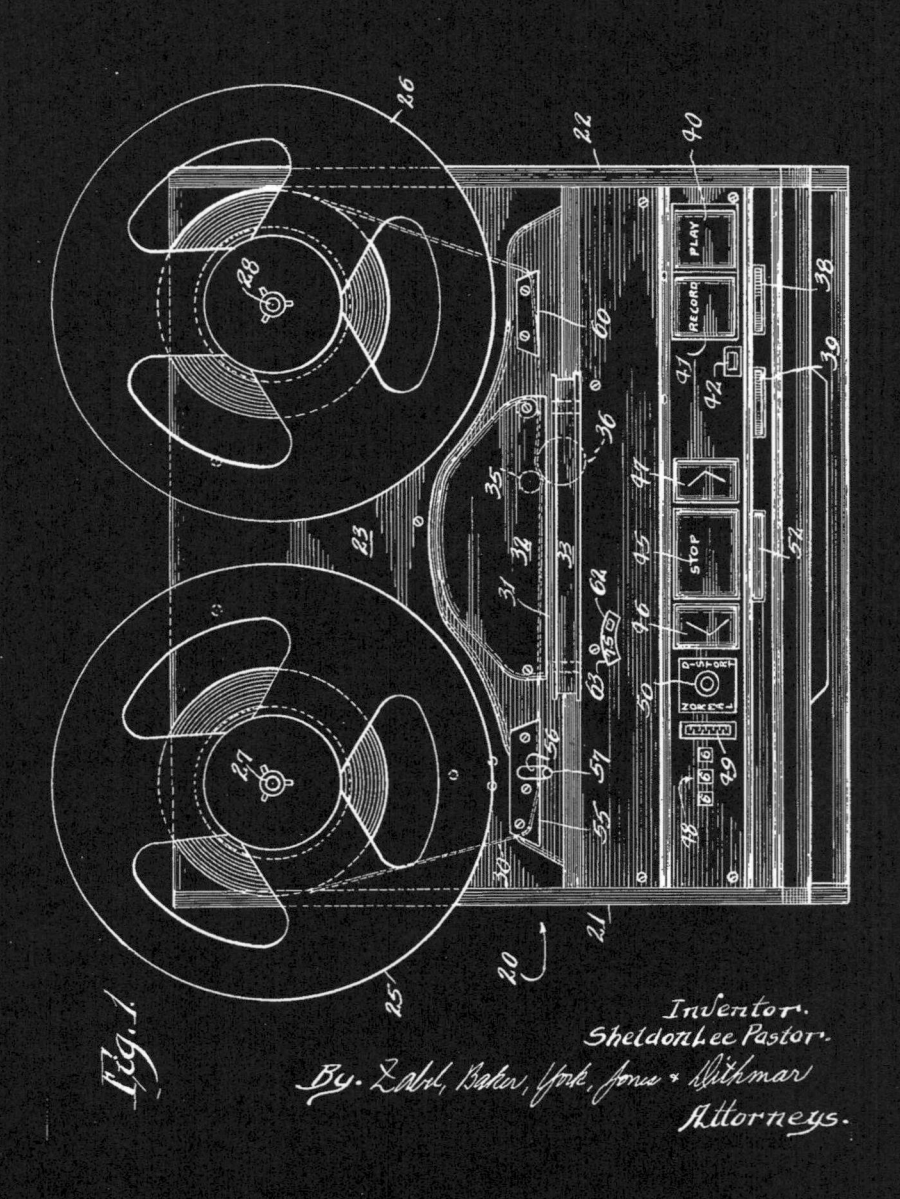

Fig. 1

Inventor.
Sheldon Lee Pastor.
By Zabel, Baker, York, Jones & Dithmar
Attorneys

por John Conway, e na segunda por Conway e meu parceiro de Quantico John Douglas, que estava entrando no programa de pesquisa. Durante as sessões, conversamos em profundidade de seu passado, motivações para matar e as fantasias imiscuídas nos crimes. Kemper tinha imensa complexidade intelectual, cujos homicídios incluíam decapitação e esquartejamento das vítimas. Ninguém conseguira conversar com ele da maneira como vínhamos fazendo. Fiquei tão animado com a relação estabelecida com Kemper que me animei a marcar uma terceira sessão a sós com ele, que aconteceu em cela bem próxima do corredor da morte, o tipo de lugar usado para a extrema-unção de alguém prestes a ser levado para a câmara de gás. Embora Kemper convivesse com a população geral do presídio em vez de ser mantido isolado, foi esse o local que a administração escolheu para a entrevista. Depois de conversar com Kemper naquele local claustrofóbico por quatro horas, lidando com assuntos sobre comportamentos de extrema crueldade, senti que não havia mais muita coisa a discutir, então toquei a campainha para chamar o guarda que abriria a cela para mim.

A princípio ninguém apareceu e a conversa continuou. Muitos homicidas em série são pessoas solitárias; mesmo assim, estão dispostos a aceitar qualquer coisa que alivie o tédio do confinamento, o que incluía visitas como a minha. ==A mente deles está sempre fervilhando e, com a abordagem apropriada, a tendência é que comecem a falar.== Os diálogos com eles costumam ser bem longos. Mas Kemper e eu já havíamos discutido tudo o que era possível. Depois de mais alguns minutos, apertei a campainha de novo, e também não houve resposta. Quinze minutos após o primeiro chamado, acionei o mecanismo pela terceira vez, e ainda assim não apareceu guarda algum.

Uma expressão apreensiva deve ter surgido em meu rosto, apesar da tentativa de manter a calma e a frieza. Kemper, sempre atento à psique das pessoas (como a maioria dos assassinos), percebeu.

"Relaxa. Eles estão no meio da troca de turno, colocando os caras que estão chegando nas áreas de segurança." Sorriu e se levantou da cadeira, o que tornou mais evidente ainda sua estatura imensa. "Pode demorar uns quinze ou vinte minutos para virem buscar você".

Apesar de eu achar que mantinha uma postura tranquila e comedida, com certeza recebi a informação com algum indício de pânico, o que causou uma reação da parte de Kemper.

"Se eu surtasse aqui, você estaria encrencado, né? Eu poderia arrancar sua cabeça e colocar em cima da mesa para receber o guarda."

Minha mente começou a girar a mil. Imaginei Kemper estendendo os braços gigantescos em minha direção, me prensando contra a parede, me agarrando pela garganta e torcendo minha cabeça até quebrar o pescoço. Não demoraria muito, e a diferença de tamanho era a garantia de que eu não conseguiria resistir por muito tempo antes de sucumbir. Ele tinha razão: poderia me matar antes que alguém aparecesse para impedi-lo. Então falei a Kemper que, se mexesse comigo, quem estaria com problemas seria ele.

"O que eles podem fazer, me impedir de assistir TV?", ironizou.

Respondi que com certeza iria para o "castigo" — o confinamento solitário — por período longuíssimo. Nós dois sabíamos que os prisioneiros que vão para o castigo sofrem tanto com o isolamento que, no mínimo, desenvolvem sintomas de insanidade temporária.

Kemper ignorou a ameaça e disse que estava mais do que acostumado à vida na prisão e que era capaz de suportar o sofrimento da solitária, que, aliás, não duraria para sempre. No fim, voltaria ao status de prisioneiro comum, e que essa "encrenca" não seria nada perto do prestígio que ganharia entre os detentos por "apagar" um agente do FBI.

Minha pulsação disparou quando tentei pensar em algo para dizer ou impedir Kemper de me matar. Eu tinha quase certeza de que ele não faria isso, mas não havia garantias, pois era um indivíduo extremamente violento e perigoso e com muito pouco a perder, de acordo com suas próprias palavras. Como consegui ser burro a ponto de me enfiar ali sozinho?

De repente, percebi como havia me colocado naquela situação. Apesar de todo meu conhecimento, sucumbi àquilo que estudiosos de situação com refém conhecem como "Síndrome de Estocolmo" — me identifiquei com o captor e depositei confiança nele. Apesar de ser o instrutor-chefe de técnicas de negociação do FBI, tinha me esquecido desse fato tão básico! Nas vezes seguintes, eu não seria tão arrogante sobre a relação que acreditava ter estabelecido com um assassino. Fica para a próxima.

"Ed", falei, "você não pode achar que eu estaria aqui sem nenhum jeito de me defender, não é?"

"Não vem com esse papo-furado para cima de mim, Ressler. Eles não deixariam você entrar armado aqui."

> Sendo a morte a condição da vida e o mal sendo o que se liga em sua essência à morte é também, de uma forma ambígua, um fundamento do ser.
> **Georges Bataille**, *A Literatura e o Mal*

A observação de Kemper estava correta, claro, porque dentro da prisão os visitantes são proibidos de portar armas, porque elas podem ser tomadas pelos detentos e usadas para ameaçar os guardas e facilitar a fuga. Mesmo assim, argumentei que agentes do FBI tinham privilégios especiais, vedados a guardas de carceragem, policiais e outros tipos de visitantes comuns.

"O que você tem aí, então?"

"Eu não vou revelar o que posso ter comigo, nem onde está."

"Vamos lá, vamos lá; o que é... uma caneta com veneno?"

"Pode ser. Mas essas não são as únicas armas que eu posso ter aqui."

"Artes marciais, então", Kemper especulou. "Caratê? Você é faixa-preta? Acha que dá conta de mim?"

Nesse momento, percebi que a maré começou a virar, isso se já não tivesse virado. Havia um tom brincalhão na voz dele — pelo menos foi o que achei. Mas não tinha certeza e ele entendeu isso, então decidiu continuar tentando me desestabilizar. Agora, porém, eu havia recobrado parte da compostura e pensei em algumas técnicas de negociação de libertação de refém. A principal delas é continuar falando sem parar, porque ganhar tempo é sempre útil para amenizar a situação. Conversamos de artes marciais, que muitos prisioneiros praticavam para se defender e sobre a dureza que é a vida na cadeia, até que por fim um guarda apareceu e abriu a cela.

O procedimento padrão é o entrevistador permanecer na cela enquanto o preso é retirado. Quando estava prestes a sair para o corredor com o guarda, Kemper pôs a mão no meu ombro.

"Você sabe que eu estava só brincando, né?"

"Claro", falei, soltando um longo suspiro.

Decidi que nunca mais colocaria a mim ou qualquer outro agente do FBI nessa situação outra vez. A partir desse momento, foi estabelecida a diretriz de que nenhum assassino, estuprador ou molestador de crianças condenado seria entrevistado a sós; sempre estaríamos em dupla.

O Projeto de Pesquisa de Personalidades Criminosas (CPRP) era cria minha e, no finzinho dos anos 1970, mergulhei de cabeça em sua execução, aproveitando cada oportunidade de viagem para dar cursos em departamentos de polícia para entrevistar homens (e algumas mulheres) em diversas prisões espalhadas pelo país. Antes de parar de conduzir as entrevistas pessoalmente e delegar a tarefa a meus parceiros, conversei com mais de cem criminosos violentos condenados, mais do que qualquer outra pessoa. (Meus esforços acabaram reconhecidos pelo FBI, e por instituições associadas, quando recebi duas vezes o Prêmio Jefferson, entregue todos os anos pela Universidade da Virgínia, para a qual o campus do FBI em Quantico oferece cursos de extensão.) As informações coletadas nesse trabalho foram sistematizadas e analisadas pelo CPRP e, por fim, meus companheiros de pesquisa e eu fomos capazes de identificar e documentar certos padrões de vivência e comportamento desses assassinos. Os pontos em comum na infância e adolescência, os fatores de estresse anteriores aos crimes e a maneira como se comportavam ao cometê-los constituem a base para vários capítulos posteriores deste livro. Antes de entrar nos detalhes dessas conclusões, porém, gostaria de me concentrar um pouco na arte de conduzir entrevistas com assassinos condenados e relatar alguns pontos relevantes da época que passei fechado em cômodos minúsculos dentro de vários presídios, conversando com aquelas pessoas intensas que cometeram o crime considerado pela sociedade como a mais grave de todas as ações humanas.

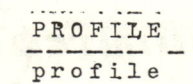

==Entrevistar criminosos violentos só é útil se proporcionar novas perspectivas de seus atos e suas personalidades==, que possam ser importantes para as forças de aplicação da lei. Para obter essas informações, o entrevistador precisa ser levado a sério pelo prisioneiro e estabelecer um nível de confiança suficiente para fazê-lo falar sem restrições. E, para isso, é preciso ganhar seu respeito.

Estabelecer uma relação respeitosa exige esconder sentimentos pessoais a respeito dos crimes hediondos que essas pessoas cometeram. Se deixasse transparecer minha repugnância na expressão facial ou corporal enquanto um assassino descrevesse a maneira como mutilou um corpo, isso encerraria a conversa. No outro extremo do espectro, se eu dissesse algo como "Ah, você arrancou a cabeça dela. Grande coisa, conheço um monte de gente que fez isso", o assassino provavelmente se recusaria a dar mais detalhes. A complacência não é a melhor maneira de lidar com criminosos violentos. Eles podem até ser loucos, mas não são burros, e são capazes de compreender as dinâmicas do comportamento interpessoal.

==A maior parte dos interrogadores fazem perguntas difíceis cedo demais.== Nesse momento, as defesas mentais são erguidas, e na prática a entrevista está encerrada. Prisioneiros têm tempo de sobra e caso não se sintam confortáveis nada de bom será extraído da conversa; portanto, é fundamental passar um tempo com eles, para que se sintam estimulados a revelar detalhes íntimos de suas vidas. Costumo ir devagar, rondando, sondando de leve, e me aproximando pouco a pouco até sentir que chegou o momento certo para as questões mais difíceis; às vezes isso exige várias horas, ou muitas visitas.

Por um motivo ou outro, muitos dos homens e mulheres que trabalhavam na Unidade de Ciências Comportamentais não estavam à altura da tarefa dificílima de entrevistar criminosos violentos. Um colega meu precisou entrevistar um homem que molestou e matou várias crianças. O entrevistador era pai e, por essa razão, tinha aversão profunda ao assassino, o que comprometeu de forma irreversível a conversa. Quando o detento reclamou que um cigarro foi aceso na sala e levantou para abrir a janela, o agente o mandou sentar e responder às perguntas sem objeções. Ao responder uma de nossas perguntas padrão — o que gostaria de fazer caso não tivesse se envolvido em atos criminosos —, o prisioneiro disse que gostaria de ter sido astronauta.

"Ah, sim, e de preferência com um garotinho confinado junto na cabine", o agente comentou para o colega de FBI dentro da sala.

==O comportamento do agente foi desnecessariamente hostil, um antagonismo que prejudicou os propósitos da entrevista.== O estresse da situação mexeu com a cabeça dele. Pouco tempo depois, ele me procurou — pois fui eu quem o mandei entrevistar aquele molestador de crianças — e admitiu que não estava pronto para a tarefa. "Eu não consigo trabalhar com esses animais", me disse. Fiquei admirado com a coragem de expor suas limitações. Ele passou a se dedicar então a outra atividade; em pouco tempo, se tornou um de nossos principais especialistas em estresse policial e aconselhamento psicológico a profissionais da aplicação da lei. A questão não era falta de talento ou de potencial — apenas não tinha o perfil adequado à difícil tarefa de entrevistar molestadores de crianças condenados e tentar extrair deles algo que ajudasse no combate ao crime.

Muita gente queria participar do Projeto de Pesquisa de Personalidades Criminosas, mas a maioria não estava disposta a pôr a mão na massa de verdade. As pessoas aceitavam de bom grado viajar para entrevistar assassinos famosos como Manson e Berkowitz, mas não

Charles Manson aos catorze anos de idade. Charles Maddox Manson, líder de seita hippie, na ocasião da prisão.

queriam dedicar o tempo e o esforço necessários para entrevistar como se deve um criminoso menos conhecido, mas cujos crimes eram tão hediondos quanto. Várias horas de preparação eram exigidas para ir até um presídio. E, antes de conduzir a entrevista, havia os registros prisionais a vascular e partes de nosso longo "protocolo" a cumprir. As conversas com os detentos duravam três ou quatro horas, e logo em seguida era preciso completar o restante do protocolo, além de outras obrigações administrativas.

Quase todo mundo em nossa unidade sofria de estresse situacional. Uma elaboradora de perfis psicológicos pediu transferência depois de alguns anos porque o trabalho lhe provocava pesadelos. Ela se viu incapaz de lidar de forma racional nos casos em que homens invadiam residências e estupravam mulheres, então preferiu fazer outro tipo de trabalho para o FBI. Vários de nossos agentes desenvolveram úlceras hemorrágicas e três deles tiveram crises de ansiedade tão graves que foram confundidas com ataques cardíacos. Quatro de nós, inclusive eu, passavam por períodos de intensa perda de peso sem explicação aparente e perdemos de dez a vinte quilos em seis meses. Passávamos por baterias de exames, investigando todo o aparelho gastrointestinal, e foi constatado que não havia nenhum motivo físico para a perda de peso; era tudo questão de estresse. Outro agente se deixou levar de tal forma pelo magnetismo de um perpetrador de múltiplos homicídios que inventou um antagonismo exagerado do criminoso em relação a mim para que só ele tivesse acesso ao prisioneiro; chegou inclusive a passar grande quantidade de informações do Bureau ao assassino, que as usou na apelação para escapar da pena de morte. Esse comportamento bizarro por parte do agente foi possível porque o assassino era um mestre da manipulação e, ao mesmo tempo, o agente era novato e despreparado para o nível de controle que o criminoso era capaz de exercer em qualquer um que cruzasse seu caminho. O agente conseguiu, inclusive, envolver um burocrata do FBI nesse trabalho. Logo, o supervisor passou a querer participar das entrevistas com o assassino; sua intenção também era se gabar mais tarde da proximidade que tinha com figura tão glamorosa e maligna. Quando o criminoso enfim foi executado, o agente ficou perplexo e desorientado, como se tivesse perdido um amigo próximo ou um parente — exemplo vívido dos perigos de contemplar a fundo demais o "abismo".

A estabilidade na vida pessoal permite manter um distanciamento saudável do trabalho de entrevistar criminosos violentos, mas mesmo nesses casos, como o meu, o nível de estresse é considerável. Obviamente, eu não tinha ideia da dimensão do problema quando comecei essas conversas em 1978.

> ...pois eu lhe digo: quem não sabe a verdade é estúpido, e só. Mas quem sabe e diz que é mentira, é criminoso!
> **Bertolt Brecht**, *Galileu*

Existem aspectos que vale a pena destacar sobre as circunstâncias em que se davam as entrevistas. A maioria dos visitantes de um presídio tem acesso limitado aos detentos, mesmo um familiar ou representante legal. A pessoa é obrigada a falar através da abertura em um vidro, ou por um auscultador, ou qualquer outro meio que mantenha a separação física do prisioneiro. Em geral, eu recebia permissão para conduzir as conversas em sala destinada aos advogados ou nas instalações restritas aos agentes penitenciários, por isso podia falar com os condenados em condições de relativo conforto. ==Às vezes, os presos eram trazidos algemados; invariavelmente, eu pedia que as algemas fossem removidas — isso era parte da tentativa de estabelecer uma boa relação com o entrevistado.== Quando o diálogo começava, o detento demonstrava curiosidade natural a respeito do motivo para ser procurado pelo FBI, o que me levava a falar dele, demonstrando tudo o que sabia e afirmando que não estava lá para obter informações de um crime específico, e sim catalogar informações como parte de uma pesquisa sobre categorias de criminosos. Não mencionava o fato de que a categoria em questão eram assassinatos com motivação sexual; expor isso seria um erro. Eu dizia que queria saber mais de sua infância e vida, e que nada do que me dissesse seria revelado à direção da unidade prisional. Essa última "regra" era importantíssima, porque o maior temor dos presos era que algum detalhe íntimo divulgado a mim fosse usado contra eles pelas autoridades do presídio. Por alguma razão (talvez porque minhas garantias fossem sinceras), eles acreditavam em mim, e sempre cumpri minhas promessas. Eu também os alertava para não falar de crimes ainda não julgados — por exemplo, admitir que, em vez de uma dezena de pessoas, tinham matado duas dezenas —, porque nesse caso eu seria obrigado a dar início a uma investigação formal e assim por diante.

Quase todo mundo queria falar com Charles Manson, principalmente para se gabar por aí de ter feito isso e não porque queria escutar o que tinha a dizer. Manson e alguns outros eram procurados com frequência pela imprensa e por gente em busca de fortes de emoções, e em geral estavam cansados disso. Eu me lembro de ter visto na televisão a entrevista que o radialista Tom Snyder fez com Manson, em que lhe perguntou qual era a sensação de arrancar uma orelha. Era o tipo de questionamento que desagradava Manson, que o tornava arredio, evasivo e hostil em relação ao entrevistador. Foi possível perceber nitidamente que o respeito de Manson por Snyder caiu a zero nesse momento. "Esse cara é um bocó", percebi que Manson pensava. "Está de palhaçada comigo, então também vou ser assim." Nesse momento a possibilidade de extrair alguma informação útil chegou ao fim. Snyder poderia ter perguntado o que levou Manson a querer arrancar uma orelha e poderia obter uma resposta interessante, que talvez associasse de forma relevante esse ato bizarro a algum tipo de fantasia do assassino. O jornalista, porém, preferiu seguir por outro caminho e não conseguiu nada, a não ser, talvez, chocar seu público.

Ao lidar com personalidades criminosas notáveis, considero fundamental estar muitíssimo bem preparado, para que ficasse claro que eu não estava lá para desperdiçar o tempo de ninguém. ==Era preciso causar boa impressão para conseguir uma boa conversa. Conhecer bem suas biografias e seus casos era um aspecto de minha conduta que convencia os criminosos de que eu era digno de confiança.== Por exemplo, quando o preso contava uma história, era sempre útil saber os nomes e demais informações a que se referia. "Aí Bobby me levou para conhecer uns traficantes", Manson falou certa vez e, antes que pudesse continuar, eu disse: "Bobby Beausoleil?"

"Isso", respondeu e então continuou, ciente de que o agente que o questionava havia se esforçado para se familiarizar com fatos de sua biografia, que eu era capaz de captar todas as referências. De minha parte, fiz essa interrupção para demonstrar exatamente isso, que sabia do que ele falava e considerava aquilo uma informação importante. Como consequência, ele pôde ser mais sincero. Na conversa com Tom Snyder, Manson era obrigado a explicar cada coisinha, e acabou não dizendo nada de importante. Para um entrevistador que o tratava com respeito, como no meu caso, Manson era colaborativo, revelava seus pensamentos e citava partes da história que nenhum agente de aplicação da lei tivera acesso antes, confiante de que eu o conhecia bem o bastante para saber do que falava.

==Outro fator que ajudava nas entrevistas eram minhas tentativas constantes de descobrir e discutir aspectos positivos da vida dos assassinos.== Tex Watson era cristão renascido; podíamos conversar a partir daí. Heirens era prisioneiro de conduta exemplar. No caso de alguém como Manson, era difícil encontrar algo positivo, claro, mas pelo menos eu podia tentar me deter em algum aspecto que ele achasse positivo, ainda que o restante da humanidade não compartilhasse dessa opinião. Para Manson, era a forma como as pessoas se relacionavam com ele.

Manson queria me convencer — depois que passamos pela fase que mais tarde rotulei como "processo de cortejar" da entrevista — de que na verdade não sabia por que estava preso daquela vez, porque não estava presente quando os homicídios aconteceram; mais que isso, queria me fazer acreditar que não era culpado. Olhando para o negativo de uma fotografia, era seu argumento, era possível ver uma versão do mundo em que as coisas apareciam invertidas; ==Manson dizia ser uma espécie de negativo fotográfico da sociedade, um reflexo que exibia todos os seus aspectos negativos.==

A chave para decifrar o enigma de Charles Manson é que ele teve mesmo um início de vida dos mais conturbados. Aos 32 anos de idade já havia passado vinte anos em prisões e reformatórios, desde a adolescência até o dia em que foi solto da unidade prisional de Terminal Island, na Califórnia, com a determinação de nunca mais ser preso na vida. (Muitos homens que cometeram crimes na adolescência e no início da juventude conseguem manter uma vida honesta depois de libertados). Um sujeito baixinho, com um físico nada imponente com menos de 1 metro e 70 de altura e pouco mais de sessenta quilos, Manson era dono de percepção emocional aguçada. Na prisão, aprendera a tocar violão, e até compôs algumas músicas. Pretendia ganhar a vida como músico depois de libertado. Quando saiu da prisão, em meados da década de 1960, conseguiu se inserir na contracultura que ganhava força entre a juventude da Costa Oeste, aderiu a esse movimento jovem e não se descolou mais.

"Entendi o tipo de gente que essa molecada admirava", Manson me contou, "então foi isso que me tornei." Entendia talvez até melhor do que os próprios jovens o que e quem eles respeitavam: pessoas com cabelos compridos, sandálias, que expressavam em termos metafísicos um pensamento fora do convencional, tocavam violão e compunham canções que poucos eram capazes de compreender. Manson descobriu que podia circular pelo distrito de Haight-Ashbury em San Francisco — o coração da cultura do ácido lisérgico (LSD) — e, como era pelo menos dez anos mais velho que os hippies e usava determinadas roupas e se comportava de determinada maneira, os mais novos se aglomeravam ao seu redor. "Percebi o que queriam enxergar em mim, e me transformei nisso."

Em pouco tempo, passou a conseguir "refeições gratuitas, teto para morar sem pagar, sexo livre, drogas à vontade" e se estabeleceu como uma espécie de guru. "Eu me tornei um negativo", me contou, "um reflexo dessa molecada." Manson explicou essa imagem dizendo que, ao levantar um espelho, o que se vê não é o espelho em si, mas aquilo que a superfície reflete. "Eles estavam olhando para si mesmos", garantiu Manson. "Ei, eu não sou um cara fortão. Não tenho como sair por aí quebrando tudo, preciso conseguir as coisas usando a cabeça." Seu olhar fixo e hipnótico foi de grande utilidade nisso; notou que era capaz de controlar determinados jovens melhor do que outros, e que esses fariam qualquer coisa que ele pedisse. Em um local no deserto perto de Death Valley, ele criou uma espécie de acampamento para jovens de comportamento aberrante e rebelde. Como era mais velho e mais tarimbado em métodos de manipulação, aprendidos ao longo de vinte anos de cárcere, destruiu as defesas desses jovens e começou a exigir cada vez mais deles, até que as incursões ocasionais pelo terreno da ilegalidade se materializassem em crimes graves.

Manson concluiu que, como não fazia nada além de espelhar o que seus discípulos gostariam de se tornar, na verdade não era responsável por seus assassinatos; era por isso que "não sabia o porquê" de estar preso. Era uma explicação das mais engenhosas, claro, porque para isso Manson precisava ignorar uma vida inteira de psicopatia e desejo de poder; em nossas conversas, ele expunha de maneira inequívoca as técnicas que usava para dominar os jovens ao seu redor. Uma compreensão de sua genialidade para a manipulação é fundamental para decifrar os homicídios cometidos por ele e seus seguidores. Manson não encomendou os assassinatos com todas as letras — como o promotor Bugliosi alegava —, mas criou uma atmosfera na qual seus discípulos sabiam muito bem o que fazer para agradá-lo, algo que desejavam a qualquer custo. Em determinado momento, na casa dos La Bianca, onde homicídios seriam cometidos, Manson avisou aos jovens que sairia da residência, porque como ex-presidiário não podia estar presente quando o crime acontecesse, por se tratar da violação dos termos de sua liberdade condicional, e seus discípulos acreditaram nisso.

Durante uma entrevista, teve uma vez que Manson se exaltou, saltou sobre a mesa para demonstrar como os agentes penitenciários se impunham aos detentos nas unidades prisionais. Eu o deixaria esbravejar e desabafar à vontade, mas John Conway falou sem se alterar: "Charlie, desce da mesa, senta aí e sossega". No caso, a recusa de Conway a permitir que Manson continuasse com seu teatro foi uma reação apropriada, porque depois disso ele se sentou e começou a falar de forma mais aberta de suas técnicas de controle mental.

Perto do fim da entrevista, Manson me pediu com insistência para lhe dar algo que pudesse levar para a cela — queria um suvenir para dizer que havia "enrolado" um agente do FBI. Caso contrário, conforme argumentou, ninguém acreditaria que tinha passado todo aquele tempo conosco; haveria muitas explicações a dar, o que poderia prejudicar sua reputação entre os presos. Ele pegou meu distintivo, prendeu na camisa e começou a agir como se estivesse dando ordens aos guardas e demais detentos. Avisei que ele não poderia ficar com aquilo. Manson ficou admirando uns óculos de sol no estilo aviador que tinha comigo e decidi que era um presente que poderia dar. Ele pegou e colocou no bolso, mas avisou que provavelmente seria acusado de roubo; e foi o que aconteceu. Manson foi trazido de volta pelos agentes penitenciários, resistindo e protestando contra a perversidade daqueles que julgavam que havia cometido um furto. Sem hesitação, afirmei que tinha lhe dado os óculos de presente. Os guardas me encararam como se eu fosse um tremendo babaca. Então, com toda a pose, e com os óculos de sol incongruentemente colocados na cara — escondendo seus temíveis olhos — Charlie Manson saiu andando pelo corredor. Não tive dúvidas de que, quando voltasse ao convívio com os demais presos, iria se gabar de ter enganado o FBI. Era um exemplo bem claro dos truques de manipulação de Manson. Para mim, os óculos e a perda momentânea de dignidade foram um preço pequeno a pagar pelo valioso vislumbre da mente de um assassino.

Mas quem convidar o Diabo à sua casa, para superar o impasse e irromper para fora, comprometerá sua alma e tomará a carga da culpa dos tempos sobre a própria nuca, de modo que acabará condenado.
Thomas Mann, *Doutor Fausto*

Lynette "Squeaky" Fromme, integrante da "Família Manson", depois de tentar atirar no presidente Gerald Ford em Sacramento, Califórnia. Charles "Tex" Watson, membro da "Família Manson".

Em minhas primeiras visitas aos presídios, parti do local onde estava Manson e me desloquei pela costa californiana até San Luis Obispo, para entrevistar Charles "Tex" Watson. Na entrevista, Watson afirmava ter encontrado Jesus na cadeia; dizia estar salvo e ser um cristão renascido, e de fato se tornara um pregador de renome; vinha gente de todas as comunidades ao redor, além da população prisional, para ouvi-lo aos domingos. Sinceramente, minha impressão foi de que ele tinha as autoridades do sistema penal na palma da mão; andava pela cadeia como se fosse o dono do lugar. A direção da unidade considerava que ele fazia um bom trabalho, que era um exemplo perfeito de reabilitação. Para mim, sem dúvida sua conduta era positiva e ajudava as pessoas; mas, se esse proselitismo era de fato genuíno ou o caminho que ele passou a seguir acreditando que com isso obteria a liberdade condicional algum dia, não era possível ter certeza.

Watson era um sujeito de aspecto bastante convencional — ainda mais para mim, depois de ter falado com Sirhan Sirhan, Charles Manson e Ed Kemper. Ele prontamente admitiu que, na época do caso Tate-La Bianca, estava enlouquecido pelas drogas e sob influência total de Manson; se fosse para fazer justiça, segundo sua própria argumentação, deveria ter sido executado logo após o julgamento. No entanto, Satanás saíra de seu corpo, o Senhor o tomou pela mão, e agora era um homem muito diferente daquele que cometera os crimes.

No livro *Will You Die for Me?* [Você morreria por mim?] — escrito com a colaboração do capelão do presídio, Ray Hoekstra —, Watson colocou toda a culpa em Manson, afirmando que ele ordenara os discípulos a matar. Pouco antes dos assassinatos na casa de Tate, Manson resolvera um problema para Watson — esfaqueou um traficante para quem eles deviam — e dissera que em retribuição seria necessário matar alguns "porcos" para ele. Em suas conversas comigo, Watson admitiu que Manson não emitiu uma ordem direta e explícita para os homicídios, mas que sem dúvida nenhuma sabia o que seus seguidores fariam, não os impediu e ficou satisfeito ao tomar conhecimento dos atos.

Watson foi criado em uma cidadezinha no meio do Texas, e era o típico bom menino norte-americano — "aluno nota dez, astro do atletismo (meu recorde na corrida com obstáculos permanece até hoje), líder de torcida, o garoto padrão com corte escovinha e o bezerro premiado" —, conforme se descreveu em seu livro. Depois de se formar na faculdade, no final dos anos 1960, foi para Califórnia, segundo me contou, para viver aquela experiência de praia, sol, garotas, drogas que alteravam a consciência — enfim, a vida fácil. Cruzou o caminho de Manson por acaso, começou a se aproximar de seu círculo e depois abriu mão de tudo na vida para ficar perto dele. Depois de algum tempo na prisão, Watson considerava entender Manson: Charlie agia como um prisioneiro veterano, que fazia os novatos comerem em sua mão. Manson não o transformara em homossexual, como fizera com outros, nas palavras de Watson, mas o tornara seu escravo.

"Quando comecei a tomar ácido", Watson escreveu, "Charlie não era importante na minha vida." No entanto, um de seus amigos era um pregador do "evangelho segundo Charlie", e as "garotas da Família" repetiam essa filosofia o tempo todo.

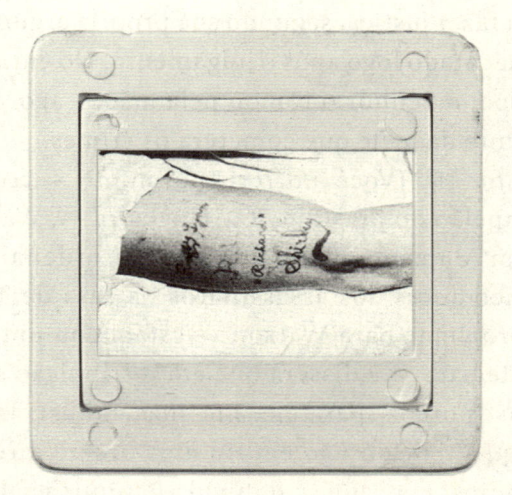

Tatuagens no braço de Richard Speck, que levaram a sua prisão pelo assassinato de oito mulheres em Chicago em 1966.

Elas diziam que todo mundo tem um ego, um desejo de afirmar a nós mesmos e nossa existência como uma coisa separada e distinta do restante da vida que se manifesta ao redor. Nós nos agarramos a esse ego, imaginando que esse eu independente é nossa única fonte de sobrevivência, imaginando que sem isso a gente estaria morto. Mas... A verdadeira liberdade significa abrir mão de nós mesmos, deixar esse antigo ego morrer para poder ser livre desse eu que mantém a gente distante uns dos outros e da própria vida. "Deixe de existir", Charlie cantava em uma das suas músicas. "Deixe de existir, venha dizer que me ama." As garotas repetiam isso sem parar — deixe de existir, mate seu ego, morra — para que, quando você deixar de ser, possa ser livre para amar totalmente, para se recompor por completo.

Manson destruiu a personalidade das pessoas ao seu redor com drogas que alteravam a consciência, com ataques verbais a seu senso de ego e ao envolvê-las em orgias. Todas as noites depois do jantar, Manson ia para cima de um pequeno monte no rancho onde moravam e expunha sua filosofia para uma audiência totalmente chapada que o idolatrava. O passado, ele pontificava, precisa ser deixado para trás e exposto ao ridículo, em especial suas famílias de nascença e suas origens de classe média. Só o que importava era a nova família, a Família. Manson estava com trinta e poucos anos, e a Família o incentivava a ver a si mesmo como um novo Cristo, que também tinha essa idade quando foi crucificado. Como Cristo, Manson mudaria o mundo. Ele também falava em termos apocalípticos, desprezava os discursos da geração mais velha e pregava o amor. Para simbolizar a nova personalidade de cada seguidor depois de ser exposto a sua verdade, Manson lhe dava novos nomes. Watson virou Tex, não só por causa da origem e sotaque sulista, mas também porque só poderia existir um Charlie na Família Manson. Na verdade, a rivalidade entre Manson e Watson, da qual ouvi a versão de ambos, foi um fator preponderante para a dinâmica dos assassinatos.

O elemento-chave, porém, eram os sermões no monte. Manson dizia que o velho mundo estava prestes a acabar, que ele guiaria seu rebanho para uma entrada secreta no deserto, onde esperariam pelo apocalipse e depois sairiam para repovoar o planeta. Para acelerar a chegada da destruição do mundo atual, seriam necessários alguns assassinatos sangrentos. Do alto do morrinho, Charlie repetia a litania: a infância havia sido roubada dele, nunca tivera uma mísera festa de aniversário e fora "sacaneado" desde o dia em que nasceu. Para compensar isso, Manson pregava, alguns "porcos" precisavam ser mortos. Era assim que ele definia a classe média, os privilegiados, que segundo seu modo de pensar precisavam ser arrancados de suas vidas confortáveis e expostos à tortura e à morte brutal.

"Por mais bizarro que os ensinamentos de Charlie pudessem soar para alguém de fora", escreveu Watson, "tinha muito apelo para nós. Quanto mais a gente tomava ácido e mais escutava, mais óbvio e inevitável tudo parecia." Manson falava enquanto os demais estavam sob efeito do LSD e pintava panoramas convincentes com as palavras sobre assassinato e tortura. "Todos nós seguíamos a deixa de Charlie e imaginávamos a carnificina e o terror e, apesar de ser só um exercício, as imagens ficavam gravadas em nossas mentes depois."

Certa noite, depois desse jogo de imaginação, Watson reuniu algumas garotas e disse a Manson que estavam dispostos a fazer o trabalho do diabo. Watson seria o líder da ação e assumiria a responsabilidade pelos homicídios; as mulheres — treinadas por Manson para achar que precisavam dedicar a vida a servir aos homens — seriam as cúmplices. Segundo Watson, ele disse: "Estamos fazendo isso por você, Charlie". Manson teria respondido: "Sim, Tex, podem fazer e façam direito". Charles Manson me disse que se limitou a dar um conselho a Watson: "Façam o que é preciso".

Para mim as duas versões da história dizem a mesma coisa na prática, e não são contraditórias: embora não tenha ordenado os assassinatos, Manson deixou bem claro que aprovava esses feitos e não impediu seus discípulos de matar. Como era parte da fantasia de Charlie, transmitida aos jovens com frequência em descrições verbais e abertamente violentas, eles (e não Manson) transformariam isso em cruel realidade, acelerando assim o fim do mundo de "más vibrações", que precisava ser extinto para que a paz e o amor de Charles Manson criassem outro totalmente novo. Com base nas instruções de Manson, todos os seus seguidores haviam furtado, roubado carros e dinheiro, e as mulheres iam para a cama com outros homens sob seu comando e costumavam atender a todos os seus caprichos. Quando não se manifestou contra a ideia de Watson e as jovens assassinarem, expressou sua aprovação de forma mais do que clara.

Mas a história não se resume a isso. Na entrevista comigo, Manson confidenciou que a coisa mais idiota que fizera foi "deixar aquele desgraçado do Watson ganhar poder demais dentro da Família". O próprio Watson admitiu para mim sem pudores que sem dúvida vinha tentando elevar seu status na estrutura de poder do grupo, para que as garotas o encarassem como uma autoridade. Com os assassinatos, Watson esperava se tornar, se não o líder da Família, no mínimo o braço direito de Manson, alguém que todos seriam obrigados a respeitar por causa da gravidade de seus crimes e de sua familiaridade com a violência. Portanto, os homicídios do caso Tate-La Bianca não foram cuidadosamente planejados e executados com maestria, e sim

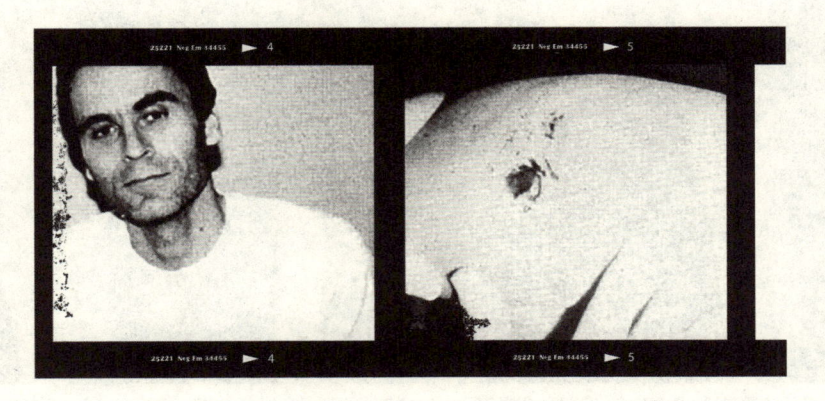

O assassino em série condenado Ted Bundy, poucas horas antes da execução. Foto da marca de mordida, evidência importantíssima que levou à condenação de Bundy.

um acúmulo de eventos no qual um bando de jovens perturbados que fugiram de casa tiveram as personalidades obliteradas e, envoltos em uma disputa de poder "familiar", causaram a desgraça que pôs fim à vida de sete pessoas.

Eu queria falar com outros membros da Família Manson espalhados pelas prisões californianas, principalmente Susan Atkins, com papel ativo nos assassinatos, mas não consegui na minha primeira viagem. Entretanto, na Penitenciária Federal Feminina de Alderson, na Virgínia Ocidental, consegui visitar Lynette "Squeaky" Fromme e Sandra Good. Nenhuma das duas estava nos homicídios, mas foram seguidoras de Manson por período considerável. Quando as duas "garotas" entraram na sala da entrevista, parecia uma cena de filme. Squeaky vestia roupa vermelha e bandana da mesma cor na cabeça; Sandra estava de traje verde com lenço verde fazendo às vezes de faixa de cabelo. Se aproximaram como se fossem freiras, andando juntinhas, movimentos sincronizados. Quando falavam, se referiam uma à outra como Vermelha e Verde e declararam que eram irmãs na igreja de Charles Manson.

PROFILE
------ -
profile

Squeaky Fromme vinha de família convencional e bem-instruída de integrantes do programa espacial norte-americano. Sandra Good tinha um mestrado. Eram ambas inteligentes, mas decidiram entregar suas vidas nas mãos de Manson. Squeaky fora condenada por apontar uma pistola calibre .45 para o presidente Gerald Ford e puxar o gatilho; a arma não disparou porque um agente do Serviço Secreto conseguiu colocar a mão entre o cão e o mecanismo de disparo antes do tiro (e acabou ferido no processo). Sandra foi presa por tentativa de extorsão pelo correio; ela escrevera cartas a executivos de grandes corporações avisando que, a menos que parassem de poluir o meio ambiente, membros da Família Manson (que estavam à paisana por toda parte)

Estávamos enfim nos aproximando do cerne da questão. Com sutil incentivo de minha parte, Berkowitz revelou um fato pouco conhecido: ele procurava vítimas todas as noites.

começariam a matar suas famílias. Na cadeia, as garotas — que àquela altura eram mulheres de mais de trinta anos — continuaram a exercer sua fé. Algum dia, conforme acreditavam, Charlie sairia da prisão e retomaria o movimento que era a única esperança para o futuro do planeta, e elas se juntariam a esse esforço. Segundo me disseram, mesmo que eu aparecesse com um perdão presidencial para ambas, não sairiam da prisão antes da libertação de Manson. Não consegui muito mais com as duas além disso, a confirmação do desejo por parte de personalidades desajustadas de submeter a vida e o destino a um psicopata que as levara à marginalidade total. Sandra Good foi solta no fim de 1991, e se mudou para uma cidadezinha a quarenta quilômetros do local onde Manson está preso.

Na verdade, Richard Speck não era um assassino em série, mas teve aquilo que defino como "surto homicida". Em uma fatídica noite no final dos anos 1960 em Chicago, entrou em uma residência para roubar e encontrou estudantes de enfermagem lá dentro, e outras moças continuaram voltando para a residência ao longo da noite. Ele as amarrou — algumas das norte-americanas disseram às outras para colaborar, porque acreditavam que assim não seriam feridas, embora as filipinas discordassem. Uma a uma, as levou para outro cômodo, as atacou e matou oito delas, principalmente para não ser reconhecido mais tarde. Uma estudante conseguiu rolar para baixo da cama onde Speck violentou e matou as outras. O criminoso deve ter perdido as contas porque, depois do oitavo assassinato, foi embora. A sobrevivente saiu do esconderijo e ofereceu uma boa descrição à polícia, que incluía a tatuagem escrita "BORN TO RAISE HELL" [Nascido para tocar o terror]. Essas informações foram enviadas para os prontos-socorros da região, para o caso de o perpetrador ter se ferido. Esse tipo de procedimento era uma técnica policial bastante disseminada, e nesse caso deu frutos. Alguns dias depois, quando Speck apareceu em um hospital para tratar do ferimento no cotovelo, a tatuagem foi reconhecida, e ele preso. (Uma de minhas perguntas seria sobre esse ferimento aparentemente autoinfligido na parte anterior do cotovelo.) A estudante sobrevivente identificou Speck e as impressões digitais batiam com aquelas da cena do crime. Ele foi condenado à prisão perpétua.

Eu queria entrevistar Speck porque ele era um assassino conhecido, porém não era uma pessoa das mais inteligentes e não parecia ter um entendimento claro de seus crimes. De acordo com os psicólogos da penitenciária, tratava-se de sujeito truculento cujo comportamento agressivo e violento era bem conhecido no sistema prisional e fora dele. Antes de ir para Chicago, era fugitivo da polícia no Texas, onde era procurado pela tentativa de homicídio contra o sogro. Nos meses anteriores aos assassinatos, a ideia de Speck de uma noite de diversão na cidade era se embebedar, tomar comprimidos, ir para o bar e arrumar briga com algum outro cliente. Se conseguisse machucá-lo bastante, considerava a ocasião um sucesso; caso contrário, ia atrás de uma prostituta e a espancava terrivelmente antes de dormir.

Na cadeia, segundo um guarda me contou, Speck havia capturado um pardal que tratava como animal de estimação, com barbante amarrado na patinha do pássaro e o deixava pousado em seu ombro. Um dos agentes penitenciários mandou que se livrasse dele, pois bichos de estimação eram proibidos na prisão e Speck se recusou. Depois de muita discussão, o guarda avisou que, caso Speck não soltasse o pardal, seria colocado na solitária. Ao ouvir isso, Speck foi até o ventilador e jogou o animal nas hélices. Seu corpo foi destroçado. Surpreso, o guarda falou: "Por que você fez isso? Pensei que gostasse desse pardal". "Eu gostava", teria respondido Speck. "Mas, se não pode ser meu, não vai ser de ninguém."

Speck não queria falar conosco, e se mostrou hostil e defensivo quando foi trazido à nossa presença. Mas um dos guardas foi falar com ele, disse que era solteiro em Chicago na época dos assassinatos e que ficou um tanto irritado por Speck ter tirado de circulação oito moças boas para casar. Speck deu risada e se soltou um pouco.

Foi uma situação desconfortável, porque sempre fiz questão de não me rebaixar ao nível do assassino e — tão importante quanto — nunca desdenhar das vítimas. Para mim, é indesculpável depreciar pessoas expostas a grande sofrimento só para cair nas graças de um assassino. Mesmo assim, tentamos usar a abertura conseguida pelo guarda para conversar com Speck.

Como logo descobri, ele não tinha muito a dizer e apresentou pouco entendimento de sua própria condição. Speck demonstrou grande desprezo pela vida humana, admitindo que matara as vítimas para que não depusessem contra ele mais tarde. Frustrado com a baixa inteligência e a atitude pouco cooperativa do entrevistado, tentei obter pelo menos alguma informação daquele contato e perguntei como fora parar no hospital, onde a tatuagem foi reconhecida. Apesar de vários médicos acreditarem que o corte na artéria no cotovelo era de uma tentativa de suicídio frustrado cometida no albergue onde foi morar depois dos crimes, Speck negou, dizendo que havia arrumado briga em um bar e foi ferido com uma garrafa de uísque quebrada. Dez anos depois dos assassinatos, ele ainda tentava bancar o machão.

No outro extremo do espectro de Richard Speck estava Ted Bundy, que se tornou o assassino mais popular de sua época, talvez porque era tão fotogênico e articulado que muita gente concluiu que não poderia ter cometido os crimes pelos quais foi condenado. Tão inteligente e boa pinta que para algumas pessoas parecia ter considerável apelo sexual, Bundy foi retratado pela mídia como um cara bacana, ex-estudante de direito respeitável e comportado, o sr. Gentileza, quase um assassino do bem, o amante generoso que matava as vítimas o mais depressa possível.

==Longe de ser o Rodolfo Valentino do mundo dos assassinos em série, Ted Bundy era brutal, sádico e pervertido.== Sua última vítima foi uma garota de doze anos que matou por sufocamento, ao enfiar a cabeça dela na lama enquanto a estuprava. Com sua conversa agradável, Bundy costumava atrair meninas e jovens e colocá-las em situação de vulnerabilidade, para então golpeá-las com uma espécie de pé-de-cabra curto que escondia na manga ou debaixo do assento do carro. Em seguida cometia atos sexuais grotescos com as mulheres inconscientes ou semiconscientes, sendo sua prática favorita a violação anal. Após, as matava por estrangulamento e transportava os cadáveres por até centenas de quilômetros. Antes de desová-los, mutilava e desmembrava os corpos e, às vezes, cometia necrofilia. Depois de vários dias, voltava aos restos mortais de uma vítima recente e profanava sexualmente as partes decepadas do corpo — ejaculava na boca da cabeça arrancada, por exemplo. O sujeito era um animal e me surpreendia o fato de a mídia ser incapaz de compreender isso. Quando Bundy já tinha sido executado, em um seminário organizado pelo FBI em Quantico, policiais de todo o país que em algum momento quiseram interrogá-lo estimaram que ele houvesse matado entre 35 e sessenta mulheres em doze estados diferentes.

Bundy começou a atacar em Seattle, e depois de onze homicídios esteve bem próximo de ser capturado pelas autoridades, o que o levou a se deslocar mais para o sul, deixando um rastro de cadáveres até chegar às estações de esqui do Colorado, onde ficou por um tempo. Acabou detido por lá, mas fugiu, foi preso de novo e conseguiu escapar uma segunda vez e retomar a fuga para o sul, cometendo mais assassinatos a caminho da Flórida.

Acabei me envolvendo de forma breve e tangencial nesse caso quando ele fugiu do Colorado. Eu trabalhei com Howard Teten, o chefe do Departamento de Elaboração de Perfis Psicológicos de Criminosos, na avaliação a ser incluída no cartaz de "procurado". Nós alertamos as pessoas sobre o *modus operandi* do assassino: frequentava locais onde jovens se reuniam — praias, estações de esqui, discotecas, faculdades — em busca de moças atraentes e extrovertidas que penteavam os cabelos divididos ao meio.

Depois que Bundy foi condenado, e todos os recursos legais esgotados, eu queria entrevistá-lo para nosso projeto de pesquisa, porque ele era articulado e inteligente e poderia acrescentar conhecimentos úteis ao banco de informações. Em minha primeira visita a Starke, na Flórida, perdi vários dias quando o contato foi adiado por causa de apelações judiciais não julgadas, e no fim precisei deixar a pesquisa a cargo de parceiros, porque tinha aulas a dar. Alguns anos mais tarde, fomos surpreendidos na Unidade de Ciências Comportamentais com a carta de Bundy pedindo para examinar nossos registros e fotografias de cenas de crimes de casos referentes a 36 assassinos encarcerados incluídos no projeto iniciado por mim; ele afirmou que queria nos ajudar e se tornar um consultor da BSU. Foi isso que estimulou minha segunda visita à penitenciária onde ele cumpria pena.

Bundy estendeu a mão para mim antes mesmo de eu esboçar alguma reação. Quando fui me apresentar, falou: "Ah, sr. Ressler, eu sei com quem estou falando; já leio seus textos há anos". Ele tinha diversos relatórios publicados da BSU na cela e queria saber por que não havia sido procurado por mim antes. Mencionei a tentativa anterior, que foi frustrada em função da apelação pendente na justiça. Bundy lamentou a indisponibilidade inicial e se revelou ansioso para falar, porque "gosto de conversar com alguém com quem posso me identificar, que entende o que digo". Era uma clara tentativa da parte dele de assumir o controle da situação, o que compreendi assim que sentamos para conversar.

Bundy continuou me bajulando e disse que os vários professores universitários, jornalistas e policiais locais que o entrevistaram eram todos amadores, mas que agora lidava com um profissional. Explicou que escrevera a carta em uma tentativa de obter nosso material de pesquisa para usar nas apelações para escapar da pena de morte. Por mais inacreditável que possa parecer, um de meus superiores queria ceder os arquivos do FBI a um assassino condenado; eu me recusei. Avisei Bundy que os únicos crimes que eu estava disposto a discutir eram os dele. Sem me olhar nos olhos, ele afirmou que sua apelação seria aceita e que jamais seria executado.

Depois de mais alguns joguinhos de demonstração de poder, concordou em falar de alguns assassinatos em termos hipotéticos. Um dos casos, justamente o que o fez ser indiciado no Colorado, envolvia o rapto de uma mulher no bar do hotel onde estava hospedada com o namorado. Perguntei como aquilo havia sido possível. Falando na terceira pessoa, Bundy disse que poderia ter acontecido "da seguinte maneira": o assassino poderia estar vigiando a mulher e talvez tê-la abordado no corredor, fingindo ser um segurança ou funcionário do hotel — alguém com autoridade no local — e, com algum tipo de artimanha, atraído a moça para um local específico onde poderia deixá-la inconsciente rápido. **Era bem provável que Bundy estivesse descrevendo exatamente como cometeu aquele crime, mas sem afirmar isso de forma direta.** Depois de três ou quatro horas naquela pantomima, percebi que Bundy jamais falaria, que ia tentar enganar as pessoas (como estava acostumado a fazer com tanto sucesso) até ser executado e voltei para casa.

Alguns meses mais tarde, três ou quatro dias antes da data marcada para a execução, Bundy prometeu que contaria tudo e, por isso, mais de uma dezena de policiais de todo o país apareceram para entrevistá-lo, cada um por algumas horas. O primeiro a interrogá-lo foi Robert Keppel, de Seattle, que havia investigado meticulosamente os primeiros onze homicídios. Bundy passou o tempo cedido a Keppel contestando informações do primeiro crime, se esquivando dos outros dez. Ele avisou que aquela tarefa levaria mais tempo que o previsto e aconselhou os policiais a fazerem uma petição para que lhe dessem mais seis ou oito meses de vida, para esclarecer a fundo muitas outras coisas. Sua estratégia não colou. Depois de dez anos de cadeia, houve tempo de sobra para revelar detalhes e estava claro que ele jamais faria isso. Bundy foi executado vários dias depois.

Quando esses policiais viajaram da Flórida para Quantico para comparecer a nosso evento, soube de um fato desconcertante: Bundy conseguira uma última façanha — foi capaz de convencer alguém do Bureau a me pedir um exemplar autografado de meu livro teórico de homicídios em série, que estava em sua cela no momento em que foi mandado à cadeira elétrica. Ele inclusive citou o texto na última entrevista gravada, concedida ao dr. James Dobson.

David Berkowitz, o Filho de Sam, conversou comigo e com meus parceiros três vezes em meados de 1979. Em um intervalo de apenas um ano, Berkowitz matou seis pessoas em Nova York, a maioria em carros estacionados em locais remotos frequentados por casais, e feriu com gravidade outras seis. Ele deixava bilhetes para a polícia nas cenas dos crimes e mantinha contato frequente com colunistas de jornais em meio a seu reinado de terror, durante o qual muitos nova-iorquinos ficaram assustados a ponto de não sair de casa à noite. Na ocasião de nossas entrevistas, Berkowitz estava preso em Attica, isolado do restante da população carcerária.

Berkowitz se revelou o mesmo homem que deu as caras no tribunal na época do julgamento: atarracado, extremamente tímido, reservado, educado, discreto. Aceitou meu aperto de mão sem hesitação — o que em minha experiência sempre era prenúncio de boa entrevista. Em seguida sentou e só se manifestou quando perguntado de alguma coisa. Fiz algumas anotações manuscritas, pois ele avisou que não gostaria de falar com o gravador ligado.

Como os crimes de Berkowitz haviam sido cometidos em uma metrópole como Nova York, a atenção da mídia sobre seus delitos e sua figura foi amplificada; isso me proporcionou boa quantidade de material para me preparar para a visita. Como não demorei a perceber, essa dimensão também era o que alimentava a complexa interação do criminoso com os jornais nova-iorquinos. Entre outras coisas, descobri que Berkowitz mantinha um álbum de recortes onde colava as matérias jornalísticas de seus atos; muitos criminosos costumam

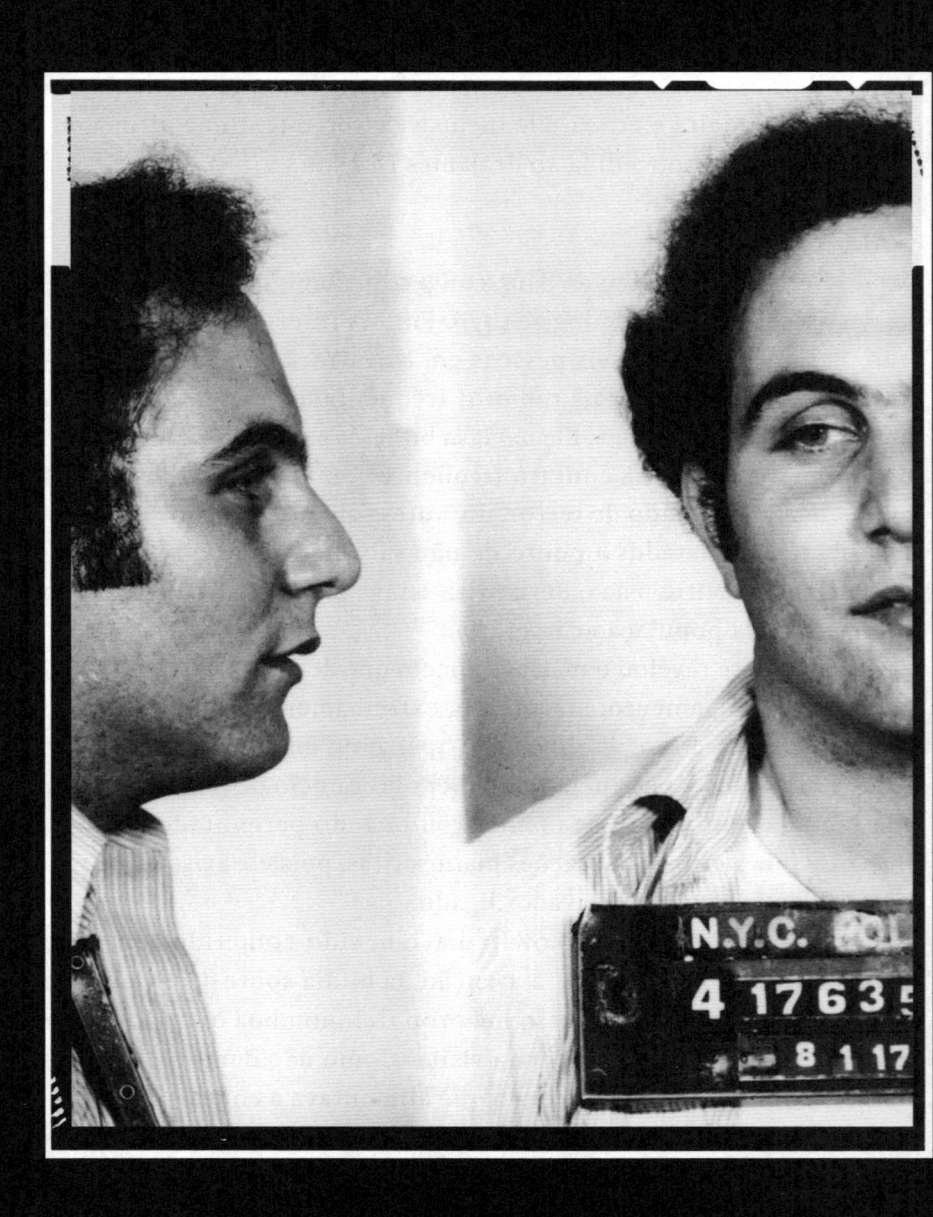

PROFILE
------
profile

colecionar esse tipo de lembrança antes de ser preso, mas em seu caso ele pôde levá-lo consigo para a cela e, conforme me contou, usava o material para continuar mantendo vivas as fantasias.

Mas o que me interessava de verdade era falar com Berkowitz da conotação sexual de seus crimes. A princípio, ele se recusou, afirmando que tivera uma vida sexual normal com as namoradas e que os assassinatos eram unicamente atos de violência. Então perguntei a respeito da infância. Ele fora adotado bem novo e teve problemas familiares. Sempre tentou localizar a mãe biológica, especialmente após a morte da adotiva, ocorrida quando ele tinha catorze anos. Depois de se formar no Ensino Médio, queria entrar no Exército para lutar no Vietnã; imaginou que fosse se tornar um herói, receber medalhas e ser reconhecido como alguém importante, de modo a estabelecer uma identidade positiva para si mesmo. Em vez disso, as forças armadas o mandaram para a Coreia, onde serviu por um ano sem nenhuma distinção. Procurou uma prostituta para ganhar experiência sexual e ficou decepcionadíssimo ao contrair uma doença venérea. Mais tarde, confessaria aos entrevistadores que esse fora seu único ato sexual consumado com uma mulher.

Ao voltar ao país, Berkowitz conseguiu localizar a mãe biológica. Ele a conheceu junto de uma meia-irmã, que morava com a mãe, e viveu outra experiência decepcionante. Seu desejo era ser aceito como parte da família, o que não aconteceu.

Antes de cometer os assassinatos, Berkowitz já havia iniciado 1.488 incêndios propositais em Nova York. Trata-se de um número impressionante e só sabemos disso porque anotava tudo em seu diário; da mesma forma, tinha provocado outras centenas de alarmes falsos. Ele sonhava em entrar para o Corpo de Bombeiros, mas nunca fizera a prova de ingresso; por outro lado, chegou a participar de resgates do tipo quando trabalhou como segurança privado em uma transportadora no Queens.

Quando, em nossa entrevista, uma descrição dos assassinatos foi solicitada, Berkowitz a princípio afirmou, assim como fizera para os psiquiatras que o examinaram para o julgamento, que o cachorro de seu vizinho Sam Carr, possuído por um demônio de 3 mil anos de idade, latia ordens e o instruía a matar.

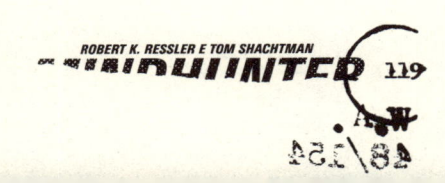

Respondi que essa explicação era absurda, e que eu não iria aceitá-la. Perplexo, David continuou a insistir na história do cão demoníaco. Reiterei que, se sua sinceridade conosco se resumisse a esse nível — de atribuir a motivação a um cachorro falante —, nossa entrevista estaria encerrada. Fechei meu caderno e comecei a me preparar para sair.

Berkowitz tentou me impedir, alegando que os psiquiatras aceitaram a história como a razão para seus crimes, e que, se eles não contestaram, o FBI também não deveria.

"Não é essa a história que esperamos ouvir, David", avisei. "Queremos as bases factuais dos crimes e, se não for para falar disso, então vamos embora."

Berkowitz suspirou, se acalmou e começou a falar a verdade. Aquela história de Filho de Sam e do cachorro falante, explicou, foi sua forma de afirmar às autoridades insanidade. Em outras palavras, foi criada com o propósito de evitar ser responsabilizado pelos crimes. Quando o entrevistei, Berkowitz já havia conversado o suficiente com psiquiatras e advogados na prisão para se sentir à vontade para falar da verdadeira motivação de seus atos. Admitiu que o verdadeiro motivo para atirar em mulheres era o ressentimento em relação à mãe e a inabilidade de estabelecer relacionamentos saudáveis com elas.

Sua primeira tentativa de homicídio foi um esfaqueamento. Ele cravou uma lâmina em uma mulher no meio da rua e saiu correndo. Procurou notícias nos jornais no dia seguinte e não encontrou nada, portanto concluiu que a vítima sobrevivera. Então decidiu aprimorar a forma de ataque. A faca, conforme concluiu, havia sido um erro; provocou diversas manchas de sangue na pele e nas roupas, e ele não gostou disso. Com a intenção específica de adquirir uma arma para os homicídios, viajou para o Texas e comprou uma pistola Charter Arms calibre .44 e algumas balas. Tinha medo de comprar munição em Nova York, por achar que, se os cartuchos fossem encontrados, as autoridades poderiam usá-los para conseguir seu endereço. Depois de cometer vários crimes, foi de novo ao Texas comprar mais balas.

Seu *modus operandi* era procurar mulheres sozinhas, ou acompanhadas de um homem, em carros estacionados. Ele se ia diretamente aos veículos e atirava na mulher e, às vezes, no acompanhante. De acordo com o que me relatou, nesse processo de vigiar e atacar as mulheres, ficava sexualmente excitado e se masturbava depois de atirar.

Estávamos enfim nos aproximando do cerne da questão. Com sutil incentivo de minha parte, Berkowitz revelou um fato pouco conhecido: ele procurava vítimas todas as noites. Era uma atividade independente das fases da lua, ou de determinados dia da semana, ou qualquer outra questão envolvida nas teorias daqueles que tentaram solucionar o caso. Ele saía à caça toda noite, mas só atacava quando sentia que as circunstâncias eram ideais. Esse nível de premeditação por si só basta para refutar qualquer análise que o retrate como um assassino acometido de insanidade mental.

Berkowitz me contou que, nas noites em que não conseguia encontrar vítima ou contexto ideal, voltava para os cenários de assassinatos anteriores e se deleitava com a experiência de estar onde conseguira um ataque bem-sucedido. Para ele, era uma experiência erótica ver as manchas de sangue no chão, ou um contorno de giz feito pela polícia: sentado no carro, com frequência se masturbava ao contemplar essas lembranças macabras. (Não era à toa que mantinha na cela o álbum de recortes.)

Em meio a essa revelação, narrada de forma quase casual, Berkowitz disse algo importantíssimo para as forças de aplicação da lei, ao mesmo tempo em que jogava nova luz na ficção policial tradicional. Sim, os assassinos voltavam aos cenários dos crimes, e poderíamos tentar capturar futuros criminosos nos valendo desse expediente. Igualmente importante era entender que o retorno à cena do crime não era provocado pela culpa, a explicação mais aceita por psiquiatras e profissionais de saúde mental, e sim em virtude da natureza sexual do homicídio. Essa motivação era algo que Sherlock Holmes, Hercule Poirot e até Sam Spade jamais ousaram cogitar.

Para mim, essa revelação levou a outro desdobramento. Eu sempre argumentei que o comportamento aberrante por parte dos assassinos em certo sentido era apenas a extrapolação de um comportamento normal. Todo pai ou mãe de menina adolescente que já viu garotos passando de carro ou bicicleta várias vezes diante de casa, ou fazendo de tudo para ficar perto de sua filha, entende isso como um impulso normal e espontâneo. Essa relação com a cena do crime, portanto, é um exemplo de desenvolvimento obsessivo e inadequado da personalidade como extrapolação de um ato natural que se transforma em comportamento anormal.

Berkowitz se sentia tentado a comparecer ao funeral das vítimas. Muitos assassinos têm esse desejo. Ele não ia, com medo de que a polícia monitorasse as cerimônias (o que de fato aconteceu). Foi por meio de programas de televisão e revistas de histórias policiais que soube que esse era um procedimento policial padrão. Nos dias de velório, pegava folga e passava as noites em restaurantes e lanchonetes perto das sedes dos distritos policiais, tentando ouvir os investigadores falarem de seus crimes. Não conseguiu nenhuma informação. Embora não fosse aos sepultamentos, chegou a tentar, sem sucesso, localizar os túmulos das vítimas. Berkowitz era de incompetência extrema em qualquer tarefa que não fosse começar incêndios e matar pessoas.

Ele queria ser famoso, e era por isso que se comunicava com a polícia e, mais tarde, passou a fazer contato com a imprensa. O poder que exercia sobre a cidade, e sobre a venda de jornais, era estupendo, o que o deixava bastante excitado. Depois de tomar conhecimento da ideia de se comunicar com as autoridades ao ler um livro sobre Jack, o Estripador, deixou um bilhete no assento do carro de sua primeira vítima, uma mensagem em letras rudimentares: "Bangue-bangue! [...] Eu vou voltar", assinada por "sr. Monster". A essa altura, Berkowitz ainda não era o Filho de Sam. Essa expressão estava em uma carta que mandou aos jornais. Só depois que a imprensa começou a chamá-lo de Filho de Sam ele adotou o apelido e criou até um logotipo para si. A notoriedade estimulava sua criatividade.

Em minha opinião, pessoas como o colunista Jimmy Breslin atiçaram Berkowitz e, de forma irresponsável, contribuíram para a continuidade de seus crimes. Breslin escrevia artigos sobre o Filho de Sam e trocava cartas com o assassino. Depois dos primeiros assassinatos, quando a cidade foi tomada pelo medo, Berkowitz passou a ser pautado pela mídia. Por exemplo, os jornais publicavam mapas para informar que o assassino havia atacado em diversos distritos da cidade, e questionavam se faria questão de atuar em todos. Berkowitz jamais havia considerado a ideia, mas depois de ver as matérias decidiu tentar. A história era mantida em evidência mesmo quando não havia nada a noticiar, porque vendia jornais. Logo ficou claro para todos, mesmo para os jornalistas mais obtusos, que Berkowitz estava atrás de fama (ou má fama) e matava para chocar a sociedade, ganhar atenção e atribuir a si mesmo uma identidade. Alimentar seu ego com matérias escritas e televisivas dos assassinatos era a garantia de que haveria mais crimes. Talvez, por se tratar de uma cidade do tamanho de Nova York, fosse impossível abafar o estardalhaço da mídia ou tentar manter a cobertura em um nível que não prejudicasse a ação da polícia nem incitasse o assassino, mas sempre ficou claro para mim que David Berkowitz continuou matando para se manter como foco das atenções de colunistas como Jimmy Breslin.

Na adolescência, conforme admitiu para mim, Berkowitz começou a criar fantasias que envolviam atos violentos além de sexo, em que imagens perturbadoras ou homicidas se misturavam com as eróticas. Mesmo na infância, aos seis ou sete anos, ele se lembrava de ter despejado amônia no aquário da mãe adotiva para matar o peixe, que espetou com um alfinete. Também matou o passarinho dela com veneno de rato — e se deleitou observando a morte lenta do bichinho e com a angústia da mulher ao ser incapaz de salvá-lo. Berkowitz torturava pequenos animais, como camundongos e traças. Eram todas fantasias de controle, envolvendo poder sobre outros seres vivos. Ele também me confessou fantasias em que causava terríveis acidentes aéreos. Nunca chegou a sabotar aviões, mas os incêndios eram a extensão lógica dessa fantasia. A maioria dos piromaníacos gosta da sensação de ser responsável pelo tumulto e pela violência envolvidos em um incêndio. Com o simples ato de acender um fósforo, são capazes de controlar acontecimentos na sociedade em que normalmente não exercem poder nenhum; o fogo, a chegada ruidosa e o posicionamento de caminhões e membros do corpo de bombeiros, a multidão que se junta, a destruição de propriedades e às vezes de pessoas — tudo isso foi orquestrado por suas ações. Berkowitz adorava ver corpos serem retirados de construções em chamas. Os incêndios foram um prelúdio de sua entrada no campo de atividade em que poderia exercer o controle supremo — o homicídio. Tratava-se de alguém que obtinha o maior nível de excitação na vida acompanhando o noticiário relatando seus crimes mais recentes e o medo que espalhavam na cidade.

E o espetáculo que ele apresentou no tribunal? A ideia de que estivesse possuído pelo demônio? Tudo papo-furado, Berkowitz confirmou, na esperança de alegar insanidade mental em sua defesa. Ele acreditava ter sido capturado na hora certa, conforme me contou, porque sua fantasia estava evoluindo para uma grande carnificina. Ele se imaginava indo a uma discoteca com vários casais dançando e começaria a disparar até a polícia aparecer, e depois disso haveria um tiroteio de proporções hollywoodianas do qual o próprio Berkowitz e muitos outros sairiam mortos.

Sua fantasia derradeira era uma demonstração especialmente vívida da inveja que sentia de pessoas em relacionamentos heterossexuais. Ele admitia esse sentimento e confessou que, antes de começar a cometer homicídios bizarros, caso encontrasse uma mulher decente que o aceitasse e realizasse suas fantasias, não teria se tornado um assassino.

Era uma boa forma de encerrar a entrevista, mas eu não acreditei em Berkowitz na época e continuo duvidando disso. Uma mulher decente não teria resolvido seus problemas nem evitado os assassinatos. A realidade é que ele demonstrava inadequações seríssimas, e que seus problemas eram muito maiores que a rejeição feminina — a origem de tudo estava em fantasias que começaram a vir à tona em uma idade em que a maioria dos homens está começando a se aventurar em relacionamentos importantes com pessoas do sexo oposto. Foram essas fantasias, e os comportamentos que as acompanhavam, que o impediram de estabelecer uma relação saudável com mulheres. Assim, como no caso de muitos dos criminosos que entrevistei, seu comportamento homicida surgiu de um processo de maturação.

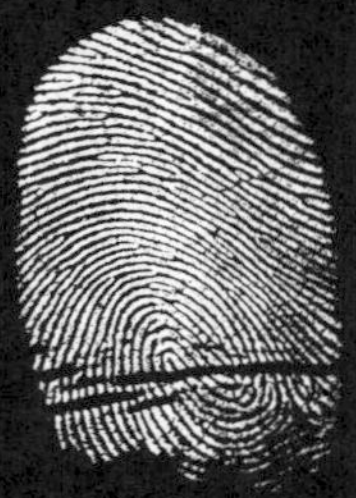

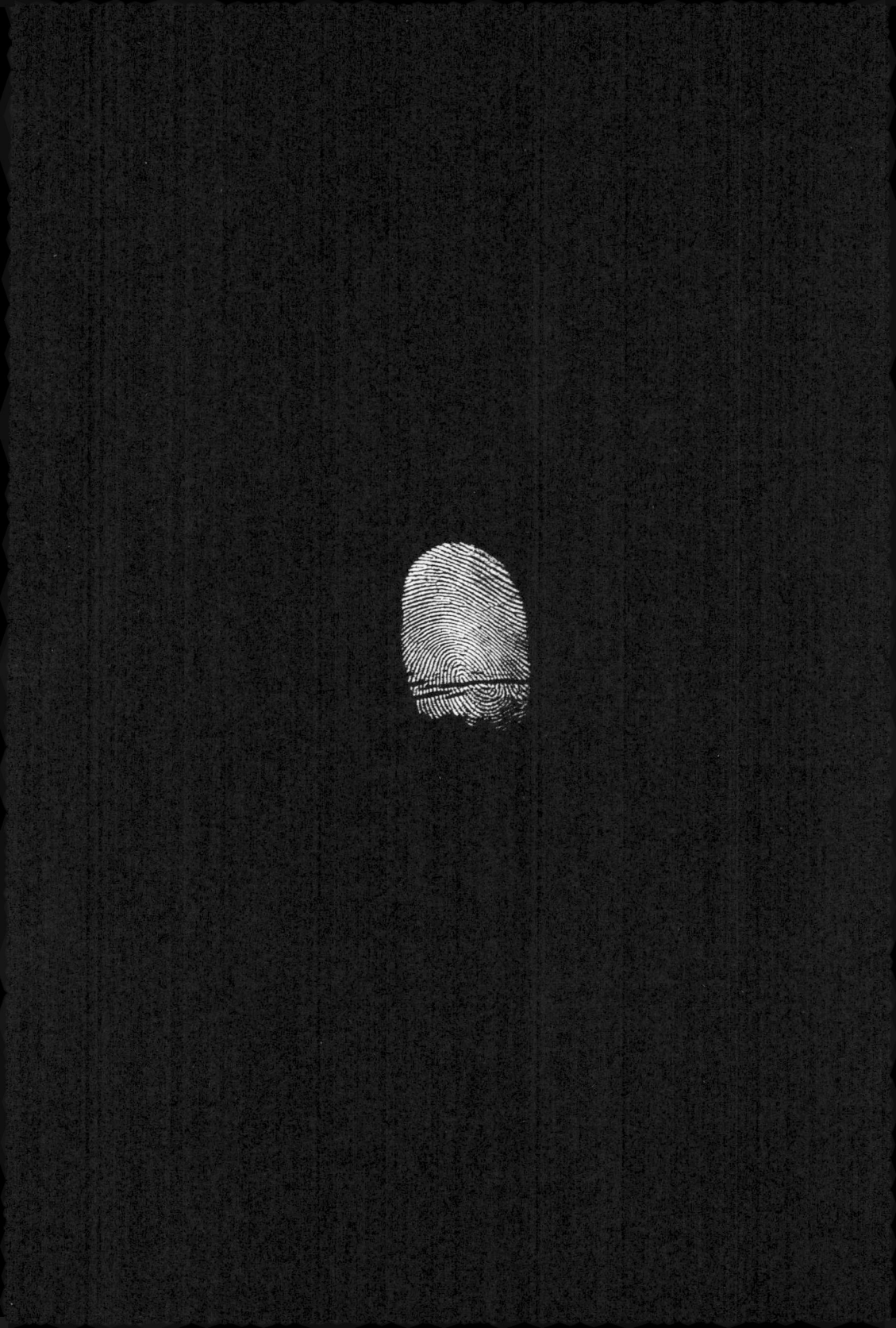

PROFILE — 126
profile

origemdamaldade
INFÂNCIA VIOLENTA

...via-me em criança [...] erguendo o rosto para perguntar à minha mãe sorridente: "Eu sou bom ou sou mau?" [...] Era extraordinário que a dúvida já infligida por ela à criança, de forma tão pueril, não fosse resolvida pelo adulto depois de transposta metade de sua existência.
Italo Svevo, *A Consciência de Zeno*

MINDHUNTER PROFILE
CAPÍTULO 4

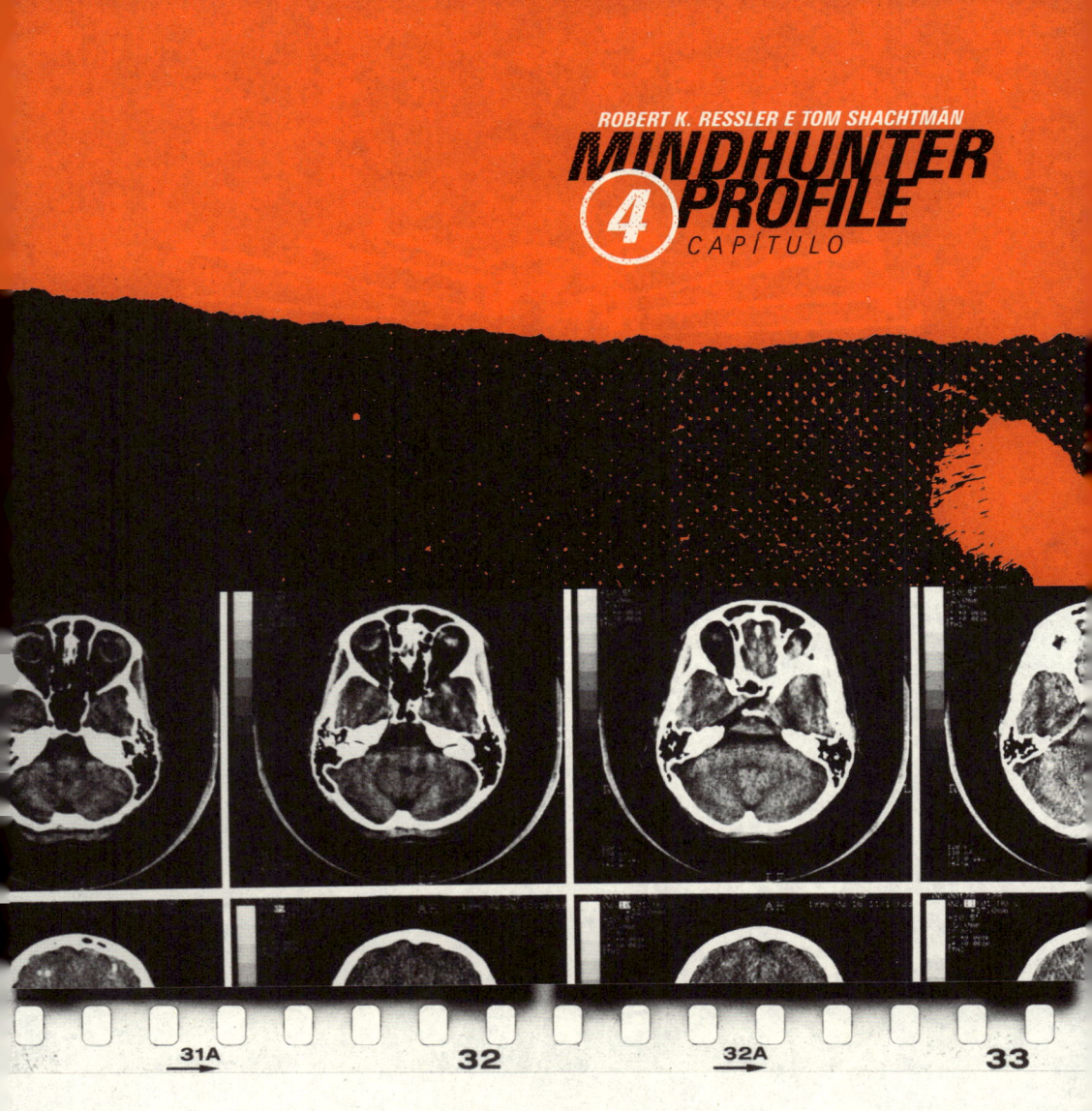

ROBERT K. RESSLER E TOM SHACHTMAN

"De onde viemos? Quem somos nós? Para onde vamos?" As três grandes perguntas do tríptico de Gauguin eram o verdadeiro tema das entrevistas com assassinos encarcerados que comecei por conta própria no final dos anos de 1970. Eu queria saber o que movia essas pessoas, entender melhor a mente dos homicidas. Em pouco tempo, minha curiosidade se tornou um esforço sistemático, como parte de um programa do FBI; esses questionamentos formaram o

PROFILE
profile

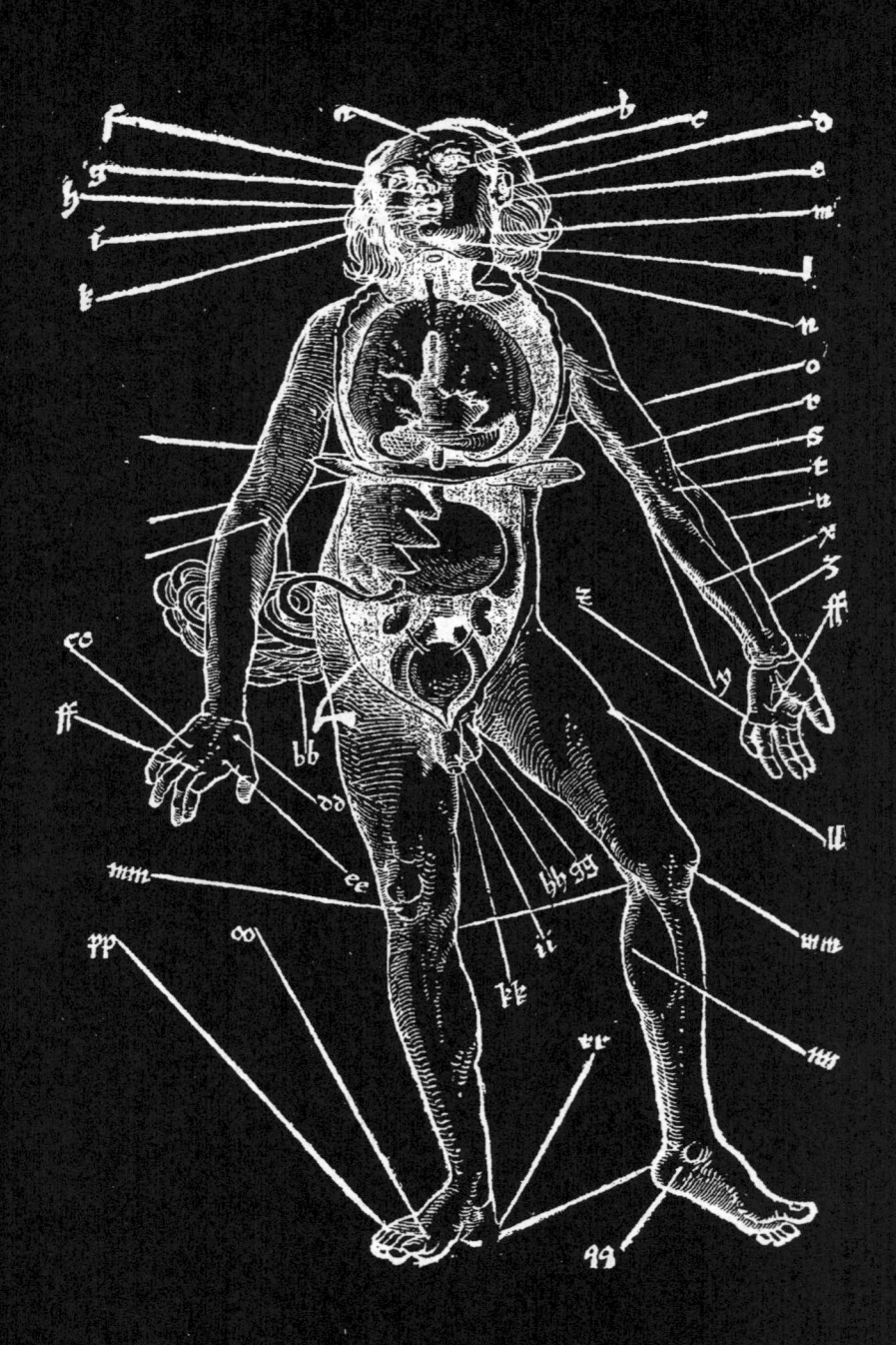

cerne do Projeto de Pesquisa sobre Personalidades Criminosas, financiado em parte pelo Departamento de Justiça e com a colaboração da dra. Ann Burgess da Universidade de Boston, além de outros acadêmicos, sendo eu o principal investigador. Com um protocolo de pesquisa de 57 páginas, entrevistamos 36 presos condenados por homicídio, com foco em suas biografias, motivações e fantasias, além de pontos específicos de seus atos. No fim, fomos capazes de observar padrões relevantes nas vidas deles e aprender a respeito do desenvolvimento do desejo de matar.

Um mito bastante comum é o de que os assassinos costumam vir de lares desfeitos e miseráveis. Nossa amostra revelou que isso não é verdade. Muitos dos criminosos nasceram em famílias que não estavam em condição de pobreza extrema e contavam com fonte estável de renda.

Na opinião de muitos especialistas, nosso estudo foi a maior, mais rigorosa e mais completa investigação sobre perpetradores e múltiplos homicidas já realizada, incluindo a maior porcentagem possível de criminosos desse tipo ainda vivos e cumprindo pena. Em artigo de 1986, os psiquiatras forenses Katie Bush e James L. Cavanaugh Jr., do Centro Isaac Rays, de Chicago, definiram a pesquisa como exemplar pela abrangência e afirmaram que "suas conclusões permitem avaliações em detalhes".

Antes de citar quem eram esses homens e como se tornaram assassinos, preciso afirmar com todas as letras que não existe um caso de alguém que aos 35 anos deixa de ser perfeitamente normal e passa a exibir tendências perturbadoras, cruéis e assassinas. Os comportamentos precursores do homicídio estão e se desenvolvem por longo período, começando na infância.

Um mito bastante comum é o de que os assassinos costumam vir de lares desfeitos e miseráveis. Nossa amostra revelou que isso não é verdade. Muitos dos criminosos nasceram em famílias que não estavam em condição de pobreza extrema e contavam com fonte estável de renda. Mais da metade conviveu em ambiente doméstico a princípio intacto, no convívio tanto do pai quanto da mãe. Todos foram crianças inteligentes. Dos 36, apenas sete tinham QI abaixo de noventa, a maioria se encaixava nos padrões normais e onze se encontravam na faixa superior, acima de 120.

No entanto, apesar da aparência de normalidade, seus lares na verdade eram problemáticos. Metade dos entrevistados apresentavam casos de doença mental no círculo familiar mais próximo e o mesmo percentual tinha pais envolvidos em atividades criminosas. Quase 70% exibiam no histórico familiar algum caso de abuso de álcool ou drogas. Todos os assassinos — sem exceção — foram submetidos a violência *emocional* na infância. E todos se tornaram aquilo que os psicólogos rotulam como adultos sexualmente disfuncionais, incapazes de manter um relacionamento consensual saudável com outra pessoa adulta.

Segundo estudos, do nascimento aos seis ou sete anos de idade, a figura mais importante na vida da criança é a mãe, e é nesse período que a criança aprende o que é amor. Os relacionamentos de nossos entrevistados com as mães, em todos os casos, eram marcados pela frieza, distanciamento, ausência de carinho e negligência. Havia pouquíssimo contato físico, apoio emocional ou ensinamentos de como seres humanos normais apreciam uns aos outros e demonstram afeto e interdependência. Esses meninos foram privados de algo muito mais importante que dinheiro — foram privados de amor. Isso os atormentou durante o resto da vida, e a sociedade pagou o preço também, porque seus crimes encerraram muitas vidas e seu comportamento violento deixou um grande número de vítimas com traumas permanentes.

O abuso que essas crianças sofreram era tanto físico como mental. A sociedade já havia entendido que, de alguma forma, o abuso físico era precursor do comportamento violento, mas o fator emocional pode ser tão importante quanto. Uma mulher costumava pôr o filho pequeno dentro de uma caixa de papelão diante da televisão e saía para trabalhar; quando ele cresceu, o deixava em um chiqueirinho com um pouco de comida e a TV fazia às vezes de babá até voltar do trabalho. Outro entrevistado relatou que ficava confinado no quarto assim que anoitecia; quando tentava ir para a sala de estar, era expulso e ouvia que as noites eram o momento em que os pais e as mães precisavam ficar a sós; ele cresceu acreditando que era uma espécie de pensionista indesejado na própria casa.

Esses meninos cresceram em ambientes onde seus atos eram ignorados, e não havia ninguém que pusesse limites em seu comportamento. É parte da obrigação dos pais ensinar às crianças o certo e o errado; esses garotos cresceram sem que ninguém lhes dissesse que enfiar algum objeto no olho do cachorro era uma ação que causava dor e não deveria ser feita, ou que destruir a propriedade alheia era contra a lei. O ponto principal da educação nesses primeiros anos é a socialização, explicar para as crianças que elas vivem em um mundo onde existem outras pessoas além delas, e que saber interagir é fundamental. Aqueles que mais tarde se tornam assassinos nunca conseguiram entender o mundo em termos além de sua visão egocêntrica, porque quem deveria educá-los — sobretudo as mães — não os instruiu nesse assunto tão importante.

O assassino em série de crianças John Joubert na época da prisão pela morte de três meninos nos arredores de Omaha, Nebraska.

Richard Chase, o "Assassino Vampiro", do primeiro capítulo deste livro, matou seis pessoas antes de ser preso. De acordo com a avaliação psiquiátrica realizada para o julgamento, a mãe de Chase era esquizofrênica e emocionalmente incapaz de se concentrar na tarefa de socializar o filho ou cuidar dele com amor. As mães de nove entrevistados do estudo tinham distúrbios psiquiátricos graves. Até aquelas cujos problemas não chegaram ao nível de exigir atenção médica constante eram disfuncionais à sua própria maneira; por exemplo, várias delas eram alcoólatras. A negligência tem muitas faces. Ted Bundy resumiu tudo quando relatou a um entrevistador que não vinha de família de "comercial de margarina". Ele foi criado por uma mulher que imaginava ser sua irmã, mas na verdade era sua mãe, e embora não tenha relatado nenhum tipo de negligência ou violência nessa relação, havia fortes indícios de abuso sexual por parte de outros familiares.

Às vezes a mãe, mesmo quando é carinhosa e presente, não consegue compensar o desequilíbrio causado pelo comportamento destrutivo do pai. Um dos assassinos vinha de família cujo pai era da Marinha, passava muito tempo em missão, e sua presença era meramente ocasional; os filhos entravam em pânico quando ele chegava em casa, porque o homem espancava a esposa e as crianças, além de abusar sexualmente do filho, que mais tarde se tornou um homicida. Mais de 40% dos criminosos relataram espancamentos e abusos na infância. Mais de 70% disseram ter testemunhado ou tomado parte em incidentes sexuais causadores de estresse quando mais novos — percentual muito superior ao da população em geral. "Eu dormia com a minha mãe quando criança", um deles contou; "Fui abusado pelo meu pai aos catorze anos", revelou outro; "Minha madrasta tentou me violentar", relatou um terceiro; "Fui parar no carro de um desconhecido no centro da cidade quando tinha sete, oito anos", disse um quarto.

A qualidade da interação com outras crianças da família é considerada o fator mais importante para determinar como a pessoa vai lidar com os membros e os valores da sociedade como um todo. Relacionar-se com irmãos e outros familiares, o que costuma atenuar a frieza dos pais, também era problemático no caso dos assassinos. Criados em ambientes inadequados nos anos iniciais, esses meninos não tinham a quem recorrer e, incapazes de desenvolver laços com as pessoas mais próximas, se tornavam mais e mais solitários e isolados do restante do mundo.

É verdade que a maior parte das pessoas com infâncias disfuncionais não comete assassinatos ou atos de violência depois de adultas. Pelo que pudemos apurar, a razão para isso é que a maioria acaba resgatada por mãos mais capazes na fase seguinte, a pré-adolescência — mas nossos entrevistados não foram salvos do afogamento de forma alguma; foram empurrados ainda mais para o fundo do poço nessa fase da vida. Entre os oito e doze anos, todas as tendências negativas da primeira infância são exacerbadas e reforçadas. Nesse período, um menino precisa muito do pai, e foi justamente nessa época que os pais de metade dos assassinos estudados por nós desapareceram. Alguns morreram, outros foram presos, e a maioria se divorciou ou abandonou a família; havia também homens que, apesar de fisicamente presentes, se mostravam inacessíveis em termos emocionais. John Gacy matou 33 jovens e os enterrou embaixo da residência até ser preso. Na juventude, seu pai costumava chegar em casa, descer ao porão, sentar na poltrona e beber; quando alguém se aproximava, era rechaçado; mais tarde, já embriagado, subia para jantar procurando motivos para brigar e batia na esposa e nos filhos.

John Joubert matou três meninos antes de ser capturado. Seus pais se divorciaram quando era pré-adolescente e, quando queria ver o pai, a mãe de John se recusava a levá-lo ou dar dinheiro para que fosse sozinho. Isso também constitui uma forma de abuso, do tipo que os psicólogos classificam como passivo-agressivo. O divórcio é muito comum nos Estados Unidos, claro, e centenas de milhares de crianças são criadas em lares com apenas um dos pais e apenas a ínfima minoria comete assassinatos mais tarde. Não estou aqui tentando estigmatizar os casais divorciados; a intenção é chamar atenção de que quase todos os assassinos entrevistados vinham de ambientes disfuncionais, e que em muitos lares isso se deu após o divórcio.

Monte Ralph Rissell estuprou doze mulheres e matou cinco antes de completar dezenove anos. Seus pais se divorciaram quando tinha sete, e depois disso sua mãe se mudou com os três filhos da Virgínia para a Califórnia. Monte era o mais novo e chorou durante toda a viagem de carro pelo país. Quando o entrevistei na cadeia, anos depois, ele me contou que, se pudesse ter ficado com o pai e não com a mãe depois da separação, estaria na faculdade de direito àquela altura, e não cumprindo pena de prisão perpétua. Essa conclusão é discutível, mas seu sentimento era verdadeiro. Sem dúvidas, ele teve uma infância e tanto.

Quando nasceu, Monte sofreu de incompatibilidade de fator Rh, o que exigiu transfusão total de sangue, mas depois disso se tornou uma criança saudável, apesar de ter sido sempre um pouco pequeno para a idade. Seus pais mantiveram uma rotina de brigas domésticas durante anos antes do divórcio. Ele afirmou ter sido apresentado à maconha e ao álcool pelos irmãos mais velhos aos sete anos de idade. Seu primeiro registro de comportamento antissocial surgiu aos nove anos, quando ele e outros meninos foram pegos pelo diretor da escola escrevendo palavras obscenas na calçada. E havia problemas em casa também. A mãe e o padrasto passavam muito tempo fora, faziam as crianças cuidarem umas das outras e aplicavam punições arbitrárias quando algo dava errado. Em nossa entrevista, Monte repetiu várias vezes que seu padrasto era incapaz de lidar com crianças, pois passara boa parte da vida nas forças armadas. Presenteava os enteados para comprar seu amor, mas não conseguia se relacionar com eles de outra forma. Monte tinha apenas nove anos quando descontou a raiva acumulada dentro de si em um primo: atirou nele com a arma de chumbinho comprada pelo padrasto. Depois do incidente, o padrasto destruiu a arma e agrediu o enteado com o cano. Monte sentia que a irmã e ele eram os responsáveis pelo fim do segundo casamento da mãe, cuja separação aconteceu quando ele tinha doze anos. Nessa época, depois de voltar à Virgínia, ele arrombou um apartamento e furtou objetos; aos treze anos, foi acusado pela polícia de dirigir sem habilitação; e, aos catorze, foi indiciado por roubo, incêndio, furto de veículo e dois estupros. Monte Rissell já demonstrava comportamento desviante bastante avançado no início da adolescência, mas o aumento da violência é exemplo clássico do desenvolvimento que se dá com muitos homicidas.

Outro assassino de mulheres também tinha tendências antissociais que se revelaram bem cedo. De nascimento prematuro, era caçula de família pobre e abusiva de Mobile, Alabama. A história de que passara nove dias na incubadora era uma espécie de lenda na família, assim como o aparente episódio convulsivo que sofreu meses depois, durante o qual se acreditava que tivesse "morrido e ressuscitado". Ao longo de seus primeiros seis anos de vida, dormiu na mesma cama com a mãe, e por mais doze anos no mesmo quarto, em leitos separados. O motivo, segundo a mãe, era protegê-lo das investidas do pai alcoólatra. Ela tratava o filho como uma criança especial — mas também tinha conduta abusiva. Era extremamente severa com os quatro filhos e às vezes os espancava com fios elétricos; além disso, deixava-os todos os dias aos cuidados da avó, que também surrava quem não a obedecesse. Os dois irmãos mais velhos abandonaram o convívio familiar assim que se formaram no Ensino Médio e, depois que eles se foram, a mãe, a avó e a irmã o usavam para se proteger do chefe da família beberrão, incitando o rapaz a agredir o pai e mantê-lo longe da mãe.

==Na escola, seu desempenho era errático, e o diretor escreveu em relatório que ele "se perdia em fantasias" com frequência, descrição confirmada pela irmã.== Na puberdade, ganhou e depois perdeu cerca de quinze quilos, e passou a agir furiosamente contra a mãe. Segundo ela, o filho se tornava violento porque queria dois cachorros-quentes em vez de um ou porque não tinha calda de chocolate para o sorvete. Ele roubava roupas íntimas femininas e espiava a irmã enquanto ela estava no banheiro. Em depoimento autobiográfico posterior, o assassino escreveu: "Eu era uma aberração aos olhos dos outros. [...] Optei por engolir os insultos. [...] Era como o cachorro que recebia carinho quando fazia xixi no jornal". Aos treze anos, começou com os roubos e se envolveu em conflitos entre gangues. Mesmo assim, a família continuava a protegê-lo. Aos dezesseis, foi acusado de roubar a bolsa de uma idosa cega e tentar estuprar sua sobrinha de catorze anos. Enquanto esses crimes eram investigados, outra senhora da vizinhança que repreendia o rapaz pelo "mau comportamento" morreu com um tiro na cabeça. Todas as evidências apontavam para ele, mas o pai mentiu sobre seu paradeiro, e as acusações foram retiradas. (Vários anos depois, após ser condenado por outros homicídios, ele admitiu ter matado a velhinha.)

Dois anos depois desses incidentes, o assassino concluiu o Ensino Médio e se alistou nas forças armadas, e se desvencilhou de vez da supervisão e influência dos pais. Um mês depois, foi indiciado por tentativa de homicídio ao atacar uma jovem e condenado a vinte anos em presídio militar. Mesmo dentro do sistema penal, continuava a ter apoio da mãe, que escrevia cartas de apelo a parlamentares e tentava reverter a pena com bases jurídicas. Depois de sete anos de prisão, e apesar do aconselhamento dos profissionais de saúde mental que tentaram tratá-lo sem sucesso, foi colocado em liberdade condicional aos cuidados da mãe.

Várias jovens assassinadas por Ted Bundy, indicando sua preferência por vítimas com a mesma idade e aparência.

Pouco depois se casou com uma mãe de sete filhos, divorciada, com quem teve uma relação aparentemente normal, ainda que marcada por incidentes estranhos. Quando ela comentou estar deprimida por causa do comportamento do ex-marido e tentou suicídio, Monte falou que a mataria e tentou sufocá-la com o travesseiro. Em outras ocasiões, em especial quando bebia, ameaçava arrebentar a cabeça dela caso não o deixasse em paz. A mulher também descobriu, horrorizada, que ele matara um coelho de estimação, batendo o animal contra o poste, o que o deixou coberto de sangue. O ponto de virada do relacionamento foi o nascimento da filha: a partir daí seu comportamento se tornou imprevisível, e se isolou cada vez mais da esposa e da criança. Logo em seguida, apenas dois anos depois de sair da cadeia em liberdade condicional, deu início a uma série de estupros, assassinatos e mutilações, escolhendo como alvo balconistas de lojas de conveniência. Quando foi preso por evidências ligadas ao terceiro caso, acabou confessando todos os outros.

> Agora tinha visto a deformidade total daquela criatura com quem dividia parte da consciência, com quem habitaria até a morte...
> **Robert L. Stevenson,** *O Médico* e *O Monstro*

Assassinos em potencial solidificam seu comportamento solitário entre os oito e doze anos; esse isolamento é considerado o aspecto mais importante de sua formação psicológica. Muitos outros fatores entram em cena para explicar essa conduta, mas o mais relevante é a ausência do pai. Quando não há uma figura paterna presente na vida de um menino de oito, dez ou doze anos, isso se torna motivo de vergonha diante dos demais garotos. Ele começa a evitar amizades e situações nas quais a presença do pai é requisitada, como esportes ou escotismo. Sua atividade sexual na pré-adolescência, em vez de envolver outros seres humanos, tem início em bases autoeróticas. Mais de 75% dos assassinos entrevistados começaram a se masturbar entre os doze e catorze anos; mais de 80% admitiram se valer de material pornográfico e demonstravam tendências ao fetichismo e voyeurismo. Mais uma vez, precisamos deixar claro que muitos garotos são criados sem a presença do pai e não são sociopatas; no entanto, para aqueles que se tornam, esse período dos oito aos doze anos é fundamental. As investigações costumam remeter justamente a essa época, e a ausência de figura paterna, como o período em que os comportamentos bizarros tiveram início.

Quando Ed Kemper tinha dez anos, depois do divórcio dos pais, ele chegou em casa e descobriu que a mãe e as irmãs mais velhas tinham tirado seus pertences do quarto no segundo andar e levado para o porão. Clarnell Strandberg, sua mãe, era muito querida na universidade, onde trabalhava no setor administrativo, pela preocupação que demonstrava com os estudantes; em casa era um terror, humilhava o filho o tempo todo e dizia que ele era o responsável por todos os dissabores que sofrera na vida. Kemper foi informado de que fora banido para o portão porque havia crescido demais, o que deixava as irmãs desconfortáveis. Pouco tempo depois, Kemper, um grandalhão confinado em um cômodo sem janelas, começou a ter fantasias homicidas.

==Quando garotos psicologicamente traumatizados se aproximam da adolescência, descobrem que são incapazes de desenvolver as habilidades sociais necessárias para a maturação sexual que estabelece a base dos relacionamentos emotivos.== A solidão e o isolamento nem sempre significam que os assassinos em potencial sejam introvertidos e tímidos; é verdade em alguns casos, mas em outros podem ser gregários na interação com outros homens, e bons de conversa. Essa aparência extrovertida serve para mascarar seu isolamento interior. Na época em que um jovem normal começaria a frequentar festas, dançar e beijar garotas, o solitário está se voltando para si mesmo e desenvolvendo fantasias desviantes. As fantasias substituem interações humanas mais positivas, o que torna o adolescente cada vez mais dependente delas, até perder o contato com os valores sociais minimamente aceitáveis.

Entre os doze e treze anos, Jerome Brudos começou a raptar garotas de sua idade ou mais novas, ameaçando-as com faca, e a levá-las para o celeiro da propriedade rural da família. Lá, mandava que se despissem e as fotografava. Não fazia nada além disso, pois não tinha maturidade sexual para ir além. Então as trancava no depósito de grãos e se afastava. Minutos depois, reaparecia no celeiro com outra roupa e outro penteado, abria o depósito e se apresentava à menina como Ed, o irmão gêmeo de Jerome, se mostrava horrorizado por Jerry tê-la trancado lá e perguntava: "Ele não fez nada com você, certo?". A garota explicava que ele havia tirado fotos, então "Ed" encontrava a câmera, destruía o filme e dizia: "Jerry está fazendo terapia; a família arrumou um psicólogo. Isso seria muito ruim para o tratamento dele. Por favor, não conta nada para os meus pais sobre isso". E a menina concordava. Quando era mais velho, Brudos publicava anúncios em jornais universitários em busca de mulheres para servir de modelo fotográfico de sapato e de meia feitos por ele. Ao chegarem no horário combinado ao quarto de motel, as raptava, chegou inclusive a matar algumas, e em seguida as pendurava na garagem e as fotografava nuas ou com diferentes roupas (em especial sapatos).

Acima: O serial killer Jerome Brudos, de Salem, Oregon, na cela na Penitenciária Estadual de Oregon. À direita: Fotografia tirada da perna da vítima de Brudos. Isso captura a essência de suas fantasias fetichistas bizarras — mulheres com sapatos de salto alto.

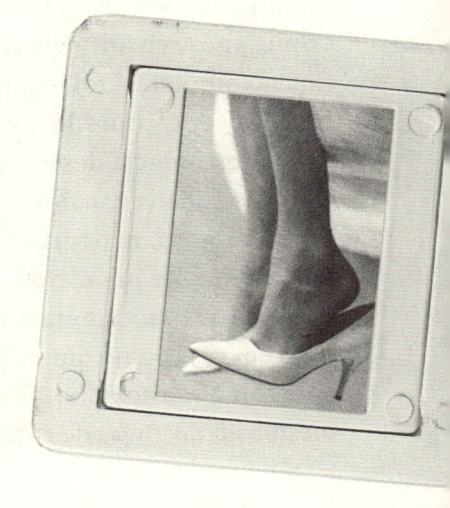

A chave para compreender esses assassinatos, se é que existe uma, é a natureza inegavelmente sexual desses atos. Esses homens eram sexualmente disfuncionais; ou seja, incapazes de estabelecer relações saudáveis e consensuais com outras pessoas adultas, e transformavam essa incapacidade em homicídios de conotação sexual. Nem todo mundo que não consegue beijar garotas na adolescência se torna um adulto sexualmente disfuncional. É importante reconhecer que uma vida sexual saudável não se resume a relações heterossexuais e que relacionamentos homossexuais podem ser tão bem-sucedidos e normais quanto, pois envolvem duas pessoas que se gostam. Os assassinos homossexuais em nossa pesquisa também eram disfuncionais nesse sentido, pois eram incapazes de manter relações estáveis, revelando preferências por práticas como imobilização, tortura e sadomasoquismo com parceiros ocasionais. ==Quase metade dos homicidas relatou nunca ter tido uma experiência sexual consensual com outra pessoa adulta.== E, o que é tão importante quanto: todos sabiam que não tinham relações normais, e se ressentiam disso; era esse ressentimento que movia seu comportamento agressivo e homicida. Richard Lawrence Marquette encontrou uma mulher no bar; eram conhecidos de infância. Ao chegarem em casa, de acordo com a confissão, ele não conseguiu consumar o ato sexual; a mulher ridicularizou sua incapacidade, então Marquette a matou e a esquartejou em vários pedaços. Depois de passar treze anos preso por esse crime, após ser solto ele conheceu outras duas mulheres em circunstâncias similares, foi incapaz de fazer sexo com elas e também as matou, até ser capturado e voltar à cadeia.

A adolescência desses jovens perturbados foi marcada por um isolamento cada vez maior e comportamento "fora do padrão" marcado por devaneios, masturbação compulsiva, incontinência urinária durante o sono e pesadelos. Nesse estágio, as ocasiões para o comportamento antissocial eram mais frequentes. Em vez de passar o tempo todo em casa ou no quintal, o adolescente vai à escola e tem permissão para sair à rua sozinho. ==Crueldade contra animais e contra pessoas da mesma idade, fugas de casa, ausências escolares, ataques a professores,==

causar incêndios, destruição de propriedades — todos esses atos começam na adolescência, embora a mentalidade que os leva a cometê-los existisse desde cedo, mas não vinha à tona porque os meninos ficavam restritos a um ambiente doméstico controlado.

Muitos dos assassinos eram inteligentes, mas não se saíam bem na escola. "Repeti o segundo ano porque eu era impossível de educar", um criminoso contou. Seus pais queriam tirá-lo da escola para que trabalhasse na propriedade rural da família, "mas acabei pulando o terceiro ano porque refiz o segundo, e mais para frente ia muito bem em algumas matérias e muito mal em outras. Era ótimo em matemática, mas não sabia escrever direito". Esse desempenho irregular é um padrão que levam consigo por toda a vida. A maioria era incapaz de se manter empregada ou de executar funções profissionais compatíveis com seu potencial. Não eram bons funcionários, e muitas vezes acabavam demitidos ou brigavam no trabalho, além de terem problemas constantes com figuras de autoridade. Apesar de possuírem o intelecto necessário para assumir postos qualificados, a maioria executava apenas trabalhos braçais. Quando entravam no serviço militar, o que foi o caso de 40% dos entrevistados, a maior parte recebia baixas desonrosas.

> A fantasia apartada da razão só produz monstros impossíveis; unida a ela, por outro lado, é a mãe das artes e a fonte de seus desejos.
> **Francisco de Goya**, *Manuscrito do Prado*

Da mesma forma como faltava amor, havia também ausência de estímulo e incentivo no ambiente familiar (e no escolar também). Assim, suas energias acabavam direcionadas para feitos negativos. Na escola, ou eram cronicamente indisciplinados ou inibidos e distantes a ponto de não receberem qualquer atenção.

"Eu me sentia culpado por ter aqueles pensamentos [em relação à família]", Rissell me contou — depois de anos ouvindo psicólogos, havia aprendido o jargão —, "e os reprimia e acumulava muita hostilidade, que liberava nas fantasias. [...] Devem ter percebido isso na escola, porque meus devaneios eram tão frequentes que foram parar nos relatórios. [...] Eu sonhava em matar a escola inteira."

Tanto o sistema escolar quanto as famílias fracassaram com esses meninos. Na maior parte das vezes, quando confrontada com a criança problemática, a escola não dispõe de um programa de aconselhamento adequado ou, mesmo quando esse serviço existe, acaba não abordando a questão mais significativa de suas vidas, em especial a dos lares disfuncionais. Se um professor diz "Precisamos ficar de olho em Joe, ele tem problemas sérios", o sistema escolar não dispõe de mecanismos para analisar o contexto do aluno de forma apropriada para chegar ao cerne da questão da convivência familiar, e assim não aciona as demais instâncias burocráticas, como o serviço de assistência social, para interromper a espiral descendente da criança rumo à selvageria. Além disso, como estamos falando de meninos traumatizados emocionalmente, nem sempre eles se mostram acessíveis. Esses garotos com inteligência acima da média encontram formas de disfarçar e esconder suas feridas mentais até criarem uma casca grossa por cima delas.

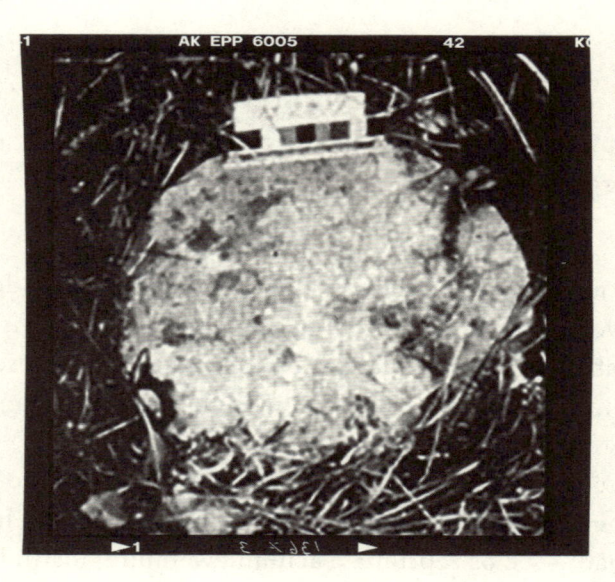

Marcador indicando o local onde foi enterrado o crânio de uma das vítimas de Kemper.

Muitas pessoas superam enormes dificuldades na infância e não matam ninguém depois de adultas. No entanto, quando esses problemas na primeira idade são reforçados pela negligência do sistema escolar, do serviço de assistência social e da comunidade, acabam se agravando consideravelmente. Na situação caracterizada por mãe distante, pais ou irmãos ausentes ou abusivos, um sistema escolar omisso, um serviço de assistência social ineficaz e a incapacidade pessoal de se relacionar sexualmente de forma normal com as outras pessoas, é quase uma fórmula para produzir a personalidade desviante.

Muitas vezes me perguntam por que não trato de assassinas em série. Apenas uma mulher foi presa sob a acusação de homicídio em série: Aileen Wuornos, na Flórida. Embora possa haver outras, minha pesquisa não se dedicou a elas. ==Mulheres cometem múltiplos homicídios, claro, mas tendem a fazer isso em surto, não em série, como é padrão entre os homens que estou comentando.== Os problemas psicológicos que caracterizam esses homens também se aplicam às personalidades de mulheres violentas? Sinceramente, não sei; uma pesquisa desse tipo ainda precisa ser feita. ==Os assassinos em série são na maioria homens brancos na casa dos vinte ou trinta anos na época dos crimes.==

A capacidade de estabelecer, manter e desenvolver bons relacionamentos interpessoais começa na infância e é reforçada na pré-adolescência. Mas, se não acontecer na fase certa e não for reforçada de forma positiva entre os oito e doze anos, quando o menino chega à adolescência já é quase tarde demais. Mesmo se o comportamento "fora do padrão" não envolver assassinato ou estupro, haverá alguma outra demonstração de disfunção. Pessoas que passaram por uma infância de privações severas não tem uma vida normal; se tornam as mães alcoólatras e os pais abusivos que criam ambientes domésticos que perpetuam o ciclo de abusos e tornam extremamente provável que os filhos cometam crimes. Adultos disfuncionais produzem um criadouro para fantasias e comportamentos criminosos, para o prejuízo de seus próprios filhos e da sociedade como um todo.

Sempre existem formas de intervenção, formas de adiar o comportamento criminoso de um menino que teve a vida perigosa até, digamos, os doze anos de idade. Um novo padrasto mais amoroso, ou um professor, ou alguma outra figura masculina positiva pode entrar em cena e exercer boa influência. A psicoterapia pode chegar ao cerne do problema e afastar a criança do caminho que leva ao comportamento desviante.

Um aspecto importante deve ser ressaltado: quando há intervenção nesse estágio, o garoto resgatado pode continuar causando dissabores para a família, fugindo da escola ou não melhorar apesar do ambiente mais positivo; depois de adulto, porém, tem menor possibilidade de cometer crimes, como os mais hediondos — raptos, estupros e homicídios. Quem já começou a percorrer o caminho do comportamento antissocial só pode ser recolocado nos trilhos até certo ponto; existe chance de se tornar um adulto extremamente disfuncional. Para alguém assim, ser reeducado e assumir um comportamento dentro da normalidade é improvável.

Isso significa que, quando esses assassinos são capturados e presos, a chance de reabilitação é quase nula — porque, afinal de contas, seus problemas já vêm se desenvolvendo desde a infância. São homens que nunca aprenderam a se relacionar de forma apropriada com outros seres humanos; não se deve esperar que uma habilidade interpessoal tão importante pudesse ser ensinada na prisão. Eles precisam ser reeducados para aprender a serem humanos que se importam com outros indivíduos. Transformar homens raivosos, ressentidos e agressivos em pessoas sensíveis e bem ajustadas à vida em sociedade é quase impossível.

Certa vez, um homem que cumpria pena pelo crime recorrente de molestar crianças descreveu de forma bastante clara sua incapacidade de transformar o próprio comportamento. Ao longo de anos, em suas fantasias, fazia sexo com meninos menores de idade, contou; na cadeia, apesar das tentativas das autoridades prisionais de direcionar sua afeição para adultos — inclusive homossexuais —, os devaneios e estímulos autoeróticos continuavam nos garotos, e ele sabia que continuaria a ser assim para sempre, encarcerado ou não.

A maioria das pesquisas anteriores sobre a mente dos assassinos considerava que a raiz do comportamento violento estava nos traumas da infância — o menino molestado aos seis anos de idade que crescia e passava a atacar mulheres. Mas nem todos os estupradores ou assassinos que entrevistamos haviam sido abusados quando crianças. Minha pesquisa me convenceu de que a chave não era o trauma inicial, e sim o desenvolvimento de padrões mentais pervertidos. Esses homens eram motivados a matar por suas fantasias.

"Eu sabia, muito antes de começar a matar, que ia acabar fazendo isso", um múltiplo homicida nos contou. "As fantasias eram poderosas demais. Continuaram por tempo demais, e eram elaboradas demais." Depois que os assassinatos começaram, as fantasias persistiram. "É um desenvolvimento", o criminoso relatou. "Cansar de certo nível de fantasia e ir além e mergulhar cada vez mais na bizarrice [...] a coisa é capaz de chegar a tal ponto que eu sei que ainda não fui exposto às piores fantasias que posso ter."

Todos os assassinos que entrevistamos eram dominados por fantasias; matavam para concretizar no mundo real o que visualizaram muitas e muitas vezes na mente desde a infância e a adolescência. Quando adolescentes, em vez de se envolverem em atividades e interesses normais junto de pessoas de sua idade em situações fora de seu controle, esses criminosos se voltaram para fantasias sexuais violentas, em que eram capazes de controlar o ambiente. Esses garotos exacerbavam os abusos sofridos no início da vida e repetiam esse padrão nas fantasias — mas dessa vez no papel de agressores. Como um homicida me contou: "Ninguém quis saber qual era meu problema, e ninguém conhecia meu mundo de fantasia".

É justamente porque esses criminosos agem motivados por fantasias que caracterizamos os homicídios em série como assassinatos com conotação sexual, apesar de não necessariamente envolverem a princípio a penetração física ou a perpetração de outros atos sexuais contra a vítima. A inadequação sexual está no cerne de todas as fantasias, que são o combustível emocional dos crimes.

A fantasia é definida como um acontecimento impossível de se obter na vida normal. Uma fantasia masculina convencional é fazer sexo com uma lindíssima estrela de cinema. Possuir de forma carnal uma deusa do sexo não é pensamento perverso, apenas a expressão mental de um desejo que, para a maioria das pessoas, está muito além do que pode ser alcançado. Uma fantasia anormal seria imobilizar e chicotear essa atriz durante o sexo. Um homem comum aceita que jamais terá acesso a Madonna, ou Cher, ou Jane Fonda — ou quem quer que considere incrível e sexy — e encontra uma substituta. Pessoas normais aceitam o controle e a moderação social como limites a seu comportamento. Já o indivíduo desviante, por ter pouquíssimas restrições a seu comportamento desde a infância, acredita que pode concretizar a fantasia e que ninguém será capaz de impedi-lo. Muitos jovens tinham fixação por Jodie Foster, mas apenas John Hinkley se sentiu no direito de persegui-la em Nova Jersey, mandar cartas e gravar suas conversas com ela enquanto planejava assassinar o presidente Reagan.

Da mesma forma, todos sabemos que muitas crianças brincam com os bichinhos de estimação e são fascinadas por animais selvagens. No entanto, em geral quase ninguém os tortura de forma deliberada.

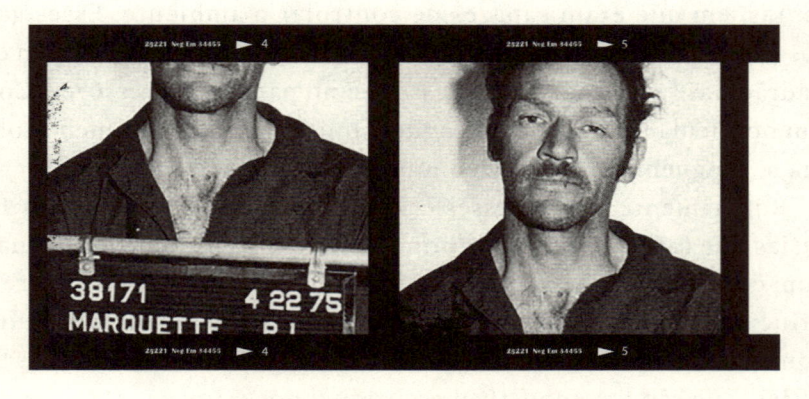

Richard Lawrence Marquette quando da prisão por homicídio por motivações sexuais.

Um dos sujeitos desviantes entrevistados se achou no direito de abrir a barriga de um cachorro para ver até onde ele conseguia correr antes de se contorcer em espasmos fatais; outro amarrava bombinhas nas patas dos gatos, e por isso havia muitos felinos com apenas três patas em seu bairro. Um terceiro estrangulou um gato sem a menor piedade, mas ficou indignado e extremamente magoado quando alguém deu vidro moído para seu cachorro.

O comprometimento dos criminosos com suas fantasias se aprofunda quando se tornam indivíduos solitários na adolescência, sob a influência da puberdade e do surgimento da excitação sexual. Cheios de agressividade e se sentindo traídos pela sociedade, canalizam toda a hostilidade no mundo da fantasia. Diversos assassinos relataram uma obsessão precoce por sapatos femininos de salto alto, lingeries e cordas para estrangulamento ou asfixia — mas nesse caso para usar apenas em outras pessoas e não em si mesmo, em especial para estimulação sexual. Aos doze anos de idade, Edmund Kemper brincava de "câmara de gás" com a irmã: ela o amarrava em uma cadeira e acionava um mecanismo imaginário que liberava a substância venenosa, para que ele pudesse tombar no chão e "morrer" — uma brincadeira melancólica, hostil e repetitiva que misturava as práticas sexuais com as de assassinato. Outro criminoso contou que na adolescência se masturbava sobre as roupas íntimas das irmãs — muitas vezes na frente delas — e não entendia por que as pessoas da família se irritavam tanto com isso. Um terceiro, aos quinze anos de idade, levou meninos mais novos para o banheiro do local onde recebia tratamento psiquiátrico e os forçou a fazer sexo oral e anal com ele, repetindo a forma como fora vitimizado aos dez anos. Um quarto assassino foi pego aos três anos de idade com o pênis amarrado a uma gaveta, estimulando o membro ao interromper a circulação de sangue; aos treze anos, amarrou o pênis e o pescoço a uma barra de ferro no banheiro; aos dezessete, esses instintos agressivos em relação a si mesmo se voltaram contra uma moça, que o adolescente raptou e manteve a noite toda sob a mira de uma arma.

flirt
THE FLASH MAGAZINE

BEST BETS OF THE BROADWAY PETS!

TEMPTING FEMMES of FRANCE!

JUNE 25¢

FISH BITE EVERY DAY

DESTROY HAIR FOREVER

MOVIES

ILLUSTRATED BOOKLETS & NOVELTIES

OCT. 25¢

She: "Do you think of me when you're away"

BREAKS MAKE WHISPERS

ALIMONY FOR...
VENDETTA VEN...
"I PASSED FOR...
GIRL HEAD HU...
SEX AND THE FRENCH

Essas fantasias se caracterizam por componentes visuais poderosos e temáticas de dominação, vingança, molestamento e controle. Enquanto uma pessoa normal sonha com aventuras sexuais, os desviantes vinculam o sexo a atos destrutivos. As fantasias convencionais de relações interpessoais excitantes se fundem com anomalias como tentativas de degradar, humilhar e dominar outras pessoas. A maior parte das fantasias normais gira em torno de um parceiro que desfrutaria da situação tanto quanto o sonhador. No caso desses indivíduos anormais, quanto mais a fantasia for divertida para eles, mais perigosa se torna para o outro envolvido.

O elemento chave está aí: nesses tipos de fantasias, a outra pessoa é despersonalizada, transformada em objeto. "Sinto muito se falo com tanta frieza disso", Ed Kemper me disse, "mas o que eu precisava era de uma experiência específica com alguém, possuir a pessoa da maneira como eu queria; então precisava arrancá-las de seus corpos humanos." Quando removido de seu corpo, porém, um ser humano não tem como voltar. Em outras palavras, Kemper estava dizendo que, para realizar sua fantasia sexual, precisava matar.

As fantasias envolvendo sexo não são discutidas em família — nem mesmo nas normais e funcionais. O adolescente do sexo masculino não costuma ser avisado de que, como chegou à puberdade, é normal pensar em pessoas nuas e querer fazer certas coisas com elas na cama. O filho de uma família convencional, porém, aprende qual é o padrão de comportamento apropriado observando seus pais, que se abraçam, se beijam e andam de mãos dadas; o garoto entende que os pais têm um relacionamento amoroso e que é isso o que se espera dele. Já os assassinos entrevistados cresceram sem essa proximidade familiar, e sem que nenhum sentimento de afeto lhes fosse dedicado. Pessoas normais conseguem ver a atividade sexual como uma expressão de amor. Os indivíduos desviantes, por sua vez, são levados por impulsos sexuais sem nenhum afeto envolvido. Dessa forma, se tornam rapazes que saem por aí tentando "se dar bem", ou "mandar ver", sem levar em conta a vontade da outra pessoa ou sequer considerá-la um ser humano. A maioria deles sequer sabe o que fazer com a mulher quando consegue "pegá-la".

O processo que os psicólogos definem como "mapeamento cognitivo" está quase completo a essa altura — o desenvolvimento de padrões de pensamento que afetam a forma como a pessoa se relaciona consigo mesma e seu ambiente. É o que determina como o indivíduo interpreta o que acontece no mundo. Ele passa a se isolar cada vez mais em posição antissocial, encarando o mundo como um lugar hostil. Se torna quase incapaz de interagir de forma apropriada com o mundo exterior, porque seus padrões de pensamento estão voltados para dentro, na tentativa de estimular a si mesmo e reduzir as tensões, mas no fim provocando apenas mais isolamento. Um círculo vicioso se estabelece. O adolescente solitário com fantasias aberrantes tenta concretizá-las parcialmente por ações antissociais — a mentira não descoberta; a crueldade contra animais, que tem poucas consequências para sua vida; o fogo que arde intensamente; o medo da criança mais nova que não o denuncia. Ele consegue "se safar" quando comete tais atos. Os efeitos disso se incorporam às fantasias, que são levadas ainda mais ao extremo da violência. O isolamento social se aprofunda e, em algum momento, novos experimentos são feitos para concretizar as fantasias renovadas.

Em minhas entrevistas, descobri que o tema mais difícil para os assassinos era a expressão inicial de suas fantasias. As de Ed Kemper surgiram em idade bastante precoce, mas em nossas conversas ele não as relacionou a seus primeiros assassinatos — aos quinze anos, quando matou os avós a tiros. Insisti no assunto e concluí que ele não relacionava esses crimes ao fato dos avós o terem castigado por matar aves e outros pequenos animais em sua propriedade e tomaram sua arma. Muitas crianças de regiões rurais têm armas para caçar, mas as criaturas mortas por Kemper não eram animais selvagens. Ele ficou furioso por ser privado da arma. No entanto, havia um motivo por trás daqueles atos, e que não foi abordado. Infelizmente, os avós se limitaram a tomar a arma, acreditando que a ausência de um instrumento assassino resolveria o mau comportamento do neto. Eles não perguntaram a Kemper o que passava na sua cabeça — quais eram suas fantasias — para querer abater os bichinhos a tiros só por "diversão". Eu não consegui fazê-lo falar abertamente disso, mas inferi que parte da motivação de Kemper para assassinar os avós foi esconder deles suas fantasias homicidas.

==O que começa como fantasia pode se tornar parte de um ritual assassino.== Um homem que na infância brincava de arrancar as cabeças das bonecas Barbie da irmã decapitava as vítimas quando chegou à idade adulta. Outro costumava perseguir um amigo com a machadinha quando brincava no quintal de casa; depois de crescido, era essa a arma que usava em seus crimes. Aos treze anos, enquanto andava de bicicleta, John Joubert cravou um lápis nas costas de uma garotinha. Ele achou isso estimulante. Como não foi pego nem punido, a violência foi evoluindo; quando saiu de novo de bicicleta, cortou alguém com uma navalha. Investigando a biografia de Joubert, descobrimos que, pouco antes do primeiro ataque, havia perdido um amigo. Ele e um menino mais novo tinham começado um relacionamento saudável, talvez marcado por uma homossexualidade latente; então John foi viajar nas férias de verão, e quando voltou descobriu que o amigo se mudara. A mãe de Joubert afirmou não saber onde o menino estava, e disse que ele precisava aceitar a perda. Outra mãe talvez o ajudasse a descobrir o novo endereço da família, ou estimulasse a troca de cartas, ou prometesse marcar uma visita nas férias seguintes e assim por diante; a sra. Joubert destruiu o prazer que o filho extraía daquele relacionamento e, logo depois, John cravou o lápis nas costas da menina. Ao fazer isso, atravessou a linha que demarca o comportamento criminoso. ==Quando sua fantasia o levou a atacar outro ser humano, havia pouco a fazer para impedir que acabasse cometendo assassinatos.== Se tivesse sido pego, punido e aconselhado de forma efetiva a aprender a lidar com o estresse do ambiente doméstico, talvez pudesse ter se refreado de mais atos antissociais de violência, mas — e essa é a parte mais triste — essas medidas provavelmente não surtiriam efeito em erradicar as fantasias que impulsionavam seu comportamento.

Embora expostos a ambiente doméstico e social pouco acolhedor e nutrindo fantasias violentíssimas, alguns criminosos em potencial ainda assim não chegam ao ponto de cometer atos hediondos. Esses jovens são bombas-relógio prestes a explodir, mas seus históricos mostram que, a menos que certos fatores de estresse se estabeleçam, eles podem não cometer crimes violentos. No caso de Joubert, foi a perda repentina de seu único amigo o que ocasionou o primeiro ataque. Mais tarde, quando estava na Força Aérea, foi a transferência de um colega de base, além de um reparo inesperado e dispendioso em seu carro, que o colocou no estado mental em que se encontrava ao realizar de forma tenebrosa sua fantasia de raptar e matar um garotinho.

O agravamento dos crimes de Monte Rissell do estupro para o assassinato aconteceu no Ensino Médio, depois de passar algum tempo em reformatórios e enquanto estava, inclusive, se submetendo a tratamento psiquiátrico imposto como uma das condições para sua liberdade condicional. Antes, já havia cometido estupros, mas não fora além. Mas então sua namorada, um ano à sua frente na escola, se formou e foi para a faculdade, de onde enviou uma carta para dizer que preferia se relacionar com outras pessoas. Rissell foi até lá e a viu com o novo namorado, mas não tomou qualquer atitude de imediato. Depois de voltar a Washington DC, ficou sentado no carro em um estacionamento, tomando cerveja e fumando maconha, pensando até tarde da noite. Por volta das duas da madrugada, apareceu uma mulher sozinha em seu veículo; uma prostituta. Não havia ninguém por perto, e Rissell pensou consigo mesmo que poderia obter com aquela mulher — sob a mira de uma arma — o que sua ex-namorada não estava mais disposta a lhe oferecer. Com uma pistola calibre .45 na mão, foi até o carro da prostituta e a raptou, estuprou e matou. Mais tarde, assassinaria outras quatro mulheres.

O primeiro homicídio de Richard Marquette foi desencadeado pela incapacidade de consumar a relação sexual com a mulher que encontrou em um bar. Ted Bundy matou pela primeira vez supostamente depois de perder o auxílio financeiro que lhe permitiria continuar a faculdade de direito. Alguém pode argumentar que, se Bundy não tivesse sido submetido a esse fator de estresse, concluísse seu curso e conhecesse uma mulher que satisfizesse a maior parte de suas necessidades, poderia nunca ter assassinado ninguém; poderia se tornar um advogado cruel e agressivo, o tipo de homem que sai com prostitutas, se envolveria em relações sadomasoquistas e experimentaria vários outros tipos de coisas para dar vazão a sua raiva — nesse caso, seu caráter desviante seria mais aceitável socialmente —, mas sem nunca cruzar a linha que demarca o comportamento criminoso. Não temos como ter certeza, mas, a julgar pelo comportamento posterior de Bundy, parece mais provável que acabasse passando dos limites em algum momento — tivesse ou não continuado os estudos, e tivesse ou não encontrado uma mulher que realizasse suas fantasias. Em sua cabeça, o desejo sexual já estava fundido fazia tempo à necessidade de causar estrago e destruição. As perturbações mentais de David Berkowitz chegaram ao ponto de ebulição quando não conseguiu ser acolhido na família de sua mãe biológica; mas esse desejo de fazer parte de uma família estava mesmo fadado ao fracasso. Depois de sair da prisão pelo assassinato dos avós, Ed Kemper voltou a morar com a mãe, por insistência dela. Mas, depois de tanto lutar para libertá-lo, ela o enxovalhava o tempo todo, afirmando que era o responsável por seus dissabores com os homens. Depois de discussão especialmente violenta com a mãe, Kemper saiu batendo a porta, pegou o carro e disse a si mesmo: "A primeira mulher bonita que cruzar meu caminho esta noite vai morrer". Ele não demorou a encontrar a vítima: uma universitária a quem ofereceu carona.

Muitos dos fatores de estresse pré-crime que desencadeiam assassinatos são o mesmo tipo de coisa que acontece com muita gente todos os dias — perder o emprego, acabar um relacionamento, problemas financeiros. Pessoas comuns lidam com esses problemas se valendo de um padrão de comportamento normal e útil. Os homicidas em potencial, porém, têm padrão de comportamento defeituoso, o que também se aplica a seus mecanismos mentais responsáveis por lidar com situações estressantes. Diante de um acontecimento como demissão, se fecham em si mesmos e se concentram em seus próprios problemas ignorando todo o resto, e em suas fantasias como a solução para tudo. Um rompimento com a namorada leva um homem a se tornar desatento no trabalho, o que resulta em demissão; sem fonte de renda e sem consolo emocional, ele se vê diante de problemas que anteriormente seria capaz de encarar, mas que naquele momento parecem insuperáveis. O estresse pré-crime é a gota d'água que faz o balde transbordar.

Esse comportamento que rompe os limites do aceitável é destrutivo tanto para o indivíduo como para a sociedade, pois o leva a fazer coisas que sabe ser erradas, e que vão lhe proporcionar grande sofrimento caso seja pego. Mesmo assim, tudo o que aconteceu em sua vida pregressa o empurra para além desses limites. Apenas mais tarde, depois de diversos atos violentos, ele vai passar a se considerar invencível e achar que nunca será pego. Antes de começar a agir, o criminoso não está tão certo disso.

Os fatos se acumulam até chegar ao ponto em que o criminoso se vê disposto a cometer um ato violento — e então surge a vítima acessível, em posição particularmente vulnerável —, e o homicida em potencial se torna um assassino de verdade.

O estrago está feito. A linha que demarca o comportamento criminoso foi cruzada, e não há como voltar atrás. Ele está assustado e está empolgado. Sentiu alto grau de excitação sexual durante o crime, e gostou disso. Fica à espera por vários dias, imaginando que vai ser preso e condenado, mas nada acontece. Talvez o ato hediondo pese na consciência, e ele tente controlar seus impulsos. Bill Heirens contou que se trancou no banheiro quando sentiu vontade de sair e matar de novo, na tentativa de não ceder aos desejos que o dominavam. No entanto, acabou pulando pela janela de roupão e cometendo um crime mesmo assim. O mais comum é que, depois do primeiro assassinato, o indivíduo se torne mais egocêntrico do que nunca e se convença de que é capaz de fazer tudo mais uma vez e sair impune. Incorpora os detalhes do primeiro homicídio a suas fantasias e começa a planejar futuros assassinatos. Por que não brincou um pouco mais com ela antes de estrangulá-la? Que tal desmembrar o corpo para a polícia não poder identificar a vítima? E se eu forçasse o garoto a dizer e fazer certas coisas antes de atacá-lo fisicamente? E se eu levasse o anel dela para relembrar tudo mais tarde? E se eu procurasse por vítimas em outra cidade, em vez de a cinco quadras da minha casa? E se deixasse algumas amarras prontas e levasse comigo, para não precisar improvisar na hora? Que tal usar uma arma de fogo para controlar a vítima da próxima vez, em vez da faca?

Depois que o primeiro assassinato é cometido, os fatores de estresse que o precederam não são mais imprescindíveis para que outros aconteçam. Depois de cruzar a linha que demarca o comportamento criminoso, o assassino passa a planejar cada vez mais e melhor os futuros ataques. O primeiro pode ter sido marcado de alguma forma pela espontaneidade, mas a vítima seguinte provavelmente vai ser mais bem escolhida, e o homicídio vai ser cometido com mais eficiência e mais violência do que antes. Aquele garoto solitário criado em um lar sem afeto se transformou em um assassino em série.

PROFILE
------- — 156.
profile

Desaparecidos
MORTO À FACA

> Somos levados a hesitar entre uma explicação que não transgride as leis naturais — é um sonho, uma fantasia — e outra que recorre ao sobrenatural — são monstros, demônios.
> **Tzvetan Todorov**, *Goya à Sombra das Luzes*

ROBERT K. RESSLER E TOM SHACHTMAN

MINDHUNTER PROFILE
CAPÍTULO 5

No outono de 1983, eu estava a caminho de minha *alma mater*, a Universidade Estadual de Michigan, para dar aulas em um seminário anual sobre homicídios. Era dia de temperatura agradável para o mês de setembro em Michigan, com as folhas mudando de cor e o campus se mostrando em todo o esplendor. Quando entrei no hotel, recebi o recado para contatar o FBI imediatamente. Sempre que recebo um recado desses, sinto um frio na espinha, porque sei que algo ruim aconteceu;

PROFILE
profile

notícia ruim chega depressa, principalmente para quem é agente de aplicação da lei. Quando liguei, meu superior imediato me contou que um menino entregador de jornais chamado Danny Joe Eberle havia sido raptado e assassinado em Bellevue, Nebraska, perto de Omaha, e que eu deveria ir lá para ver em que poderia ser útil na captura do assassino. Eu não desperdicei a oportunidade.

Minha mente se voltou de imediato para dois casos parecidos. Quase um ano antes, em Des Moines, um entregador de jornais havia desaparecido em circunstâncias assustadoramente similares: em um domingo de manhã, enquanto fazia seu trabalho. Johnny Gosch jamais fora encontrado. O FBI entrou tarde demais no caso, e o sr. a sra. Gosch confessaram para mim sua mágoa quanto a isso. O caso do rapto de seu filho era da jurisdição da polícia estadual, e em teoria o Bureau não tinha como interferir, mas eles achavam, com toda a razão, que a principal instituição de combate ao crime do país poderia ter feito mais para ajudar. Algum tempo antes, quando o jovem Adam Walsh desapareceu na Flórida, a polícia solicitou ajuda do FBI, mas o Bureau se recusou a colaborar, com a justificativa de que se tratava de crime de abrangência local e que, a menos que houvesse evidências concretas envolvendo viagem interestadual, o caso estava fora de nossa alçada. Mais tarde, a cabeça de Adam foi encontrada boiando em um canal, e surgiu a informação de que o suspeito dirigia um carro de outro estado, então o FBI se interessou. A essa altura, porém, John Walsh, o pai de Adam, se recusou a aceitar a ajuda do Bureau. Tempos depois, ele me explicou o porquê: o FBI não quis ajudar quando era um simples caso de criança desaparecida, mas quis marcar presença quando a cabeça do menino foi encontrada e não havia mais como salvar sua vida. Esse tipo de ajuda os Walsh não queriam, ele me disse. (Mais tarde, John Walsh se tornaria figura conhecida nacionalmente como apresentador do programa *America's Most Wanted*.) Eu concordava com os Gosch e com John Walsh que o Bureau deveria ter participado das buscas de seus filhos e precisava agir de forma mais decisiva e menos tardia em novos casos de crianças desaparecidas no futuro.

Mas o problema era sempre a questão da jurisdição. Quando passei por meu treinamento no FBI, aprendi a respeito das várias leis federais cujo cumprimento era nosso dever garantir. Uma delas, por exemplo, era o Ato das Aves Migratórias, que chamávamos de "lei da garça-azul". Era crime federal matar certas aves em período de migração; outra contravenção que pertencia à esfera federal era não remover a porta da geladeira ao colocá-la na rua para ser levada pelo serviço de coleta de lixo. (Ambas as leis, aliás, foram criadas por necessidades reais: a primeira protegia uma espécie que estava desaparecendo porque as penas eram as favoritas na confecção de chapéus na primeira metade do século XX, o que as tornava alvo prioritário de caça; e a segunda surgiu quando um número alarmante de crianças morreu por entrar em geladeiras abandonadas e não conseguir sair porque a porta travara.)

Nenhuma lei federal envolvia homicídios em série, e a definição do crime de rapto limitava atuação do FBI a sequestros com pedido de resgate. As tragédias das famílias Walsh e Gosch, além da pressão de associações de defesa dos direitos da criança de todo o país, ajudou a mudar a postura das autoridades estaduais e federais em relação a casos de crianças desaparecidas. Em um extenso projeto de legislação criminal submetido ao Congresso no início dos anos 1980, o governo Reagan acrescentava o combate a homicídios, raptos e outros crimes graves às incumbências do FBI. O projeto havia se transformado em lei pouco antes do rapto de Danny Joe Eberle, portanto havia a instrução do alto comando do Bureau para colaborar de todas as formas possíveis.

Assim que desaparecimento de Danny Joe foi comunicado, o Agente Especial Encarregado (SAC) da sede regional de Omaha do FBI mandou seu assistente, Johnny Evans, para a cidadezinha próxima de Bellevue para ver o que poderia ser feito, e obteve autorização para que ele permanecesse por lá até que o caso fosse resolvido. Evans era um sujeito imponente, o exemplo perfeito de um bom agente do FBI — elegante, boa-pinta, prestativo, o tipo ideal para representar o Bureau em um caso complicado. Johnny Evans se empenhou ao máximo, determinado a solucionar o crime, e trabalhou em colaboração próxima com as autoridades municipais, estaduais e militares em um esforço coordenado inédito na época.

Apenas quando o corpo do menino foi localizado, dois dias e meio depois do rapto, minha entrada no caso foi solicitada. Foi uma das primeiras vezes em que tive autorização para ir à cena do crime em meio à investigação de um homicídio; era uma oportunidade de avaliar tudo em primeira mão, e estabelecer um contato mais próximo com as autoridades locais sem me limitar ao telefone e ao teletipo. Fora da sala de aula, e na linha de frente.

Em minha opinião, o assassino era jovem em razão da natureza um tanto errática do crime e porque o corpo foi desovado não muito longe da estrada, indicação de que era o primeiro homicídio do perpetrador.

Eu com certeza gostaria de participar, e meus superiores também, porque nos considerávamos realmente capazes de oferecer uma ajuda significativa; no alto comando do FBI, acho que a decisão de participar do caso Eberle foi política, para afirmar a presença do Bureau no primeiro incidente de grande repercussão com crianças desaparecidas depois da aprovação da nova lei. Mas no fim era uma coisa boa, porque havia a necessidade gritante pelo que o FBI poderia oferecer — mais investigadores, o sistema VICAP, ainda em desenvolvimento, a capacidade de elaborar perfis psicológicos e os laboratórios criminais de altíssimo nível.

Estava nevando em Omaha e eu não levara um casaco, porque havia me preparado para encarar o clima ameno de Michigan naquela semana. Meu corpo todo tremia quando Pat Thomas, o xerife do condado de Sarpy, foi me buscar no aeroporto para me levar à sede do distrito policial de Bellevue. A força-tarefa já estava em andamento; havia dezenas de pessoas coletando e analisando informações. Johnny Evans ficou feliz em me ver. Embora fosse agente veterano, lidava com combate ao crime organizado, assalto a bancos e contrabando interestadual. Ele não tinha experiência com assassinatos, muito menos um tão repulsivo quanto a morte de um garotinho que trabalhava entregando jornais.

Bellevue é uma área suburbana característica do Meio-Oeste dos Estados Unidos, uma cidadezinha tranquila e ordeira habitada por gente de classe média, o tipo de lugar que simboliza a qualidade de vida que os Estados Unidos projetam para o restante do mundo. Pouco antes do amanhecer de um domingo, Danny Joe Eberle acordou, se vestiu — mas não calçou os sapatos, porque gostava de andar descalço, apesar das recomendações contrárias dos pais — e pegou a bicicleta para ir à loja de conveniências onde apanhava os jornais para entregar na rota de sempre. Danny tinha treze anos, cabelos loiros e olhos claros, um garoto de pouco menos de 1 metro e 60 de altura e cinquenta quilos, filho de funcionário do serviço postal. Seu irmão, um pouco mais velho, também entregava jornais.

Às sete da manhã, o supervisor de Danny começou a receber ligações de clientes da região reclamando que não tinham recebido o jornal. Ele foi verificar e, ao não encontrar sinal do garoto, acordou o sr. Eberle, que também não achou Danny. Os primeiros três jornais foram entregues, mas a bicicleta do menino estava caída perto da cerca onde a quarta entrega seria feita. Os demais jornais continuavam na sacola e não havia sinais de confronto físico; Danny tinha simplesmente desaparecido. A polícia foi chamada, e as forças locais acionaram a sede do FBI em Omaha. Havia a suspeita de que Danny pudesse ter viajado com parentes para outro estado, onde seu tio iria procurar emprego, mas a hipótese foi logo descartada. Organizou-se uma grande operação de busca pela área e na quarta-feira à tarde o corpo de Danny foi localizado em um matagal à beira de uma estrada de cascalho, a pouco mais de seis quilômetros de onde estava a bicicleta, e a curta distância da fronteira estadual com Iowa.

Fui ver o lugar onde o corpo foi encontrado. Há muita coisa possível de inferir a partir de fotografias da cena do crime, mas estar no local oferece vantagem significativa. É possível ter visão mais ampla,

==relacionar detalhes que de outra forma não teriam sido notados.== Por exemplo, constatar que o local era próximo de uma estrada de cascalho sem saída, não seria perceptível a partir de fotografias (a não ser que fossem tiradas a uns quinhentos metros do cadáver), e que a encruzilhada próxima e um dos caminhos dela ia até o rio. Por que o corpo não foi jogado no rio pelo assassino (ou assassinos), onde poderia ter sido levado para longe e dificultado a tarefa de encontrá-lo? Aquele era um lugar onde as pessoas costumavam dar festas ao ar livre, e estava repleto de latas de cerveja e coisas afins pelo chão; o mato em torno do caminho era alto, mas o corpo estava em ponto visível da estrada, caso se olhasse com atenção. Quem o desovou teria motivos para temer que os faróis de um carro que passasse ali revelassem sua silhueta, caso estivesse escuro — ou, então, estava flertando com o risco de ser descoberto.

Foi revelado ao público que Danny Joe Eberle foi assassinado com uma faca. Os detalhes eram bem mais tenebrosos, porque o menino, além de morto, também fora mutilado. O corpo parecia ter caído ou sido jogado no mato, com o rosto para baixo e os pés e as mãos amarrados atrás das costas com uma corda. As mãos, os pés e a boca também foram presos com esparadrapo cirúrgico, e o cadáver vestia apenas cueca. Havia marcas múltiplas de facada no peito e nas costas; o pescoço apresentava um corte profundo. Ao que parecia, um pedaço de músculo fora arrancado do ombro, e na panturrilha esquerda foram encontrados ferimentos pós-morte formando um padrão parecido com o do jogo da velha. O rosto tinha hematomas; perfurações de cascalho foram constatadas por todo o corpo.

O relatório do legista sugeria que o corpo poderia ter sido movido mais de uma vez depois da morte — porque uma pedrinha de beira de rio foi encontrada na boca da vítima, por baixo do esparadrapo — e também que Danny poderia ter sido mantido vivo por até um dia inteiro depois do rapto, e assassinado não muito tempo antes da descoberta do cadáver. Não havia sinais de violência sexual, e a cueca do menino não fora removida.

Estar na cena do crime e conversar com diversos policiais, testemunhas e as demais pessoas envolvidas nas buscas foi importantíssimo para meu entendimento do caso. O irmão mais velho de Danny Joe relatou ter sido seguido por um jovem branco em um carro marrom em sua rota de entrega algumas vezes. Outras testemunhas, apesar de não serem capazes de dar muitos detalhes, tinham visto um homem em um carro que parecia seguir garotos de tempos em tempos.

Levei todas essas informações em conta para elaborar o perfil psicológico preliminar. No documento, escrevi que o assassino de Danny Joe Eberle era jovem branco no fim da adolescência ou de vinte e poucos anos. Como os leitores deste livro a esta altura já sabem, a maioria dos assassinos em série é de jovens brancos, e aquela região era habitada predominantemente por brancos; a presença de algum negro, latino ou asiático na área com certeza teria chamado atenção. Em minha opinião, o assassino era jovem em razão da natureza um tanto errática do crime e porque o corpo foi desovado não muito longe da estrada, indicação de que era o primeiro homicídio do perpetrador. Claro que não poderia ser jovem demais, porque ele (ou os comparsas) precisaria pelo menos ter carteira de motorista, mas o assassino não demonstrava a experiência de pessoa com mais de trinta anos. Era possível que o criminoso conhecesse Danny, pelo menos o suficiente para convencê-lo a entrar por vontade própria no veículo — carro de passeio ou talvez van. Não havia como ter certeza se o assassino agira sozinho ou tinha cúmplices. O perpetrador da violência poderia estar acompanhado de mais um ou dois jovens brancos, argumentei; talvez um tenha atraído o menino para a van e o outro o subjugou enquanto o primeiro assumia o volante e saía do local. Com base no que sabia da vítima, imaginei que havia a possibilidade de ser tentativa de violência sexual que enfrentou resistência, o que provocou o homicídio — embora a autópsia não apontasse a presença de ferimentos "típicos de atitude defensiva". A maneira como o corpo foi desovado no acostamento de uma estrada remota sugeria que o assassino poderia ter entrado em pânico após o crime e se livrado do cadáver às pressas, em vez de fazer isso de forma bem pensada.

"A desova do cadáver em uma estrada com pouco movimento indica que o assassino poderia não ter força física suficiente para carregar o corpo para uma área de mata mais fechada", assinalei. Eu acreditava que o suspeito conhecia o local e já havia passado por lá muitas vezes antes. As amarras, a ausência de vergões sob as cordas e o relatório da autópsia me convenceram de que a vítima esteve desamarrada e poderia até ter sido bem tratada por um tempo antes do homicídio.

Voltando à identidade do assassino, afirmei que era da região — não desconhecido ou viajante de passagem por lá — e que deveria ser solteiro e ter estudado no máximo até o Ensino Médio. Poderia estar desempregado, exercer trabalho braçal ou de baixa qualificação. O crime exigira certa dose de inteligência, mas não a ponto de todos os aspectos terem sido planejados, e era por isso que, em minha opinião, o assassino não era pessoa muito instruída. Por outro lado, a forma das amarras indicava que se tratava de alguém com bom nível de habilidade manual. Além da análise do caráter dos ferimentos e do uso do esparadrapo e da corda, o fato mais importante era que não houve violência sexual. Isso praticamente assegurava que era um jovem sem experiência em relações consentidas com alguém da idade, fossem garotos ou garotas. Como em nossa sociedade isso é bem pouco comum, também denota a presença de problemas psicológicos na fase de amadurecimento físico. O criminoso deixara o menino de cueca e não fizera nada mais. Escrevi da provável orientação psicológica do assassino: "O perpetrador principal da violência com certeza tem problema sexual crônico, indicativo de experiências sexuais desviantes e bizarras ao longo da vida". Por ter estudado diversos casos em que os assassinos não cometeram o ato de penetração nas vítimas, mas as mutilaram, eu sabia que esse nível de violência não acontece sem boa dose prévia de fantasias aberrantes — e que precisariam ter vindo à tona de uma forma ou de outra nos anos de formação. Meu perfil prosseguia: "Deve ser consumidor ávido de pornografia e ter se envolvido em experiências de natureza bizarra ao longo da adolescência. Essas experiências podem ter envolvido animais ou atos sexuais forçados com crianças mais novas, tanto meninos quanto meninas".

Como os leitores devem se recordar do Capítulo 4, esse tipo de comportamento com frequência é associado àqueles que se tornam assassinos quando adultos. Só havia uma contradição aparente nesse aspecto: eu sabia que a vítima não sofrera penetração, mas considerava possível que o assassino tivesse se envolvido em atos sexuais forçados com crianças. Era possível, portanto, que houvesse relutado em consumar o ato pela presença de outras pessoas no carro ou na van. O perfil continuava: "Há indicação de que o assassino possa ter se envolvido em acontecimentos recentes estressantes na vida, como o fim de relacionamento com namorada, perda de emprego, o fim abrupto dos estudos ou problemas familiares". Como o leitor já sabe, fatores de estresse pré-crime costumam estar associado aos primeiros homicídios — e eu achava que aquele era o primeiro assassinato do perpetrador em questão. "Além disso", escrevi, "o indivíduo pode ter se ausentado do trabalho, caso esteja empregado, por vários dias antes e depois do desaparecimento de Eberle." Essa última informação incluí a partir do que aprendi das entrevistas com assassinos condenados; muitos deles, como Berkowitz, me contaram que os momentos que antecedem e sucedem o homicídio são importantes, tanto que costumam quebrar a rotina habitual antes e depois dos crimes.

Eu sabia que o assassino estava na rua às seis da manhã, o que indicava que não tinha ninguém para dar satisfação e, portanto, muito provavelmente não morava com a esposa ou com pais muito presentes. Às vezes, quando um caso acontece assim tão cedo, é sinal de que o assassino passara a noite acordado, bebendo para criar coragem e cometer o crime. Caso tivesse mantido o garoto vivo por algum tempo, também precisaria de um lugar para isso. Não era possível afirmar ao certo por que a vítima estava só de cueca, já que poderia haver motivos que não fossem de conotação sexual para deixá-lo assim — impedi-lo de fugir, por exemplo. Fiquei com a nítida impressão, em razão da gravidade e da incompletude dos ferimentos, que o perpetrador assassinara o garoto por impulso e que só depois da morte fez o corte na nuca da vítima, talvez pensando em decapitá-la ou esquartejar o cadáver para espalhar as partes do corpo, mas então voltou atrás pela dificuldade e decidiu desová-lo em local remoto. Para mim, isso indicava que ele nunca havia desmembrado um corpo, mas poderia ser um sinal de que já matara antes.

Havia um aspecto na análise do cadáver que eu considerava importante, mas que me causava dúvidas: os ferimentos na perna e no ombro, que pareciam inexplicáveis. Por que o assassino arrancaria um pedaço do ombro, ou uma porção do músculo da panturrilha? Minha maior suspeita era de que os cortes tinham sido feitos na tentativa de esconder marcas de mordidas, mas era impossível provar isso. As mordidas em meio ao frenesi eram condizentes com assassinato de conotação sexual.

> **Os ferimentos pós-morte indicavam para mim o interesse mórbido e crescente em atividades sádicas que, em minha opinião, poderiam vir a dominar o comportamento do assassino em seus futuros homicídios.**

Em razão da falta de controle da situação por parte do assassino (demonstrada pela cena do crime), considerei provável que ele tentasse se infiltrar na investigação, procurando se mostrar útil, mas na verdade buscando informações ao se colocar sempre perto do local de desova, do necrotério, do cemitério ou da vizinhança onde o crime fora cometido. Por achar que isso era bem possível, sugeri que eventuais retratos falados do assassino que fossem produzidos com base em relatos de testemunhas *não* fossem revelados ao público e que sua circulação ficasse restrita aos agentes de aplicação da lei, para o caso de o criminoso dar as caras sob o pretexto de auxiliar nas investigações. Por algum tempo, mantivemos policiais de vigília no funeral, no cemitério, no lugar onde o corpo fora encontrado e onde Eberle fora raptado, mas os esforços se revelaram infrutíferos.

PROFILE
------ _
profile

168

Além do perfil psicológico, realizei o que poderia ser definido como análise preliminar no âmbito do programa VICAP. Com meu computador mental em vez do equipamento de Quantico, comparei o crime com outros similares a ele e concluí que era diferente do caso Gosch. O corpo de Eberle foi encontrado; o de Gosch ainda estava desaparecido. O responsável pelo rapto de Gosch, ao que me parecia, havia sido muito mais cuidadoso do que o assassino de Danny Joe Eberle. A mídia continuava a insistir no fato de que eram ambos entregadores de jornais que desapareceram em manhãs de domingo; como dispunha de mais informações e tinha mais experiência em comparar crimes, não achava que o mesmo perpetrador tivesse agido nos dois casos.

A corda usada para amarrar Eberle foi enviada a nosso laboratório, mas não era compatível com nenhuma outra amostra disponível. Isso por si só era uma pista importante, porque as características do material poderiam ajudar a vincular o crime a algum perpetrador que tivesse usado uma corda similar antes. Além das análises laboratoriais, o FBI colocou todos os recursos disponíveis em nosso arsenal à disposição da investigação, e por isso uma equipe de San Antonio especializada em hipnose foi acionada para ajudar. O irmão mais velho de Eberle e outras testemunhas concordaram em se submeter ao procedimento para se lembrar de tudo o que haviam visto. Pouquíssimas evidências foram obtidas assim, mas cada detalhe era importante para nos ajudar a entender o provável assassino. Apesar de minha convicção — compartilhada com Johnny Evans — de que a pessoa que raptara e matara Eberle voltaria a atacar, não havia mais nada a fazer no local, portanto, voltei a Quantico. A força-tarefa já estava fazendo todo o possível. A família Eberle estava se mantendo forte, na medida do possível, com a ajuda de sua fé religiosa e o apoio dos vizinhos e demais paroquianos. Eu também tinha um filho adolescente em casa na época, e senti de forma profunda a perda daquela família.

No início de dezembro, eu estava no Alabama, dando outro curso de treinamento, quando recebi outra ligação, dessa vez diretamente de um abaladíssimo Johnny Evans. Mais um menino fora raptado perto de Omaha e assassinado de forma brutal três dias depois. Nossos piores medos haviam se concretizado. Voei para lá, mais uma vez sem roupa de frio apropriada, e pouco tempo depois estava andando no meio da neve com Evans e boa parte do pessoal que conhecera em setembro. Às oito e meia da manhã de 2 de dezembro, sexta-feira, o jovem Christopher Paul Walden, filho de oficial da Base da Força Aérea de Offutt, estava indo para a escola no condado de Sarpy e fora visto pela última vez entrando no carro de um homem branco. Três dias depois, o corpo de Walden foi encontrado à tarde por dois caçadores em área de mata fechada a oito quilômetros do local do rapto. Também estava só de cueca e havia sofrido ferimentos de faca, com corte no pescoço tão profundo que quase o decapitou. Ao ver o estrago provocado em Walden, ninguém na força policial com acesso ao corpo teve dúvida de que o assassino era o mesmo que havia atacado e mutilado com a mesma selvageria o cadáver de Eberle. ==O padrão de ferimentos pós-morte na segunda vítima indicava que o comportamento sádico do criminoso estava se agravando.== Christopher Walden tinha a mesma altura e idade de Eberle, mas era pelo menos sete quilos mais magro.

Por sorte o corpo foi encontrado naquele momento, porque uma neve pesada começava a cair. Mais algumas horas e o corpo ficaria totalmente coberto de gelo, assim como as marcas de movimentação ao redor, tornando quase impossível que fosse descoberto até o degelo na primavera. Àquela altura, vários outros assassinatos teriam ocorrido e as pistas daquele se degenerariam e não seriam mais úteis.

Em muitos casos, o lugar onde o rapto ocorre não é o local do assassinato, que por sua vez pode não ser onde o corpo é localizado — o ponto que é definido pela polícia como a cena do crime e invariavelmente contém a maior parte das evidências. ==Os lugares onde aconteceram o rapto e o homicídio podem nunca ser determinados.== As vítimas são atraídas para longe do local da captura, e os corpos são transportados para lugares ainda mais distantes como tentativa de evitar a descoberta do crime e de alguma conexão entre o assassino e o morto. Eberle fora assassinado em algum outro lugar, e seu cadáver, desovado no matagal perto de um rio. A segunda vítima foi localizada no meio de um bosque, mas ao que parecia também morrera ali. Pegadas encontradas perto do corpo — quase encobertas pela neve — revelavam com clareza que duas pessoas tinham caminhado até lá, mas apenas uma foi embora. As roupas de Walden estavam posicionadas de forma cuidadosa ao lado do corpo. Era óbvio que o homicídio acontecera ali. Isso por si só constituía pista importante, porque comprovava que o assassino agira sozinho e era um tanto franzino. Sem dúvida nenhuma, havia conduzido Walden sob ameaça até o local do crime.

Para mim, o assassino era obviamente covarde. Aqueles meninos eram vítimas de baixo risco, equivalentes a senhoras idosas — vulneráveis, jovens demais ou assustadas demais para resistir a alguém que, apesar de ser alguns anos mais velho, não era muito maior em termos físicos. Por outro lado, eu era obrigado a reconhecer e levar em conta de que se tratava de um criminoso que tinha aprimorado seu *modus operandi* depois do primeiro homicídio. Tentei entrar na cabeça do assassino e pensar como ele. Reproduzo parte de meu raciocínio aqui:

> No primeiro, levei os aparatos comigo, o esparadrapo e a corda. Podem ter sido mandados para análise no laboratório do FBI. Não vou usar mais. Não preciso disso, aliás, porque aprendi que tenho como controlar a vítima com intimidação mental e ameaça. Talvez o melhor a fazer seja levar o garoto mais para o fundo de um bosque. Com certeza não quero as roupas do menino no meu carro, onde deixei da última vez, então ele vai ter que ir vestido, depois se despir e então ser morto.

Esse nível de planejamento por parte do assassino me levou a revisar minhas estimativas a respeito da idade; passei a acreditar que estava na casa dos vinte e poucos anos, e não no fim da adolescência. O fato de fazer o garoto tirar a roupa se destacou como componente sexual e não mera questão de controle. Combinado com a ausência de penetração (verificada no segundo caso), esse fato consolidou minha crença de que o criminoso era assexuado. Eu ficaria surpreso se descobrisse que alguma vez ele tivera uma relação sexual consentida com uma mulher. E, se teve uma experiência homossexual, provavelmente ocorrera na idade das vítimas. Ele devia ter dificuldade para se relacionar com pessoas de sua idade, mas talvez namorasse para ocultar a homossexualidade; nesse caso, as meninas seriam bem mais novas, mais fáceis de dominar. O que podíamos ver naqueles dois casos era um assassino com raiva de si mesmo, que expressava fúria homicida contra vítimas que, em sua mente, espelhavam o menino que ele próprio fora naquela idade. Em sua vida cotidiana, o criminoso não tinha muito a dizer de sua existência, não saberia explicar direito o que e quando lhe acontecera, nem como. Poderia ou não ser franzino, mas, em termos emocionais, sem dúvida nenhuma era fraco.

Foi por isso que concluí que o segundo assassinato foi distinto em relação ao primeiro; na ocasião anterior, fora um experimento; na segunda, o assassino demonstrara fascínio com o ato de tirar uma vida humana, e pôs à prova e confirmou a capacidade de exercer poder e controle sobre a vítima. Por exemplo, os cortes de faca no segundo homicídio eram mais extensos que no primeiro.

Os ferimentos pós-morte indicavam para mim o interesse mórbido e crescente em atividades sádicas que, em minha opinião, poderiam vir a dominar o comportamento do assassino em seus futuros homicídios.

Entre o primeiro e o segundo crime, uma das pistas na verdade se revelou *não* ser uma. A pedrinha de beira de rio dentro da boca, que a princípio parecia evidência de que o corpo fora levado de outro lugar, na verdade, foi uma interpretação equivocada. O legista a princípio afirmara que a pedrinha fora encontrada dentro da boca de Eberle. Mais tarde voltou atrás e explicou que era a prova de outro crime não relacionado ao assassinato de Eberle. A ausência desse elemento nos permitiu especular que o primeiro assassinato fora cometido perto de onde o cadáver fora encontrado.

Meu perfil anterior foi então revisado. O jovem assassino agia sozinho, passei a informar, sem cúmplices. Ao analisar sua capacidade de carregar o corpo, escrevi que não devia ser muito maior que as vítimas, e que cometera os crimes no local para não ter que mover o cadáver por grandes distâncias. Estava convicto de que o criminoso morava em Bellevue ou na base aérea. Era alguém que conhecia bem demais os arredores para ser de outro lugar. Na verdade, minha principal suspeita era de que só poderia ser da base militar. Alterando a afirmação anterior, mas ainda mantendo meu palpite sobre sua inteligência e instrução formal, passei a afirmar que o homem deveria ser aviador de baixa patente, de E-4 para baixo. Não teria grandes habilidades, não era do tipo que trabalhava com computadores, e sim alguém em algum cargo administrativo subordinado ou que executava tarefas simples de manutenção, provavelmente um mecânico. A partir dos ferimentos, que revelavam tentativas de esconder marcas de dentadas, escrevi que, em minha opinião, o assassino deveria ser leitor de histórias de detetive e de crimes reais, onde essa questão das mordidas é discutida com frequência. O padrão dos ferimentos e a facilidade com que o assassino raptou ambas as vítimas eram fatores que me preocupavam quando observei a probabilidade de o assassino ter algum tipo de envolvimento com meninos dessa idade — uma tropa de escoteiros, ou coordenador de equipe esportiva.

Não havia dúvida nenhuma de que o assassino atacaria de novo, e depressa, porque as férias escolares estavam chegando; Johnny Evans também pensava assim. Conversamos dos detalhes. As crianças estariam soltas pelos quintais, pelas ruas e pelos parquinhos durante o dia todo, e o assassino poderia abordar uma de cada vez. Recomendei intensa campanha de mídia — jornais, televisão e rádio — para alertá-las a andar em grupos, não sozinhas, e para avisar aos pais e responsáveis para ficarem de olho em carros e indivíduos suspeitos; caso desconfiassem de algo, deveriam anotar as placas e as características da pessoa e ligar para o serviço telefônico da força-tarefa, que seria amplamente divulgado. A força-tarefa também organizou uma ação batizada de *Código 17*; caso algum outro rapto fosse denunciado, toda a região do condado de Sarpy seria cercada em apenas onze minutos. Esperava-se que assim, caso outra criança fosse capturada nas ruas, o criminoso poderia ser preso antes de levá-la até a mata para cometer o assassinato. A campanha na mídia repercutiu muito, gerando intensa cooperação do público. Talvez como consequência disso, não houve mais assassinatos naquele mês. Quando fui passar as festas de fim de ano, pude descansar mais tranquilo.

Durante esse período, as autoridades locais interrogaram diversos indivíduos de comportamento sexual desviante na região. Um deles era o principal suspeito dos assassinatos; chegou inclusive a ser reprovado no teste do detector de mentira e foram encontrados cordas e esparadrapo cirúrgico em sua residência, o que o tornou ainda mais visado. Ele se encaixava no perfil em diversos quesitos, mas era abertamente homossexual. Foi aprovado no segundo exame do polígrafo e se comprovou de outras formas de que não era o responsável pelos crimes. A comunidade local ficou surpresa ao descobrir a quantidade de pessoas de comportamento aberrante que se tornou alvo da polícia, e alguns casos mais graves — como o do pedófilo que costumava levar meninos para passear de Cadillac — terminaram em prisões e condenações por múltiplas acusações durante a caçada ao assassino de Eberle e Walden.

Além disso, uma testemunha que vira Walden na companhia de um jovem pouco antes do rapto foi hipnotizada e durante a sessão conseguiu se recordar de que os dois, andando lado a lado, eram do mesmo tamanho. Ela inclusive citou os primeiros dígitos da placa do carro em direção ao qual caminhavam. Em razão do alto nível de coordenação entre as autoridades de aplicação da lei, o número foi rapidamente passado para o departamento estadual de veículos automotores, onde se realizou a consulta computadorizada; havia quase mil carros no estado com aqueles caracteres nas placas, mas nem tantos assim no condado de Sarpy. A polícia estava se preparando para verificar cada um quando, no início da manhã de 11 de janeiro de 1985, surgiu uma revelação importante.

A professora da creche mantida por uma igreja notou a presença de um homem que parecia rondar o local de carro, jovem franzino que se encaixava na descrição parcial fornecida para a mídia. O carro não parecia ser o certo, mas o motorista sim.

O jovem a viu anotar, estacionou, bateu na porta da creche e pediu para entrar sob o pretexto de usar o telefone; a professora recusou. Ele a ameaçou de morte e exigiu o papel em que anotara o número da placa do carro. Ela conseguiu fugir para outro prédio da igreja e chamou a polícia; o homem foi embora. Eram oito e meia da manhã.

> Quem procura aproximar-se do seu próprio passado soterrado tem de se comportar como um homem que escava. Fundamental é que ele não receie regressar repetidas vezes à mesma matéria – espalhá-la, tal como se espalha terra, revolvê-la, tal como se revolve o solo.
> **Walter Benjamin**, *Escavar e recordar*

Com a placa do carro em mãos, a polícia logo encontrou o dono do veículo, uma concessionária da Chevrolet ali perto. Lá foi descoberto que o carro visto pela professora fora alugado para um aviador de Offutt cujo veículo estava no conserto. O carro do militar, na oficina da concessionária, se encaixava na descrição dada por várias testemunhas, e as placas tinham os mesmos caracteres iniciais relatados pela mulher hipnotizada. Os policiais viram cordas e uma faca do lado de dentro. Com extrema cautela, os investigadores obtiveram um mandado judicial de busca antes de entrar no carro. Mais tarde, foi constatado que aquele era o quarto carro da lista de mil gerada pelo computador do departamento de veículos automotores, e que provavelmente seria mesmo verificado alguns dias depois, em operação planejada para isso.

Antes mesmo de revistar o veículo, a polícia emitiu alerta para a base militar, e um agente do FBI, um tenente da polícia do condado de Sarpy e vários homens do Gabinete de Investigações Oficiais (OSI) da força aérea foram imediatamente ao local onde morava o A 1 C

PROFILE
176 ------ -
profile

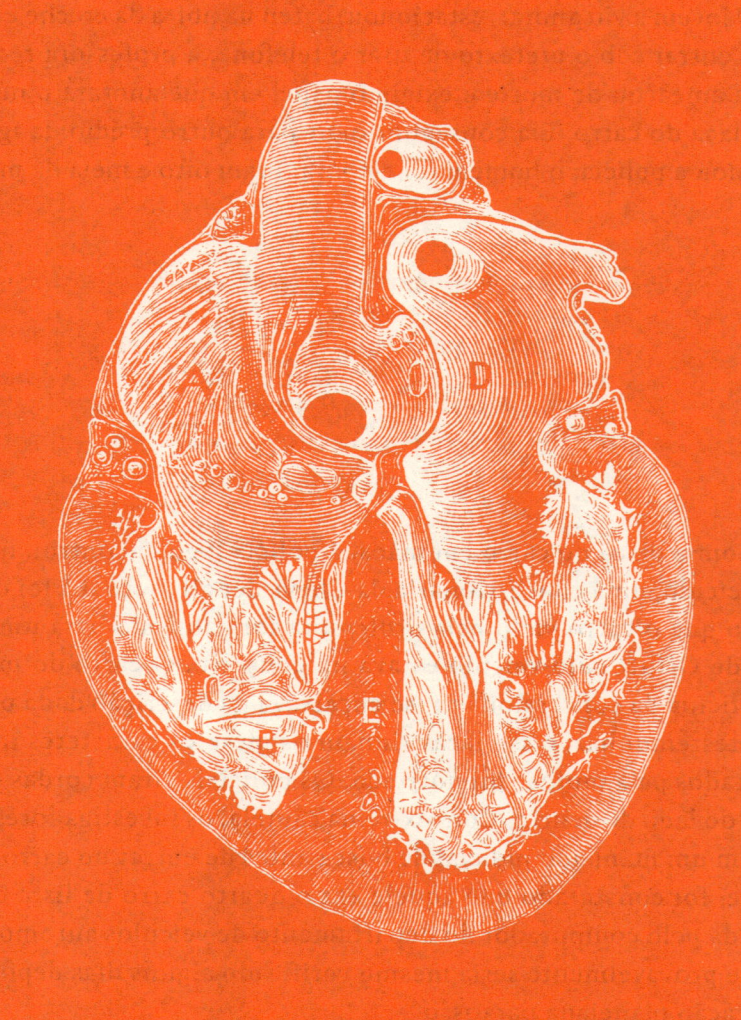

(E-3) John Joseph Joubert IV, técnico de manutenção de radar. Joubert concordou com a revista em seu aposento. Os investigadores encontraram mais cordas dentro de uma bolsa de lona. Também havia no quarto uma faca de caça e mais de duas dezenas de revistas policiais; uma delas parecia bastante manuseada, e continha o relato do assassinato de um entregador de jornais. Com a cara de novinho, 21 anos de idade e compleição franzina — por volta de 1 metro e 65 e 75 quilos —, se encaixava com perfeição no perfil, inclusive por ser ajudante de comando em uma tropa local de escoteiros.

Joubert foi interrogado por muitas horas por diversas equipes de agentes da lei; a princípio negou os crimes, alegando que as evidências eram circunstanciais e não bastariam para condená-lo. Quando confrontado com o fato de que a corda em sua bolsa e em seu carro era compatível com o material encontrado na primeira vítima — e que esse tipo de corda era raro, havia sido trazido da Coreia pelo líder da tropa de escoteiros —, Joubert pediu para falar com o escoteiro-chefe e com um garoto de catorze anos de quem parecia ser bem próximo. Ele conversou com ambos e, pouco depois da meia-noite de 11 de novembro, confessou ter matado os dois meninos, fornecendo detalhes que só o assassino teria como saber.

Eu estava em casa, acendendo a lareira, quando o telefone tocou. Minha mulher atendeu e avisou que era Johnny Evans. Meu coração disparou, pois imaginei que se tratasse de outro assassinato de um menino em Omaha; fiquei felicíssimo ao saber que o assassino fora pego, que a cruzada de Evans para capturá-lo e fazê-lo pagar pelo que fez enfim rendeu frutos e que pude contribuir com algo útil para acabar com aquela onda de homicídios provocada por um único sujeito. Johnny Evans estava particularmente surpreso com o fato de eu ter conseguido prever que revistas de detetive e de crimes reais seriam encontradas na residência do assassino; em sua confissão, Joubert admitiu usar esse material em rituais de masturbação.

Alguns detalhes incomuns revelados na confissão incluíam o fato de que, depois do primeiro homicídio, ele fora a um McDonald's lavar as manchas de sangue e acabou tomando o café da manhã por lá;

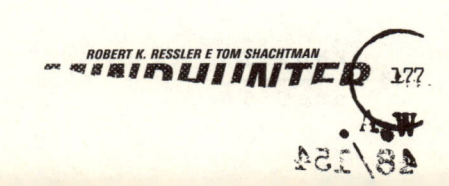

mais tarde no mesmo dia, compareceu a reunião dos escoteiros em que o rapto foi comentado, mas não participou da conversa. Negou envolvimento sexual com os garotos, e com ainda mais veemência garantiu que não os conhecia, enfatizando que jamais faria nada com alguém que conhecesse, por exemplo, os membros de sua tropa. Após os dois homicídios, porém, voltara ao quarto para se masturbar, relembrando o que fizera. Durante a confissão inicial, Joubert também disse ter certeza de que, depois do incidente na creche, seria preso naquele mesmo dia, e ficou contente por isso, porque estava convicto de que voltaria a matar.

==O nível de cooperação entre as diferentes instâncias nesse caso foi espetacular, e um modelo de como as coisas deveriam ser conduzidas em todos os crimes relevantes de rapto e assassinato.== Congratulações a todas as agências envolvidas foram publicadas nos registros do Congresso dos Estados Unidos, e choveram homenagens às entidades estaduais, locais, federais e militares de aplicação da lei que contribuíram para a prisão do assassino. Tive o orgulho de receber de William Webster, o diretor do FBI, uma carta de recomendação pelo perfil que elaborei do provável assassino, que, segundo o mandachuva do Bureau, "apontou o caminho para a apreensão de indivíduo com as características físicas e mentais descritas por você. As suposições a respeito do suspeito foram muito precisas e feitas com grande habilidade. [...] Você tem meu agradecimento sincero pelo bom trabalho".

Eu queria saber mais de Joubert, claro, portanto segui me informando a respeito de seu caso nos tribunais. Ele de início se declarou inocente, apesar da confissão à polícia, porém, depois voltou atrás e se assumiu culpado; a mesa julgadora composta por três magistrados analisou relatórios psiquiátricos e outros documentos e concluiu que ele estava consciente do que era certo e errado na época dos crimes e o condenou à pena capital, a ser executada na cadeira elétrica. As diversas apelações resultaram em estadia prolongada no corredor da morte.

O histórico de Joubert foi levantado em detalhes e, ainda que a maior parte das informações aparentemente não tenha nada de extraordinário, a tendência ao assassinato começou a se revelar de forma evidente quando era bem novo. Nascido em Massachusetts e criado em Portland, Maine, Joubert se recordava de fantasias de quando tinha seis ou sete anos, nas quais pegava a babá por trás, estrangulava-a e devorava seu corpo até que desaparecesse. Uma fantasia tão violenta nessa idade é incomum, e difícil de abandonar. Ele nunca se esqueceu disso, e só degringolou a partir daí durante o resto da infância e a adolescência até chegar o momento dos assassinatos. Sua mãe trabalhava em hospital e seu pai era balconista e garçom em um restaurante. Haviam se separado em razão de dificuldades de relacionamento mais ou menos na mesma época em que essas fantasias do filho surgiram. O casal se divorciou quando ele tinha dez anos, e Joubert e a mãe se mudaram para o Maine. Conforme ele relatou a um psiquiatra, cujo relatório foi apresentado ao tribunal, a mãe tinha pavio curto e quebrava coisas nas explosões de raiva; ele se fechava no quarto até o surto passar, e depois disso ela o procurava e se desculpava. Joubert também contou que a mãe o humilhava e o fazia se sentir indigno. Continuou batendo no filho até os doze anos de idade e desaprovava a mania dele de se masturbar. As fantasias começaram com meninas, mas logo se voltaram para garotos adolescentes de cueca. Joubert não se lembrava se a ideia de os estrangular e esfaquear foi acrescentada à masturbação ou se foi o estímulo sexual que fez com que surgissem esses pensamentos.

Durante a pré-adolescência, Joubert se tornou alvo de batalha judicial entre a mãe e o pai, que tentou sem sucesso obter sua guarda. Para ver o pai nas férias de verão, Joubert às vezes pedalava mais de 150 quilômetros sozinho, e já fizera viagem semelhante de bicicleta para ver um tio. Para não ser obrigado a frequentar a escola pública de Ensino Médio, que considerava perigosa, começou a entregar jornais e usava o que ganhava para pagar as mensalidades do colégio católico que a mãe não teria condições de bancar. Joubert era atormentado nesse colégio, segundo contou, porque as pessoas achavam que ele era homossexual. Só levou uma garota ao baile de formatura — o único encontro romântico nessa época — para se livrar do rótulo de gay. Joubert fazia parte das equipes de atletismo de pista e cross-country. Era escoteiro ativo, que inclusive adiou o momento de receber o emblema de Eagle Scout para continuar no programa pelo maior tempo possível. No anuário do colégio, escreveu: "A vida é uma rodovia com muitas estradas secundárias — não se percam".

Depois de formado no Ensino Médio, entrou em uma faculdade militar em Vermont, e a liberdade que encontrou por lá, em virtude do limite mínimo de idade mais baixo para consumir bebidas alcoólicas, o levou a perder aulas e dormir com frequência na sala de aula, fazendo suas notas despencarem. Quando não estava dormindo ou bebendo, passava boa parte do tempo jogando o RPG de fantasia Dungeons & Dragons. Depois de cursar um ano de faculdade, voltou para casa no verão e se alistou na Força Aérea. Durante o treinamento no Texas, fez amizade com um jovem e foram alocados em Offutt, onde dividiriam um quarto a partir do verão de 1983. Foi nessa época que Joubert começou a colecionar revistas de histórias policiais. Após algumas semanas em Offutt, o colega de quarto avisou que o pessoal da base se referia a ele e Joubert como "as meninas". A insinuação de homossexualidade incomodou o amigo, que pediu transferência de imediato. Esse ato serviu como fator de estresse pré-crime para Joubert. Menos de uma semana depois da mudança do amigo, ele sequestrou e matou Danny Joe Eberle.

Conforme contou aos psiquiatras que o entrevistaram, não sabia o que era matar e, enquanto cometia o crime, agia de forma mecânica, simplesmente pondo em prática a fantasia que vinha aperfeiçoando desde os seis anos de idade, sem experimentar nenhuma emoção intensa. Quando voltou ao quarto, se masturbou e dormiu um sono tranquilo. Dominado pelas fantasias, não tinha como conter os impulsos. Inclusive admitiu que se sentiu muito bem quando percebeu que sua vítima inicial estava sob seu controle. Os diversos profissionais de saúde mental que o examinaram concordaram que Joubert era inteligente (QI de 125), observador e estava mais do que contente com a atenção que vinha recebendo. Recebeu o código 301.20 da classificação numérica do manual padrão de doenças mentais: sofria de distúrbio de personalidade esquizoide de caráter compulsivo.

Entre os psiquiatras que o avaliaram durante esse período estava o dr. Herbert C. Modlin, da Clínica Menninger, que fez as seguintes observações sobre Joubert para o tribunal:

> Esse homem não parece saber o que é amor e afeto, é como se nunca tivesse experimentado tais sentimentos. Ao descrever a relação com a irmã, o máximo que conseguiu dizer foi: "A gente não se odiava". Foi surpreendente um homem com essa inteligência não ser capaz de descrever nenhum dos pais. Parece tão distanciado das experiências de caráter emocional que isso sugere algum tipo de processo dissociativo crônico. Acho que não tem muita noção desse problema e, em parte, os homicídios foram uma tentativa de viver emoções fortes.

O dr. Modlin relatou ter muitas perguntas sem resposta sobre Joubert e seus crimes. Por que as vítimas eram meninos de treze anos? Por que desconhecidos? Por que foram esfaqueados, e por que todos aqueles cortes? Por que remover parcialmente as roupas? Por que os raptos ocorreram de manhã bem cedo?

Muitas dessas perguntas também me incomodavam, apesar de eu acreditar ter respostas para algumas delas. No entanto, havia muito a descobrir, e um grande avanço para nossa compreensão sobre Joubert foi proporcionado mais uma vez pelo acaso. No segundo semestre de 1984, levei comigo para Quantico os slides e outros recursos documentais do caso e do assassino, que usei como exemplos em minhas aulas na Academia do FBI. Enquanto apresentava, um dos alunos levantou a mão e perguntou se poderia falar comigo no intervalo. O tenente Dan Ross, da polícia de Portland, Maine, falou que os assassinatos em Omaha o fizeram se lembrar de um caso não resolvido em sua cidade.

Era informação promissora porque, quando Joubert foi preso em Omaha, eu sugeri que as autoridades de lá entrassem em contato com seu endereço anterior no Maine à procura de crimes com características semelhantes. Embora a princípio eu tenha achado que o assassinato de Eberle fora o primeiro homicídio do suspeito, depois de aprender mais sobre ele, passei a desconfiar que pudesse ter havido mais crimes, como treinamento; as fantasias eram poderosas demais para não terem se concretizado em comportamento antissocial em fases anteriores da vida. Além disso, o alistamento um tanto abrupto na Força Aérea poderia ter sido uma forma de sair da cidade por motivo legítimo e sem chamar a atenção das autoridades depois de ter cometido um crime. No entanto, o pessoal de Omaha estava ocupado demais com outros aspectos relacionados ao caso, e o contato da polícia do condado de Sarpy com Portland não aconteceu.

O tenente foi passar o fim de semana em Portland e voltou com os arquivos do caso não solucionado. Outro aluno de minha classe naquele bimestre era policial do condado de Sarpy com quem trabalhei na investigação dos crimes de Joubert, e nós três nos debruçamos sobre a papelada.

As circunstâncias eram praticamente as mesmas — pouco antes do amanhecer, um menino sozinho era a vítima, e um agressor que foi descrito pelas vítimas apenas como jovem e que claramente conhecia bem a região; morte a facadas, marcas de mordidas na vítima. O terrível incidente acontecera em agosto de 1982, pouco mais de um ano antes do rapto de Eberle, e logo depois John Joseph Joubert IV entrou na Força Aérea. Ricky Stetson, de onze anos de idade, loiro e de olhos azuis, estava correndo em seu trajeto habitual, que terminava perto do viaduto em uma rodovia. No barranco perto do viaduto, foi esfaqueado, morto e mutilado, ainda que não de forma tão severa como as vítimas posteriores. O assassinato aconteceu em plena luz do dia. O criminoso tentou tirar as roupas da vítima, mas foi bem-sucedido apenas em parte. Examinando as fotos da cena do crime, soube que havia imagens de marcas de mordidas na vítima e que essas evidências estavam preservadas.

Verificamos os arquivos de Joubert e descobrimos que anos antes ele havia sido entregador de jornais na rota que passava pelo barranco onde Stetson fora esfaqueado e mordido. Em tempos mais recentes, Joubert trabalhara em uma empresa cuja sede ficava perto do local.

Testemunhas relataram que o menino que corria fora seguido por um jovem em bicicleta de dez marchas; a maioria dessas pessoas, ao ver fotos de Joubert, confirmou que ele poderia ser o agressor, mas, depois de tanto tempo, não tinham certeza absoluta.

Não sem uma boa dose de dificuldade, Dan Ross foi até a penitenciária estadual de Nebraska e conseguiu impressões das marcas de mordidas de Joubert, que foram então mostradas para o experiente odontologista forense dr. Lowell Levine, diretor da Unidade de Ciência Forense da polícia estadual de Nova York. O dr. Levine assegurou que a mordida de Joubert era parecidíssima com as marcas encontradas na vítima.

À medida que a investigação do caso de Portland se desenrolava, o rastro de crimes cometidos por Joubert nos levou ainda mais para o passado, conforme eu suspeitava. Em 1980, houvera vários esfaqueamentos não esclarecidos, inclusive o de um menino de nove anos e o de uma professora de vinte e poucos. Ambas as vítimas sofreram ferimentos profundos e sobreviveram por sorte. Antes disso, em 1979, uma menina de nove anos sofrera uma perfuração pelas costas com lápis. O agressor era um garoto de bicicleta que passara em alta velocidade. Não havia muitos elementos disponíveis para indiciar Joubert por esses crimes, mas o assassinato de Stetson exigia solução. No fim, Joubert foi acusado e condenado por esse homicídio cometido no Maine. Caso sua sentença de morte em Nebraska fosse revogada, seria transportado para o Maine, onde passaria o resto da vida na cadeia. ==Na prática, a solução do caso Stetson foi um triunfo inicial e informal daquilo que se tornaria o sistema VICAP==; nesse caso, foi a circunstância fortuita de ter alguém em minha sala de aula capaz de vincular assassinatos em diferentes estados com o mesmo *modus operandi* que permitiu isso. Quando o VICAP foi posto em prática e começou a funcionar, esse tipo de análise comparativa estava disponível às autoridades sempre que um crime grave fosse cometido.

Minha entrevista com Joubert teve que esperar até que os procedimentos judiciais no Maine e em Nebraska fossem concluídos, anos depois. Levei comigo o agente especial Ken Lanning, nosso especialista em casos de abuso de crianças na BSU e um agente da sede regional de Omaha. Joubert havia ganhado peso na prisão e enfim parecia de fato um jovem, não um menino crescido. Fui informado pela direção do presídio que andava desenhando em lenços de papel na cela do corredor da morte e que os desenhos foram apreendidos. Eram muito bem-feitos, mas as imagens eram pavorosas: um desenho mostrava um menino no acostamento da estrada, com os braços e as pernas amarrados, e o segundo, um garoto ajoelhado com um homem cortando sua garganta.

==Cada informação que conseguíamos arrancar de um assassino sobre sua mente e seus métodos servia de munição para interrogar o seguinte.== A princípio Joubert não queria falar conosco, mas no fim o interesse que demonstrei por seu caso e as técnicas que havia aprendido em entrevistas com mais de uma centena de homicidas acabaram servindo para fazê-lo se soltar.

Perguntei de seus fatores de estresse no passado, e foi então que ele revelou que, antes de começar a ferir pessoas, havia perdido um amigo. Foi nessa ocasião que a mãe se recusou a ajudá-lo a localizar o menino, e Joubert foi deixado à deriva. Pouco depois, a degeneração até o comportamento assassino começou. Em nossa entrevista na prisão, perguntou melancolicamente se o FBI poderia ajudar a localizar seu amigo perdido. Eu disse que tentaria.

Joubert admitiu os assassinatos, e começamos a falar dos detalhes. Entre os diversos assuntos que eu gostaria de abordar, os três que mais me interessavam eram as marcas não explicadas de mordidas, as revistas policiais e o critério de escolha das vítimas. Todos esses fatores eram relacionados entre si.

==Ele nos contou da fantasia de canibalismo que o acompanhava desde os seis ou sete anos de idade. A elaboração dessa fantasia fora o combustível dos assassinatos, e envolvia morder os cadáveres, inclusive o da primeira vítima em Portland.== Como seria de se esperar, as marcas na perna de Eberle, o formato de jogo da velha que tanto nos intrigou, foram a tentativa de obliterar as mordidas que dera naquela parte do corpo. Perguntei se era alguma coisa aprendida em uma história policial, que era possível identificar um assassino por meio da odontologia forense a partir de elementos como marcas de mordidas, e ele confirmou; um dos motivos pelo qual Joubert lia essas publicações era conseguir informações de como não ser pego. A principal razão era obter estímulo; para ele — assim como para muitos assassinos —, as revistas policiais eram pornografia, apesar de não mostrar corpos desnudos, apenas imagens que sugeriam dominação, tortura e coisas afins.

Perguntei a ele desde quando lia essas revistas, e Joubert contou que começara aos onze ou doze anos, quando, junto da mãe, tinha visto uma delas na prateleira de um mercadinho. Ele ficou excitado com aquelas representações de pessoas intimidadas e ameaçadas, e quando conseguiu uma revista, a usava para se masturbar e continuar fantasiando com estrangulamentos e esfaqueamentos. Portanto, em sua mente esse material serviu para associar o estímulo sexual ao assassinato por quase uma década antes do comportamento homicida se concretizar. E, quando essas revistas se incorporaram a sua fantasia e atividades autoeróticas, Joubert era um garoto pré-púbere magro e loiro, que saía antes de amanhecer para entregar jornais de bicicleta.

Depois de seis ou sete horas de conversa, Joubert me perguntou: "Estou sendo bem honesto, sr. Ressler, então que tal me fazer um favor? Me arrume umas fotos das cenas dos crimes. Tem uma coisa que preciso resolver comigo mesmo".

Aquele jovem, então com 28 anos, estava no corredor da morte por seus crimes e ainda assim queria imagens deles, provavelmente para se masturbar. Respondi que não tinha como atender a esse pedido e deixei a entrevista com a triste compreensão de que a terrível fantasia de John Joubert só morreria quando sua vida chegasse ao fim. Em 1992, ele ainda permanecia no corredor da morte.[1]

---

1 John Joseph Joubert IV foi executado pelo sistema prisional do estado de Nebraska em 17 de julho de 1996. [NT]

PROFILE
profile — 186

Rotina macabra
ORDEM E CAOS

Nos crimes, sejam eles quais forem, quanto mais sangue, quanto mais horror houver mais imponentes, mais pitorescos, por assim dizer, serão; no entanto, há crimes vergonhosos, ignominiosos, contrários a qualquer horror, por assim dizer, deselegantes até demais...
Fiódor Dostoiévski, *Os Demônios*

ROBERT K. RESSLER E TOM SHACHTMAN

MINDHUNTER PROFILE
CAPÍTULO 6

Para a maior parte das pessoas, o comportamento do criminoso violento pode parecer um enigma, e até mesmo algo tão peculiar que é impossível que ocorra com frequência. Pouquíssima gente está acostumada com assassinatos macabros, mutilações, corpos jogados em desfiladeiros — e entre a maioria que desconhece essas ocorrências estão muitas forças policiais locais, que quase nunca se deparam com casos assim. Porém, nem mesmo a conduta criminal mais ultrajante e

188 PROFILE
profile

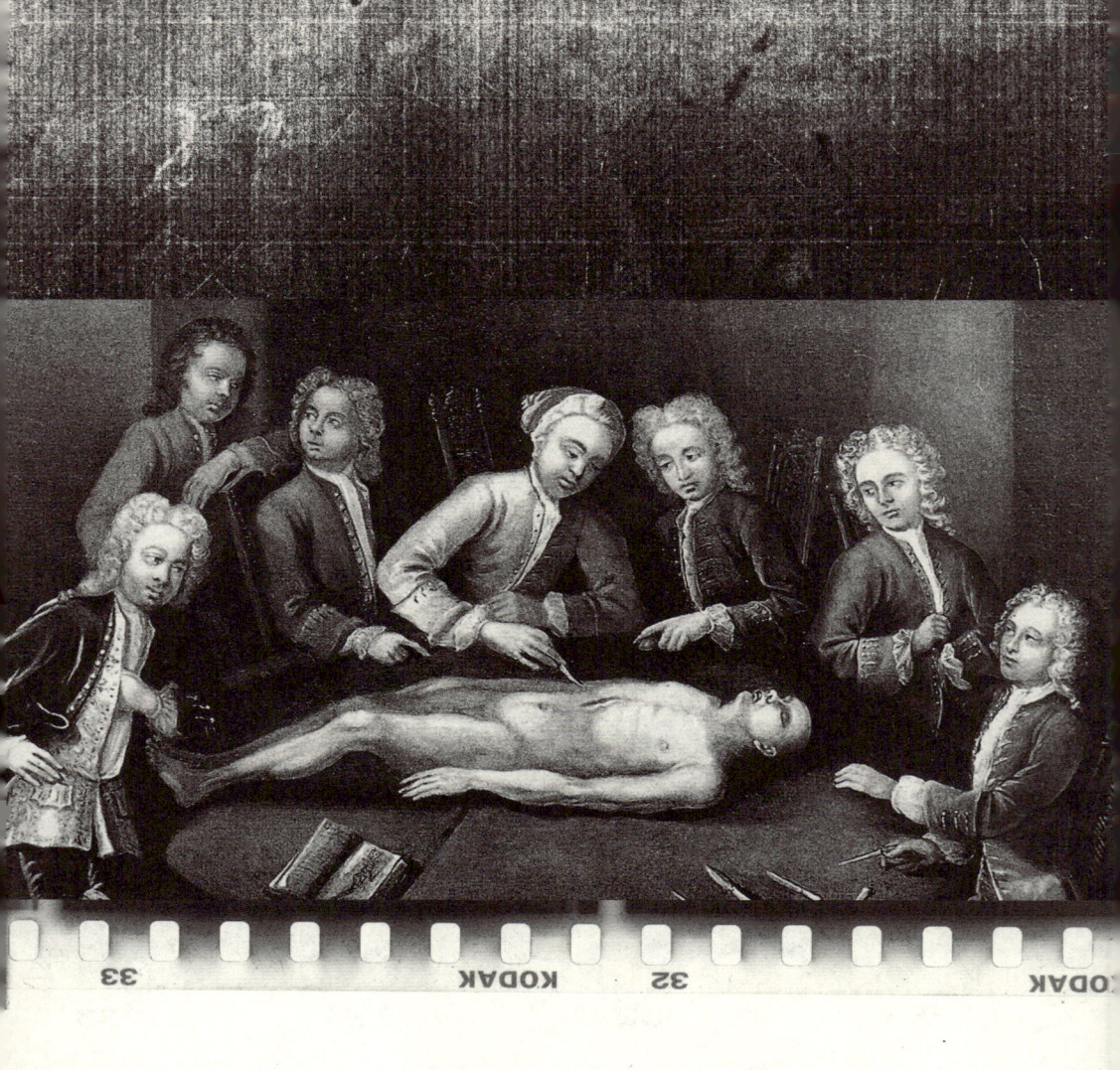

indescritível é um acontecimento único e inexplicável. Esses tipos de assassinato já aconteceram antes e, quando analisados corretamente, podem ser compreendidos a ponto de ser categorizados em padrões de certa forma previsíveis. No fim dos anos 1970, a Unidade de Ciências Comportamentais reuniu um enorme arcabouço de experiência na avaliação desses crimes. Um policial comum pode nunca testemunhar um desmembramento ou canibalismo na carreira, mas, como diversos distritos policiais nos mandavam seus casos mais incomuns para serem analisados, estávamos acostumados com essas cenas de crime e conseguíamos superar a sensação de repugnância e identificar o que as evidências revelavam a partir do provável perpetrador.

==Acumular esse conhecimento era uma coisa. Comunicá-lo a nosso público — os policiais que buscavam ajuda para capturar criminosos violentos — era outra bem diferente.== Para caracterizar esses tipos de perpetradores para a polícia e outras instâncias da aplicação da lei, precisávamos de terminologia que não fosse baseada no jargão psiquiátrico. Não adiantava muito dizer a um policial que ele precisava procurar alguém com perfil psicótico se ele não tivesse nenhuma formação em psicologia; tínhamos que falar com a polícia em termos compreensíveis e que ajudassem na busca por assassinos, estupradores e outros homens perigosos. Em vez de dizer que a cena do crime demonstrava evidências de personalidade psicopática, informávamos às polícias que determinada cena de crime era "organizada", e o provável criminoso também deveria ser, enquanto outro caso e seu perpetrador poderiam ser "desorganizados", quando havia alguma doença mental presente.

A distinção entre organizados e desorganizados se tornou uma grande linha divisória, a principal maneira de separar dois tipos de personalidades, bem diferentes, que cometem múltiplos homicídios. Assim como grande parte das distinções, trata-se de dicotomia simplista e conveniente demais para descrever variedade tão ampla de casos. Algumas cenas de crime, assim como alguns assassinos, demonstram ao mesmo tempo características de organização e desorganização, e são chamados de "mistos". Por exemplo, Ed Kemper era um assassino extremamente organizado, mas a mutilação que realizava nos corpos depois da morte era mais comum entre criminosos desorganizados. Neste capítulo, vou explicar as principais características dos criminosos organizados e desorganizados em sua concepção mais clássica. Por favor, leve em conta que, quando afirmo que determinado atributo é característico do criminoso organizado, isso não se aplica a 100% das ocorrências, mas é aplicável em termos *gerais*. Por exemplo, existe a definição de que o criminoso organizado esconde os cadáveres das vítimas; nas entrevistas que realizamos para a pesquisa, e nas análises de cenas de crime, descobrimos que isso vale para 75% dos casos. Isso basta para que, como generalização, essa constatação funcione muito bem, mas não a ponto de se tornar condição imprescindível para a caracterização. Embora a distinção entre organizados e desorganizados seja bastante aparente quando reconhecida, a lista de atributos que acompanha cada categoria foi crescendo ao longo dos anos, à medida que aprendemos mais detalhes desses assassinatos, e continua a absorver novos elementos.

> **Quando tentamos descobrir se o crime foi cometido por um perpetrador organizado ou desorganizado, examinamos as fotografias da cena do crime e, se possível, informações sobre a vítima. Por exemplo, tentamos determinar se aquela vítima em particular representava um risco baixo para o criminoso.**

Quando tentamos descobrir se o crime foi cometido por um perpetrador organizado ou desorganizado, examinamos as fotografias da cena do crime e, se possível, informações sobre a vítima. Por exemplo, tentamos determinar se aquela vítima em particular representava um risco baixo para o criminoso. Para representar risco baixo, a vítima precisava ser vulnerável ou fisicamente fraca. Onde ela foi atacada? Quando Monte Rissell raptou a prostituta em um estacionamento deserto no meio da madrugada, escolheu uma vítima cuja ausência demoraria um bom tempo a ser notada. A informação de que um perpetrador tende a escolher de forma deliberada vítimas desse tipo pode ser importante na tentativa de prendê-lo.

==Em geral dividimos o crime em quatro fases.== A primeira é o estágio pré-crime, que leva em conta o "comportamento prévio" do criminoso. Muitas vezes, é a última informação que descobrimos, embora em termos cronológicos seja o primeiro estágio. A segunda fase é a perpetração do ato criminoso em si; nesse estágio, analisamos a seleção da vítima além dos crimes, que podem incluir muito mais do que o homicídio — rapto, tortura, estupro e, por fim, assassinato. A terceira fase é a desova do corpo; se por um lado alguns assassinos não demonstram a menor preocupação de que suas vítimas sejam encontradas, outros fazem de tudo para evitar a descoberta. A quarta e última fase é o comportamento pós-crime, que em alguns casos pode ser muito importante, já que certos criminosos tentam se infiltrar na investigação do assassinato ou procurar outras formas de se manter em contato com o crime para continuar a fantasia que o gerou.

==O principal atributo do perpetrador organizado é o planejamento.== Os crimes organizados são premeditados, não cometidos no calor da hora. Os planos surgem das fantasias do criminoso, que, como demonstrei nos capítulos anteriores, em geral ganham força ao longo do tempo antes de tomar a forma concreta de comportamento antissocial. John Joubert imaginou os crimes durante anos, antes que a oportunidade para esfaquear uma pessoa até a morte se apresentasse e ele transformasse a fantasia em ação. Rissell também desenvolveu fantasias violentas durante anos antes de uma vítima viável aparecer naquele estacionamento na noite em que, em sua cabeça, fora humilhado pela ex-namorada.

==A maioria das vítimas de perpetradores organizados são pessoas desconhecidas transformadas em alvo==; ou seja, o criminoso ronda a área à procura de alguém que se encaixe no tipo de vítima que tem em mente. Idade, aparência, profissão, corte de cabelo e estilo de vida podem interferir na escolha; David Berkowitz procurava mulheres sozinhas ou acompanhadas de um homem em carros parados.

O criminoso organizado costuma se valer de artimanhas para ter controle sobre a vítima. São homens com boa capacidade de comunicação verbal e alto nível de inteligência — pelo menos o suficiente para atrair a vítima a um local onde ela se torne vulnerável. O controle é essencialmente uma característica do perpetrador organizado, e as forças de aplicação da lei são treinadas para procurar elementos relativos ao controle em cada uma das facetas do crime. O assassino organizado pode oferecer dinheiro a uma prostituta, carona a um andarilho, ajuda a um motorista incapacitado ou dizer a uma criança que vai levá-la de volta para a mãe. Como o crime foi planejado, o perpetrador dedicou tempo a como encontrar vítimas, e pode sempre aperfeiçoar seus truques. John Gacy prometia dinheiro a jovens em um distrito frequentado por gays em Chicago, se aceitassem ir até sua casa para ter relações sexuais. Ted Bundy se valia do charme, mas também a aura de autoridade que alguns equipamentos policiais lhe conferiam, para atrair moças até seu carro. No caso do assassino organizado, as vítimas são personalizadas; o criminoso estabelece contato verbal e outros tipos de interação com as vítimas em nível suficiente para reconhecê-las como indivíduos antes de matá-las.

O homicida desorganizado não escolhe as vítimas por meio da lógica, e com muita frequência corre grandes riscos, já que a seleção não se dá porque a pessoa pode ser facilmente controlada; às vezes, essa falta de critério o leva a atacar alguém que vai reagir a ponto de os corpos encontrados revelarem ferimentos típicos de atitude defensiva. Além disso, o assassino desorganizado não tem conhecimento nem interesse a respeito da personalidade da vítima. Não quer saber quem é, e muitas vezes faz de tudo para obliterar sua individualidade: deixa-as inconscientes, cobre seu rosto ou desfigura suas feições.

Portanto, o principal atributo do perpetrador organizado é o planejamento, que nesse contexto significa que a lógica do assassino se revela em todos os aspectos do crime que podem ser controlados. As ações do criminoso desorganizado em geral são destituídas de lógica convencional: até que seja pego e revele sua versão dos acontecimentos, é provável que ninguém compreenda o raciocínio distorcido que usa para escolher as vítimas ou cometer os delitos.

Durante o ato criminal, o perpetrador organizado adapta seu comportamento às exigências da situação. Depois que atirou em duas mulheres em um campus universitário, Ed Kemper conseguiu passar pela guarita do portão com as duas vítimas moribundas no carro sem chamar a atenção dos seguranças. Embora admitisse o nervosismo, Kemper não estava em estado de surto histérico. Foi capaz de adequar seu comportamento ao perigo de passar pelos guardas. Outros assassinos, menos organizados, poderiam ter entrado em pânico e tentado atravessar o portão em alta velocidade, atraindo atenção para si, mas Kemper se portou como se não tivesse nada a esconder e foi "bem-sucedido" em esconder o crime naquela noite. A adaptação e a flexibilidade são sinais de assassino organizado. Além disso, esse tipo de criminoso tem um processo de aprendizado entre um crime e outro; se torna melhor no que faz, o que revela seu nível de organização. Quando a polícia se depara com uma série de cinco homicídios com o mesmo *modus operandi*, aconselhamos a investigar mais a fundo o primeiro, pois provavelmente deve ter ocorrido mais perto do lugar onde o criminoso morava, trabalhava ou frequentava. Quando adquire mais experiência, o criminoso passa a levar os corpos para locais cada vez mais distantes de onde abordou as vítimas. ==Com frequência, o primeiro crime que comete não é tão bem planejado, mas os seguintes são cada vez mais premeditados.== Quando notamos mais planejamento no crime em relação ao anterior, sabemos que se trata de um assassino organizado.

Esse salto evolutivo na atividade criminal é pista importante em relação à natureza do perpetrador. No capítulo anterior, expliquei como as evidências da maturação do comportamento criminoso ajudaram a refinar o perfil psicológico que levou à captura de John Joubert. Outro perpetrador que aprimorou o método, ao mesmo tempo em que se tornava cada vez mais violento, foi Monte Rissell. Apenas depois que foi preso e condenado por uma série de estupros seguidos de homicídios, confessou que havia violentado sexualmente outras seis vítimas na adolescência, crimes pelos quais nunca foi pego. Começou atacando pessoas no prédio de apartamentos onde morava com a mãe; mais tarde, quando estava internado em uma instituição psiquiátrica juvenil, forçou uma mulher que abordou no estacionamento a dirigir até a residência dela, onde a violação aconteceu. Na ocasião seguinte, dirigiu até outro estado para encontrar a vítima. A cada crime, tornava cada vez mais improvável a possibilidade de ser identificado como o estuprador. Foi apenas quando esse padrão regrediu que foi pego: os seis últimos crimes de Rissell, cinco deles com assassinatos, voltaram a acontecer perto do prédio onde morava. Mesmo nessa série de homicídios, houve um aumento de violência: no caso das primeiras três vítimas, ele decidiu pelo assassinato durante o estupro; no caso das últimas duas, tomou a decisão consciente de matá-las antes mesmo do rapto.

Outra evidência de planejamento que às vezes se apresentam para os investigadores é o uso por parte do perpetrador de dispositivos de imobilização — algemas, cordas e afins. Muitos assassinos levam consigo o que chamamos de "kits de estupro" quando saem à caça de vítimas, para que não tenham dificuldades para subjugar quem desejam atacar. Esse equipamento também permite ao criminoso tornar a vítima submissa, elemento essencial para suas fantasias. Em determinada ocasião, colaboramos na investigação de um assassinato bizarro de conotação sexual no terraço do alto de um prédio no Bronx: constatamos que o assassino não levara consigo nada para imobilizar a vítima e acabou usando as roupas dela e objetos encontrados na bolsa da mulher. A ausência do kit de estupro nos ajudou a elaborar o perfil psicológico de um assassino que *não* era organizado.

Um veículo foi usado? A quem pertencia? Um perpetrador desorganizado como Richard Trenton Chase, conforme informei à polícia quando os homicídios permaneciam sem solução, provavelmente se deslocava a pé até a cena do crime; tinha certeza disso porque concluíra que o assassino demonstrava todos os sinais de criminoso desorganizado, um doente mental incapaz de dirigir o veículo e ao mesmo tempo exercer controle sobre as vítimas. Como os leitores devem se lembrar, a parte do perfil que de fato ajudou a polícia foi minha insistência de que o assassino devia residir a no máximo um quilômetro de onde se encontrou as últimas vítimas. Assim como Chase, os assassinos desorganizados vão andando até a cena do crime ou se utilizam do transporte público, enquanto os organizados dirigem automóvel próprio ou às vezes se apossam do carro das vítimas. Se o criminoso desorganizado tiver carro, na maior parte das vezes será um veículo sem manutenção e em péssimas condições, assim como o local onde moram. Já o carro do perpetrador organizado tende a estar em boas condições.

Usar um veículo próprio, ou o carro da vítima, revela a tentativa consciente de eliminar as evidências do crime. Da mesma forma, o perpetrador organizado costuma levar a própria arma à cena do crime e tirá-la de lá depois do ato. Ele sabe que suas impressões digitais estão na arma e que exames balísticos podem associá-lo ao homicídio, e por isso a remove do local. O perpetrador pode inclusive apagar as digitais de toda a cena do crime, limpar as manchas de sangue e tomar várias outras medidas que impeçam a identificação da vítima ou de si mesmo. Quanto mais tempo a vítima permanecer não identificada, claro, menor a probabilidade de associá-la ao criminoso. Em geral, as vítimas do assassino organizado são encontradas nuas; sem a roupa, o trabalho de identificação da polícia fica mais difícil. O ato de limpar as marcas de dedos da faca pode parecer muito menos drástico do que arrancar a cabeça do cadáver e enterrá-la em local diferente do restante do corpo, mas ambas as ações servem para o mesmo propósito: impedir a identificação da vítima e do assassino.

...onde, talvez, pelos séculos vindouros,
em meio à multidão fervilhante da cidade,
haveria de saciar sua sede de sangue...
Bram Stoker, *Drácula*

O homicida desorganizado pode simplesmente pegar uma faca na cozinha da vítima, cravar no peito dela e deixá-la ali. Uma mente com esse nível de desorganização não está preocupada com digitais e outros tipos de evidências. Se a polícia encontrar um corpo pouco depois do assassinato, trata-se da pista de que o crime foi cometido por perpetrador desorganizado. O criminoso organizado remove o corpo do local onde a vítima foi morta para mais tarde escondê-lo — às vezes, muito bem. A maior parte das vítimas de Ted Bundy jamais foi encontrada. Bob Berdella — assassino de Kansas City, Missouri, que como John Gacy raptava, torturava e matava homens jovens — esquartejava os corpos em pequenas porções, que usava para alimentar os cães no quintal; muitas das vítimas jamais puderam ser identificadas.

Uma dinâmica diferente parece estar por trás de casos como o do Estrangulador de Hillside, que no fim das contas não era um, e sim dois. As vítimas eram encontradas, mas os assassinos se revelaram criminosos bastante organizados. Seu desejo parecia movido pelo egocentrismo — queriam esfregar os corpos na cara dos policiais em vez de escondê-los para impedir que fossem associados às vítimas.

==O perpetrador organizado às vezes pode fabricar pistas na cena de crime ou no local do assassinato para confundir as autoridades.== Essa fabricação exige boa dose de planejamento e é indicativa da mente que opera de acordo com diretrizes lógicas e racionais. O criminoso desorganizado também é capaz de fabricar a cena de crime, embora o caos provocado por ele por si só costume gerar a princípio diversas teorias contraditórias sobre o que de fato aconteceu no local.

Quando os agentes de aplicação da lei analisam a cena do crime, precisam ser capazes de distinguir a partir das evidências, ou da ausência delas, se o delito foi cometido por um perpetrador organizado ou desorganizado. Uma cena de crime desorganizada revela o estado de confusão da mente do assassino e tem características espontâneas e simbólicas proporcionais a seu nível de delírio. Caso a vítima seja encontrada, como na maior parte das vezes acontece, em geral vai exibir ferimentos terríveis. Às vezes, a despersonalização da vítima por parte do homicida é percebida pela tentativa de obliterar suas feições ou por atos de mutilação pós-morte. Com frequência, o local do assassinato e a cena do crime coincidem no caso do perpetrador desorganizado; ele não tem a clareza mental necessária para transportar o corpo ou escondê-lo.

==O criminoso organizado costuma ficar com pertences das vítimas, como se fossem troféus== ou para impedir que a polícia as identifiquem. Carteira, bijuterias, anéis de formatura, peças de roupas, álbuns de fotografia — todos esses objetos de vítimas foram encontrados nas residências de assassinos organizados ao serem presos. Em geral, não são itens de valor monetário, como joias preciosas, e sim coisas que podem ser usadas para se recordar das vítimas. Esses troféus são levados para incorporá-los às fantasias pós-crime do perpetrador e como reconhecimento dos feitos. Assim como um caçador olha para a cabeça de urso na parede e se regozija por tê-lo matado, o assassino organizado vê um colar pendurado no armário e revive a excitação que sentiu com o crime. Muitos fotografaram as vítimas para o mesmo propósito. Às vezes os troféus, como joias, são dados de presente para a namorada ou a mãe do assassino, de modo que apenas ele conheça o verdadeiro significado quando as vê com o objeto. John Crutchley foi condenado apenas por sequestro e estupro, mas eu considerava seus atos muito similares aos do assassino em série organizado: tinha dezenas de colares pendurados em um prego no armário. Embora Monte Rissell roubasse dinheiro das vítimas de homicídio, também levava as joias e as guardava no apartamento. Ele também aprofundava o envolvimento das vítimas em suas fantasias permanecendo em posse dos carros por horas depois de matá-las.

Robert Ressler, na época agente especial do fbi, e o assassino em série Edmund Kemper.

PROFILE
profile

O homicida desorganizado não leva troféus; em seu estado mental confuso, pode no máximo remover parte do corpo, uma mecha de cabelo, ou uma peça de roupa para levar consigo como suvenir cujo valor ninguém seria capaz de saber.

Como expliquei anteriormente, todos esses crimes são de conotação sexual, mesmo quando nenhum ato dessa natureza é realizado contra a vítima. Em geral, o criminoso verdadeiramente organizado executa o ato sexual com a outra pessoa ainda viva, se aproveitando de todas as maneiras da situação para estuprar e torturar antes de assassinar alguém. Mesmo que sejam impotentes em situações cotidianas, enquanto estão esmurrando, cortando, estrangulando ou agredindo a vítima de outras maneiras, são capazes de fazer sexo. Já o assassino desorganizado na maior parte das vezes não conclui o ato sexual e, caso consiga, o faz apenas com a vítima morta ou inconsciente. O perpetrador desorganizado mata depressa, em ataque repentino. O assassino organizado busca intensificar seu desejo erótico mantendo a vítima viva para realizar atos pervertidos e destrutivos contra elas. O poder sobre a vida da outra pessoa é o que esse tipo de assassino busca. John Gacy deixava as vítimas à beira da morte várias vezes antes do homicídio em si, para que pudesse se regozijar com o sofrimento enquanto as estuprava. Durante ataques sexuais, os criminosos organizados exigem que a vítima exiba comportamento submisso e aja de forma passiva eu temerosa. Se a pessoa reagir, o comportamento agressivo do perpetrador organizado tende a se intensificar, às vezes, ao ponto em que a intenção original de cometer um estupro se transforma em assassinato, caso haja resistência.

No terceiro e no quarto estágios, o perpetrador organizado toma medidas para ocultar os corpos das vítimas, ou então para omitir a identidade, e se mantém sempre informado sobre a investigação. A intenção é ampliar o período em que sua fantasia parece controlar o ambiente ao redor. Em um caso particularmente notável de fantasia pós-crime, o assassino era motorista de ambulância hospitalar. Ele raptava as vítimas no estacionamento de um restaurante e as levava para outro lugar para estuprá-las e matá-las. Ao contrário da maioria dos criminosos organizados, escondia os corpos apenas de forma parcial, e então contatava a polícia e dizia ter visto um cadáver. Quando as viaturas se dirigiam ao local onde estava o corpo, o criminoso corria de volta para o hospital, para que quando uma ambulância fosse solicitada pelos policiais, pudesse atender ao chamado. O ato de levar a ambulância até o local de desova, remover a vítima morta por ele mesmo e transportá-la para o hospital lhe causava grande satisfação.

==Assassinos organizados e desorganizados tendem a exibir personalidades bem distintas.== As maneiras como se desenvolvem, e as consequências comportamentais desses padrões de desenvolvimento, muitas vezes são importantes para desvendar um crime.

O criminoso desorganizado costuma vir de um lar em que a situação profissional do pai tende a ser instável, em que a disciplina aplicada aos filhos é rígida e em que a família é sujeita a tensões constantes provocadas por abuso de álcool, doenças mentais e problemas afins. Por outro lado, nossas entrevistas com assassinos organizados revelaram que eles tinham infâncias caracterizadas pela presença do pai com emprego estável, mas em casas onde a disciplina não era reforçada, o que deixava nos filhos a sensação de que poderiam fazer o que quisessem.

==O perpetrador desorganizado aprende a internalizar a mágoa, a raiva e o medo.== Embora pessoas normais também façam isso em alguma medida — pois se trata de mecanismo psicológico necessário para a vida em sociedade —, o criminoso desorganizado vai muito além do convencional nesse sentido. Ele é incapaz de dissipar o estresse, e não dispõe das habilidades físicas e verbais necessárias para expressar esses sentimentos no contexto apropriado. A terapia é difícil em seu caso, porque ele não é capaz de explicar muita coisa a respeito do turbilhão emocional que existe dentro de si.

Parte do motivo para essa raiva reprimida dos criminosos desorganizados é que, em geral, eles não são pessoas bonitas. Não costumam ser atraentes e, quando se comparam com os demais, criam uma autoimagem muito desfavorável. Eles podem ter doenças crônicas ou

O assassino em série Gerard Schaefer é levado do tribunal por policiais da Flórida. Perceba que o único homem que parece à vontade na foto é o réu. À direita, vítima sobrevivente do "policial que virou criminoso" Gerard Schaefer, na reconstituição do ocorrido enquanto estava sob seu domínio.

deficiências que o tornam diferentes, e não se sentem à vontade com isso. Em vez de aceitar seus problemas, passam a se considerar inadequados, e a agir de forma inapropriada, apenas reforçando a mágoa, a raiva e o isolamento. Perpetradores desorganizados tendem a se isolar da sociedade quase por completo, e se tornam pessoas solitárias. Se por um lado muitos criminosos organizados podem parecer atraentes, extrovertidos e gregários, os desorganizados são incapazes de se relacionar com outras pessoas. Portanto, é muito improvável que o perpetrador desorganizado viva com alguém do sexo oposto e talvez não tenha nem um colega de quarto. Caso não more sozinho, na maior parte das vezes mora com parentes, provavelmente apenas um dos pais. Ninguém mais tem estômago para suportar suas manias estranhas, o que leva o perpetrador desorganizado a passar seu tempo sozinho e talvez recluso. Esses criminosos passam a rejeitar a sociedade que os desprezou.

A consequência dessa autoimagem negativa dos criminosos desorganizados é que fracassam. Geralmente são menos inteligentes que os perpetradores organizados, mas a maioria não sofre de deficiências graves. No entanto, nunca conseguem demonstrar sua verdadeira capacidade, seja na escola ou no trabalho. Caso tenham emprego, exercem apenas funções braçais, e mesmo assim costumam ter problemas em razão da incapacidade de se dar bem com as outras pessoas. E sabem que poderiam fazer mais. Quando o assassino daquela jovem no terraço no alto de um prédio no Bronx foi interrogado pela polícia, disse que era ator desempregado, o que no máximo poderia ser a expressão de um desejo. Na verdade, era um contrarregra desempregado, o que revela que se considerava capaz de exercer uma função mais complexa no mundo do teatro.

> **Justamente os seres canhestros e receosos tornam-se matadores com facilidade: não compreendem a pequena vingança ou defesa adequada, seu ódio não conhece, por falta de espírito e de presença de espírito, outra saída que não a destruição.**
> **Friedrich Nietzsche,** *Aurora*

O criminoso organizado, por outro lado, em vez de internalizar mágoas, raivas e medos, tende a externalizá-los. É o tipo de garoto que demonstra o comportamento "fora dos padrões" na escola, com atos agressivos e às vezes sem sentido. No passado, acreditava-se que todos os assassinos eram problemáticos e abertamente violentos na infância, mas esse estereótipo só se aplica ao perpetrador organizado. O menino que se torna um criminoso desorganizado é um aluno quietinho, talvez até demais; muitas vezes, quando é preso por crime hediondo, professores e colegas de escola mal se lembram dele. E, quando os vizinhos são entrevistados, costumam caracterizá-lo como bom menino, que nunca causava problemas, que tinha comportamento reservado e era manso e educado. Por outro lado, o perpetrador organizado fica marcado na mente de todos com quem conviveu na infância como o praticante de bullying, ou o palhaço da turma, o garoto que estava sempre chamando atenção para si. Em vez de solitários, os criminosos organizados são gregários e gostam de estar cercados de gente. São do tipo que arrumam brigas em bares, dirigem de forma irresponsável e são descritos a vida toda como encrenqueiros. Podem conseguir empregos que estão um nível acima do trabalho manual, de acordo com seu nível de inteligência, mas sua conduta acaba provocando confrontos que resulta em demissão. Esses fatores de estresse muitas vezes os levam a cometer o primeiro crime. Um ex-policial de Ohio em dificuldades profissionais, encrencado com a lei e com problemas conjugais raptou uma jovem e a matou de forma quase acidental. No caso dos assassinos organizados, esse fator importante, o estresse situacional pré-crime, muitas vezes não está presente; os atos criminosos são desencadeados por sua doença mental, e não pelo impacto de acontecimentos do mundo exterior.

Em vez de se sentirem inferiores aos demais, os assassinos organizados se acham superiores a quase todo mundo. Gacy, Bundy e Kemper desdenhavam dos policiais, que consideravam burros demais para pegá-los, e dos psiquiatras, que encaravam como pessoas incapazes de entendê-los. Eles exageram a sua autoimagem, muitas vezes acreditando que são inteligentíssimos e bem-sucedidos, mesmo quando não têm muita coisa a mostrar e se notabilizam apenas pela monstruosidade dos crimes. Depois da ação, costumam acompanhar o progresso (ou o impasse) da investigação pela mídia; o criminoso desorganizado, por sua vez, demonstra pouco ou nenhum interesse no crime depois de cometido.

Existe outro lugar em que os criminosos organizados parecem se dar bem: na cama. Muitas vezes, têm diversos parceiros sexuais. Como bons estelionatários com excelente fluência verbal, com frequência são capazes de convencer mulheres (ou homens) a fazer sexo. Podem até ser atraentes em termos mais superficiais, e se mostram bons psicólogos amadores. Entretanto, são incapazes de manter relacionamentos normais e de longo prazo. Suas vidas são caracterizadas pela presença de múltiplos parceiros, mas nenhum por muito tempo. Um estripador de Oregon tinha vários casos com diferentes mulheres, porém sem nenhum envolvimento profundo ou duradouro. A parceira mais duradoura de Ted Bundy antes da prisão relatou que não era um amante dos mais excitantes. A maioria dos assassinos organizados, ou talvez todos, nutre raiva fortíssima em relação ao sexo oposto, o que quase sempre se expressa na crença de que a parceira em questão não era "mulher suficiente" para "excitá-lo". Entre os perpetradores organizados estão muitos estupradores que espancam mulheres porque não os estimularam a ponto de conseguir um orgasmo, segundo os relatos deles.

==Criminosos organizados têm raiva das namoradas, de si mesmos, da família e da sociedade em geral.== Sentem que foram tratados de forma injusta a vida toda e que estão todos contra eles. Se são tão espertos e inteligentes, então por que não ficaram milionários ou — como Charles Manson queria — se tornaram astros do rock? Todos eles acreditam que a sociedade conspirou para jogá-los para baixo. Manson achava que, se não tivesse passado a juventude na cadeia, suas músicas seriam famosíssimas. Sua retórica levou os seguidores a acreditar que estavam empenhados em uma guerra de classes ao cometer os assassinatos. Ed Kemper acreditava que, como selecionava vítimas mais abastadas, agia em benefício da classe trabalhadora. John Gacy achava que estava livrando o mundo de vagabundos sem eira nem beira e "veadinhos". Com os assassinatos, esses homens atacavam não só suas vítimas como indivíduos, mas se voltavam contra a sociedade como um todo.

Dois homens incluídos em nossos estudos das biografias e dos crimes de homicidas em série oferecem exemplos clássicos de padrões para perpetradores organizados e desorganizados. Em nossos cursos itinerantes, quando eu mostrava slides para comentar o criminoso organizado Gerald John Schaefer, alguém na plateia sempre me acusava de ter criado a lista de características desse tipo de assassino com os elementos específicos do caso dele. Não é verdade, mas de fato os padrões associados ao assassino organizado são claríssimos em Schaefer.

Em 1973, a polícia do condado de Brevard, região rural da Flórida, estava em vias de criar uma força-tarefa para investigar o desaparecimento de mulheres. Foi quando surgiu uma revelação importante: duas jovens abaladas e assustadas saíram do meio da mata pantanosa e pararam um motorista que as levou até a cidade, onde procuraram a sede do distrito policial e contaram uma perturbadora história de rapto.

Elas estavam viajando de carona quando foram pegas por um homem bem vestido e de aparência normal, em um carro que parecia com uma viatura policial. Ele disse que as levaria para onde quisessem. Em vez disso, as levou para o meio da mata, amarrou-as sob a ameaça de arma de fogo e falou que seriam violentadas e mortas. Disse que já havia feito aquilo com várias mulheres. Depois de amarrá-las, porém, o homem olhou no relógio e falou: "Ô-ou, preciso ir; Já volto". Em seguida entrou no carro e foi embora. As mulheres conseguiram se livrar das amarras e chegaram à estrada. Elas levaram a polícia ao local onde foram amarradas e mostraram como tinham sido imobilizadas. Em um procedimento dos mais estranhos, os policiais pediram que reconstituíssem o acontecido, demonstrando o processo de imobilização em detalhes e, ainda assustadas por terem escapado por pouco, as duas consentiram, se deixaram amarrar e foram fotografadas naquela posição. As mãos tinham sido posicionadas acima da cabeça, e a corda foi jogada por cima de uma árvore em que, segundo o homem, elas seriam enforcadas.

==Vasculhando e escavando o terreno ao redor, a polícia encontrou corpos parcialmente decompostos e peças de roupas femininas.== Em uma calça jeans, havia um bordado feito à mão bem específico, que se encaixava na descrição da roupa que uma garota vestia no dia em que seu desaparecimento foi comunicado. Ao descobrir as evidências, a polícia começou a levar a história das jovens que conseguiram fugir mais a sério. As duas foram capazes de descrever em detalhes o carro em que foram raptadas e as características físicas do agressor. Por exemplo, disseram que havia uma saliência no para-choque traseiro do veículo, e se lembravam disso porque o criminoso amarrara uma ponta da corda na peça e jogara a outra por cima da árvore; ele dissera que usaria o carro para levantá-las até a altura do enforcamento. O carro também tinha o adesivo de fraternidade universitária em uma das janelas, segundo o relato das moças.

Antes de narrar o restante da história, é preciso assinalar os atributos de criminoso organizado que apareceram até aqui. ==O agressor personalizou as vítimas ao conversar com elas, dirigia seu próprio veículo e atraiu as duas para o carro se valendo de boa fluência verbal.==

==Carregava uma arma para ameaçar, tinha um kit de estupro e claramente pretendia cometer ataques sexuais contra as mulheres antes de torturá-las e matá-las. Depois do assassinato, esconderia e desovaria os corpos.== Também demonstrou flexibilidade e comportamento adaptável durante o crime ao deixar as duas amarradas e ir cuidar de outro assunto, avisando que voltaria para acabar o que havia começado mais tarde.

Gerard Schaefer então se tornou um suspeito. Era da polícia de uma jurisdição vizinha, e o exame mais minucioso de seus antecedentes revelou que pertencera a outra força policial antes. De acordo com o que pude apurar com os investigadores do caso, no emprego anterior, Schaefer fora denunciado por parar carros dirigidos por mulheres que cometiam infração de trânsito, usava os dados dos veículos para descobrir mais sobre elas, conseguir os números de telefone e mais tarde ligar para tentar marcar encontros românticos. (Um aparte necessário é que alguns policiais de fato se valem dos distintivos e da autoridade para conseguir informações e se aproximar de mulheres, porém são pouquíssimos os que se aproveitam disso para levá-las para o meio do mato para estupro, tortura e morte.) As investigações

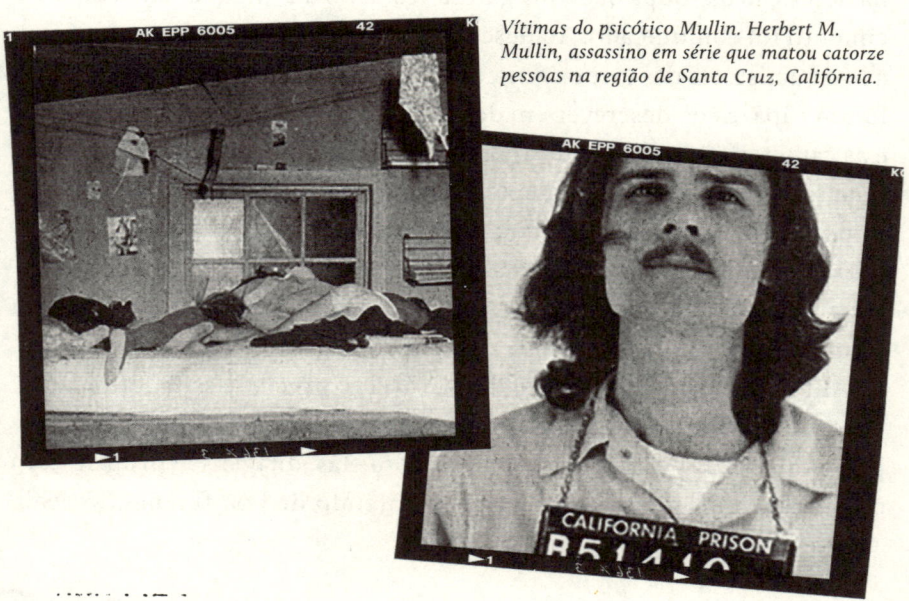

Vítimas do psicótico Mullin. Herbert M. Mullin, assassino em série que matou catorze pessoas na região de Santa Cruz, Califórnia.

apuraram que, quando deixou as duas amarradas, Schaefer se ausentara para atender a um chamado da força policial e pretendia voltar ao local fardado e na viatura oficial para acabar com elas. O automóvel de Schaefer se encaixava na descrição fornecida pelas jovens raptadas e em uma revista na casa dele foram obtidas todas as evidências necessárias para indiciá-lo pelo assassinato da garota desaparecida de calça jeans com o bordado, além do rapto das duas caronistas que conseguiram escapar da morte.

Schaefer negou ter cometido os crimes, mas seus argumentos foram refutados pelas testemunhas sobreviventes e pelas evidências. No fim, foi condenado e permanece cumprindo pena na Flórida.[1*] Não foi possível determinar quantas mulheres teria matado; há estimativas de que foram 35. Como ele sempre negou os crimes e se recusou a ajudar a polícia nas buscas, não sabemos se alguns cadáveres encontrados podem ser atribuídos a suas atividades criminosas, e da mesma forma pode haver corpos de pessoas mortas por ele ainda escondidos em algum lugar, sem identificação.

De meu ponto de vista de pesquisador da mente dos assassinos, a casa de Schaefer era uma mina de ouro, não só pelas evidências dos crimes, mas também porque nos dizia que tipo de perpetrador ele era. Foram encontradas roupas de mulher em sua residência, além de joias — de acordo com minha terminologia eram troféus para reviver seus homicídios. Questionado a respeito desses itens, Schaefer afirmou que, nas rondas como patrulheiro, encontrava roupas jogadas na estrada, e de tempos em tempos as entregava para instituições de caridade; apenas estava sem tempo para levar aquelas para doação. Um dos colares inclusive foi dado a uma namorada. Na casa também havia pilhas e pilhas de revistas pornográficas e de histórias policiais. Folheando esse material, os investigadores descobriram que as leituras que despertavam seu interesse eram aquelas nas quais as mulheres eram enforcadas, estranguladas ou de alguma forma asfixiadas.

---

1 * Gerard John Schaefer morreu na cadeia em dezembro de 1995, assassinado a facadas por outro preso. [NT]

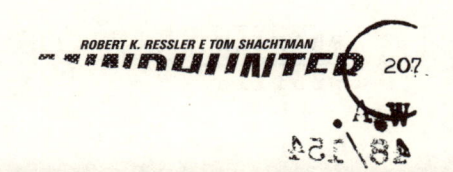

O fato de que o enforcamento e a tortura relacionados a esse tipo de morte eram os principais elementos de suas fantasias se comprovava nas histórias que ele mesmo escrevia, e pelos desenhos que fazia por cima das imagens das pinups. Todos revelavam o mesmo tema. Por exemplo, havia uma fotografia aparentemente normal de uma pinup em que a jovem aparecia recostada na árvore com as mãos para trás. Schaefer desenhou buracos de bala no corpo, cordas em torno dos braços e traços indicando que havia defecado na calcinha — ato condizente com a perda do controle muscular que em geral acompanha a morte por enforcamento. Em outra foto, com três mulheres nuas diante de um homem, escreveu um comentário em balão de história em quadrinhos: "Essas mulheres têm que me agradar. Caso contrário, vão ser levadas para a praça central e o povo do vilarejo vai se divertir vendo as três dançarem na ponta da minha corda". Em outra composição, se valeu de recortes e colagens para alterar a foto de uma jovem deitada para fazer parecer que havia sido enforcada. ==Algumas fotografias encontradas em sua residência eram originais, provavelmente feitas por ele, retratando mulheres de fato enforcadas — suas vítimas.==

A casa e a história de vida de Schaefer, portanto, continham muitos elementos que refletiam os atributos do criminoso organizado. Ele mantinha relacionamento com uma mulher, trabalhava em emprego fixo, guardava troféus das vítimas, se valia de material pornográfico e claramente buscava com os crimes realizar suas fantasias. As vítimas preferenciais pareciam ser mulheres que viajavam de carona, cujo desaparecimento levaria algum tempo para ser notado, já que estavam apenas de passagem pela região.

Durante o julgamento, Schaefer brincava com a imprensa, e se revelou gregário e extrovertido; sua resposta padrão para os jornalistas era que aquilo se tratava de um engano, e que seria absolvido. Em uma fotografia de jornal tirada na época dos procedimentos judiciais, quatro agentes da lei escoltavam o réu de um local para outro; Schaefer é o único sorrindo, bem vestido e à vontade naquele ambiente — o retrato perfeito do criminoso organizado tentando exercer controle sobre a situação mesmo depois de preso e sob o risco de ser condenado à morte.

Herbert Mullin não tinha problema algum, segundo boa parte das pessoas que o conheceram na infância em Santa Cruz, até se formar no Ensino Médio no final da década de 1960. Embora não tivesse um físico imponente, com 1 metro e 70 e cerca de sessenta quilos, jogava na linha ofensiva do time de futebol americano da escola. Além disso, era bom aluno, se dava bem com pessoas de ambos os sexos, sempre educado com todos e foi eleito como o "maior candidato ao sucesso" em sua turma de formandos. No último ano de colégio, porém, essa aparência de que tudo estava sob controle mascarava uma realidade bem diferente: a condição mental de Herb Mullin estava em franca degeneração. ==O motivo era a esquizofrenia paranoide, um transtorno que começou a dominá-lo e se acelerou (e não foi causado!) pela ingestão de maconha e LSD.==

> Coisa estranha, a nossa punição! Não purifica o infrator, não é uma expiação: pelo contrário, ela mancha mais do que o próprio crime.
> **Friedrich Nietzsche**, *Aurora*

Quando saiu da escola, ele sofreu uma série de transformações na personalidade, algo característico dos esquizofrênicos paranoides. Vale alertar desde já que se trata de doença extremamente mal compreendida pelo público leigo. É a mais comum entre as psicoses, e a esquizofrenia paranoide é o tipo mais recorrente desse transtorno. A maior parte dos esquizofrênicos paranoides não exibe comportamento violento; na verdade, a imensa maioria é formada por pessoas inofensivas. A porcentagem de pessoas sem traços de agressividade entre os esquizofrênicos pode ser inclusive menor do que na população em geral. No entanto, isso tudo é ignorado, pois os crimes cometidos pelos esquizofrênicos paranoides são tão repulsivos que, quando vêm a público, acabam manchando a reputação de todos os doentes mentais. Herbert William Mullin foi um dos responsáveis por esse tipo de associação.

No fim dos anos 1960 no norte da Califórnia, diversos recém-formados estavam "tentando se encontrar", e algumas das transformações ocorridas em Mullin não pareciam muito diferentes daquelas notadas em outros jovens de sua idade. Ele entrou para a faculdade, mas não conseguiu se adaptar. Por um tempo, foi um cabeludo com colar de miçanga, mas, como não conseguiu concretizar as experiências sexuais que buscava, cortou os cabelos, vestiu um terno e tentou assumir a aparência de homem de negócios. De tempos em tempos, entre um fracasso e outro, passava alguns períodos em hospitais psiquiátricos, mas recebia alta porque não representava perigo imediato para si mesmo e para os outros. Quando decidiu se casar, começou a pedir a mão de garotas no meio da rua ou em festas. Rejeitado pelas mulheres, concluiu que isso devia significar que era homossexual, então passou a andar nos distritos frequentados pela comunidade gay em San Francisco, convidando os homossexuais com quem cruzava para irem morar com ele e foi rejeitado também. Certa vez, entrou em uma igreja católica e começou a gritar que aquilo não era cristianismo de verdade; em seguida foi estudar para se tornar padre, e mais uma vez desistiu. Seguindo impulso semelhante, apareceu certo dia em uma academia decidido a se tornar boxeador; demonstrou tanta ferocidade na primeira luta que os treinadores previam que poderia ter carreira promissora, mas Mullin logo se afastou dos ringues também.

Um ano depois de se declarar legalmente um objetor de consciência, Herb resolveu se alistar nas forças armadas; o pai era militar, mas ele foi rejeitado por todos os corpos militares com exceção dos Fuzileiros Navais, que lhe permitiram participar do treinamento básico, mas, depois de constatada sua instabilidade mental, não permitiram que assumisse um posto e lhe deram baixa. Ele morou com uma mulher mais velha — também doente mental — por um tempo, durante o qual teve contato com misticismo e religiões orientais. Depois foi para o Havaí em busca de atividades religiosas, porém não chegou muito longe; voltou ao continente e disse a um amigo que estivera internado em uma instituição psicológica por lá.

A essa altura, com vinte e poucos anos, Mullin se tornara um desajustado em termos sociais. Havia tentado de tudo com todos, mas não se encontrou em lugar algum com ninguém. Trabalhava apenas de forma esporádica, porque não conseguia se manter em empregos mais do que algumas semanas, e continuava sustentado pelos pais. Foi nessa época também que sua esquizofrenia paranoide evoluiu e se tornou um caso gravíssimo.

Os esquizofrênicos em geral obtêm informações de diversas fontes e sintetizam tudo na mente, juntando as coisas de tal forma que as transformam em delírios e distorcem o significado original. Mullin havia ouvido ou lido sobre a possibilidade de futuros terremotos na Califórnia, e desenvolveu um delírio de que seria capaz de evitá-los. Então, passou a acreditar que a Califórnia fora poupada de um terremoto calamitoso nos anos imediatamente anteriores porque a Guerra do Vietnã provocou grande número de mortes de norte-americanos; portanto, a natureza exigia sacrifícios de sangue para não destruir o mundo. Em outubro de 1972, o conflito no Sudeste Asiático estava esfriando, pelo menos no que dizia respeito à participação dos Estados Unidos, e a mente de Mullin viu isso como um sinal de catástrofe iminente. Ele concluiu que a Califórnia sofreria um terremoto cataclísmico e afundaria no oceano, a não ser que determinado número de sacrifícios humanos fosse feito para aplacar a natureza. Foi por essa razão, conforme Mullin relatou mais tarde, que seu pai passou a ordenar por telepatia que ele tirasse vidas.

Com muita frequência, constatamos que o assassino desorganizado teve uma vida isenta de comportamentos antissociais antes de cometer os crimes. Esses perpetradores não demonstram inclinações criminosas, hostilidade ou conduta violenta anteriores à época dos homicídios. Mullin seguia esse padrão. Era incapaz de se ajustar ao tecido social, e não fora aceito como profissional ou parceiro sexual por ninguém. Foi detido várias vezes por posse de maconha, mas nunca havia estuprado, furtado, roubado, brigado, nem cometido infrações de trânsito até o momento em que adquiriu legalmente uma arma e saiu matando pessoas.

Embora a história dos assassinatos a ser narrada aqui tenha certa coerência, gostaria de assinalar que, na época dos homicídios de Mullin, a polícia foi acometida por um mal conhecido como cegueira de vinculação — a incapacidade de associar esses assassinatos a outros em razão de dois fatores. Em primeiro lugar, não era possível relacionar os crimes entre si pelo uso de armas ou *modus operandi* similares. As vítimas eram bastante diferentes entre si em termos de idade, sexo e outras características, assim como a circunstância das mortes. O segundo motivo era que Ed Kemper também estava na ativa na mesma região e na mesma época.

A primeira vítima de Herbert Mullin foi um caronista de 55 anos, aparentemente um andarilho. Mullin deve tê-lo visto andando pela estrada quando passou. Então, parou no acostamento e fingiu examinar o motor enquanto o homem se aproximava. O sujeito se ofereceu para ajudar em troca de carona, e Mullin o deixou dar uma olhada no veículo. Então foi pegar um taco de beisebol dentro do carro e arrebentou a cabeça do homem. Mullin o arrastou para um matagal não muito longe da rodovia e o deixou lá. O corpo foi encontrado no dia seguinte.

Duas semanas após o primeiro assassinato, o pai de Mullin o instruiu a matar uma segunda vítima como sacrifício, e também a levar em conta que o meio ambiente estava sendo poluído em grande escala e que um terremoto poderia estar próximo. Assim, ele apanhou uma caronista na rodovia e cravou uma faca no peito dela enquanto dirigia. Quando se embrenhou na mata, a despiu, afastou as pernas e fez um corte no abdome dela para investigar a hipótese da poluição. Mullin arrancou os órgãos da mulher e os examinou, pendurando-os em árvores próximas para ver melhor. O corpo foi encontrado meses depois, quando só restava o esqueleto. Assim, o primeiro e o segundo crime não foram vinculados pela polícia.

Mullin era um perpetrador desorganizado, e, conforme expliquei, esse tipo de criminoso não costuma dirigir. Isso serve para mostrar que nem todos os atributos se aplicam a cada um dos assassinos estudados. Em certo sentido, é por isso que a elaboração de perfis psicológicos continua uma arte, e não ciência, e o motivo por que resistimos aos pedidos de nossos alunos por uma lista de itens que facilite o trabalho de avaliar as cenas de crime. Embora Mullin tenha essa leve distinção em relação ao homicida desorganizado clássico, demonstra várias outras características típicas: a escolha de vítimas e armas ao acaso, a mutilação do cadáver e a ausência do esforço para ocultar o corpo ou dificultar a identificação. A razão para a segunda vítima ter demorado meses para ser encontrada foi pura sorte, e não o resultado de planejamento ou artimanha por parte do assassino.

Em uma terça-feira à tarde, quatro dias depois de estripar a jovem caronista no meio da mata, Mullin manifestou dúvidas em relação às instruções do pai, então foi se confessar com um padre em uma igreja a cerca de 25 quilômetros de Santa Cruz. De acordo com o relato do criminoso, contou ao sacerdote da ideia dos sacrifícios que o pai o mandara iniciar e sobre as vítimas. O padre perguntou:

"Herbert, você lê a Bíblia?"

"Sim."

"Os mandamentos não dizem para você honrar pai e mãe?"

"Sim", respondeu Mullin.

"Então você sabe como é importante obedecer a seu pai."

"Sim."

"Considero isso tão importante", o padre falou (de acordo com o que Mullin se lembrava), "que me ofereço como voluntário para o próximo sacrifício."

Mullin partiu para cima do padre a socos e pontapés e o esfaqueou seis vezes, deixando-o sangrar até a morte no confessionário e fugiu.

Um paroquiano viu o ataque e correu para ajudar. Mullin conseguiu escapar e o padre morreu, mas o homem que testemunhou o crime descreveu o agressor para polícia; infelizmente, só conseguiu dizer que o assassino tinha o mesmo tipo físico que ele, alto e magro, o que não ajudou muito na investigação.

Em um acesso de melancolia, Mullin tentou entender o que tinha dado errado na vida, e seus pensamentos se voltaram para a época do colégio, quando um colega de time lhe apresentou a maconha. À medida que sua doença mental se agravou, Mullin parou de usar drogas, que passou a culpar por seus problemas. No início de janeiro de 1973,

PROFILE
------ -
profile

se dirigiu a área remota com cabanas sem telefone, nos arredores de Santa Cruz, onde imaginava que seu companheiro de equipe ainda morava. Uma vez lá, foi até a porta de uma residência ocupada por uma mulher que vivia com o companheiro e os filhos. O homem tinha envolvimento com tráfico de drogas, mas não estava em casa. A mulher atendeu à porta e disse a Mullin que o sujeito que ele procurava vivia mais adiante na mesma rua. De acordo com o relato dele, também se ofereceu como sacrifício humano junto dos filhos, assim como o padre fizera. Ele matou todos com uma pistola. Só então foi bater à porta de seu conhecido dos tempos de escola.

O ex-colega de futebol americano convidou Mullin a entrar, e um confronto se iniciou. O sujeito também vendia drogas, e havia implementos usados no consumo de substâncias ilícitas espalhadas pela casa. Como não obteve as respostas que queria a respeito de ter sua vida arruinada pelo consumo precoce de maconha, Mullin atirou nele. Moribundo, o homem se arrastou até o banheiro no andar de cima da casa, onde sua mulher tomava banho; ele gritou para que ela trancasse a porta, mas Mullin invadiu o cômodo e a matou também. Quando a polícia encontrou cinco corpos em casas quase vizinhas e soube que os moradores eram envolvidos com o comércio de entorpecentes, acharam que os crimes eram relacionados a disputas entre traficantes — uma negociação que terminou em desentendimento, ou algum tipo de vingança. Ninguém suspeitou que aqueles homicídios pudessem ter ligação com a morte do padre e dos dois caronistas.

Um mês depois, Mullin estava em uma região de mata fechada, onde encontrou quatro adolescentes em uma barraca. Perguntou o que faziam ali, e os garotos responderam que estavam acampando. Mullin afirmou que era guarda florestal, e que eles estavam poluindo a floresta e precisavam ir embora. Os quatro rapazes o expulsaram do local — a presença de uma espingarda calibre .22 no acampamento deve ter ajudado. Ele avisou que voltaria no dia seguinte para ver se ainda estariam lá. Os adolescentes não arredaram pé. No dia seguinte, Mullin voltou e matou os quatro com a espingarda. Os corpos só foram encontrados na semana seguinte.

A essa altura, Mullin já havia matado de novo e fora preso. As supostas instruções do pai para matar surgiram na mente de Herb no momento em que levava uma carga de lenha na perua. Foi então que viu um morador local de ascendência hispânica limpando o gramado do outro lado da rua. Ele fez conversão brusca, pegou a rua na direção contrária, parou, pegou a espingarda, apoiou-a no capô do carro e atirou no homem. O homicídio foi cometido bem diante dos olhos do vizinho da vítima, que conseguiu anotar a placa do veículo enquanto Mullin se afastava sem pressa da cena do crime. Minutos depois de essas informações serem transmitidas pelo rádio da polícia, um patrulheiro em ronda pelas ruas viu Mullin passar, mandou que parasse e o prendeu; quando foi detido, se mostrou colaborativo e não fez menção de pegar a arma no assento ao lado. No automóvel também estava a pistola calibre .22 usada semanas antes para matar as famílias nas cabanas.

As características de assassino desorganizado de Mullin ficaram evidentes no comportamento que demonstrou no tribunal — precisou ser acorrentado e proferiu discursos escritos perante os jurados com temas desconexos que não tinham a ver com o que estava sendo julgado — e na maneira como se conduziu durante os quatro meses em que matou treze pessoas. A lógica por trás dos assassinatos existia apenas em sua mente perturbada. Ainda assim o júri o considerou legalmente são na época dos crimes, e foi condenado por todas as acusações.

Quando tentei entrevistar Mullin na prisão, encontrei um homem manso, educado e de boa aparência, mas que recusava se comunicar. A cada poucos minutos, em meio a meus questionamentos, perguntava: "Posso voltar para minha cela agora, senhor?". Mullin afirmou que cometera os crimes como forma de salvar o meio ambiente. Ele mostrava todos os sinais de uma doença mental gravíssima. O fato de estar em uma penitenciária para criminosos comuns era no mínimo ridículo, além de nada recomendável; seu lugar era no hospital psiquiátrico.

Organizados e desorganizados: dois tipos de assassinos. Quais são os mais comuns e mais perigosos? Isso é difícil de estabelecer, mas talvez possamos usar nossas pesquisas para elaborar uma resposta com base em argumentos comprovados na nossa sociedade. Nosso estudo sobre homicidas é reconhecido como o mais abrangente já realizado.

Nesse trabalho, avaliamos que dois terços dos assassinos se encaixam na categoria dos organizados, e o terço restante é composto por desorganizados; talvez essa proporção possa ser extrapolada para o contingente de homicidas como um todo, sendo que só alguns estão atrás das grades, como nossos entrevistados.

Meu palpite é que sempre houve uma porção mais ou menos fixa de assassinos desorganizados na sociedade, desde o princípio até hoje — homens perturbados que de tempos em tempos cometem matanças desenfreadas e só param quando são presos ou mortos. Não podemos fazer muito por eles; provavelmente sempre haverá um ou outro deles entre nós. No entanto, acredito com toda a sinceridade que a quantidade e porcentagem de assassinos organizados estão crescendo. À medida que nossa sociedade passa a permitir cada vez mais mobilidade e que o acesso a armas com potencial para destruição em massa se amplia, a possibilidade de uma personalidade antissocial colocar em prática suas fantasias cruéis e homicidas aumenta de forma acelerada.

PROFILE
profile _ 218

aprendendo & ensinando
MÉTODO DEDUTIVO

Quantas vezes já não lhe disse? Se você eliminou o impossível, o que sobrou, não importa quão improvável, deve ser a verdade.
Sir Arthur Conan Doyle, *O Signo dos Quatro*

ROBERT K. RESSLER E TOM SHACHTMAN

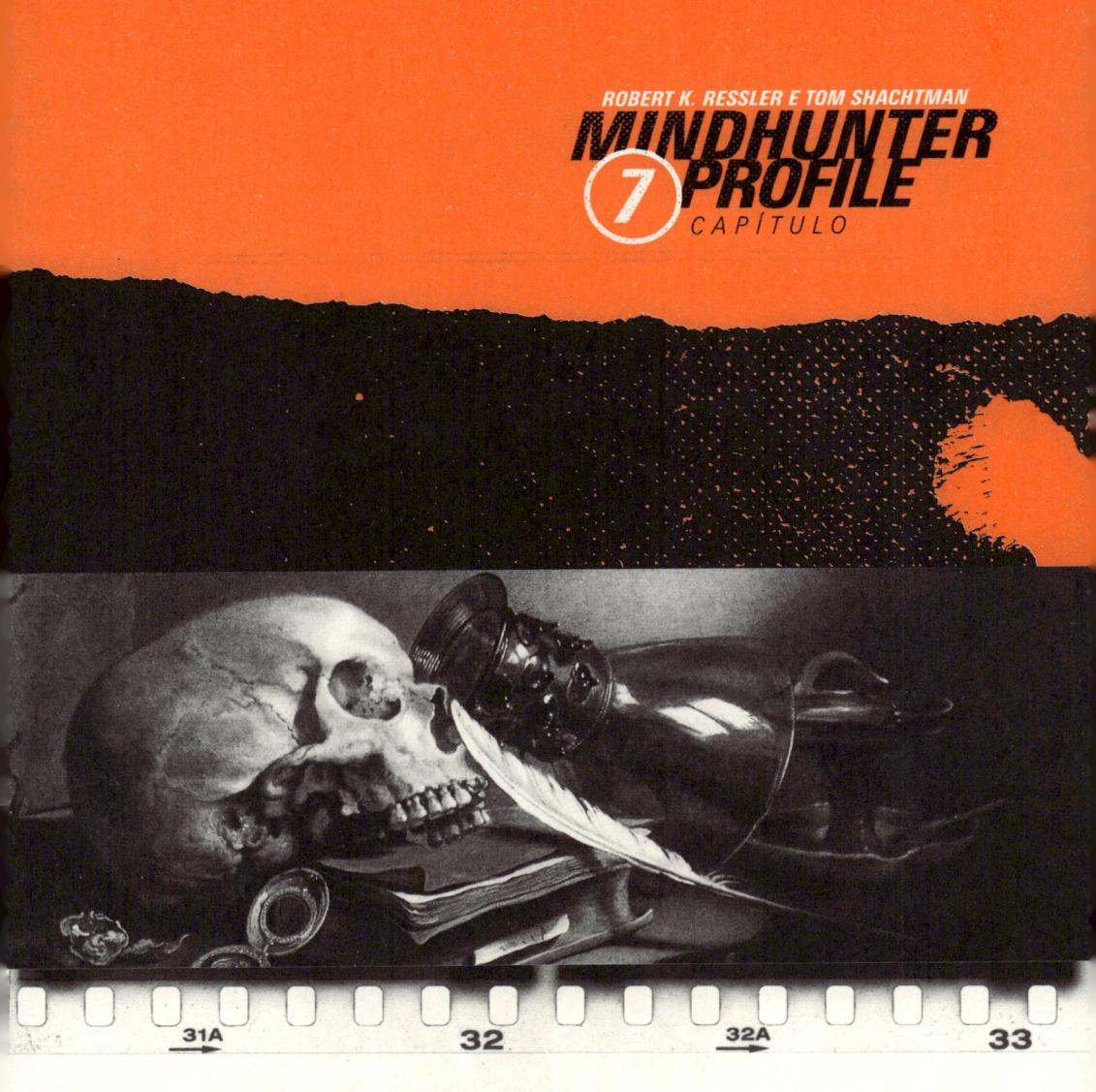

MINDHUNTER
PROFILE
CAPÍTULO 7

Quando cheguei à Unidade de Ciências Comportamentais, em 1974, fui aprender a elaborar perfis psicológicos de criminosos com a inseparável dupla formada por Pat Mullany e Howard Teten. Mullany, ex-membro de irmandade cristã, fazia esse trabalho desde 1972, e Teten, ex-especialista em evidências criminais de San Leandro, Califórnia, exercia a função desde 1969. Seu treinamento fora feito por um psiquiatra de Nova York, o dr. James A. Brussel, que em 1956 impressionara o

PROFILE
------ -
profile

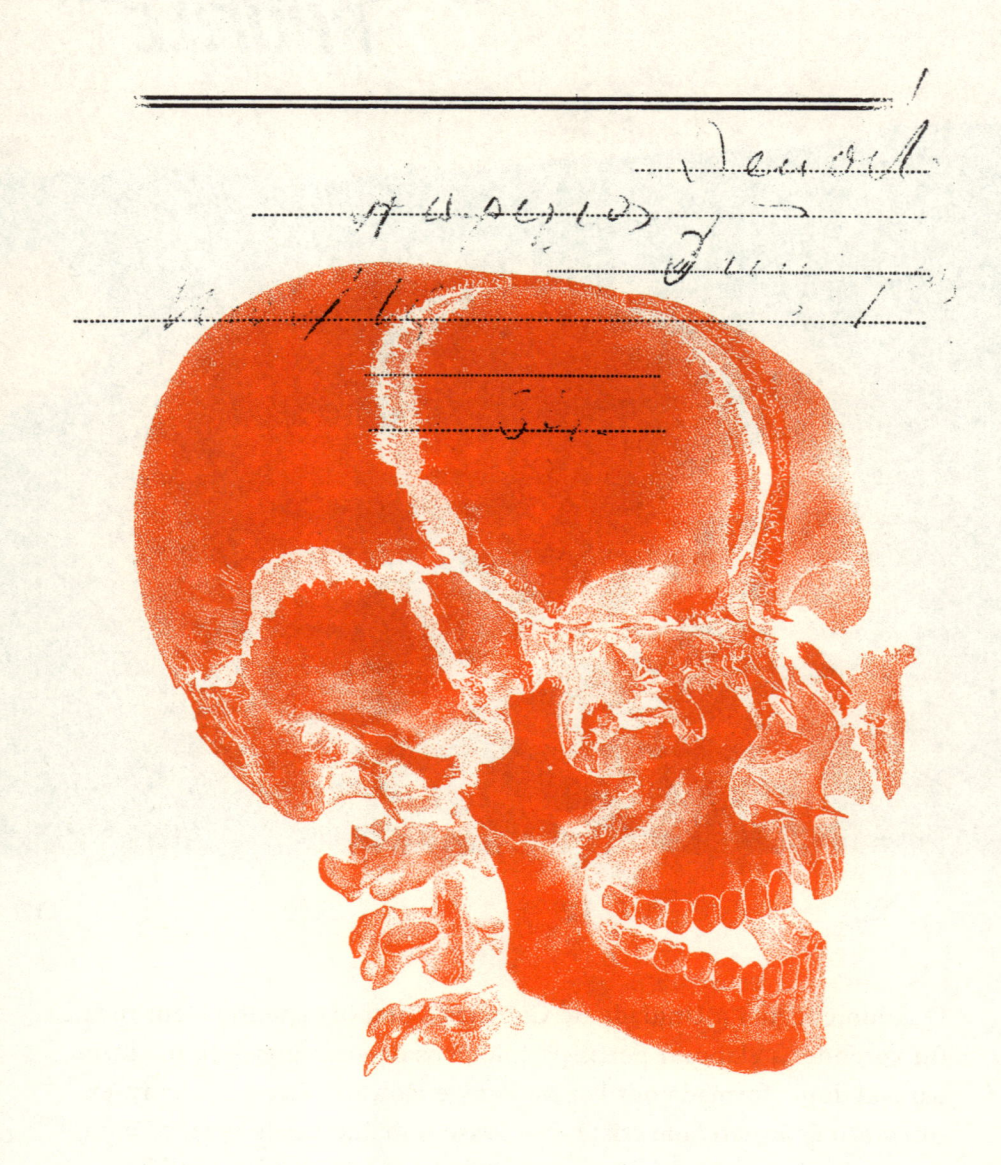

país com a avaliação à distância da personalidade de um "bombardeador maluco" que deixara 32 pacotes com explosivos pela cidade ao longo de oito anos. Brussel estudou as cenas de crime, as mensagens do perpetrador e outras informações e afirmou aos policiais que deveriam procurar por um imigrante do Leste Europeu com mais de quarenta anos que vivia com a mãe em algum lugar do estado de Connecticut. Segundo o psiquiatra, tratava-se de homem organizado e metódico; pela maneira como o homem arredondava as pontas da letra "w", foi deduzido que adorava a mãe — as letras arredondadas pareciam bustos femininos — e odiava o pai. Brussel inclusive previu que, quando preso, o autor dos atentados estaria de terno com abotoamento duplo bem alinhado. Quando foi detido, George Metesky de fato estava vestido assim e se encaixava no perfil em vários outros quesitos, a não ser por morar com duas irmãs solteiras, e não com a mãe.

Os perfis em certo sentido caíram em descrédito nos anos 1960, quando um comitê de psiquiatras e psicólogos chegou à conclusão bem errada a respeito da identidade do Estrangulador de Boston, mas a necessidade por esse tipo de trabalho continuava a crescer, porque a violência contra pessoas desconhecidas — o tipo de crime mais difícil de resolver — continuava crescendo. Naquela década, na maioria dos casos de homicídio, o assassino tinha algum tipo de relação com a vítima. Nos anos 1980, cerca de 25% dos casos eram "assassinatos de estranhos", nos quais o perpetrador não conhecia a pessoa que matava. Os motivos para crescimento tão acentuado nessa estatística, segundo sociólogos, podem ser encontrados analisando o tipo de sociedade que nos tornamos: marcada pela mobilidade, impessoal em diversos sentidos, inundada por imagens de violência e sexualidade exacerbada.

Nessa época, a elaboração de perfis psicológicos de criminosos era muito menos científica; tratava-se de uma arte que precisava ser aprendida durante anos e anos de trabalho. Mesmo no FBI, não era uma atividade incorporada à burocracia, e sim o esforço de meia dúzia de pessoas quando alguma força policial local nos procurava para um caso que parecia acima de sua capacidade, ou quando um policial tinha a perspicácia de entender que precisava de ajuda. Tive a sorte de começar meu aprendizado quando Teten e Mullany se depararam com um caso dificílimo.

Pete Dunbar, agente da sede regional do Bureau em Bozeman, Montana, chamou nossa atenção para um sequestro não resolvido no estado. Em junho de 1973, enquanto a família Jaeger, de Farmington, Michigan, acampava, alguém havia rasgado a lona da barraca e levado a filha de sete anos, Susan. Teten e Mullany elaboraram o perfil preliminar do provável suspeito. Eles achavam que era um jovem branco da região, sujeito solitário que se deparou por acaso com a família durante o passeio noturno. Os elaboradores do perfil concluíram que Susan provavelmente estava morta, mas, como o corpo não fora encontrado, a família mantinha as esperanças.

Dunbar tinha um suspeito em vista, o veterano de 23 anos da Guerra do Vietnã chamado David Meirhofer. Um informante citara seu nome, e Dunbar conhecia Meirhofer, que caracterizou como "asseado, cortês, inteligentíssimo [...] educado". Meirhofer se encaixava no perfil elaborado por Teten e Mullany, mas não havia nenhuma evidência que o ligasse ao rapto, portanto não foi indiciado. Os Jaeger voltaram a Michigan para reconstruir a vida, e Dunbar foi trabalhar em outro caso.

Barraca com a abertura que David Meirhofer usou para raptar uma criança, que mais tarde foi morta por ele.

Em janeiro de 1974, porém, uma jovem de dezoito anos que rejeitara Meirhofer como parceiro romântico também desapareceu na região de Bozeman, e o veterano de guerra mais uma vez era o principal suspeito. Ele se ofereceu a passar pelo detector de mentiras e receber a injeção com soro da verdade. Como passou ileso pelos interrogatórios relacionados a ambos os crimes, seu advogado exigiu que Meirhofer fosse liberado sem restrições e que as autoridades o deixassem em paz.

No entanto, mais informações foram obtidas na investigação do segundo crime, o que permitiu aos especialistas do FBI — inclusive eu, na época um neófito — refinar o perfil anterior. Mais uma vez o suspeito era alguém com as características de Meirhofer e o fato de ele ter passado pelo soro da verdade e pelo polígrafo não abalou nossa convicção. O público em geral acredita que esses testes são uma boa maneira de apurar os fatos e isso é verdade para a maioria dos casos com pessoas normais. Os psicopatas, porém, são notórios pela capacidade de separar a personalidade que comete crimes daquela que revelam em sua vida social. Portanto, quando um psicopata se submete a esses testes, o lado mais controlado de sua personalidade consegue se desvencilhar sem problemas da responsabilidade pelos delitos, e com frequência o resultado é que o suspeito passa ileso. Meirhofer estava sob controle parte do tempo, mas, em outras ocasiões, poderia estar terrivelmente descontrolado. Conseguimos convencer Dunbar de que o assassino só podia ser Meirhofer e que, apesar de ele ter se safado nos interrogatórios, o agente deveria insistir no caso. Teten e Mullany achavam que o criminoso poderia ser do tipo que faz contato com os parentes das vítimas para reviver o crime e a excitação. Sendo assim, Dunbar solicitou aos Jaeger que mantivessem um gravador sempre perto do telefone.

No primeiro aniversário do rapto da garotinha de sete anos, a sra. Jaeger recebeu em casa, em Michigan, a ligação de um homem afirmando que Susan ainda estava viva e sob seu poder. "Ele era muito prepotente e provocador", ela revelou mais tarde em entrevista. O desconhecido falou que emigrara com Susan para a Europa, onde ela levava vida bem melhor do que sua família poderia proporcionar. "Minha reação não foi a que ele esperava", lembrou a sra. Jaeger. "Eu me sentia capaz de perdoá-lo, com toda a sinceridade. Como o tratei com boa dose de compaixão e preocupação, isso o deixou desconcertado. Baixou a guarda, desabou e começou a chorar."

O homem do outro lado da linha não admitiu que Susan estava morta e desligou antes que o telefonema pudesse ser rastreado. Um analista de voz do FBI ouviu a gravação e concluiu que o autor da ligação era David Meirhofer. No entanto, seu testemunho não foi aceito como evidência no tribunal de Montana para garantir um mandado de busca na propriedade do suspeito, e os investigadores se viram sem os meios necessários para pôr as mãos em Meirhofer. Dunbar dedicou um bom tempo a rastrear o telefonema; parecia ter sido feito de área aberta, sem dúvida por alguém que puxou a extensão da linha de um rancho vizinho a partir de um poste. O agente examinou a ficha de serviço militar do suspeito e descobriu que Meirhofer havia aprendido a interceptar linhas telefônicas no Vietnã. Mais uma vez, porém, não se tratava de prova concreta.

Mullany escutou a gravação da conversa entre Jaeger e Meirhofer e se decidiu por uma abordagem arrojada. "Senti que Meirhofer poderia ser submisso às mulheres", relembrou mais tarde; "Sugeri a sra. Jaeger

Papel de embrulho de carne com as iniciais "SMDS", indicativas do nome da vítima anterior de Meirhofer, Sandra Marie Dykeman Smallegan. O pacote continha a mão e dois dedos da jovem.

que fosse a Montana para confrontá-lo cara a cara." Foi isso que ela fez, no escritório do advogado do suspeito, mas Meirhofer se manteve calmo e tranquilo, demonstrando controle total das emoções. Logo depois de voltar a Michigan, porém, a sra. Jaeger recebeu a ligação de um tal "sr. Travis", de Salt Lake City, explicando que ele, e não outro, havia levado Susan. Antes que a conversa prosseguisse, a sra. Jaeger o interrompeu e disse: "Ora, olá, David".

A partir daquele momento havia evidências concretas — no caso, o depoimento formal da sra. Jaeger — para conseguir um mandado de busca e revistar a propriedade de Meirhofer, onde foi encontrado os restos mortais de ambas as vítimas. Questionado a respeito dos corpos e outras provas, Meirhofer confessou não só os dois assassinatos como o homicídio não resolvido de um menino de Montana. Depois da admissão de culpa, Meirhofer foi colocado sozinho em uma cela, onde se enforcou no dia seguinte.

==Para nós, não havia dúvidas de que o perfil elaborado em Quantico ajudara a resolver o caso.== Se esse trabalho não tivesse sido feito, Dunbar não insistiria tanto na investigação de um suspeito com base apenas na dica de um informante. Mais tarde, depois do segundo assassinato, quando Meirhofer passou ileso pelo polígrafo e pelo soro da verdade, o perfil do FBI incentivou Dunbar a continuar no caso e consolidar o instinto que lhe dizia que Meirhofer era o culpado. Por fim, a suposição de que Meirhofer poderia ficar abalado na presença da sra. Jaeger por ter relações ambivalentes com figuras femininas acabou se revelando o golpe que fez ruir as defesas do assassino.

==Esse primeiro caso serviu para provar para mim o poder e o potencial da elaboração de perfis psicológicos de criminosos.== O trabalho elaborado em Quantico ajudou a identificar o suspeito mais provável e proporcionou ao agente de campo o motivo para persegui-lo mesmo quando diversos acontecimentos o desencorajavam. Além disso, o caso Meirhofer demonstrou que, quanto mais experiência tivéssemos, e mais informações reuníssemos para aumentar nossa compreensão de criminosos violentos, melhores seriam nossos perfis.

Nenhum crime ou perpetrador é exatamente igual a outro. O que o elaborador de perfis procura são padrões, a partir dos quais tenta deduzir as características do suspeito. Trata-se de um processo de raciocínio com base em fatos, se valendo de análises lógicas. Descobrimos tudo o que é possível a respeito do caso, usamos nossa experiência para especular as prováveis razões para o crime e, a partir desses elementos, criamos um retrato do perpetrador. Em resumo: o quê + por que = quem.

A verdadeira tarefa é reduzir o número de suspeitos em potencial, eliminando os menos prováveis para permitir aos investigadores se concentrarem em alvos concretos. Portanto, se formos capazes de afirmar com alto nível de precisão que o suspeito de um crime é do sexo masculino, eliminamos de cara cerca de 50% da população. A categoria de "homens adultos" constitui fração ainda menor; o conjunto de "homens brancos solteiros" inclui ainda menos gente. Com essas suposições, conseguimos restringir as buscas rapidamente. Cada categoria adicional torna menor o grupo de suspeitos — por exemplo, podemos especular que o provável criminoso é desempregado, ou que passou por tratamento de doenças mentais, ou que mora a curta distância da cena do crime.

Dei inúmeras aulas em Quantico e em sedes de distritos policiais locais sobre a elaboração de perfil, o que me fez descobrir que, por mais que tentemos ensinar esses princípios aos alunos, eles sempre precisam de orientação adicional. Nós, por acaso, não tínhamos um manual para consultar as perguntas a fazer, ou como estabelecer quais características da cena de crime são as mais relevantes? Os policiais, e até mesmo os agentes do FBI, queriam uma lista de itens a preencher para elaborar o perfil como se fosse uma fórmula matemática, por assim dizer — coloque este e aquele detalhe das provas encontradas, aperte um botão ou aplique a fórmula e o perfil aparece. No futuro, esperamos que um programa informatizado em implantação possa funcionar assim, mas depois de anos de trabalho ainda não conseguimos aperfeiçoá-lo a esse ponto. O melhor método para elaborar perfis é recorrer a pessoas experientes, em especial

==as que têm formação em psicologia.== E isso envolve muito trabalho, no sentido de aplicar toda a capacidade mental de alguém à solução de um enigma em geral bastante complexo.

No cerne desse enigma está a cena do crime, que em geral contém as melhores evidências disponíveis. Tentamos analisá-la de forma exaustiva, tanto para entender o caso quanto, por extensão, a natureza da pessoa que o cometeu. Um bom exemplo foi o terraço no alto de um prédio no Bronx onde uma professora de educação especial foi assassinada. Quase tudo o que foi encontrado no local pertencia à vítima — a bolsa usada para estrangulá-la, o pente encontrado nos pelos pubianos e até a caneta com ponta de feltro com a qual o assassino escreveu obscenidades no corpo. Isso se revelou importante para avaliar de que tipo de assassino se tratava; concluímos que o crime não foi planejado, e que poderia ter sido espontâneo em certo sentido. Em outras circunstâncias, o agressor poderia ter levado consigo o que chamamos de kit de estupro, com fita adesiva, cordas e, muito provavelmente, uma arma com a intenção de controlar a vítima.

> Apenas observando atentamente e registrando com extrema minúcia todos os sintomas – afirmava os hipocráticos –, é possível elaborar "histórias" precisas de cada doença: a doença é, em si, inatingível.
> **Carlo Ginzburg**, *Sinais: raizes de um paradigma indiciário*

Como mencionei em capítulo anterior, a ausência de um kit de estupro foi fator importante em outro caso clássico em que me envolvi como elaborador do perfil do suspeito. Alguns leitores podem achar que uma cidade da dimensão e da sofisticação de Nova York seria pioneira na adoção de perfis psicológicos como ferramenta investigativa, mas essa aceitação não foi tão imediata e só ocorreu quando ajudamos a desvendar esse homicídio tão difícil de entender envolvendo a jovem educadora.

Em uma tarde de outubro, o corpo desnudo da moça foi encontrado no terraço do prédio do conjunto habitacional onde ela residia no Bronx. Francine Elveson era miudinha, com pouco mais de um metro e meio e menos de cinquenta quilos. Vivia com a mãe e o pai no local, e não fora vista desde aquela manhã, quando saiu para a creche onde trabalhava com crianças com deficiência não muito longe dali.

O corpo fora deixado em posição estranha e quase antinatural, que não fez o menor sentido até os investigadores conversarem com os pais da vítima, que explicaram se tratar de padrão parecido com a letra *chai* do alfabeto hebraico, que ela usava na corrente do pescoço; esse objeto não estava presente na cena do crime. No entanto, não se tratava de crime com motivação antissemita, e sim de homicídio brutal com conotação sexual. Em cada lado da cabeça da vítima, o assassino deixara os brincos que ela usava; as meias de nylon estavam mal ajustadas aos quadris e a calcinha fora removida para cobrir o rosto severamente mutilado após a morte por estrangulamento com a alça da própria bolsa. Os mamilos foram cortados e deixados sobre o peito, e havia muitas manchas de sangue, marcas de mordidas na parte interna das coxas, um guarda-chuva e uma caneta enfiados na vagina e um pente enroscado nos pelos pubianos. O assassino escreveu na coxa e no abdome da vítima: "Fodam-se. Vocês não têm como me parar".

Foi encontrado sêmen e um único pelo pubiano preto não pertencente à vítima; esse pelo acabou levando a polícia a perseguir uma pista falsa por um bom tempo. Quando o detetive de homicídios do Departamento Habitacional de Nova York, Thomas Foley, nos mandou as fotos da cena do crime e outras informações da investigação, a polícia tinha uma lista de 22 suspeitos, e alguns bastante promissores. Isso não era surpresa, pois se tratava de uma cidade grande e populosa, onde havia muitas pessoas estranhas e potencialmente violentas. Um dos suspeitos mais óbvios, por exemplo, era um homem que morava no prédio e fora condenado por crimes sexuais. O outro era um cidadão negro que trabalhara como zelador no prédio e não devolvera as chaves depois de sair do emprego. O terceiro era um garoto de quinze anos que encontrou a carteira de Francine na escadaria naquela manhã a caminho da escola, mas só a entregou ao pai quando voltou.

Examinei as fotografias da cena do crime e outras evidências e concluí que o pelo pubiano era irrelevante. Outro elaborador de perfis discordava, mas argumentei que se tratava de crime cometido por um doente mental; o nível de violência a que o corpo foi submetido comprovava isso. A ausência de kit de estupro revelava que não se tratava de ação premeditada com observação prévia dos hábitos da vítima; estupradores de verdade levam consigo as coisas de que necessitam para restringir os movimentos de quem atacam. Tratava-se claramente de ataque espontâneo e repentino, ocorrido durante encontro casual entre assassino e vítima. Embora a cena do crime pudesse fazer parecer uma atrocidade cometida por gangue, eu não achava que fosse o caso. Nosso perfil informou Foley que ele deveria procurar por um homem branco entre 25 e 35 anos que conhecia a vítima e trabalhava, senão no próprio prédio, em outro da vizinhança. Eu considerava provável que o perpetrador fosse doente mental e que, assim como no caso de Richard Chase, o distúrbio vinha evoluindo ao longo de uma década antes de vir à tona na forma de assassinato e mutilação. A maior parte das pessoas com transtornos psiquiátricos graves não costuma ir muito longe de casa para cometer crimes desse tipo, e era esse meu motivo para achar que ele morava perto, ou sozinho ou com um dos pais, cuja postura seria das mais indulgentes. As mensagens escritas e a forma como o corpo fora posicionado sugeriam que não se tratava de homem com muita instrução — poderia ser alguém sem formação educacional completa, que tirou a ideia do que dizer no bilhete e como mutilar o corpo de uma extensa coleção de material pornográfico. Como estava convicto na questão do histórico de doença mental, era provável que ele tivesse recebido alta de instituição de tratamento ao longo dos meses anteriores. Também sugeri que deveria haver elementos graves de estresse pré-crime para provocar o assassinato. Considerando o trabalho policial que já havia sido feito, concluímos que a polícia provavelmente já tinha até interrogado o assassino.

==Nosso perfil permitiu a Foley e seus colegas reajustar o foco da investigação.== Eles mantiveram o ex-zelador detido por algum tempo, mas, como dissemos que o homicídio fora cometido por um branco, também puderam eliminar o condenado por crimes sexuais anteriores e que naquela época estava casado, empregado e parecia ter deixado o passado para trás. No entanto, outro suspeito a princípio descartado poderia ser trazido de volta à baila. Em entrevistas prévias, a polícia conversara com um homem que morava no quarto andar do prédio (o mesmo da vítima) e dividia o apartamento com o filho, que fora interno de hospital psiquiátrico. A mãe morrera quando Carmine Calabro tinha dezenove anos, onze meses antes. Quando interrogado em outubro, o pai afirmara que Carmine estava internado na época do crime, e a polícia não verificou o álibi. Com as novas informações disponíveis, os investigadores analisaram a história mais a fundo.

Calabro abandonara a escola antes de se formar no Ensino Médio e passara um ano em hospital psiquiátrico nos arredores. Depois de sair, conseguira o emprego de contrarregra, mas fora demitido naquele período. A princípio, se apresentou à polícia como ator desempregado, porém mais tarde admitiu ser apenas um trabalhador braçal nos bastidores. O apartamento dos Calabro continha material pornográfico em abundância. Quando a polícia analisou os procedimentos de segurança da instituição de tratamento em que ele ficou internado, descobriu que eram tão precários que era possível que Carmine tivesse escapado, cometido o crime e voltado sem que ninguém percebesse sua ausência. Na época do assassinato, ele estava com o braço engessado, e poderia tê-lo usado como arma para deixar a vítima inconsciente. Quando a polícia o localizou, o gesso já fora retirado e descartado fazia tempo; felizmente, não foi um elemento necessário para provar que o ex-paciente do hospital psiquiátrico era o culpado. Uma das pistas mais importantes vinha do corpo da vítima: as marcas de mordidas. Três especialistas em odontologia forense, entre eles o dr. Lowell Levine, confirmaram que as mordeduras foram provocadas pelos dentes do suspeito, e assim o caso foi resolvido. Calabro foi condenado e sentenciado a prisão perpétua com cumprimento de no mínimo 25 anos em regime fechado.

Investigações posteriores revelaram que o ex-contrarregra tinha longo histórico de violência contra si mesmo, incluindo várias tentativas de suicídio, e foi descrito por muita gente como inseguro no trato com o sexo oposto. ==Essa incapacidade de estabelecer boas relações com mulheres parece ter sido o elemento inicial de motivação para o crime.==

Descobriu-se por fim que o corpo de Elveson fora levado para o instituto de medicina legal em uma bolsa para cadáveres primeiro usada para transportar o corpo de um homem negro e não foi devidamente limpa antes do uso seguinte. O pelo pubiano inexplicável vinha desse crime anterior — não do caso Elveson.

Quando o caso Elveson foi resolvido, o tenente Joseph D'Amico, chefe de Foley e ex-aluno meu em Quantico, declarou à imprensa: "Eles [os elaboradores do perfil] identificaram [o suspeito] tão bem que cheguei a perguntar por que o FBI não nos forneceu inclusive seu número de telefone". Embora o elogio tenha sido bem recebido, ficamos ainda mais satisfeitos porque o caso ajudou a abrir os olhos da força policial de Nova York para o uso dos perfis psicológicos de criminosos como ferramenta para restringir o número de suspeitos em casos complicados.

John W. Hinckley posa para fotografia diante do Teatro Ford, em Washington DC, onde o presidente Abraham Lincoln foi assassinado. A imagem foi feita pouco antes de Hinckley atirar no presidente Reagan.

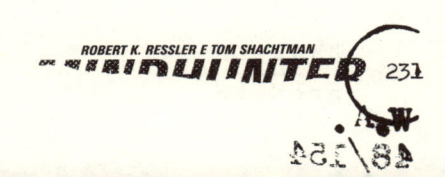

No tribunal, Calabro jamais admitiu o crime. No entanto, depois que um artigo que incluía informações do perfil elaborado pelo BSU foi publicado na revista *Psychology Today* — sem mencionar o nome do assassino ou da vítima —, ele nos mandou uma carta. O fato de ter nos escrito e citado o caso descrito no artigo foi o máximo a que Calabro chegou em termos de admissão de culpa. A mensagem falava de alguns elementos de nosso perfil psicológico: "Pessoalmente acredito [que] estão corretos".

Eu estava na rodovia interestadual, viajando em carro do Bureau para Richmond, Virgínia, para palestrar quando recebi um chamado pelo rádio do FBI para voltar a Quantico. Argumentei que estava sendo esperado por uma plateia de prestígio, mas então fui informado de que minha presença era necessária porque o presidente Reagan fora assassinado. Dei meia-volta na hora. No retorno, sintonizei em estações de rádio convencionais e soube da boa notícia de que o presidente sobrevivera à tentativa do homicídio e conseguiria se recuperar, assim como as outras vítimas. Enquanto dirigia, alternava a atenção entre o noticiário e minhas lembranças de entrevistas com assassinos como Sirhan Sirhan, Arthur Bremer e Sara Jane Moore. Minha conversa com Arthur Bremer fora quase uma cópia de papel-carbono da entrevista com Sirhan; os dois assassinos eram farinha do mesmo saco em termos comportamentais, esquizofrênicos paranoides até a medula. Bremer tinha aparência bizarra, como uma espécie de Howard Hughes da fase reclusa: cabelo desgrenhado, barba comprida, olhar inquieto. Carregava consigo duas sacolas contendo todos os seus pertences. Ainda assim, parecia de certa forma no controle das ações quando atentou contra a vida do governador George Wallace. No trajeto até Quantico, também pensei em David Berkowitz, sem motivações políticas, mas que demonstrava muitos traços associados a criminosos desse tipo: buscava um perfil específico de vítimas da mesma forma como Bremer elegera Wallace como alvo.

Uma vez na Academia do FBI, fui direto para o gabinete do diretor assistente McKenzie, onde logo ficou claro que eu era esperado, porque fui colocado ao telefone de imediato com a sede nacional do Bureau para falar com Frank W. Waikart, o agente encarregado do caso. Waikart me contou que as autoridades já tinham John Hinckley sob custódia e precisavam de ajuda para saber o que procurar no quarto do motel onde se hospedara. Tentei obter com ele todos os detalhes possíveis de Hinckley.

O FBI trabalhara depressa. Meus colegas já sabiam que Hinckley era um homem branco de vinte e poucos anos, estudante universitário de Denver, aparentemente de família rica. Depois do atentado, se rendeu sem resistência ao Serviço Secreto e agentes de outras forças de segurança que o imobilizaram, e demonstrava tranquilidade. O Bureau estava em poder da chave de seu quarto, mas o local onde estava hospedado também havia sido descoberto pela imprensa e as autoridades precisaram ser enérgicas para evitar que pessoas não autorizadas invadissem o local e arruinassem o cenário de investigação.

Embora Hinckley já estivesse detido, muitas coisas poderiam dar errado nessa fase da investigação, quando o estado de choque ainda não fora superado. O primeiro problema era que Washington DC é área sujeita a múltiplas jurisdições e diversas autoridades policiais tinham a prerrogativa de agir de forma impositiva para confiscar evidências. Se as provas não fossem coletadas de forma apropriada, havia o enorme perigo de não serem aceitas no tribunal, o que poderia colocar em xeque o trabalho de acusação. ==A preocupação principal era conseguir um mandado de busca que listasse os itens que a procuradoria teria que encontrar.== O confisco de material não poderia parecer aleatório.

O que era pedido, portanto, era mais do que um perfil — era o mergulho na mente do autor de um atentado para tentar descobrir quem poderia ser e que evidências desse tipo de personalidade poderia ter deixado para trás. Expliquei a Waikart que todos os elementos apontavam para a ideia de que Hinckley era um criminoso com motivações políticas com algum transtorno mental, mas que não estava desorientado a ponto de não entender o que tinha feito nem o que estava acontecendo com ele. Eu não o via como assassino contratado ou um conspirador, mas como um solitário, um introvertido. Ele seria um tipo visto frequentemente no campus universitário, sem relações românticas bem-sucedidas, não se encaixava como quem saía para encontros, não era parte de equipes esportivas ou clubes, não tinha bom desempenho acadêmico e encontrava satisfação nas suas fantasias. E por isso disse a Waikart que procurasse no quarto de motel de Hinckley — também no carro e na casa em Denver — por evidências dessa solidão e fantasias.

Era preciso apreender material que refletisse essas fantasias: diários, cadernos, leituras. Adverti Waikart que apreendesse todo material de leitura, por mais inofensivo que parecesse, porque serviria como janela para a personalidade de Hinckley. Poderia haver, por exemplo, matérias de jornal ou passagens sublinhadas em livros que poderiam revelar o que Hinckley considerava significativo. No topo de minha lista de buscas estaria um gravador ou fitas cassete, porque esse tipo de pessoa solitária com frequência usava algum equipamento desses como se fosse um diário. Outros elementos importantes poderiam ser cartões de crédito e recibos de transações comerciais, porque precisaríamos rastrear as atividades de no mínimo seis meses, talvez até um ano, atrás. Criminosos com motivações políticas, como Bremer, costumam perseguir os alvos por um bom tempo e achava provável que Hinckley tivesse agido assim. Faturas de hotéis poderiam ter o registro dos telefonemas; ele poderia inclusive ter um cartão de crédito telefônico que usaríamos para descobrir mais sobre suas atividades, seus deslocamentos e seus interesses.

Minha lista com mais de uma dezena de itens foi transformada em mandado de busca e foi usada pelas autoridades para confiscar objetos no quarto de motel onde se hospedara no dia do atentado e de outros hotéis por onde passara. Quase tudo o que eu considerava importante foi encontrado. Por exemplo, fitas registrando as conversas dele com Jodie Foster. Foi encontrado também um cartão-postal com a foto do casal Reagan que Hinckley endereçara à atriz com o seguinte texto:

> Querida Jodie: Eles não formam um belo casal? Nancy é bem sexy. Um dia você e eu vamos morar na Casa Branca, e os plebeus vão babar de inveja. Até lá, por favor, se esforce para manter a virgindade. Você é virgem, né?
>
> [Assinatura] John Hinckley

Ele não enviou o cartão-postal, mas escreveu a mensagem. Outro item confiscado foi uma carta para Foster avisando que mataria Reagan e sabia que corria o risco de não voltar, mas queria que soubesse que havia feito aquilo por ela. (Esse documento, assim como outros objetos, eram evidências de que o ataque foi premeditado e de que Hinckley sabia que estava fora da lei.) Havia diários e comentários anotados nas margens de notícias de jornais; um dizia: ==“Tudo é um turbilhão/ e mesmo assim as meninas novas/ riem e debocham de mim”.== Foi encontrada a cópia anotada do roteiro de *Taxi Driver*, longa-metragem sobre um assassino com motivações políticas estrelado por Jodie Foster. Quase todo esse material se encaixava bem em minha avaliação, feita no calor do momento, de John Hinckley como sujeito solitário e sem sucesso com as mulheres que vivia em um mundo de fantasia.

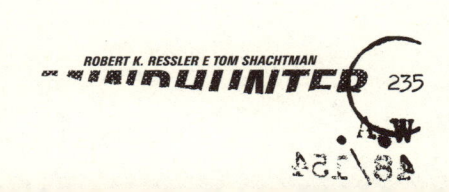

Uma coisa que agentes de aplicação da lei nunca são capazes de esquecer é que o homicídio é um crime horrendo que traumatiza familiares, amigos e colegas da vítima. Essa percepção elementar era mais uma razão para eu ter a necessidade de fazer o que fosse possível para ajudar quando recebi a ligação do dr. James Cavanaugh, de Chicago. Anos antes, havia incluído o dr. Cavanaugh como um dos colaboradores de meu Projeto de Pesquisa de Personalidades Criminosas. Ele era o diretor médico do Centro Isaac Ray, pertencente ao Centro Médico Presbiteriano St. Luke, da Universidade Rush, que tratava de questões ligadas à psiquiatria forense. Uma das alunas de Cavanaugh, jovem estudante de medicina chamada Lori Roscetti, fora encontrada assassinada junto aos trilhos da ferrovia não muito longe do hospital. Roscetti era aluna nota dez, moça brilhante e gentil que havia liderado a campanha para reinstalar no campus um serviço de escolta de segurança para mulheres, suspenso pelo corte de verbas. Seus esforços foram em vão. Lori era querida por todos no centro médico e a equipe e o dr. Cavanaugh estavam arrasados com a morte dela.

A requisição formal para minha participação no caso foi feita por Tom Cronin, policial de Chicago que frequentara a Academia do FBI e fora meu aluno. Tom me enviou uma grande quantidade de material. Em tom de brincadeira, comentou que a recompensa em troca de pistas que ajudassem na captura do assassino já havia chegado a 45 mil dólares e que metade da quantia seria minha, caso elaborasse um bom perfil. (Em meio a assuntos tão sérios, os profissionais que trabalham com a aplicação da lei muitas vezes se valem do senso de humor para manter a sanidade; obviamente, somos proibidos de aceitar incentivos financeiros.)

> Portanto, a vida de toda carne é o seu sangue; por isso, tenho dito aos filhos de Israel: não comereis o sangue de nenhuma carne, porque a vida de toda carne é o seu sangue; qualquer que o comer será eliminado. – **Levítico 17:14**

A partir do material que recebi, descobri que a jovem ficara estudando em uma sala junto de vários colegas até a uma e meia da manhã de uma noite de sábado no mês de outubro. Roscetti e outro estudante desceram até a garagem para pegar o carro dela, carregando livros e bolsas. Em seguida, ela deu uma carona ao colega até outro andar da garagem, onde ele desceu do veículo e fechou a porta. A estudante deve ter achado que a porta estava trancada, porque esse colega e outros alunos informaram à polícia que Lori era muito precavida com esse tipo de coisa; o centro médico ficava em bairro perigoso, na extremidade de um dos campi da Universidade de Illinois e ela sempre tomava cuidado ao entrar e sair dali.

Por volta das cinco e meia dessa mesma madrugada, seu cadáver e seu carro foram encontrados perto do cruzamento da ferrovia em uma comunidade negra e carente a menos de um quilômetro do hospital. O relatório do legista mostrava que ela recebera golpes contundentes no rosto, apresentava traumas consideráveis no tronco e fora violada sexualmente várias vezes. Ao que parecia, o corpo da vítima havia sido atropelado pelo próprio veículo. As portas e o porta-malas do carro estavam abertos e a carteira vazia também foi deixada na cena do crime.

A polícia não tinha suspeitos, mas estava monitorando os passos de um jovem que mantinha uma relação platônica com a vítima. Ele tentara entabular um relacionamento romântico com a estudante e fora rechaçado, mas aparecera de forma inesperada na cidade na noite de sexta-feira e na manhã do dia do assassinato. Os investigadores também estavam tentando entender a dinâmica da vítima com os integrantes do centro médico — se concentrando, por exemplo, no zelador que tinha acesso à garagem —, além de fazer uma operação pente-fino na vizinhança onde ela morava. Havia também a intenção de localizar pessoas que transitavam de caminhão perto dos trilhos e em viaduto próximo — ou seja, estavam atirando para todos os lados.

Em termos de elaboração de perfil, o caso era simples, e depois de examinar fotos aéreas da cena do crime, o relatório do legista e outros documentos, passei um relatório oral do caso para Tom Cronin em sua casa. Minha avaliação se baseava no que acreditava ter acontecido assim que Roscetti deixou a garagem do centro médico. Ela provavelmente parou em um semáforo na região barra-pesada ao redor e foi abordada por algumas pessoas que bloquearam a passagem. Uma delas conseguiu abrir a porta destravada, que ela imaginava estar trancada. Essas pessoas então a forçaram a dirigir até local remoto, onde a estupraram, mataram e levaram seus pertences.

Em minha opinião, fora crime oportunista; a ideia do assalto servira de motivação, e a violação sexual ocorreu como desdobramento secundário. O assassinato provavelmente acontecera para evitar que a vítima identificasse os agressores, e refletia a natureza psicopática do bando. A presença de grande quantidade de fluido seminal indicava que havia mais de um criminoso. Havia todas as marcas identificadoras de ataque de grupo. Orientei a polícia a procurar por bandos de três a seis jovens negros, de quinze a vinte anos de idade com passagem pela polícia e que viviam perto do local do rapto e do cruzamento ferroviário onde Roscetti fora morta. Em bairros habitados por brancos, os adolescentes tendem a se agrupar com gente da própria idade — por exemplo, grupos compostos por membros de quinze ou de dezoito anos de idade —, mas nos distritos negros há convivência mais ampla e os mais novos costumam acompanhar os mais velhos. O homicídio acontecera bem antes do estupro da corredora no Central Park por um bando de garotos que estava lá para "causar"[1]; se esse termo já fosse conhecido na época, eu o usaria para descrever o que considerava ser o contexto do caso Lori Roscetti. A penetração anal me convenceu de que pelo menos um membro da gangue já fora preso, porque esse tipo de estupro é comum na cadeia.

Era um perfil óbvio? Sim e não. Conforme mencionado anteriormente, a polícia estava investigando com afinco quem tinha relações pessoais com Roscetti e seguindo por um caminho que levaria para cada vez mais longe da solução do crime. O perfil permitiu que o foco da investigação fosse reajustado, o que acelerou o caso. Munidos do perfil — e do chamariz representado pelo dinheiro da recompensa —, os policiais espalharam pelas comunidades nos arredores que estavam à procura de jovens negros que tivessem se gabado de assaltar uma estudante de medicina ou de ter participado de alguma outra forma do homicídio. Os moradores logo forneceram grande profusão de apelidos — Shim-Sham era um —, que foram rastreados até seus nomes, então detidos para interrogatório. O suspeito mais novo tinha catorze anos; quando questionado, admitiu o crime, assim como outros

[1] Descobriu-se em 2001 que os 5 jovens condenados pelo estupro da corredora do Central Park em 1989 eram inocentes. O crime foi cometido por um assassino e estuprador em série, Matias Reyes que estava preso por outros crimes, que confessou tardiamente ser o responsável por essa agressão. Todos os cinco foram libertados e indenizados pela cidade e pelo estado de Nova York. O caso é a base da minissérie Olhos Que Condenam (Ava Duvernay, Netflix, 2019).

dois perpetradores, um de dezessete e outro de dezesseis anos. Somados, os últimos dois tinham muitas prisões e condenações anteriores e ambos cumpriram penas em reformatórios. Um quarto jovem ainda estava sendo procurado quando a história veio à tona. Depois de uma noitada, o quarteto ficou sem dinheiro e queriam roubar um carro. Esperaram por quinze minutos até localizarem o veículo com uma mulher sozinha parado no semáforo. Dois deles entraram na frente, sabendo que a motorista não iria atropelá-los, enquanto outro tentava abrir as portas. Quando encontrou uma destravada, entrou e abriu as outras para seus companheiros. Depois disso, os quatro levaram Roscetti até os trilhos do trem, onde a feriram com o bastão de ponta perfurante que ela mantinha como instrumento de autodefesa, colocaram-na em cima do capô do carro e a estupraram antes de espancá-la até perder a consciência. Mas ela voltou a se mexer, então eles a agrediram com um bloco de concreto embrulhado em saco plástico e passaram com o carro por cima do corpo. Em seguida, os criminosos andaram de volta para o projeto habitacional Alba, onde três deles viviam e o quarto já havia morado.

O último suspeito, de dezoito anos, por fim se entregou na presença de um jornalista da televisão local conhecido por providenciar assistência jurídica nesse tipo de caso. Mais tarde, vários dos suspeitos tentaram refutar as confissões iniciais, alegando que foram coagidos pela polícia. O júri não acreditou nas refutações, claro, e todos foram condenados. Três foram mandados para a prisão, e o mais novo para o reformatório. O serviço de escolta para mulheres pelo qual Lori lutara foi restabelecido. Nem as condenações, nem o aprimoramento do sistema de segurança do centro médico trariam Lori Roscetti de volta, mas o cumprimento da lei e a proteção a outras vítimas em potencial serviram de consolo para a comunidade universitária, para os familiares e amigos de Lori e para o dr. Cavanaugh e a equipe do hospital.

==Muitos casos para os quais o FBI elabora perfis envolvem perpetradores que já foram presos==, mas cujos crimes são tão incomuns que as autoridades locais precisam de orientação de como proceder o indiciamento. Na manhã de Ação de Graças, em novembro de 1985, uma adolescente nua, com pés e mãos algemados e debilitada pela perda de sangue apareceu rastejando em uma rua nos arredores de Malabar, Flórida, em busca de socorro. Vários caminhões passaram direto, mas um motorista enfim parou.

"Você não vai me levar de volta para aquela casa, né?", perguntou a garota apavorada.

O motorista respondeu que ia ajudar e a colocou no veículo. Ela lhe pediu para "lembrar-se daquela casa", e apontou para o local, a algumas portas de distância — residência com gramado bem aparado, muitas árvores no jardim e piscina no quintal. O homem a levou para casa e chamou a polícia e uma ambulância. No hospital, foi constatado que havia perdido entre 40% e 45% do sangue do corpo, e havia marcas de cordas no pescoço, também presentes nas mãos e tornozelos.

Quando se recuperou, a jovem de dezenove anos relatou que um dia antes estava viajando de carona no condado de Brevard a caminho da casa de uma amiga quando foi pega por um homem de blazer e gravata. Ele se ofereceu para levar ela até bem perto de seu destino, mas avisou que antes precisava passar em casa para pegar umas coisas. Ao chegar à residência, pediu para a moça entrar. Diante da negativa dela, se sentou atrás no carro e a enforcou com uma corda de nylon até deixá-la inconsciente.

A caronista acordou amarrada na bancada da cozinha, com braços e pernas imobilizados. Havia uma câmera de vídeo no local e equipamento de iluminação. O homem a estuprara e filmara tudo. Em seguida, espetou agulhas no braço e pulso dela para extrair sangue e, em seguida, bebeu o líquido, afirmando ser um vampiro. Depois disso, algemou a mulher e a colocou na banheira, voltando mais tarde para outra sessão de violência sexual e extração de sangue. Na manhã seguinte, depois da terceira sessão, o homem algemou de novo a caronista e a deixou no banheiro avisando que voltaria mais tarde para novos ataques e que, se tentasse fugir, seu irmão iria matá-la. Foi depois que o agressor saiu da casa que ela conseguiu abrir a janela do banheiro e rastejar para a rua. Se não tivesse fugido nesse momento, de acordo com os médicos, poderia ter morrido, caso houvesse mais uma extração de sangue.

> Na verdade, a história não passa de uma narrativa dos crimes e das desgraças. A multidão de homens inocentes e tranquilos sempre desaparece nesse vasto palco. Os personagens não passam de perversos ambiciosos. Parece que a história só agrada como tragédia, que se enfraquece se não for agitada pelas paixões, pelos crimes atrozes e pelos grandes infortúnios.
> **Voltaire,** *O Ingênuo*

A casa apontada por ela para a polícia pertencia a John Brennan Crutchley, de 39 anos, engenheiro da Harris Corporation, uma empresa que prestava serviços para a NASA. Era casado e tinha um filho, mas a esposa e a criança estavam em Maryland, para passar o feriado com a mãe. Um mandado de busca foi obtido para revistar a casa de Crutchley, que começou às duas e meia da madrugada seguinte. Durante o procedimento, Crutchley foi detido, alguns itens mais óbvios foram confiscados e a residência fotografada. A caronista a princípio não queria prestar queixa, mas foi convencida ao conversar com profissionais de saúde que atendiam vítimas de estupro, com o argumento de que assim impediria que Crutchley atacasse outras mulheres. A vítima foi submetida a teste do detector de mentiras e passou. Crutchley foi indiciado por violência sexual, sequestro e lesão corporal grave, além de posse de maconha e implementos para o consumo de drogas.

Com a melhor das intenções, a polícia confiscou alguns dos itens mais óbvios, como a câmera de vídeo, o gancho no teto usado para amarrar a caronista, a maconha e outros apetrechos do ataque, mas não havia chegado a tempo para impedir que partes da fita fossem apagadas.

De acordo com a vítima, o vídeo continha o registro do estupro. Depois da busca, não ficou totalmente claro o que a polícia encontrara e o que deixara passar, nem o que deveriam procurar em futuras incursões. As autoridades me contataram em busca de ajuda e, durante uma viagem à Flórida para outros propósitos, fui até Titusville.

Fiquei contente por me envolverem no caso porque, embora a polícia soubesse que um estuprador perigoso fora preso, depois de descobrir algumas coisas sobre Crutchley achei que provavelmente as autoridades tinham um assassino em série nas mãos.

Um dos principais problemas das forças de aplicação da lei nos dias de hoje é que a polícia não sabe como lidar com casos incomuns; especificamente, não sabe o que procurar na cena de crime e, se na primeira busca não for confiscado tudo o que pode ser útil, o suspeito e os comparsas ganham tempo para destruir provas que poderiam ser vitais para o caso. Minha tarefa, a princípio, era informar à polícia o que procurar na segunda busca. Por exemplo, as fotografias da casa de Crutchley mostravam uma pilha de cartões de crédito com vários centímetros de espessura; na segunda busca, não estavam mais lá, e era provável que tivessem sido destruídos.

Esses cartões de crédito e coisas como a presença de mais de uma dezena de colares femininos no prego no armário de Crutchley (e que na minha opinião eram troféus), além de documentos de identidade de duas outras mulheres, me levou a acreditar que o rapto da caronista não foi o primeiro crime de Crutchley. Questionado a respeito dos documentos, Crutchley falou que dera caronas para aquelas mulheres, e elas os esqueceram no carro, e não tivera ainda a oportunidade para devolvê-los. Afirmou também que os colares eram da esposa, e que a caronista era uma "garota de Manson" que queria fazer práticas sexuais exóticas com ele.

Quatro corpos de mulheres haviam sido encontrados em locais remotos no condado de Brevard no ano anterior e a polícia foi investigar se Crutchley as teria assassinado. No entanto, não foi encontrada qualquer prova que o relacionasse aos cadáveres. Para a segunda busca, recomendei escavar a propriedade e visitar seu escritório na Harris

Corporation. Assim foi possível comprovar que a pilha de cartões de crédito de fato desaparecera e que Crutchley aparentemente estava de posse de informações confidenciais de armamentos e comunicações navais, o que era ilegal. Parte desse material estava em disquetes protegidos por senha, que as autoridades conseguiram decifrar. Outras agências federais consideraram a possibilidade de indiciá-lo por espionagem. Encontramos uma pilha de fichas de anotação com o primeiro nome e o telefone de mulheres, além da avaliação do desempenho sexual feita por Crutchley. Algumas delas foram contatadas pela polícia e indicaram terem sido imobilizadas ou agredidas por Crutchley, porém a maioria se limitou a dizer que participaram de práticas sexuais exóticas com ele. Havia sinais de que a esposa dele também participara.

Insisti na ideia de rastrear as ações pregressas de Crutchley. Assim soubemos que, em 1978, ele foi a última pessoa a ver Debbora Fitzjohn, secretária do condado de Fairfax, Virgínia. Ela esteve no trailer dele antes de desaparecer e a polícia de Fairfax investigara a possibilidade do envolvimento de Crutchley na morte dela. (Nenhuma acusação foi formalizada.) Descobrimos que em todos os locais onde Crutchley estabelecera residência — Pensilvânia, por exemplo —, houve casos de mulheres desaparecidas ou corpos encontrados em locais remotos. Nenhum dos incidentes, porém, haviam sido relacionados a Crutchley.

Em abril de 1986, com o caso pronto para ir a julgamento, Crutchley resolveu se declarar culpado das acusações de rapto e estupro em troca de não ser indiciado por ter extraído e bebido sangue (lesão corporal gravíssima) e a posse de entorpecentes. Depois do acordo, convocou coletiva de imprensa para minimizar o que fizera. Seguindo essa mesma linha, a esposa sugeriu que o crime fora "estupro leve, sem nenhuma brutalidade evidente".

O procurador estadual Norman Wolfinger me pediu para voltar a trabalhar no caso, porque a promotoria desejava pedir sentença mais severa do que a habitual para réu primário em casos de rapto e estupro. A pena mais comum era de doze a dezessete anos de prisão; com as deduções por bom comportamento e demais mecanismos de redução de pena, Crutchley poderia estar livre em menos de cinco anos e as autoridades não consideravam que isso seria benéfico à sociedade. Eu concordei e comecei minha própria análise do caso antes de ir à Flórida depor como testemunha na audiência pré-sentença.

Descobrira que a família de Crutchley era de gente instruída. No entanto, a mãe o vestia de menina até os cinco ou seis anos de idade, e havia outras evidências de infância anormal. Crutchley relatou a um psiquiatra, na época do julgamento, que se lembrava de ter feito tratamento com um profissional de saúde mental na juventude. Amigos e uma ex-mulher afirmaram que ele gostava de controle e de impor sua vontade sobre as pessoas, além de ser adepto de práticas sexuais sádicas. Outras afirmaram saber de seu envolvimento com atividades de sexo grupal. Havia indicações de bissexualidade, e ficou claro a partir de entrevistas com as mulheres citadas nas fichas de anotação, que para Crutchley não havia limites quando o assunto eram experimentos sexuais. Esse tipo de conduta era uma das categorias de comportamento que eu documentara como frequente em assassinos em série.

Em junho, foi realizada a audiência pré-sentença, e o tribunal estava lotado. Crutchley, loiro, magro e com ares de erudito, decidiu testemunhar em causa própria. Em fala lacrimosa de duas horas, afirmou ser apenas uma pessoa que gostava de experimentos sexuais, e que o comportamento que levou à condenação era questão privada que não dizia respeito à corte. Mesmo que a acusação de ter bebido sangue tenha sido retirada do indiciamento, foi um assunto tratado no processo, porque mostrava a extensão do abuso físico a que Crutchley submetera a vítima. Ele tentou se safar explicando que beber sangue era algo que aprendeu com uma enfermeira quinze anos antes, como parte de um ritual sexual e que, se isso fosse importante para a sentença, deveria ser descartado, porque naquele caso o sangue não fora ingerido. Por que não? Porque havia coagulado e não conseguira engolir. Esse tipo de resposta, obviamente, não o ajudou em nada. Crutchley admitiu que "preciso de tratamento", afirmação que só faria com que a sentença de prisão fosse ampliada. A esposa estava presente, mas não testemunhou em sua defesa, embora mais tarde tenha declarado à imprensa que não o considerava culpado, mas apenas "um cara meio pervertido".

Quando chegou o meu momento de testemunhar, como acontece às vezes, minhas credenciais foram questionadas. O advogado de defesa alegava que se tratava de caso tão incomum que ninguém teria como se declarar especialista nesse tipo de ocorrência. Ele me perguntou quantos casos envolvendo a ingestão de sangue humano eu já havia visto. Olhei para o teto por um momento e fiz a contagem mental antes de responder: "Ah, meia dúzia?".

As pessoas presentes no tribunal bafejaram, assustadas. "E quais seriam?", desafiou o advogado. Eu relatei um por um, começando por Richard Trenton Chase. Depois de demonstrar experiência no assunto, o depoimento foi de vento em popa. Argumentei fortemente por uma sentença que fosse além do padrão. Mas, para isso, a promotoria precisaria oferecer boas razões; nesse caso, os agravantes eram os traumas físicos e mentais provocados na vítima, a brutalidade excessiva e a premeditação do crime; além de o réu ter se aproveitado de pessoa em situação de vulnerabilidade. A presença da câmera de vídeo e outras evidências, como a ausência da família no local, revelavam de forma incontestável que a ação fora premeditada e os repetidos ataques de Crutchley à caronista depois de substancial perda de sangue demonstravam a sua brutalidade e que ele havia se aproveitado de alguém sem condições de se defender. Crutchley dissera à moça que a agrediria várias vezes, o que causara danos psicológicos, além dos ferimentos físicos.

Afirmei ainda que John Crutchley apresentava todas as características de assassino em série, e apresentei meus motivos: a pilha de cartões de crédito e outros "troféus" que eu acreditava serem de mulheres desaparecidas; a experimentação sexual sem limites; o fato de que a caronista teria morrido caso outra extração de sangue acontecesse; o caso Fitzjohn na Virgínia e assim por diante. Apresentei as similaridades entre Crutchley e Ted Bundy, que àquela altura estava no corredor da morte, e cujas manobras para evitar a execução dividia as manchetes com o julgamento de Crutchley na Flórida.

March 19, 1957   S. L. PASTOR   2,785,892

CONTROL APPARATUS FOR MAGNETIC RECORDER-REPRODUCER

Filed Feb. 9, 1955   3 Sheets-Sheet 1

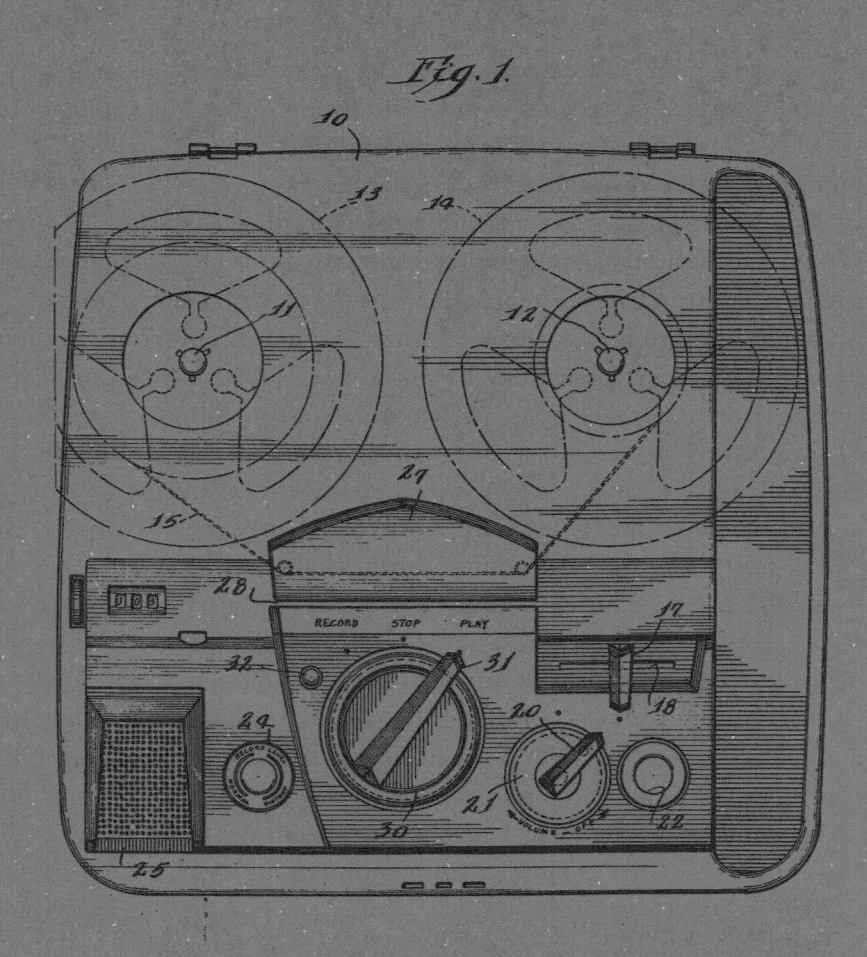

Fig. 1

Inventor
Sheldon Lee Pastor
By Zabel, Baker, York, Jones & Dithmar
Attorneys

O juiz de fato aplicou sentença mais rígida que a padrão e Crutchley foi condenado a 25 anos em regime fechado com possibilidade de extensão para prisão perpétua e cinquenta anos para a liberdade condicional, o que poderia manter Crutchley em maior ou menor medida sob controle do governo estadual da Flórida pelo resto da vida.

Norm Wolfinger escreveu carta de agradecimento ao diretor Webster por me liberar para depor e me falou em uma conversa que, caso não tivesse testemunhado, a sentença de Crutchley não seria tão rígida. Foi uma satisfação ouvir isso, porque eu achava que Crutchley deveria passar um bom tempo atrás das grades, mas há momentos nos quais me pergunto se a perseguição a esses indivíduos perigosos está de fato criando proteção efetiva à sociedade. Em caso de bom comportamento, especialistas na aplicação da lei calculam que Crutchley estaria livre em 1998, ou até antes.[2*] No sistema da justiça criminal, as coisas foram perdendo o significado: prisão perpétua não implica passar o resto da vida na cadeia, pena de morte não é garantia de execução e 25 anos podem se transformar em doze anos e meio, ou talvez até seis. Mas é melhor nem começar a falar disso!

Em outubro de 1989, eu estava em vias de me aposentar do Bureau e já havia repassado minhas obrigações cotidianas da elaboração dos perfis psicológicos de criminosos a outras pessoas em Quantico. No entanto, havia muita gente que tinha trabalhado comigo no FBI, ou para quem dei aulas na academia espalhada por todo o país, e quando requisitavam a ajuda do Bureau queriam minha participação direta e eu nunca recusava. Foi assim que acabei envolvido em um caso que me fez voltar no tempo, tanto em termos do crime como do local onde ocorreu.

Em plena luz diurna, na tarde de um dia de semana perto do Dia das Bruxas, Amy Mihaljevic, de dez anos de idade, desapareceu do pequeno shopping center bem em frente à sede do distrito policial de Bay

---

2 * De fato, John Crutchley foi libertado em agosto de 1996, porém, foi preso no dia seguinte, por consumo de maconha. Com a violação dos termos da liberdade condicional, a sentença de 25 anos foi convertida em prisão perpétua. Foi encontrado morto na cela em 2002, com uma sacola plástica na cabeça. A causa oficial da morte relatada pelas autoridades prisionais foi "asfixia autoerótica". [NT]

Village, Ohio. O incidente aconteceu na mesma rua onde ficava o hospital do osteopata dr. Sam Sheppard, nas proximidades de Cleveland; o julgamento de Sheppard foi um dos mais famosos casos de homicídio da região de Cleveland nas décadas de 1950 e 1960.

A fotografia de Amy, colocada no cartaz de "criança desaparecida", poderia ser a de qualquer uma das dezenas de milhares de meninas de sua idade no Meio-Oeste norte-americano — olhos azuis, cabelos castanho-claros, sardas no rosto, brincos grandes e macacão azul-turquesa. É o tipo de imagem que torcemos para ser um mal-entendido quando vemos, que dali a pouco a menina vai virar a esquina e reaparecer em casa; mas no fundo sabemos que as chances são mínimas.

Eu fui agente da sede regional do FBI em Cleveland antes de ser transferido para Quantico, portanto era ex-colega de John Dunn, um dos investigadores do desaparecimento de Amy. Outro agente no caso, Dick Wrenn, também havia trabalhado comigo em Genoa, Ohio, em 1980. Ambos me pediram para dar uma olhada nas provas. Estava em uma conferência da Academia Americana de Ciências Forenses em Cincinnati, e aproveitei para ir até Bay Village no fim de semana.

O FBI tinha entrado no caso rapidamente, e nosso envolvimento seguiu os moldes estabelecidos nos assassinatos cometidos por Joubert. Em minhas palestras, sempre dizia que ==a coordenação entre as diferentes instâncias havia sido fundamental para o desfecho bem-sucedido do caso, e que o modelo de força-tarefa do caso Joubert havia sido adotado em ocasiões posteriores==. Quando cheguei a Bay Village, Dunn já tinha organizado a força-tarefa na sede do distrito policial suburbano e contava com mais de duas dezenas de agentes auxiliando as autoridades locais.

Amy fora raptada, mas não havia muita informação além disso. Não havia pedido de resgate, nenhum corpo fora encontrado, sem sinais de confronto físico no local. A principal testemunha era o irmão mais novo e ele nos contou que, nos dias anteriores ao incidente, Amy recebera em casa uma série de telefonemas de um homem que teria dito o seguinte: "Eu trabalho com sua mãe, ela foi promovida e queremos dar um presente para ela; vá me encontrar no shopping center depois da escola para me ajudar a escolher. Mas mantenha segredo e não conte para ninguém, porque não queremos estragar a surpresa para sua mãe".

Amy perguntou se poderia contar ao irmão e o homem disse que não. Amy concordou, dizendo que o menino era um tremendo fofoqueiro. Quando desligou, porém, falou tudo para o irmão, que comunicou a história para as autoridades. Diversas pessoas tinham visto Amy conversar com um homem em um carro no estacionamento do shopping center, e forneceram descrições parciais a partir das quais foi feito o retrato falado que ocupava a parte inferior dos cartazes de "criança desaparecida" com a foto de Amy. A imagem mostrava um homem branco que parecia jovem, mas que não apresentava nenhuma característica marcante na lembrança das testemunhas e poderia ou não estar de óculos.

Dunn, que fora padre e policial antes de entrar para o FBI, trabalhou comigo na elaboração do perfil. Se John Joubert estivesse à solta, eu suspeitaria dele, ou de alguém muito parecido, embora tivesse matado meninos, não garotas. Muitas das características que considerei importantes eram similares às apresentadas por Joubert. Eu queria que a polícia procurasse por um homem de vinte e tantos ou trinta e poucos anos, introvertido e solitário, não exatamente bem-sucedido na vida, solteiro, não muito instruído, mas que também não chegasse a ser burro. Seria um cidadão sem passagem pelo serviço militar e com predileção por passar o tempo com crianças. A malandragem que usou para atrair Amy para o carro dizia que tinha algum conhecimento da mentalidade infantil, e considerei provável que alguém assim preferisse a companhia de crianças a um contexto como o das forças armadas, em que os laços de camaradagem com outros homens eram parte inseparável da experiência. Ele poderia estar atrás de crianças de ambos os sexos, porém devia ter mais interesse por meninas; fosse como fosse, seria alguém que não se sentia à vontade em meio aos adultos. Eu acreditava firmemente que o rapto de Amy era seu primeiro crime, porque não havia registros de incidentes similares na região e porque o sequestrador se expôs a um perigo tremendo com o telefonema e a aparição em lugar público, onde seria visto por muita gente. Minha impressão era a de que o sequestrador atraíra Amy para o veículo e a levara para sua casa sob o pretexto de buscar dinheiro, um cartão de felicitação ou algo do tipo, e que inclusive lhe oferecera leite e biscoitos e brincara com a menina até que ela se mostrasse assustada e resistente. Nesse momento, ele poderia ter se convencido de que precisava matá-la. Alertei às autoridades para ficarem alertas à presença de algum indivíduo que tentasse se infiltrar nas investigações.

Não era muita coisa, mas as informações também eram escassas.

Em janeiro do ano seguinte, voltei a Bay Village, onde a polícia conseguira pistas que levavam a quatro ou cinco suspeitos que se encaixavam no perfil em alguma medida. Um trabalhava de cavalariço no local onde Amy fazia aulas de equitação; considerei que era mentalmente perturbado demais para ser o homem que usara de tanta lábia para atrair Amy para o carro. Ele foi detido, recebeu injeção do soro da verdade mesmo assim, mas não teve problemas para passar no teste. Outro suspeito era policial, e o terceiro, bombeiro. Em minha opinião, eles não se encaixavam nos parâmetros, porque o nível educacional, a disciplina, a adaptabilidade e a boa convivência com adultos do sexo masculino era fundamental para se manterem no emprego.

O quarto suspeito era um sujeito mais ou menos jovem que aparecera na sede do distrito policial se oferecendo para distribuir folhetos com a foto de Amy. Diversos outros membros na comunidade também se voluntariaram, mas Dunn e Wrenn desconfiaram bastante desse homem, chamado Strunack. Era solteiro, de trinta e poucos anos, morava sozinho e trabalhava como estoquista em um atacado local; havia se formado no Ensino Médio, mas não tinha qualquer diploma além desse e não passara pelo serviço militar. Por outro lado, sofria de um problema de pele que fazia o rosto descascar de tal maneira que precisava recorrer a medicação para minimizar os sintomas. A impressão que se criou foi a de que a doença o impedia de se relacionar com mulheres. Além de tentar ajudar nas buscas, mandou um cartão com mensagem de esperança para a mãe de Amy, em que assinou o nome e se descreveu como um "amigo preocupado". No meio havia dois broches com o bilhete recomendando que a sra. Mihaljevic usasse um e guardasse o outro para quando Amy voltasse.

Eu concordei com Dunn e Wrenn de que se tratava de um suspeito em potencial, e queria saber de onde vieram aqueles broches. Descobrimos que eram vendidos no local onde Strunack trabalhava.

Sob o pretexto de agradecê-lo pelo trabalho voluntário, Dunn e eu fomos falar com Strunack. Ele morava em uma quitinete em prédio de moradias baratas. No local, apenas uma cama dobrável, a cozinha minúscula e o banheiro. Depois de comentarmos de sua ajuda às investigações, começamos a perguntar sobre sua vida. Strunack revelou que tinha namorada. Mais tarde descobrimos que era uma mulher com filho pequeno de um casamento fracassado. Eu duvidava que houvesse algum tipo de atividade sexual entre os dois.

Depois de um tempo, começamos a ser mais incisivos. Por que ele estava tão interessado na investigação? Não seria possível que ele fosse o responsável pelo rapto de Amy? Tentei minimizar o caso, afirmando que era possível que, em um momento de desespero, a criança poderia ter caído e machucado a cabeça, e que por isso ele estava com medo de contar o que fizera. Talvez pudesse ter sido um acidente. Strunack protestou com veemência, afirmando que não tinha nada a ver com o desaparecimento de Amy.

Não tínhamos autorização para revistar o local, mas, quando Strunack foi ao banheiro, dei uma olhada em tudo da melhor maneira possível diante das circunstâncias. Meu objetivo era procurar algo no apartamento que pudesse ser um troféu pelo ataque a Amy ou a alguma outra criança. Eu considerava provável que ele a tivesse matado no apartamento e a levado para outro lugar e tínhamos uma força-tarefa a postos para entrar em ação, abrindo ralos, procurando cabelos em pentes e escovas e assim por diante caso tivéssemos o mínimo indício de seu envolvimento. Mas não encontramos nenhuma pista e fomos embora do apartamento de Strunack de mãos vazias.

Ao sair, falei para Dunn que meu instinto dizia que aquele era o culpado, e ele concordou comigo — só não tínhamos as provas.

Três semanas depois, o corpo de Amy foi encontrado a cerca de oitenta quilômetros dali. Ainda estava de macacão azul-turquesa, mas as roupas haviam sido tiradas e recolocadas após a morte. O local de desova era campo aberto próximo de uma saída da I-7, a principal via de ligação entre Cleveland e Cincinnati. O cadáver estava bem preservado e fora deixado lá não muito tempo antes, talvez, no máximo, uma semana. O legista afirmou que provavelmente ela morrera em outubro, mas o frio ajudara a preservar o corpo até o momento em que foi abandonado.

No dia em que a descoberta do cadáver de Amy saiu nos jornais, Strunack se suicidou bebendo aditivo de combustível misturado com Coca-Cola.

Assim que a polícia tomou conhecimento da morte, Dunn e eu recomendamos a busca imediata no apartamento de Strunack. Com um mandado de busca em mãos, os investigadores se dirigiram ao prédio onde morava, mas era tarde demais. Antes mesmo do velório, a família esvaziou o local e doou todas as roupas para a caridade.

O rapto seguido de assassinato de Amy Mihaljevic permanece como crime não solucionado nos arquivos da polícia de Bay Village, e provavelmente jamais saberemos a verdade. No entanto, não houve crimes similares na região depois disso e talvez essa seja a única informação alentadora que poderemos obter desse caso.

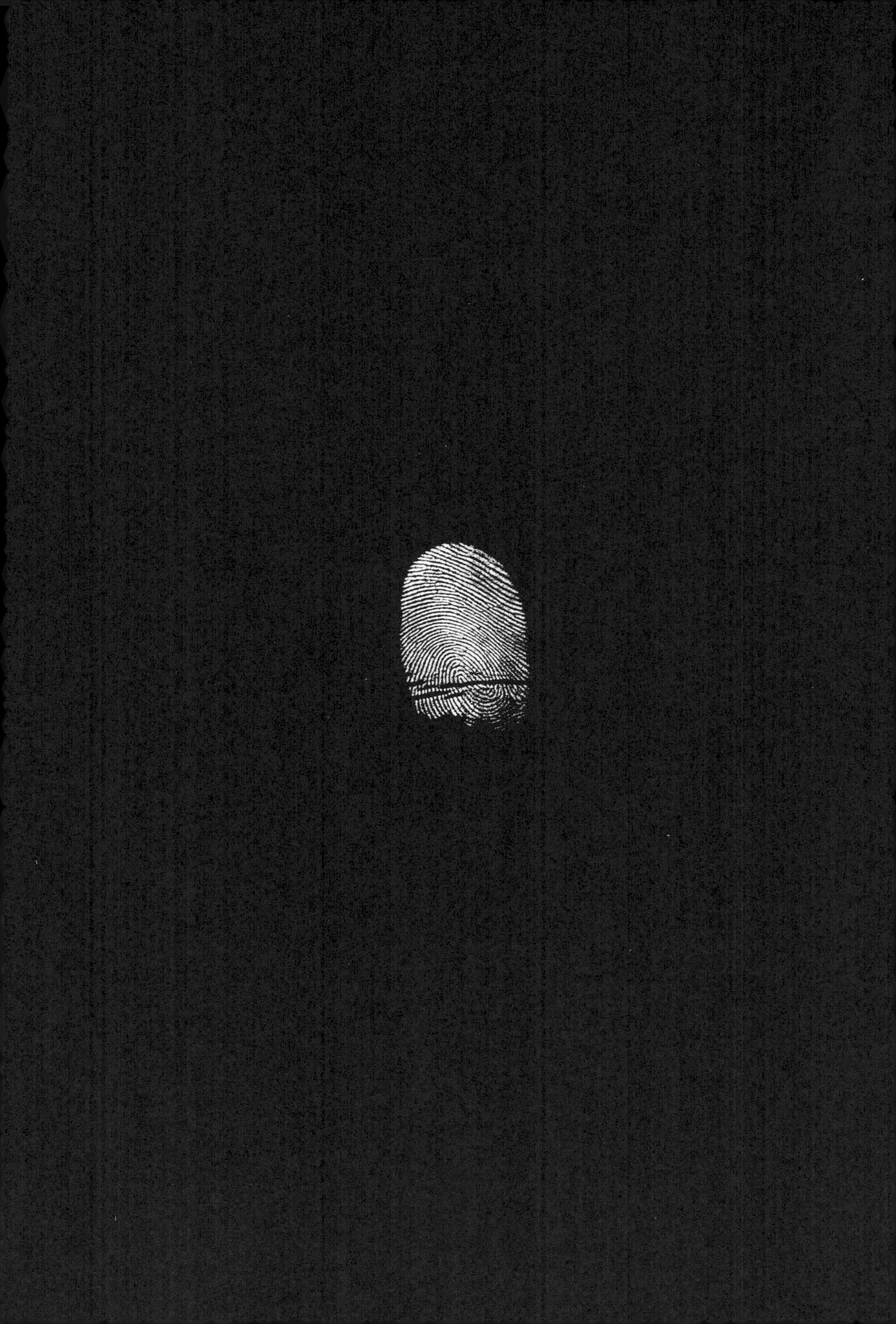

PROFILE — 254
profile

Desorientados
PISTAS FALSAS

> O criminoso descoberto não sofre com o crime, mas com a vergonha ou o dissabor por uma estupidez cometida ou com a privação da vida habitual, e é necessária uma rara sutileza para distinguir nesse ponto.
> **Friedrich Nietzsche,** *Aurora*

ROBERT K. RESSLER E TOM SHACHTMAN

MINDHUNTER PROFILE
CAPÍTULO 8

Neste capítulo, vamos tratar de alguns casos que a princípio deixaram a polícia desnorteada, porque os criminosos foram extremamente astutos na fabricação da cena do crime. Uma das consequências mais úteis de nosso trabalho de elaboração de perfis psicológicos e de nossa pesquisa sobre a mente e os métodos de criminosos condenados é o maior conhecimento dos esforços empreendidos por certos

256. PROFILE
profile

perpetradores organizados para afastar os investigadores de seu rastro. (Um criminoso violento desorganizado em nenhum momento se preocupa em despistar a polícia.)

==A fabricação de cenas de crime é conhecida pelos leitores de romances policiais ou de matérias jornalísticas sobre ocorrências até certo ponto rotineiras, como maridos que matam as companheiras em surtos de raiva e depois tentam fazer parecer que um assaltante invadiu a casa e assassinou a pobre esposa.== A polícia quase sempre percebe esse artifício de imediato. Os casos narrados neste capítulo seguem padrão similar, mas envolvem muito mais engenhosidade; na verdade, em todos os exemplos, as autoridades foram enganadas direitinho — pelo menos por um tempo.

No início de uma noite de fevereiro de 1978 em Columbus, Geórgia, um grupo de senhoras de idade se reuniu em festa, e o principal assunto foi a misteriosa série de sete assassinatos de idosas na cidade. Em determinado momento, uma demonstração de como o medo se espalhara pelo local, sete convidadas esvaziaram as bolsas e nesse momento sete armas de fogo caíram no carpete. De fato, os assassinatos eram horrendos — algumas das mulheres foram estupradas e todas estranguladas até a morte com meias de nylon, dentro das próprias casas. Todo mundo estava apavorado por causa do "estrangulador das meias". As evidências forenses obtidas nas cenas de crime sugeriam que o assassino era um homem negro, mas a polícia não conseguira refinar a busca para além disso.

A polícia de Columbus e seu comandante estavam sob tremenda pressão. Felizmente, o chefe das forças locais não era o típico xerifão do interior, e sim um oficial com diploma de estudos avançados em ciências policiais. Mesmo assim, se mostrava relutante em fazer o que a mídia pedia: acionar o Bureau de Investigações da Geórgia ou o FBI para pedir ajuda, porque não queria perder o controle das investigações.

Foi quando apareceu uma estranha carta manuscrita em papel timbrado do Exército dos Estados Unidos endereçada ao chefe de polícia, reproduzida (em parte) abaixo. No original, as letras maiúsculas e minúsculas têm mais ou menos o mesmo tamanho.

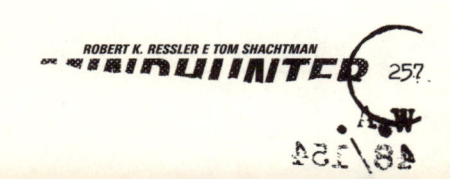

PREZADO SENHOR:
SOMOS UMA ORGANIZAÇÃO COMPOSTA POR 7 MEMBROS. ESCREVO ESTA CARTA PARA AVISAR QUE TEMOS UMA MULHER DE COLUMBUS COMO REFÉM. SEU NOME É GAIL JACKSON. COMO AQUELE LEGISTA AFIRMOU QUE O ESTRANGULADOR É NEGRO, NÓS *DECIDIMOS VIR ATÉ AQUI* TENTAR CAPTURAR ELE OU PRESSIONAR VOCÊ AINDA MAIS. AGORA VEJO QUE MAIS PRESSÃO É NECESSÁRIA. NESTE MOMENTO GAIL JACKSON AINDA ESTÁ VIVA. SE ESSE ESTRANGULADOR NÃO FOR CAPTURADO ATÉ 1 DE JUNHO DE 1978. VOCÊ VAI ENCONTRAR O CORPO DE GAIL JACKSON NA WYNONTON RD. SE ELE AINDA NÃO ESTIVER PRESO EM 1 DE SET DE 1978. AS VÍTIMAS VÃO DOBRAR. [...] VOCÊ TEM ATÉ DOMINGO PARA RESPONDER. NÃO PENSE QUE ESTAMOS BLEFANDO. [...] NÓS *SOMOS* AS: FORÇAS DO MAL.

O comunicado alertava as autoridades a não se preocuparem com o fato de que a mensagem fora escrita em papel timbrado das forças armadas; qualquer um poderia conseguir uma folha daquela, segundo o autor. O recado parecia claro: uma organização composta por homens brancos estava disposta a fazer justiça com as próprias mãos e mulheres negras morreriam até que o assassino das idosas brancas fosse pego. Correspondências posteriores afirmavam que as Forças do Mal vinham de Chicago, e que o chefe de polícia deveria se comunicar com a organização por meio de mensagens de rádio ou televisão. Também foi feita a exigência do pagamento de 10 mil dólares para manter Gail Jackson viva. A princípio, o oficial ignorou as cartas, mas depois as repassou aos jornais, na esperança de talvez desencorajar o remetente de continuar com aquilo. Além disso, redirecionou alguns dos investigadores do caso dos estrangulamentos para ir atrás das Forças do Mal. Ele e seus policiais procuraram com afinco por aqueles sete homens brancos, e até telefonaram para Chicago em busca de informação de algum grupo de supremacistas brancos em ação na cidade.

Na sequência, recebeu a ligação da Polícia do Exército do Forte Benning, Geórgia, um enorme complexo militar vizinho de Columbus; um homem que se identificava como representante das Forças do Mal telefonara para lá avisando que Gail Jackson seria assassinada e perguntara por que a polícia não estava fazendo nada.

Dois dias depois do telefonema, no final de março de 1978, eu estava em Atlanta, Geórgia, jantando com um ex-colega militar do CID, Tom McGreevy, que se tornara diretor assistente do Bureau de Investigações da Geórgia, para o qual eu conduzia um curso na Academia de Polícia da Geórgia. Tom me falou do caso de Columbus. Ele havia entrado nas investigações depois que o chefe de polícia local enfim percebeu que não valia mais a pena manter as autoridades estaduais à distância. Depois de me mostrar as cartas das Forças do Mal, ele me perguntou se eu poderia ajudar de alguma maneira. Além das correspondências, havia também gravações da central telefônica da Polícia do Exército.

> O inferno está vazio e todos os demônios estão aqui.
> **William Shakespeare,** *A Tempestade*

Analisando os comunicados, imediatamente descartei a ideia de que Gail Jackson seria morta por um grupo de sete homens brancos em retaliação ao assassinato de sete senhoras brancas, pois as evidências apontavam na direção contrária. Na minha opinião, o provável culpado era um único homem negro. O estilo de escrita nas cartas e o sotaque da voz nas gravações telefônicas tornavam a suposição bem razoável. Quando me dei conta disso, o restante foi fácil de deduzir: as cartas pareciam óbvia tentativa de desviar a atenção das autoridades do principal suspeito — uma pessoa que conhecia Gail Jackson. Mas qual seria o motivo para um assassino escrever aquela carta? Provavelmente impedir a polícia de chegar até ele, porque já havia matado Jackson. Parecia plausível que tenha usado esses comunicados para tirar o foco do homicídio. Minha análise das cartas e das gravações foi confirmada, em trabalho independente, pelo consultor linguístico do FBI, o dr. Murray Miron.

A central telefônica do Forte Benning recebeu outra ligação em 3 de abril, afirmando que o corpo de Gail Jackson poderia ser encontrado a "cem metros" da base militar. A varredura do local rapidamente levou à descoberta do cadáver, e a informação foi passada para mim e para McGreevy. Jackson era prostituta conhecida em alguns bares nos arredores de Forte Benning. O legista estimou que estivesse morta havia cerca de cinco semanas; ou seja, fora assassinada antes de as cartas serem escritas, conforme minha suspeita.

Com mais detalhes em mãos, pude elaborar um perfil mais detalhado. ==Muitas vezes, a melhor maneira de fazer esse trabalho é por meio da vitimologia, analisando o histórico da vítima.== A vítima era de alto ou baixo risco? Que lugares frequentava? Como era sua rotina? Qual era seu estilo de vida? Considerando tudo isso, com quem era mais provável que se relacionasse? Jackson, também conhecida por vários outros nomes, era uma prostituta negra e seus clientes eram militares negros do populoso Forte Benning, e com frequência percorria as ruas ao redor das instalações. Concluí que o assassino era pessoa suficientemente próxima a Gail Jackson para que seu nome viesse à tona caso a vida dela fosse investigada, e que portanto havia um motivo por trás da tentativa de atrair as autoridades para a direção oposta, impedindo que seu envolvimento fosse revelado. Ele decidira de forma deliberada retratar os assassinos de Jackson como sete homens de Chicago.

Em meu perfil, era um homem negro e solteiro, de 25 a 30 anos de idade, um militar alocado no Forte Benning, provavelmente membro da Polícia do Exército ou soldado de artilharia. Eu tinha certeza de que o assassino era militar pelas referências nas cartas e telefonemas a distâncias em "metros", e não jardas ou milhas, e pelo hábito de se referir aos automóveis como "veículos". Seu domínio insuficiente da gramática da língua inglesa indicava não se tratar de alguém com formação universitária, portanto não poderia ser oficial graduado e, em minha opinião, seu posto não deveria ser acima do nível de patente E-6. Quanto à idade, os leitores a esta altura já sabem que a maior parte dos assassinos em série tem entre vinte e tantos e trinta e poucos anos; imaginei que tivesse menos de trinta porque isso seria compatível com a posição de nível de instrução limitado com patente não muito elevada na hierarquia militar.

As cartas mais recentes das Forças do Mal mencionavam o nome de outra mulher negra, Irene — cujo sobrenome o remetente desconhecia —, e avisavam que ela também seria morta caso nenhuma providência fosse tomada. Deduzi que também estava morta e recomendei que todas as cabines telefônicas da base militar fossem colocadas sob vigilância. Isso foi feito e o sistema de gravação posto operante, mas, quando o telefonema aconteceu, o policial de plantão se esqueceu de acioná-lo. Com as instruções passadas na ligação, as autoridades encontraram o cadáver da segunda mulher negra, Irene Thirkield, a uma distância curtíssima do forte. Ela também era prostituta.

Munidos de meu perfil e da informação de que as mulheres eram prostitutas, os agentes de narcóticos do GBI interrogaram clientes de casas noturnas nos arredores de Forte Benning frequentadas por militares negros. Muitos deles conheciam ambas e entregaram o nome do cafetão. Dois dias depois de o perfil ter sido divulgado, as autoridades militares e civis detiveram William H. Hance, especialista de patente E-4 de uma das unidades de artilharia do forte. Confrontado com a caligrafia, a gravação da voz e as pegadas nas cenas dos crimes, Hance admitiu que as cartas eram uma fraude, confessou ter matado as duas mulheres, que segundo seu relato eram suas parceiras em negócios de prostituição e tráfico de drogas no varejo, e assumiu o homicídio de uma terceira mulher em Forte Benning em setembro do ano anterior. Mais tarde, foi identificado como o assassino de outra jovem negra no local onde estava alocado anteriormente, o Forte Benjamim Harrison, Indiana.

Como McGreevy escreveu na carta de agradecimento à direção do FBI: "Os dados do perfil estavam corretos em todos os sentidos", e em nome da agência e da polícia de Columbus expressou a gratidão a mim e ao Bureau pelos esforços "urgentes, sinceros e profissionais" em ajudar na investigação "quando precisávamos de todo o auxílio disponível".

A princípio pensei que Hance também poderia ter estrangulado as idosas na cidade, mas essa possibilidade foi descartada porque as evidências forenses não eram compatíveis. Como não precisavam mais lidar com a fraude de Hance, a polícia de Columbus e o GBI puderam voltar a se concentrar nessa investigação e seu bom trabalho enfim rendeu frutos. Em um dos primeiros assassinatos, uma pistola fora roubada da casa da vítima, e mais tarde os policiais receberam uma informação: a arma havia aparecido em Kalamazoo, Michigan, depois em outras cidades, até por fim ser localizada em uma cidadezinha do Alabama, onde o homem que a portava afirmou que ganhara de presente do sobrinho, Carlton Gary, que morava em Columbus. Descobriu-se então que Gary era negro e que cometera assassinatos em Nova York e fora preso, mas conseguiu fugir e foi se esconder na Carolina do Sul, onde assaltou vários restaurantes antes de voltar a seu local de nascimento. A mãe trabalhara de faxineira nas casas de várias das mulheres que Gary matou. Ele foi preso, condenado e sentenciado à pena de morte. Ainda está na prisão, assim como William Hance.¹*

Pouco depois do caso das Forças do Mal, o Exército requisitou ao FBI um treinamento para situação com refém, então vesti minha farda militar e fui à Alemanha dar esse curso.

Trata-se de uma história um tanto longa, mas, em resumo, ==enquanto trabalhei por vinte anos no FBI me mantive como oficial da reserva do Exército==. Como isso tecnicamente violava uma política do Bureau, de tempos em tempos eu precisava executar alguns malabarismos para não perder meu posto. Todas as outras agências governamentais não só permitem como incentivam que seus funcionários sejam reservistas — a CIA inclusive tem uma unidade própria de oficiais da reserva em Langley —, mas o FBI exige dedicação exclusiva. Apesar disso, de tempos em tempos, o Exército requisitava ao Bureau professores com experiência em negociações em situação com refém, e essa tarefa era designada a mim. Nessa viagem em particular, pedi a meu parceiro John Douglas que me acompanhasse; ele participara de uma negociação bastante tensa em Milwaukee que foi bem resolvida, e também me acompanhava em nosso curso sobre essas técnicas em Quantico.

1 * William Hance foi executado em março de 1994; Carlton Gary, em março de 2018. [NT]

No caminho de volta, paramos em Bramshill, faculdade da polícia britânica, localizada a mais ou menos 150 quilômetros de Londres, a principal instituição de treinamento do Reino Unido, o equivalente local de Quantico. Minha intenção era fazer contatos e tentar despertar o interesse para um programa de intercâmbio. Nos reunimos com o comandante e alguns oficiais do alto comando, trocamos algumas palavras e assistimos a algumas aulas.

> Você vê, mas você não observa.
> A distinção entre ambos é óbvia.
> **Sir Arthur Conan Doyle,** *Escândalo na Boêmia*

Os britânicos expressaram certo ceticismo a respeito do que nós americanos dizíamos ser capazes de deduzir só de olhar para fotografias de cenas de crime, o que rendeu uma boa conversa no bar que os policiais locais frequentavam depois do expediente. Douglas e eu fomos tomar umas cervejas com John Domaille, policial que na época estudava na faculdade e estava investigando o caso de múltiplos homicídios mais célebre do país desde a época de Jack, o Estripador. ==O assassino desconhecido era chamado de o Estripador de Yorkshire, onde matara oito mulheres, a maioria prostitutas, ao longo dos quatro anos anteriores.== Três delas sobreviveram aos ataques, mas tudo o que conseguiram dizer era que se tratava de um homem branco de estatura mediana. A polícia não tinha suspeitos. As pistas estavam tão frias que nos distritos policiais diziam que o assassino era um homem nascido de 1924 a 1959; ou seja, poderia ser qualquer um entre 20 e 55 anos de idade.

Domaille nos informou dos crimes. Assim como Ted Bundy faria mais tarde, o assassino espancava as mulheres e depois as violava sexualmente enquanto agonizavam; depois da morte, mutilava os corpos com faca.

No ano anterior, segundo o relato de Domaille, o inspetor chefe George Oldfield recebera duas cartas de "Jack, o Estripador" e depois um gravador, também pelo correio. Uma terceira carta foi mandada a um grande jornal, o que gerou nova caçada ao assassino. Oldfield, às vésperas da aposentadoria, estava sujeito a considerável pressão da opinião pública para pegar o criminoso antes que atacasse de novo. Era o caso mais importante que o inspetor tinha sob sua jurisdição; havia muita gente duvidando de sua capacidade e criticando a polícia por não ser capaz de prender o assassino. Oldfield mandou fazer a análise eletrônica da fita, amplificando o som de fundo na tentativa de identificar o local, e a informação seria compartilhada com o público em geral. Muito tempo e dinheiro foram gastos rastreando o assassino pela fita. Havia um serviço telefônico para o qual as pessoas podiam ligar e ouvir a gravação. Em seguida, a pessoa poderia comentar se achasse que reconhecia a voz ou poderia identificar de onde era exatamente aquele sotaque "geordie" de inglês interiorano. Centenas de policiais percorriam a área com gravadores, reproduzindo a fita para os habitantes locais e colhendo opiniões, e o áudio também era transmitido com frequência pelo rádio e pela televisão.

Nós dissemos que gostaríamos de ver as fotografias das cenas de crime e nos oferecemos para elaborar o perfil do provável criminoso depois de vê-las, mas as imagens não estavam disponíveis em Bramshill na época. Mas alguém tinha a cópia da fita, que foi reproduzida para nós. O falante era um homem adulto que se expressava de um modo lento e comedido. Havia quantidade considerável de ruído ao fundo, e a gravação tinha dois minutos.

Eu sou Jack. Vejo que não teve muita sorte tentando me pegar. Tenho o maior respeito por você, George, mas não está nem um pouco mais perto de me pegar do que quatro anos atrás, quando comecei. Acho que seus rapazes estão jogando você no buraco, George; não devem ser muito bons, né? A única vez que chegaram perto de mim foi uns meses atrás em Chapeltown, quando foram me aporrinhar. E mesmo assim foi só um guardinha fardado, não um detetive. Eu avisei você em março que ia atacar de novo [...] mas não deu. Não sei quando vou atacar de novo, mas com certeza vai ser este ano, talvez em setembro, outubro, até antes, se puder [...] tem muitas delas por aí. Elas nunca aprendem, não é mesmo, George. [...] Vou continuar na ativa ainda por um bom tempo. Ainda duvido que vou ser preso. Mesmo que cheguem perto, eu provavelmente consigo me matar primeiro. Bom, foi legal falar com você, George. [...]

"Jack" também pediu a Oldfield para ouvir a "musiquinha bacana" na fita, que era o trecho do disco *Thank You for Being a Friend* [Obrigado por ser meu amigo].

Quando terminamos de ouvir a gravação, havia uma porção de gente em volta da mesa. Instado a falar por insistência dos britânicos, eu disse a Domaille: "Obviamente você sabe que o homem da fita não é o assassino, não é?."

Ele ficou perplexo. John Douglas concordava com minha avaliação. Era uma fraude destinada a confundir a polícia, criada por alguém que não era o assassino. Em seguida, explicamos melhor a questão. Contamos à pequena plateia reunida ao redor por que estava claro que a fita era um truque: porque a pessoa que falava não parecia ter a menor coerência com o perfil do autor dos crimes descritos por Domaille. Em nossa opinião, o assassino não era um tipo extrovertido que entraria em contato com a polícia, e sim um sujeito calado e introvertido que odiava mulheres. Eles por acaso não sabiam que ataques sexuais a vítimas inconscientes e mutilações pós-morte eram indicativos de misoginia?

As vozes ao redor da mesa assumiram tom desafiador. Se o autor da fita não era o assassino, então quem nós achávamos que poderia ser? Eles estavam nos pedindo um perfil relâmpago, justamente o tipo de coisa que mais evitávamos fazer. Argumentamos que não tínhamos acesso às fotos das cenas de crime, mas os policiais nos deram mais detalhes, indispostos a ouvir "não" como resposta. Ou falávamos o que queriam ouvir ou caíamos fora. Incentivados por mais uma rodada de cerveja, topamos. O assassino, dissemos, sem dúvida tinha vinte e tantos ou trinta e poucos anos, provavelmente não havia concluído os

PROFILE

estudos no colégio e não passara por uma instituição de ensino superior. Afirmamos que era capaz de circular pelos locais onde ocorriam os assassinatos sem ser notado — o criminoso entrava e saía sem chamar a atenção, porque trabalhava em algo que o fazia frequentar todo tipo de lugar; devia ser taxista, ou caminhoneiro, ou carteiro, ou talvez até policial. Achávamos que não era um sujeito totalmente solitário e podia até ter relacionamento com uma mulher, embora a ausência de penetração sexual nas vítimas indicasse a presença de algum problema mental sério que levara anos até se desenvolver por completo.

Quando terminamos de expor nosso perfil improvisado e de explicar as conclusões, Domaille nos convidou a ir a Yorkshire examinar as fotografias das cenas de crime. Não pudemos fazer isso, porque precisávamos voltar a Quantico, então pedi que levasse o material aos Estados Unidos assim que possível.

Ele não veio até nós e nada nos foi enviado. Mais tarde soube que o inspetor Oldfield se recusou terminantemente a nos mostrar o material e discordou em todos os aspectos do perfil improvisado. Não foi capaz de digerir nossa explicação para os crimes nem de aceitar que fora enganado tão facilmente pela fita, que o levou a desperdiçar milhares de horas de trabalho na busca infrutífera pelo homem errado.

Algum tempo — e várias vítimas — depois, Oldfield foi destituído do posto de chefe da investigação. A caçada ao assassino consumira cerca de 10 milhões de dólares; a polícia interrogara 200 mil pessoas, conduzira 30 mil buscas em residências e revistara 180 mil veículos. O caso do Estripador de Yorkshire só foi resolvido em 1981. Durante uma batida de rotina em uma zona de prostituição, um homem foi parado, e as evidências encontradas mais tarde o conectaram a treze assassinatos e sete casos de lesão corporal. Conforme previmos, Peter Sutcliffe tinha 35 anos, era casado, trabalhava como caminhoneiro para uma construtora, emprego que o obrigava a viajar por todo o país. Depois da prisão e condenação, trabalhos posteriores de investigação enfim revelaram quem era o homem que criou a pista falsa da fita: um policial aposentado que detestava o inspetor George Oldfield e queria expor o antigo chefe ao ridículo.

No fim de fevereiro de 1980, a adolescente Debra Sue Vine saiu da casa de uma amiga às oito da noite para percorrer as duas quadras de distância que a separavam de onde morava. Ela nunca chegou lá. Na manhã seguinte, seu pai, o vice-presidente de um banco local, denunciou o desaparecimento. Em busca pela área, as luvas de inverno de Debra foram encontradas no percurso entre as duas residências. Mais tarde naquele dia, uma tia hospedada na casa dos Vine recebeu a ligação de alguém que ela descreveu como um homem branco de vinte e tantos ou trinta e poucos anos com sotaque sulista ou da Nova Inglaterra. Ele falou: "Estamos com sua filha. Queremos 80 mil dólares ou ela nunca mais vai ser vista de novo". A tia pediu para falar com Debra, e a ligação foi encerrada.

> Nenhum de nós muda de verdade com o passar do tempo. Apenas nos tornamos mais cheios daquilo que somos.
> **Anne Rice,** *O Vampiro Lestat*

Ela contou à polícia que, em razão de algumas características peculiares no sistema telefônico de Genoa, achava ser chamada local e não interurbano. No dia seguinte, o pai de Debra recebeu outro telefonema em casa, de um homem que, segundo ele, tinha sotaque mexicano. O sujeito afirmava estar com Debra e queria 50 mil dólares. O sr. Vine também pediu para falar com a filha e obteve como resposta apenas que precisaria confiar na palavra dele e que as instruções de pagamento seriam passadas mais tarde. Essa ligação foi gravada.

Como houve pedido de resgate, o FBI foi autorizado a entrar no caso. Genoa fica a cerca de vinte quilômetros de Toledo, e a sede regional de Cleveland do Bureau foi acionada. Uma revelação que parecia importante surgiu no dia seguinte — três dias depois do desaparecimento. Algumas roupas de Debra foram encontradas mais ou menos três quilômetros a oeste de Genoa, na beira de uma estrada vicinal e o restante de suas vestes apareceu no dia posterior em outra estradinha na mesma área. Perto da blusa havia um mapa amassado, feito à mão em folha amarela de fichário. O mapa retratava de forma aproximada o local onde as roupas foram achadas e as marcações no desenho pareciam indicar que a busca deveria ser conduzida nas proximidades de uma ponte. As autoridades se dirigiram até lá e encontraram marcas de pneus e um par de pegadas que pareciam indicar que alguém arrastara algo até a passagem sobre o rio. O cão policial ficou bastante agitado ao farejar por lá, mas nada foi encontrado dentro da água.

A polícia estava certa de que o local de desova do corpo fora encontrado, e as buscas no rio continuaram. Um gravador foi instalado no telefone da casa dos Vine, porém nenhum outro contato foi feito.

No início de minha carreira no Bureau, trabalhei na sede regional de Cleveland e ainda conhecia muitos agentes de lá. Como costumava acontecer com frequência, estava na região para dar um curso e fui contatado pelo pessoal local do FBI.

Dos agentes Dick Wrenn e George Steinbach soube detalhes do rapto (pelo que se sabia na ocasião), me informei como as roupas foram encontradas, examinei o mapa, escutei a gravação do pedido de resgate e cheguei a uma conclusão imediata: aquelas pistas foram fabricadas de forma deliberada e eram tentativa de despiste. A polícia fora a um suposto local de desova por meio de mapa detalhado, que levava a acreditar que o corpo fora jogado no rio.

Quando me deparo com pistas fabricadas, sei que o primeiro passo é olhar para a direção oposta à apontada pelo perpetrador. Como a pessoa que telefonou garantiu que Debra estava viva e que haveria novo pedido de resgate, disse aos meus colegas de FBI de Cleveland, e às autoridades locais de Genoa, que as pistas falsas indicavam que Debra, com espaço para dúvidas, já estava morta. Considerando o padrão habitual nesse tipo de crime, era provável que ela tivesse sido raptada e então estuprada e, com alta probabilidade, assassinada durante o ataque. Não parecia ser um sequestro bem planejado, e sim de oportunidade, e a morte fora inesperada. Depois do homicídio, o criminoso passara por momentos de pânico, mas se acalmou e elaborou um plano para manter a polícia à distância. O perpetrador deve ter se dado conta de que uma investigação séria do histórico da vítima o apontaria como suspeito provável, então forjou o descarte das roupas, o mapa, as marcas de pneus e de alguma coisa arrastada perto do rio como tentativa de direcionar o trabalho policial na direção errada. "Ele está tentando levar vocês para um lugar onde nunca vão encontrar a garota", complementei.

O telefonema também soava falso, em especial o sotaque latino, que parecia a imitação do comediante José Jimenez, e não o jeito natural de falar. A gravação foi enviada para a análise mais precisa do consultor linguístico do Bureau, o dr. Murray Miron, da Universidade de Syracuse, mas, diante das demais evidências, eu estava certo de que era outra pista fabricada. Pensei comigo mesmo: é uma comunidade de 2 mil habitantes; o mais provável é que a responsabilidade pelo crime seja tão óbvia que o perpetrador saiba que cedo ou tarde a polícia vai descobri-lo, a não ser que consiga desviar o rumo da investigação de todas as formas possíveis.

Passei a me dedicar então a elaborar o perfil do provável criminoso. Devia ser um homem branco, constituição atlética de vinte e tantos ou trinta e poucos anos. Seu tipo físico devia ser robusto, porque Debra foi raptada no meio da rua sem que ninguém notasse, também porque imaginava que ele fosse do tipo antissocial que compensava a personalidade desagradável cultivando músculos, dirigindo carros envenenados e calçando bota de caubói. Seguindo essa mesma linha de raciocínio, eu o descrevi como alguém que posava de machão, indivíduo agressivo e vaidoso que talvez tivesse fama de conquistador. Como em minha opinião o crime fora cometido por impulso momentâneo, o fator de estresse pré-crime provavelmente tinha a ver com algum problema do sujeito com uma mulher; isso era uma afronta para ele, e sua reação foi agarrar a primeira jovem atraente e vulnerável que cruzou seu caminho. Os pedidos de resgate, os desenhos e a fabricação da cena do crime significavam quase com certeza que o perpetrador era alguém que conhecia muito bem os procedimentos policiais. Sugeri que o sequestrador havia sido policial, detetive particular ou segurança, mas estava desempregado no mínimo há seis meses. Considerei provável que tivesse se envolvido em muitos desentendimentos na vida, perdera o emprego mais recente por isso e até pode ter sido o motivo do fim do relacionamento romântico, pois eu estava quase certo de que o criminoso havia se divorciado pelo menos uma vez e estava envolvido em alguma encrenca com mulher, fosse ex-esposa ou namorada. Durante o desemprego, ele poderia ter se envolvido em problemas com a lei que o levaram à prisão. Para a maioria das pessoas que são demitidas em razão do humor descontrolado, os problemas nunca chegam sozinhos, e começam a se acumular quando um elemento crucial como o trabalho é perdido. A raiva daquele homem era tamanha que não seria capaz de ficar muito tempo longe de encrenca caso perdesse o emprego e a esposa ou namorada. Como especulei que poderia ser alguém que já fora agente de aplicação da lei, o carro deveria ser parecido com o de um policial, automóvel de último tipo, sedã de cor escura equipado com rádio CB ou algum dispositivo de monitoramento da frequência da polícia, com uma antena na traseira ou no centro do capô.

Como os leitores já terão percebido a partir de outros crimes narrados neste livro, ==muitos assassinos gostam de se revestir de autoridade para manter o controle da situação e das vítimas==. Em alguns casos — que não são tão raros quanto eu gostaria, já que minha carreira toda foi dedicada à aplicação da lei, e tenho um enorme respeito pela maioria dos policiais, cuja atuação é pautada pela legalidade —, o desejo de autoridade para propósitos nefastos está presente em pessoas que fazem parte das forças policiais. Às vezes acontece de um policial ser expulso do contingente por uma infração que não chega a ser crime, mas que constitui séria violação de conduta. Então ele se candidata ao mesmo emprego em outra cidade e afirma ter sido demitido por, digamos, desentendimentos pessoais com o superior — o que sem dúvida é muito comum — e consegue ser contratado de novo. No Capítulo 6, vimos a história de Gerard Schaefer, cujo currículo profissional se encaixa nesse padrão.

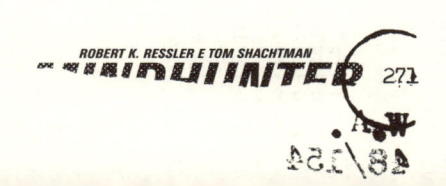

No caso de Genoa, meu perfil levou a dois suspeitos, um deles era um homem de 32 anos que tempos antes fora demitido da polícia da cidade por morar em situação marital com menor de idade; o segundo havia servido por um tempo no departamento policial de cidade vizinha, e em tempos mais recentes fora guarda de ferrovia, mas acabara demitido nove meses antes. O primeiro andava sondando as investigações e se mostrando cooperativo demais. Esse tipo de comportamento costuma ser sinal de culpa, porque a intenção do criminoso é descobrir o que a polícia sabe, para se manter sempre um passo à frente das autoridades. Apesar de eu ter desaconselhado aos agentes de Cleveland o uso do polígrafo, já que psicopatas com frequência conseguem "enganar a máquina", a sede regional do Bureau decidiu submeter esse primeiro suspeito ao teste do detector de mentira. Eles me ligaram para avisar que ele passara ileso pelo interrogatório. Quando perguntei se o álibi fora verificado, ouvi a resposta: "Para quê? Ele passou no teste do polígrafo". Insisti na verificação do álibi mesmo assim, o que foi feito. Só então o ex-policial foi eliminado da lista de suspeitos.

O segundo se chamava Jack Gall e parecia se encaixar extraordinariamente bem no perfil. Estava tendo problemas com a ex-mulher, com quem dividia a propriedade de um resort com vários chalés à beira de um lago em Michigan, que estavam tentando vender. Depois de ser demitido do emprego de guarda de ferrovia, Gall havia sido preso por furto em Michigan. O carro era um sedã Monte Carlo de último tipo, com rádio CB e tudo. Na verdade, ele estava tão dentro do perfil que os investigadores decidiram vigiá-lo de longe, na esperança de que acabasse fazendo algo que o entregasse.

Várias semanas se passaram até que o pai da vítima recebesse outro telefonema de homem com sotaque mexicano avisando que em breve lhe daria instruções sobre onde deixar o dinheiro do resgate. Um dos policiais de Genoa encarregados do caso, ao ouvir a gravação, afirmou estar certo de que o telefonema fora feito por Jack Gall, que às vezes contava histórias aos colegas com aquele sotaque latino. A quarta ligação veio no dia seguinte, 10 de abril, e o rastreamento indicou que fora feito do telefone público na frente da loja de departamentos Woolco a poucos quilômetros de Genoa. Uma equipe de vigilância foi montada para monitorar a cabine telefônica, para o caso de o sequestrador voltar a usá-la. Foi essa medida simples e óbvia que levou ao encerramento do caso.

==A vigilância deu resultado quase imediato.== Na tarde seguinte, agentes em uma van estacionada perto da parede do telefone viram Gall se aproximar e telefonar. Na mesma hora, o sr. Vine recebeu a chamada em casa. O homem do outro lado da linha disse "Vai ser hoje à noite", e avisou que instruções detalhadas seriam passadas dali a algumas horas. Os homens da van fotografaram Gall ao telefone no mesmo horário em que a ligação para a casa dos Vine era gravada. Depois de desligar, Gall enfiou a mão dentro da camisa e pegou um bilhete dobrado, que deixou na prateleira instalada sob o orelhão, tomando o cuidado de usar luvas para não deixar impressões digitais.

Gall então foi embora dirigindo em alta velocidade. Depois de segui-lo por alguns quarteirões, os agentes decidiram interromper a perseguição, porque ele parecia "alerta aos arredores". Mesmo assim, seu endereço era conhecido pela polícia e sua residência também estava sob vigilância. No início da noite, Vine recebeu a ligação que o mandava ir até o orelhão na frente da Woolco, onde encontraria mais instruções, que estavam no bilhete na prateleira abaixo do telefone e era o primeiro de uma série que Gall escrevera em letra de forma e escondera em locais similares. Vine e alguns agentes escondidos no carro começaram a busca de várias horas pelo condado, indo de orelhão a orelhão, recebendo ordens para trocar de carro e assim por diante, até enfim chegarem ao lugar onde o pai da vítima deveria deixar a maleta com o dinheiro e encontrar a filha. Toda a movimentação foi acompanhada por uma aeronave do Bureau e monitorada com um complexo sistema de vigilância. Por fim, Vine deixou a maleta em local remoto perto de um rio. Ninguém apareceu para apanhá-la, e não houve nem sinal de sua filha; cinco horas depois, Vine pegou a maleta de volta e foi para casa.

Essa pantomima cruel foi permitida apenas pela vaga esperança de que o sequestrador ainda mantivesse Debra viva, mas não deu em nada. A fraude fora criada, ao que parecia, para proporcionar um álibi a Gall, pois durante as várias horas de deslocamento de orelhão a orelhão seu carro passou o tempo todo na frente da residência. Isso na verdade não oferecia álibi nenhum, já que a movimentação foi coordenada por meio de uma série de bilhetes e o primeiro telefonema o suspeito poderia muito bem ter feito de casa.

Embora o corpo de Debra Sue Vine ainda não tivesse sido encontrado, as autoridades dispunham de fartas evidências para indiciar Gall por extorsão, o que foi feito. Ele foi julgado rápido e condenado. O chefe de polícia Garry Truman me falou tempos depois que o caso permaneceria sem desfecho se as autoridades locais não pudessem contar com o perfil elaborado por mim e a ajuda do FBI. A polícia passou a investigar Gall também pelo assassinato depois que o cadáver da vítima enfim foi descoberto. Debra foi encontrada em local deserto perto de Genoa, mas na direção oposta à do "x marcando o local" no falso mapa do criminoso. Ela estava enrolada em um cobertor elétrico, e havia a esperança de que fosse aquele roubado no crime em Michigan pelo qual Gall fora indiciado. No momento em que a escrita deste livro foi concluída, ainda não havia elementos suficientes para a acusação de assassinato, mas Gall seguia preso por extorsão.

A fabricação de pistas para evitar a apuração do que de fato aconteceu não se aplica somente aos casos de assassinatos e estupros, que são o grosso deste capítulo, mas também a crimes bem menos sangrentos e muito mais comuns, que quase nunca chegam às manchetes de jornais. Uma dessas interessantes cenas de crime foi repassada a mim em 1991, meses antes de minha aposentadoria do FBI.

Um psicólogo de uma grande cidade da Costa Oeste fora contratado por uma seguradora para avaliar o pedido de restituição de 270 mil dólares por danos causados à residência, aparentemente por vandalismo. Diante da cena de crime que considerava difícil de avaliar, o psicólogo queria minha análise e o perfil dos prováveis criminosos.

Eu era uma boa indicação para a tarefa, porque em trinta anos na posição de agente de aplicação da lei já tinha testemunhado centenas de atos de vandalismo em bases e instalações militares, prédios governamentais e propriedades privadas — quase todo tipo de lugar sujeito a ataques de vândalos. O psicólogo prometeu me mandar fotos coloridas da cena do crime, relatórios policiais do incidente e seus comentários. Respondi que ele poderia mandar as evidências, mas guardasse as opiniões para depois da minha avaliação. Esse era o procedimento que seguíamos no FBI fazia anos. ==Para elaborar uma opinião independente, tentávamos não levar em conta as conclusões de outras pessoas antes de chegarmos às nossas.== Nosso costume era solicitar aos departamentos de polícia que pediam ajuda que nos enviassem apenas boletins de ocorrência e fotografias. Se insistissem em comunicar sua hipótese a respeito do crime, pedíamos que colocassem esses papéis em envelope à parte, que guardaríamos e só leríamos depois de formular nossa opinião. De outra forma, a independência no exame das evidências seria comprometida.

Alguns dias depois de conversar com o psicólogo, recebi um pacote com fotos e relatórios policiais, que espalhei na minha mesa e observei. Havia dezenas de imagens da residência em desordem total. O que era uma bela casa de bairro residencial havia se transformado em caos, aparentemente por ação de vândalos. Os proprietários requisitaram indenização altíssima da seguradora, o que fez a companhia encomendar a investigação independente sobre o caso.

Em um primeiro contato com as fotos e os relatórios policiais, a maioria das pessoas acharia que a casa fora revirada e se tornara um cenário de caos, com pichações de tinta spray, objetos de valor jogados no chão, portas arrebentadas. O estrago se espalhava pela sala de estar, corredores, cozinha, quarto principal e banheiro. Havia paredes, móveis, quadros, roupas, vasos, esculturas e outros itens quebrados ou desfigurados. As cortinas foram arrancadas. Havia cacos de vidro das molduras das gravuras espalhados. As pichações estavam em vários locais, em paredes, móveis e afins, com palavras ofensivas como "Cuzão", "Cu", "Chupa", "Xoxota". Havia até uma inscrição com duas palavras: "Me Fode".

A maioria dos leitores já deve ter visto cenários como esse, embora talvez não na vida real — provavelmente em filmes ou programas de televisão em que os danos foram atribuídos a adolescentes do sexo masculino, rebeldes incompreendidos que direcionavam a agressividade contra a sociedade. Esse é um tema muito familiar na ficção.

PROFILE
276.
profile

No entanto, não era isso que as fotografias me mostravam. As primeiras impressões podem ser enganosas. A cena de vandalismo não era exatamente o que parecia ser, e com certeza não se encaixava naquilo que eu sabia sobre criminosos adolescentes. Os vândalos geralmente andam em grupos — ou bandos, se os leitores preferirem — compostos pelo líder de personalidade forte e vários seguidores desajustados e submissos que seguem suas ordens. Às vezes, o vândalo pode ser um único indivíduo, jovem de comportamento antissocial que deseja atacar a sociedade como um todo ou uma figura de autoridade específica. O estrago causado por esses infratores costuma ser aleatório e indiscriminado, acompanhado por inscrições obscenas e, às vezes, de atos indecorosos no local do crime. As pichações em particular revelam muito dos interesses e o estilo de vida do vândalo ou do grupo; na maioria dos casos com adolescentes, as pichações têm referências de gostos musicais ou incorporam símbolos do satanismo e ocultismo, como pentagramas ou cruzes invertidas — o tipo de iconografia e de música que atrai a atenção de grande parte desses jovens emocionalmente instáveis. Em alguns casos, além das pichações, descobrimos que atos sexuais foram realizados no local, refletindo o estado mental do vândalo no momento. Ele julga ter total liberdade de ação no lugar em que está causando destruição, e se vê no direito de pegar roupas íntimas femininas e se masturbar sobre as peças, ou defecar no tapete e urinar no closet. O furto de objetos também é comum, e alimentos e bebidas do dono da casa são consumidos no local — atos indicativos de que o vândalo se sente no controle do ambiente. Em vandalismo realizado por adolescentes do sexo masculino, o estrago na maioria das vezes é total, e pouquíssimos objetos de valor monetário ou sentimental sobrevivem.

Aquelas fotografias, no entanto, revelavam outro padrão de vandalismo. A destruição não foi total, e sim seletiva. Algumas pinturas foram arruinadas, verdade, mas em alguns casos apenas as telas foram afetadas, deixando as molduras ornamentadas sem dano. O estrago mais significativo foi imposto a quadros que não pareciam de grande valor financeiro. Algumas gravuras indianas — que por acaso eu conhecia

— foram vandalizadas de forma bem interessante: o vidro da moldura foi arrebentado, mas a obra em si, poupada. O objeto mais intrigante era a tela enorme de pintura a óleo retratando uma garotinha, que sequer foi tocada. Certos vasos, estatuetas e entalhes em jade pareciam ter sido colocados no chão com certo cuidado, e nenhum parecia quebrado. Um vândalo adolescente comum jamais teria deixado obras de arte intactas. Por fim, uma prateleira cheia de plantas se manteve intocada.

Embora o estrago na cozinha e no banheiro tenha sido grande, os balcões, os espelhos, os eletrodomésticos e os demais utensílios foram preservados. Os puxadores dos armários estavam quebrados, mas não as portas. Além de alguns problemas no teto, nenhuma das paredes divisórias de gesso havia sido chutada ou derrubada; os pontapés nesse tipo de material costumam estar entre as preferências dos vândalos adolescentes. Um varão de cortina parecia baixado com cuidado para não danificar ou amassar o tecido. Algumas roupas foram estragadas, mas os itens rasgados não pareciam particularmente bonitos ou caros. Seria possível que os vândalos tivessem poupado os objetos mais valiosos em termos financeiros e sentimentais?

As pichações também não eram coerentes com a ação de vândalos de verdade. Pareciam direcionadas a superfícies que poderiam ser facilmente limpas, repintadas ou — no caso de móveis — reformadas. ==As marcas de tinta spray, inclusive, contornavam objetos de arte e itens mais delicados.== Da mesma forma, nenhum ato de fetiche fora realizado na residência.

Por fim, havia o conteúdo das inscrições pichadas. Palavras obscenas avulsas não são comuns no caso de vândalos adolescentes; os jovens desajustados de hoje são mais propensos a escrever slogans e nomes de grupos musicais, como Slayer, Mötley Crue, Public Enemy ou Terminator x. Entre os termos específicos usados estava "Xoxota", palavra chula para se referir à genitália feminina que entre os mais novos havia tempos fora substituída por "Buceta". E, por fim, em minha opinião de forma bastante significativa, havia a expressão "Me Fode". "Foda-se" seria condizente com um jovem agressivo e arrogante. Mas "Me Fode"?

Levando todos esses fatores em consideração, escrevi um perfil do provável responsável pelo crime.

Fiz questão de refutar a ideia de que fora ato de vândalos adolescentes. O estrago causado era superficial e cuidadoso demais. Todas as pistas apontavam para um tipo diferente de perpetrador. A pessoa que causou aquele prejuízo, argumentei, era uma mulher branca solitária entre quarenta e cinquenta anos de idade; em especial, alguém sem familiaridade com adolescentes. Devia ser uma mulher extremamente narcisista, com relação afetiva com os objetos e itens colecionados que escaparam do vandalismo. Argumentei que poderia ser alguém com dificuldades nos relacionamentos interpessoais, que tivesse passado por vários divórcios ao longo da vida. Teorizei que poderia ser uma parente próxima do proprietário ou inquilino, com interesse manifesto em perpetrar destruição seletiva, para não arruinar coisas consideradas insubstituíveis.

A mulher, segundo especulei, havia fabricado aquele cenário de vandalismo para que se parecesse com ato típico de adolescentes. A tentativa de reproduzir a linguagem jovem nas pichações era datada e revelava o gênero e a idade. Nenhum delinquente juvenil escreveria "Me Fode". Isso era a evidência da ação da mente confusa de uma mulher de meia-idade, que provavelmente não se sentia à vontade com esse tipo de termo e usou aqueles que refletem aquilo que em sua imaginação constitui o comportamento hostil e antissocial. Em comparação com o linguajar de hoje, as obscenidades parecem quase infantis.

Caso tivesse filhos, escrevi, provavelmente não seriam adolescentes, e nem do sexo masculino. Em minha opinião se tratava de mãe com filha única, que já não morava com ela. Minha razão para acreditar nisso (além da falta de familiaridade com adolescentes e garotos em geral) era a tela com a imagem da menina, e o fato de ter escapado ilesa; esse tipo de iconografia em geral aponta para a ausência de familiar muito querido.

Considerei também que haveria um evento específico que desencadeou sua atitude, que seria a reação ao fator de estresse surgido alguns dias ou, no máximo, algumas semanas antes do ato de vandalismo. Conforme escrevi no perfil, poderia ser problema financeiro ou de relacionamento com um homem, ou a perda do emprego, ou algum acontecimento que fez seu futuro imediato parecer incerto.

Em resumo, expliquei que a motivação para o crime poderia estar associada a três fatores: mulher furiosa que cometeu um ato de vandalismo como retaliação contra alguém da família; em busca de atenção, transformou a ação no tipo de alegação fraudulenta que costumamos ver em falsos casos de estupro; ou então a mulher queria o dinheiro do seguro porque havia feito reformas na casa e não tinha mais o dinheiro para pagar pelo serviço.

Coloquei todas essas conclusões, assim como os argumentos que as embasavam, no relatório que mandei para o psicólogo da Costa Oeste. Depois de ler o documento elaborado por mim, me ligou para falar que o perfil descrevia quase com perfeição a proprietária da residência, que relatara os estragos para a polícia e dera entrada no pedido de indenização à seguradora. Era mulher de quarenta e poucos anos que havia terminado com o namorado, enfrentava problemas financeiros, tinha uma filha de outro casamento, e também possuía uma personalidade que de várias formas se encaixava nos detalhes que listei. O psicólogo se mostrou impressionado com minha perspicácia nesse caso. A meu ver, não era para tanto. Em comparação com os perfis de criminosos violentos e antissociais que tive tanto trabalho para compilar e aperfeiçoar ao longo de dezessete anos de FBI, resolver aquele quebra-cabeça era quase brincadeira de criança.

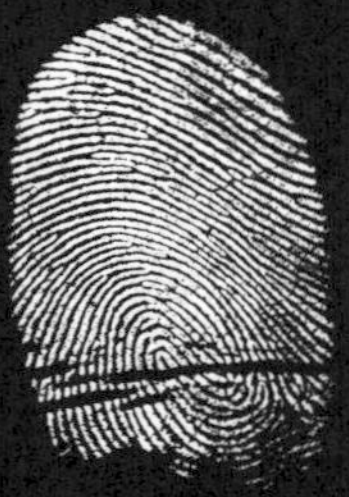

PROFILE
profile — 282

Kill, Kill, Kill

VOLTAR A MATAR?

> O pavor me deixou cruel e, percebendo que não conseguiria me desvencilhar da criatura, arrastei seu pulso contra a vidraça quebrada, esfregando-o até o sangue escorrer e encharcar os lençóis.
> **Emily Brontë,** *O Morro dos Ventos Uivantes*

ROBERT K. RESSLER E TOM SHACHTMAN

MINDHUNTER PROFILE
CAPÍTULO 9

O policial Kilburn McCoy parecia um caubói ao estilo Clint Eastwood, e tanto ele quanto Janet, sua esposa, estavam no curso que ministrei em uma academia de polícia perto de Salem, Oregon, em 1980. Ao final da semana de aulas, McCoy me convidou para ir à sede de seu distrito policial para examinar os arquivos de um homicídio cometido em 1975 por um veterano da Guerra do Vietnã chamado Duane Samples, que na época estava preso. McCoy achava que Samples poderia ser um excelente

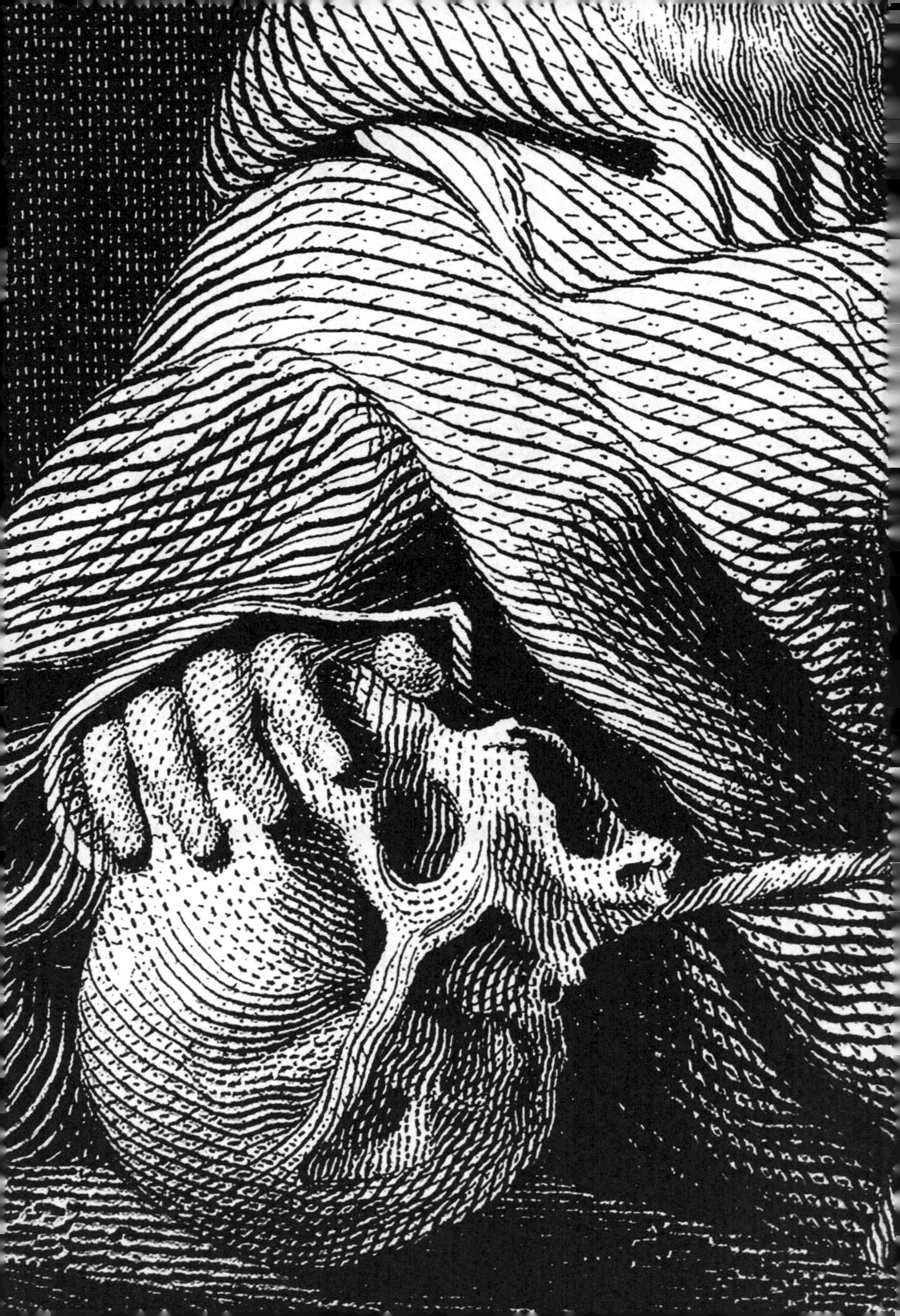

entrevistado para o Projeto de Pesquisa de Personalidades Criminosas, porque, apesar de não ser assassino em série — havia sido condenado por matar uma pessoa —, era bem articulado, tinha formação universitária em psicologia e parecia ser dominado pelas fantasias violentas características desse tipo de criminoso.

O homicídio cometido por Samples ocorrera em uma fatídica noite na cidadezinha de Silverton, Oregon, em 9 de dezembro de 1975. Fran Steffens, sua filha de um ano e meio de idade e a amiga Diane Ross estavam no apartamento dela quando um conhecido seu, Duane Samples, apareceu para beber cerveja, fumar maconha e conversar. Samples trabalhava como psicólogo em uma clínica de desintoxicação local, tinha trinta e poucos anos, já havia morado em muitos lugares diferentes e mantinha relacionamentos fugazes com várias mulheres da região. Estava interessado em Fran e não era correspondido, mas não a ponto de ela se recusar a recebê-lo. Com o passar das horas, as mulheres se cansaram, e Fran foi dormir com a filha, deixando Diane no sofá, conversando com Samples. As histórias dele da Guerra do Vietnã a entediaram, e por fim Diane falou que estava com sono e que era melhor encerrarem a conversa.

> Mesmo no banco dos réus, é sempre interessante ouvir falar da gente. Durante as falas do promotor e do meu advogado, posso dizer que se falou muito de mim e talvez até mais que do meu crime. Eram mesmo tão diferentes as falas deles?
> **Albert Camus,** *O Estrangeiro*

Samples foi embora. Diane pegou no sono no sofá, mas acordou com a sensação estranha de alguma coisa gosmenta e quente sobre o corpo — e descobriu que sofrera cortes profundos: além do talho na garganta, havia um ferimento horizontal abaixo dos seios e outro vertical acima do umbigo. Pelo menos meio metro de seus intestinos estavam fora do corpo. Não foram os cortes que a despertaram, e sim os gritos de Fran enquanto era arrastada para o quarto por Samples, que estava com a faca na mão. De alguma forma, Diane conseguiu envolver o tronco com os braços e correr porta afora. Com as duas mãos segurando as entranhas, não tinha como puxar as calças, que também foram cortadas. Ela as deixou no chão e foi cambaleando até a casa vizinha, onde passou pela cozinha e se dirigiu ao quarto, e falou aos moradores: "Fui esfaqueada. Chamem um médico; estou morrendo". Diane precisou se esforçar para não perder a consciência, pois sabia que morreria se isso acontecesse. Quando a ambulância chegou, ouviu alguém dizer: "Não precisa ter pressa. Ela não vai sobreviver".

==Mas o atendimento foi feito às pressas mesmo assim, e Diane Ross escapou com vida. Inclusive, conseguiu dizer à polícia que Duane Samples estava matando Fran Steffens.==

Os policiais correram para a residência vizinha, mas Fran já estava morta, com cortes similares aos de Diane — na garganta e no tronco, com sangue e entranhas espalhados pela cama que dividia com a filha, que não acordara e escapara ilesa do ataque de Samples. As coxas da vítima estavam ensanguentadas, evidência da violência pós-morte. Havia também ferimentos típicos de atitude defensiva nas mãos, revelando que ela tentara resistir ao agressor.

Samples na verdade era conhecido pelos agentes de aplicação da lei da região, principalmente pelo trabalho com usuários de drogas, mas também porque jogava beisebol com alguns dos policiais. Um chamado a todas as viaturas alertou uma dupla de patrulheiros em ronda, que então se dirigiu até o apartamento que Samples dividia com outros dois homens em uma cidade próxima; ele não estava, mas foi encontrado logo em seguida, e se rendeu sem oferecer resistência. Em seu bolso, a polícia encontrou um bilhete para Fran com a data de "Segunda-feira, 8 dez.", no qual Samples pedia que o papel fosse mostrado à polícia para inocentá-la da morte dele. A mensagem afirmava que ele "ameaçou tirar a vida de Fran" caso não obedecesse as suas ordens para "me eviscerar & emascular". Se Fran se recusasse a fazer isso, ele "estriparia & mutilaria ela & a filha". O bilhete também relatava que ser assassinado por uma linda mulher era "fantasia de longa data que se realizava", e que parte dele "mal poderia esperar para ver" a lâmina penetrando "fatalmente" seu corpo.

Samples alegava ter entregado o bilhete a Fran, que se recusara a assassiná-lo e que por isso acabara morta. Era evidência das mais incomuns, e voltaremos a ela mais tarde.

Os policiais e psicólogos que interrogaram Samples naquela noite e nos dias seguintes afirmaram que ele estava lúcido, sabia quem era e onde estava, era capaz de diferenciar entre certo e errado e inclusive solicitou a presença de um advogado. Não parecia haver indícios de psicose como elemento motivador do crime. Havia clara premeditação do ataque: Samples saíra da casa, fora até o carro, pegara a faca de filetar peixes e voltara com a intenção de matar as duas mulheres. Diane achava inclusive ter sido perseguida por ele enquanto fugia para a residência vizinha. Foi indiciado e acusado por um homicídio e uma tentativa de homicídio.

> Ser esperto estraga muitas surpresas, não é?
> **Thomas Harris,** *O Silêncio dos Inocentes*

Durante o período pré-julgamento, Samples e o advogado analisaram suas opções, e o criminoso pesou a questão de forma metódica, fazendo a lista dos prós e contras que mais tarde foi entregue à acusação. As atitudes deliberadas em relação a isso revelam que sua mente continuava funcionando de forma racional a essa altura. Samples tinha três escolhas. Poderia se declarar inocente, ir a júri e correr o risco de ter Diane Ross como testemunha dizendo coisas bastante prejudiciais a seu rasspeito. Caso se declarasse inocente por insanidade, Diane ainda assim poderia ser chamada a testemunhar, e seu relato poderia pesar contra a alegação (apoiada pelo bilhete para Fran) de que não estava no poder de suas faculdades mentais quando cometeu o assassinato. Samples e seu advogado consideraram seriamente a possibilidade de alegar insanidade, e para isso desenterraram um diário e outras evidências de seu fascínio de longa data pela evisceração para embasá-la. O bilhete para Fran também teria papel importante nessa linha de defesa: seria usado como prova não de premeditação, mas de claríssima instabilidade mental. (Em minha opinião, o bilhete era bem redigido e elaborado demais para um doente mental de verdade — não passava de invenção de psicólogo de meia-tigela para criar um álibi). A terceira opção, que Samples no fim abraçou, era a tentativa de acordo com a promotoria. Ele se declarou culpado pelo assassinato de Fran em troca da retirada da acusação de tentativa de homicídio contra Diane Ross; isso significaria que ela não poderia testemunhar no tribunal. Dessa forma, Samples aceitava receber a pena máxima prevista no estado de Oregon, que ia de quinze anos de reclusão até a prisão perpétua; com o tempo e alguma dose de sorte, achava que poderia ser libertado em sete ou oito anos.

==Depois que Samples se declarou culpado, recebeu a sentença e foi cumprir a pena, a mídia perdeu interesse pelo caso.== Diane Ross se recuperou dos ferimentos e foi morar na Califórnia, e a filha de Fran foi entregue a familiares. A procuradoria mais tarde admitiu que, como o réu se declarou culpado, seu histórico não foi investigado a fundo. O bilhete datado de 8 de dezembro se referia à fantasia de longa data de ser eviscerado por uma mulher bonita e nua e, de fato, esse era um tema recorrente na vida de Samples. Quando tinha cinco anos

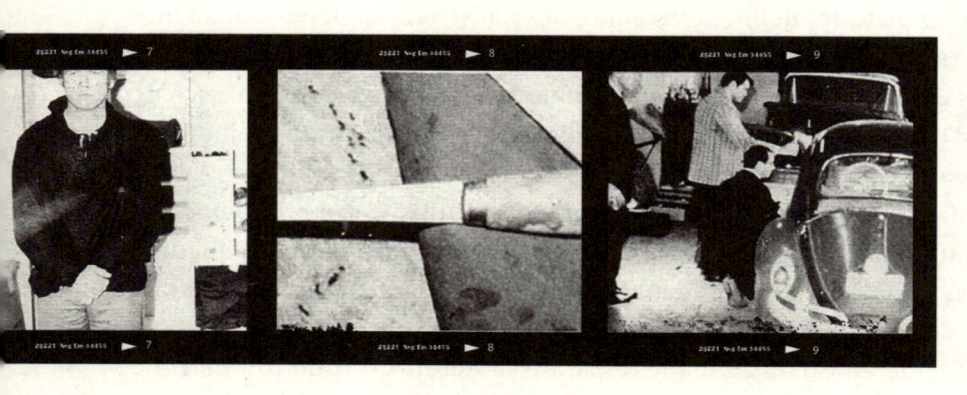

Duane Samples na época da prisão por ataque a duas mulheres em Silverton, Oregon, que envolveu evisceração, mutilação e assassinato. A mortífera faca de filetar peixes usada por Samples para matar e estripar as vítimas. O automóvel de Samples, durante a revista policial.

de idade, ele dormia na mesma cama que a mãe e uma tia grávida. A gestante teve hemorragia e perdeu muito sangue antes de sofrer um aborto espontâneo; a ideia de expor os órgãos internos parece remeter a esse acontecimento. ==Mais tarde na infância, estimulado pela presença de uma formiga na barriga, ele se excitou com o desejo de que o inseto pudesse abrir um buraco em seu corpo.== Aos treze anos, enquanto brincava de roleta-russa, atirou no próprio abdome. Em um diário sobre as experiências na Guerra do Vietnã, escreveu que foi a realização da fantasia que vinha desde a meninice, a "compulsão torturante por sentir o aço nas entranhas". A princípio, a fantasia previa seu próprio assassinato, cometido por uma "amazona" que o "perfuraria" no meio do ato sexual. Fran Steffens era mulher relativamente alta e robusta. Samples contou a um psiquiatra que entre suas atividades na infância estava (de acordo com as palavras do relatório posterior do médico) "espetar a si mesmo com alfinetes ou facas enquanto se entregava a essas fantasias, que contribuíam para o estímulo erótico". Mais tarde, a fantasia passou a contemplar a morte da mulher. Ele inclusive escrevera uma carta com a descrição desse *modus operandi* a uma ex-amante muito antes da morte de Fran Steffens. A correspondência tinha muitas similaridades linguísticas com o bilhete de 8 de dezembro. Era o aviso de que, quando ela estivesse na cama com outro parceiro, Samples "emergiria das entranhas da escuridão para abrir com a navalha a garganta dele". A carta também explicava em detalhes tenebrosos a forma como Samples evisceraria o casal, que seria torturado de forma sádica e obrigado a retomar o ato sexual para que o sêmen, o sangue e outros fluidos corporais se misturassem em meio a orgasmo e morte. Seria a melhor experiência sexual da vida de qualquer um dos três, e também a última, inclusive de Samples. Depois de os ferir mortalmente, planejava voltar a faca para a própria barriga, para que pudessem ter a "morte mútua juntos".

==À primeira vista, o histórico de Samples revela um homem inteligente, com pontuação de QI alcançada por apenas 5% da população, bolsista da prestigiada Universidade Stanford onde se formou em psicologia em 1964 e, em seguida, entrou no Exército.== Segundo seu relato, atuou como "observador avançado" no Vietnã, direcionando ataques de artilharia contra posições dos vietcongues. Quando voltou, encontrou um país drasticamente mudado, a ponto de aniquilar seu idealismo, de acordo com seu relato. Depois de servir na guerra entre 1966 e 1967, adotou estilo de vida nômade, enfrentando problemas de álcool e drogas. Foi barman em um lugar, assistente social em outro, e passou longo período desempregado, vagando de cidade em cidade, se dirigindo sempre ao norte. Só foi capaz de se fixar em um emprego quando transformou seu drama pessoal na capacidade de falar com outras pessoas de seus vícios e, por isso, conseguiu um trabalho para dar aconselhamento psicológico a universitários e adolescentes na região de Salem. Amigos e colegas o consideravam um bom profissional, e Samples tinha muitos defensores na comunidade de assistência social local. Considerando sua biografia, muita gente concluiu que se tratou de ato isolado e bizarro, talvez induzido por entorpecentes — uma aberração. A maioria dessas pessoas não o conhecia muito bem, via apenas o que aparecia na superfície e não tinha acesso a seus pensamentos mais profundos ou uma compreensão da complexidade de seu caráter.

Em visita posterior a Oregon, na qual eu entrevistaria vários outros assassinos sob custódia do sistema prisional do estado, decidi tentar falar com Samples. Ele se ofereceu prontamente para a conversa. Era calvo e magro já chegando à casa dos quarenta anos, com óculos de aro fino, olhar inteligente e fala tranquila e comedida. Trabalhava no setor de atendimento psicológico do presídio, onde participava inclusive de programas experimentais como o de técnicas de *biofeedback* para ensinar aos detentos maneiras de lidar com impulsos agressivos. Eu me apresentei e pedi que respondesse a um questionário de 57 páginas que usávamos como base para a análise estatística das biografias de assassinos. Ele se recusou. Samples explicou que não se via como assassino em série ou perpetrador de múltiplos homicídios como os demais indivíduos que eu vinha entrevistando, e, portanto, não gostaria de fazer parte de nosso programa. No entanto, continuou falando comigo em caráter extraoficial por uma hora, e disse que além de trabalhar na cadeia também estava estudando, e que esperava ter a liberdade condicional aprovada para conseguir o título de Ph.D. em psicologia. Também quis saber se, depois de completar o doutorado, teria como conseguir emprego na Unidade de Ciências Comportamentais do FBI. Perplexo, respondi que o Bureau provavelmente não contrataria alguém com antecedentes criminais. Senti que, por meio do contato comigo, Samples pretendia apena massagear o próprio ego e espantar o tédio. Como não havia concordado em participar da pesquisa, não havia necessidade de acionar a cláusula de confidencialidade; por se tratar de diálogo informal, não anotei nada nem liguei o gravador.

Imaginei que esse seria o fim de meu envolvimento com Samples. Com base nas fotografias da cena do crime e outras evidências às quais tive acesso — além de conversas com especialistas e breve contato com o assassino —, ficou claro para mim que se tratava de caso clássico de psicopata sexual sádico. Ele se recusava a se ver assim e ser relegado à mesma categoria que os demais, porém demonstrava todos os sinais de assassino em série, desde a conduta tranquila até o longo histórico de fantasias que o levou a cometer o crime. Nos termos adotados por nós, era um caso "misto", que envolvia dinâmicas tanto de homicidas organizados como de desorganizados. A cena do crime era desorganizada em razão da evisceração, da mutilação do corpo, da enorme quantidade de sangue e da ausência de violação sexual. Por outro lado, Samples se revelara organizado no planejamento do assassinato; de mentalidade calculista, voltara ao carro para pegar a faca e tentara matar ambas as mulheres. Depois do homicídio, tomou o cuidado de tirar a jaqueta e limpar a cena do crime. No momento em que cometeu o crime, era alguém dominado por uma fantasia sexual que incluía o comportamento violento. O uso de drogas e de álcool o estimulou a realizar a fantasia, e a oportunidade surgiu porque ambas as vítimas eram vulneráveis. Considerei possível inclusive que o bilhete datado de 8 de dezembro tivesse sido escrito *depois*, não antes do assassinato, na tentativa de se munir de provas para se declarar inocente por insanidade. Era o tipo de atitude condizente com alguém capaz de pensar nas consequências de seu crime, talvez não no momento em que cometia o ato hediondo, mas horas depois com certeza, quando se deu conta de que Diane escapara e saberia identificá-lo.

Só voltei a ouvir falar de Duane Samples no início de 1981, quando o governador do Oregon, Vic Atiyeh, reverteu sua sentença e ele estava prestes a ser libertado. A apelação fora registrada em 1979, mas não tinha conhecimento disso quando tentei entrevistá-lo. O fato de ter agido na surdina também causou problemas no gabinete da Promotoria Distrital do Condado de Marion. Quando o primeiro pedido de reversão da sentença foi feito, o então procurador Gary Gortmaker foi notificado, mas não respondeu; a primeira apelação foi negada pelo governador, mas houve o segundo pedido, que acabou aprovado. Nesse meio-tempo, Chris Van Dyke, filho do ator Dick Van Dyke, assumiu o cargo de procurador distrital do condado de Marion, e com a assistente, Sarah McMillen, resolveram intervir; McCoy indicou meu nome como pessoa cujo testemunho poderia ajudar a anular a reversão de sentença. As autoridades de Silverton ficaram em polvorosa ao tomar conhecimento do ato de leniência, e encaminharam protesto veemente ao gabinete da procuradoria. Van Dyke estava indignado com o governador, por ele ter tomado medida como aquela sem permitir sequer que o procurador distrital fizesse a recomendação contrária à apelação de Samples. McMillen me perguntou se eu poderia testemunhar a favor da acusação em recurso contra a libertação de Samples. Achava que ele deveria permanecer preso e disse isso a ela. Inclusive poderia testemunhar, mas precisaria ser requisitado por meio dos canais oficiais. Caso Samples tivesse aceitado participar do Projeto de Pesquisa de Personalidades Criminosas, eu estaria impedido de opinar, mas, como se recusara, era só questão de obter a permissão do FBI. Imediatamente, portanto, Chris Van Dyke escreveu a carta de solicitação ao diretor Webster, e foram tomadas as providências para que eu viajasse a Oregon para depor.

Samples pedira a reversão de sentença com base em dois fatores: sua reabilitação e a alegação de que estava mentalmente perturbado na ocasião do crime, mas a ciência psiquiátrica só então estava começando a compreender e reconhecer a doença que o acometia em 1975, portanto não teve acesso a defesa justa na época. Quanto à reabilitação, muita gente considerava que Samples havia deixado a conduta criminosa no passado e era um prisioneiro exemplar. Seu comportamento correspondia ao esperado de alguém reabilitado: chorou ao falar do assassinato, que descreveu como coisa terrível, e argumentou que aprendera a lidar com a agressividade e jamais cometeria algo parecido outra vez. De acordo com sua defesa, nos Estados Unidos as pessoas não podem ser condenadas antes de cometer algum crime. Portanto, Samples não poderia ser pré-julgado por eventuais crimes futuros e deveria receber a chance de se redimir.

Essas alegações de reabilitação eram do tipo mais corriqueiro. O que havia de incomum no caso foi o argumento então inédito de que o assassinato de Fran Steffens fora resultado direto do transtorno de estresse pós-traumático (TEPT), e, portanto, não poderia ser responsabilizado pelo crime. Essa doença mental ainda não havia sido reconhecida oficialmente em 1975, quando a segunda edição do *Manual Diagnóstico e Estatístico de Transtornos Mentais* ainda era a referência, o que a impossibilitava de ser usada em sua defesa. Em parte, Samples tinha razão. Tudo o que teria encontrado na edição de 1975 do manual teria sido uma referência ao que se chamava "distúrbio situacional transitório", às vezes observado em veteranos de guerra, condição relacionada à insônia, incapacidade de se manter em emprego fixo, irritabilidade e problemas sexuais como consequência do estresse provocado por diversas fontes, sendo uma delas ter estado em combate. Em 1980, a terceira edição, conhecida como *DSM-III*, foi publicada, e o "distúrbio situacional transitório" foi elevado da categoria de tempestade à de furacão — ou seja, havia alguns parágrafos descrevendo do que se tratava o TEPT. Boa parte da definição se referia a fatores de estresse não relacionados à guerra; mas a descrição estava lá, e foi a isso que Samples se agarrou. De acordo com sua argumentação, suas experiências no Vietnã o deixaram em estado mental dilacerado e, depois de anos sob esse tormento, tudo isso veio à tona de forma trágica no assassinato de Fran Steffens. Após trabalhar com aconselhamento psicológico na prisão, Samples dizia ter superado o problema e se julgava capaz de prosseguir com a vida. Afirmava que não podia ser responsabilizado pelo homicídio cometido em 1975 em razão do TEPT, mas havia deixado para trás a condição provocada pelo estresse pós-traumático e estava reabilitado, portanto, deveria ser libertado.

Dois psicólogos se apresentaram para defender a argumentação de Samples. Um deles tinha consultório particular e recebia pagamentos de uma entidade de assistência a veteranos de guerra para visitar Samples na prisão; o segundo era um acadêmico que havia conduzido um estudo abrangente com ex-combatentes que sofriam do problema que estava começando a se tornar conhecido como síndrome de estresse pós-Vietnã. Advogados que trabalham no setor corporativo sabem muito bem que devem manter distância de casos criminais complexos, apesar de terem um diploma afirmando que têm competência para isso; em minha opinião, esses dois profissionais de saúde mental que se envolveram na apelação de Samples estavam igualmente fora de sua área. Afinal, a maioria dos relatos de TEPT de veteranos de Vietnã dizia respeito a ex-militares que não conseguiam se manter em emprego fixo, enfrentavam problemas sexuais no casamento, não conseguiam dormir à noite e coisas do tipo. Pelo que pude me informar, nenhum diagnóstico anterior de TEPT havia ido além dessas queixas um tanto corriqueiras e chegara ao ponto de justificar a evisceração de duas mulheres. Eu não duvidava que Samples sofresse de algum tipo de estresse por ter estado no campo de batalha no Vietnã; no entanto, as fantasias que o levaram a matar uma mulher e quase tirar a vida de outra começaram muito antes da guerra, e eram o principal elemento motivador do crime. Os sintomas mais agudos do TEPT costumam aparecer em questão de semanas ou meses depois do evento traumático. Os crimes de Samples foram cometidos dez anos depois de ter voltado do Vietnã.

O principal argumento para a redução de sentença era que, enquanto estava na guerra, Samples vira dois de seus oficiais superiores sofrerem mortes horrendas, com ferimentos de evisceração; ele se lembrava, inclusive, dos nomes: Hugh Hanna e Randy Ingrahm. Suas mortes teriam deixado marcas profundas na mente de Samples, segundo seu relato. De acordo com o relatório elaborado pelo acadêmico, Samples vira Ingrahm, um "amigo íntimo, ser literalmente destroçado por mina terrestre"; ele se recordava de "colocar as partes ensanguentadas do corpo em um cesto para o serviço de evacuação médica, e de ver o sangue vazar para fora do recipiente quando foi suspenso pelo helicóptero". Samples também se dizia herói de guerra condecorado por bravura no Vietnã, mas em seus sonhos via as medalhas tingidas com "a cor de sangue ressecado".

> Os tygres da ira são mais sábios
> que os cavalos da instrução.
> **William Blake,** *Casamento entre Céu e Inferno*

Enquanto estava preso, se casara com uma mulher que trabalhava em importante agência de publicidade e relações públicas, com contatos influentes nos círculos políticos de Oregon, e mexera seus pauzinhos no andamento da reversão de sentença. Considerei um tanto inusitado o fato de o governador Atiyeh ter rejeitado o primeiro pedido e concedido a leniência na segunda apelação. Como empresário e congressista na legislatura estadual, Atiyeh sempre fizera questão de se colocar ao lado dos agentes de aplicação da lei. Colecionador de armas antigas, mais tarde inclusive seria garoto-propaganda da Associação Nacional de Rifles (NRA), com a declaração: "Como governador, a prevenção ao crime e o funcionamento do sistema prisional de Oregon são parte de minhas atribuições. E, assim como outros membros da NRA, desejo que as armas sejam usadas legalmente e com segurança. Acreditamos que a punição severa é a melhor solução no caso de crime cometido com arma de fogo". Durante seus vários anos de mandato de governador, uma centena de pedidos de reversão de sentença passou por seu gabinete; ele negou todos com exceção de quatro, e os outros três eram casos em nada controversos: um deles, por exemplo, era o da mulher que matara o marido, que abusara dela por uma década. Talvez o governador tenha sido mal-aconselhado no caso de Samples, ou achado que a libertação dele seria vista como ato de boa vontade em relação à comunidade de veteranos do Vietnã, que não foi bem-vista no retorno ao país, mas que vinha sendo reabilitada em retrospecto pelo novo presidente Ronald Reagan.

Eu dispunha de algum tempo antes de meu depoimento em Oregon, então aproveitei para conduzir uma pequena investigação. Como oficial da reserva do CID, além de agente do FBI, tinha acesso aos registros do Exército e também à experiência necessária para saber avaliá-los. Solicitei informações às forças armadas sobre oficiais de sobrenome Hanna e Ingrahm que morreram em batalha em 1966 ou 1967, e consegui a cópia do documento de dispensa de Samples, o relatório DD 214; todo mundo que recebe baixa do serviço militar fica com a cópia de seu 214, onde está toda sua ficha de serviço, inclusive medalhas e homenagens recebidas. O 214 de Samples não mencionava qualquer condecoração por bravura. Outro documento a que tive acesso eram ordens endereçadas a Hanna a respeito de diversos tópicos, e em algumas delas o nome de Samples era mencionado, assim como o de Randy Ingrahm. O Exército também me informou que, apesar de haver feridos com o sobrenome Hanna e Ingrahm nesse período, nenhum deles morrera; além disso, também não havia registros de oficiais mortos com sobrenomes similares e grafias diferentes.

> ...três mil rapazotes febris; são os reforços que têm de decidir, com suas baionetas, o assalto às trincheiras cavadas diante e atrás da cadeia de colinas e às aldeias incendiadas; cabe-lhes levar o ataque até determinado ponto que se encontra assinalado na ordem que seu chefe traz no bolso. Há três mil deles, para que sobrem dois mil...
> **Thomas Mann,** *A Montanha Mágica*

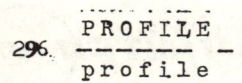

Curiosamente, os dois profissionais de saúde mental que testemunhariam a favor de Samples não haviam investigado as alegações da época da guerra, nem o suficiente para determinar com mais segurança se o paciente dizia ou não a verdade. No entanto, eu considerava provável que Samples tivesse requisitado e recebido esses documentos militares. Ele mantinha uma correspondência intensa na prisão, e conseguira inclusive pensão por invalidez com base nas experiências traumáticas vividas na Guerra do Vietnã — era por isso, inclusive, que a associação de veteranos pagava o tratamento com um psicólogo. Para obter esse direito, ele precisaria abrir seus registros.

Samples demonstrava bastante intimidade com registros e documentos. John Cochran, psicólogo forense que prestava serviços com frequência para o sistema prisional de Oregon, acreditava que, enquanto trabalhava como atendente no setor de atendimento psicológico da penitenciária, Samples havia adulterado seu prontuário prisional para mostrar que estava reabilitado. Essa acusação de fraude jamais foi comprovada, já que alguns dos registros sumiram por completo. Cochran tinha experiência no trato com detentos, e achava que Samples era um caso clássico de sádico sexual. O psicólogo afirmou várias vezes às autoridades e à imprensa de que se tratava de transtorno incurável. Em outras palavras, apesar dos sinais exteriores, o assassino não estava reabilitado, porque isso era impossível. Segundo Cochran, havia razões para acreditar que, caso solto, Samples poderia voltar a matar; ele deu um parecer contrário à reversão de sentença, mas sua opinião profissional foi ignorada.

Quando chegou o dia da viagem para Oregon para testemunhar diante do governador, minha mulher estava internada no hospital depois de sofrer grave acidente automobilístico; apesar disso, ela me incentivou a pegar o avião e cumprir meu dever. A controvérsia a respeito do caso Duane Samples havia chegado às manchetes dos jornais. A batalha da reversão de sentença também teve reverberações políticas e a legislatura estadual de Oregon vinha estudando projetos de lei para minar o poder do governador de conceder esse tipo de perdão judicial.

Os noticiários escritos e televisivos de Oregon apresentavam os argumentos de ambos os lados. A defesa afirmava que Samples estava reabilitado e que, se nossa sociedade acreditava na capacidade de recuperação de indivíduos pelo sistema prisional e na possibilidade de doenças mentais serem tratadas e controladas, ele deveria receber a chance de reconstruir a vida longe das grades. Muitos psicólogos e psiquiatras

— embora não os que trabalhavam de forma direta nas prisões — apoiavam esse ponto de vista, assim como os veteranos da Guerra do Vietnã, seus representantes políticos e vários parlamentares de inclinação liberal. Era um ponto de vista atrativo, que levava em conta a potência humana de mudança e crescimento, além de afirmar a capacidade da medicina no tratamento de transtornos mentais e a possibilidade de prognóstico positivo para alguém que parecia reabilitado.

O outro lado argumentava que Samples era um sádico sexual cujas explosões de violência foram contidas apenas porque estava atrás das grades, e caso fosse libertado havia grande chance de retomar o comportamento homicida que o levou à prisão e, por isso, não deveria ser solto. Em certo sentido, tratava-se de uma visão pessimista, pois implicava que, embora a medicina fosse capaz de entender as doenças mentais, alguns transtornos eram impossíveis de tratar. Além disso, havia a referência ao fato de que boa parte da população do sistema prisional é composta por reincidentes que voltam a cometer crimes assim que saem da cadeia e precisam ser capturados e encarcerados novamente.

Em minha opinião, ambos os argumentos eram pouco concretos. Prefiro raciocinar em cima de fatos, e os que apurei indicavam que Samples se encaixava no padrão que eu já observara em muitos e muitos casos de assassinos em série, cujas fantasias violentas desenvolvidas desde a infância no fim se realizam na forma de homicídio. Os próprios escritos de Samples, sua vida nômade, o uso de drogas e seu relacionamento difícil com mulheres nos anos anteriores ao crime, as mentiras sobre o serviço militar e a fonte de seus problemas — tudo era indicativo do comportamento de psicopata. O sistema prisional de Oregon já tivera sob a sua custódia vários homens que se encaixavam nesse padrão e se tornaram assassinos em série, inclusive dois que foram libertados de forma prematura depois de cometerem homicídios na juventude e que voltaram a matar não muito tempo depois de soltos. Jerome Brudos e Richard Marquette foram recapturados e mais uma vez condenados em Oregon. Na Califórnia, um estado vizinho, Ed Kemper matara ainda mais gente depois sair da instituição onde estava internado depois de assassinar os avós na adolescência. As fantasias homicidas desses criminosos continuavam em suas mentes mesmo na cadeia. Eles se mantinham estáveis quando presos, mas isso não era indício de que seriam capazes de voltar a viver em sociedade sem matar de novo.

Perto do fim de junho de 1981, e na noite anterior à audiência com o governador, a equipe de acusação se reuniu. Além de Van Dyke, McMillen e eu, estavam o dr. John Cochran, do Serviço de Psicologia Forense do Hospital Estadual de Oregon, Steven H. Jensen, diretor de unidade do programa de tratamento correcional do mesmo hospital, e o dr. Peter DeCoursey, psicólogo de Portland que avaliara Samples em 1975, pouco depois de cometer o crime. Conversamos sobre o que fazer na manhã seguinte e, em meio às discussões, sugeri a Van Dyke que, como Samples estava baseando o pedido de reversão de sentença na síndrome de estresse *pós-Vietnã*, suas alegações poderiam ser verificadas ou refutadas pela análise dos registros militares. Van Dyke tinha esses documentos em mãos, mas não havia prestado atenção ao DD 214, que não mostrava nenhuma condecoração por coragem em combate, e de forma alguma citava uma Estrela de Bronze. Da mesma forma, os procuradores não pensaram em perguntar ao Exército, como eu fizera, se Hugh Hann ou Randy Ingrahm de fato morreram em combate. Sarah McMillen me perguntou se teria como saber se Randy Ingrahm ainda estava vivo, e respondi que ela mesma deveria solicitar oficialmente a informação, mas falei que tentaria descobrir quando voltasse a Quantico.

Na manhã seguinte, fomos à sede do governo estadual fazer a apresentação. Eu fui o primeiro a falar e vi que o governador Atiyeh estava visivelmente apreensivo. Ele me perguntou se eu era da sede regional do FBI e, quando falei que tinha vindo de Quantico, o governador quis saber o que o assunto tinha a ver com o Bureau, já que não se tratava de caso federal. Expliquei que era especialista em comportamento criminoso violento, e que estava ali a pedido das autoridades do condado de Marion, solicitação que passara por todos os canais competentes do FBI.

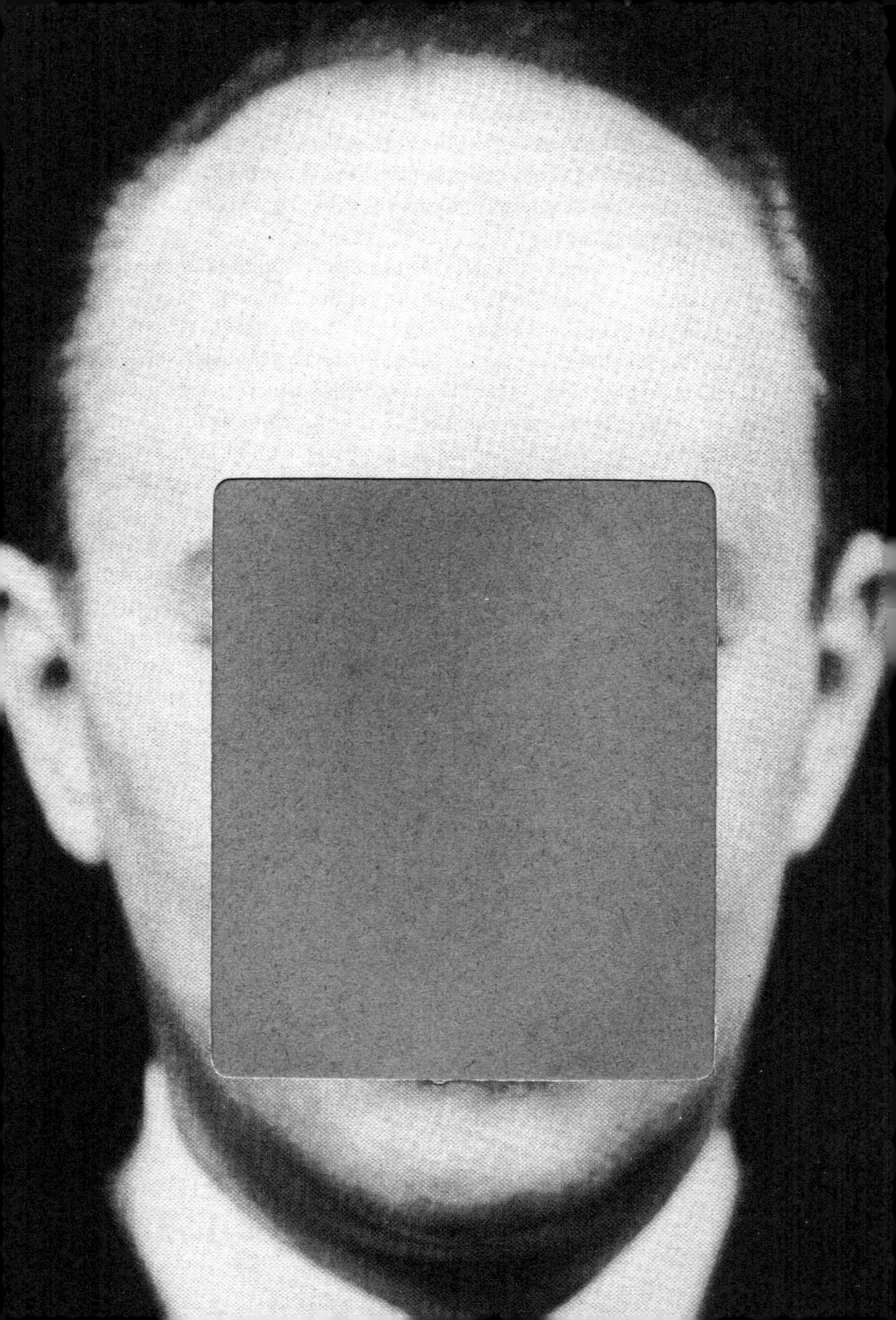

Já esperávamos esse tipo de resistência. Inclusive, havia conversado com o pessoal do departamento jurídico de Quantico e da sede nacional do FBI antes de ir a Oregon. Todos concordamos que seria um equívoco se meu testemunho se concentrasse especificamente em Samples, portanto limitei meus comentários a seis casos similares que conhecia muito bem, entre eles os de Brudos, Marquette e Kemper. Fiz críticas pesadas à conduta das autoridades em relação a Brudos e Marquette, enfatizando que esses homens foram libertados de forma prematura da prisão por homicídios na juventude e, em razão de fantasias violentas incontroláveis nutridas ao longo de toda a vida, voltaram a matar pouco depois da soltura. A previsão era que minha exposição oral durasse vinte minutos. Dez minutos depois de eu começar a falar, Atiyeh deixou o recinto e não voltou mais. Fomos informados de que tinha assuntos urgentes a tratar. Fiquei com a nítida impressão de que o govenador se dera conta de que as informações e o aconselhamento que recebera não eram suficientes para embasar a reversão de sentença. Assim, o político preferiu se esquivar da decisão, não se envolver pessoalmente e deixar que tudo fosse resolvido por assessores. Sua equipe ouviu com atenção, mas não vi ninguém anotar quando retomei a apresentação. Em seguida, foi a vez de os especialistas em saúde mental falarem, descrevendo Duane Samples como perigo à sociedade no presente e, com muita probabilidade, também no futuro.

Voltei para casa imaginando que a polêmica estivesse superada. Passamos ao governador informações que não dispunha anteriormente, e a questão estava em suas mãos. Mas a gritaria não parou. Antes de o governador Atiyeh anunciar a decisão, Marquette entrou com pedido de reversão de sentença em bases similares à de Samples. Sua apelação, porém, foi rejeitada de forma sumária. A decisão de Atiyeh no caso Samples era aguardada com grande expectativa, mas demorou a sair. Um mês depois da audiência, mais ou menos, por insistência de Sarah McMillen, consegui localizar Randy Ingrahm, que trabalhava como corretor de seguros em Illinois; fora recruta no Vietnã, não oficial e, de fato, sofrera ferimentos, porém não se lembrava de

Samples, apesar de os dois terem passado pela mesma unidade de artilharia. Transmiti essa informação a McMillen, que a tornou pública com grande alarde. Samples não demorou a contra-atacar: o homem que morrera, segundo ele, se chamava Ingraham, não Ingrahm (como garantira antes); o Exército confirmou que um militar com esse nome fora morto no Vietnã entre 1966 e 1967, mas não tinha nenhuma relação com a unidade de Samples.

A outra investida de Samples foi afirmar publicamente que a apresentação da equipe de acusação fora falha, pois falava de crime sexual e, segundo ele, não havia nenhuma evidência de ataques desse tipo no assassinato que cometera. Como um crime poderia ser sexual se nenhum ato sexual acontecera? Como os leitores já sabem a partir de casos e exemplos expostos aqui, a falta de penetração do corpo da vítima é característica de certos homicidas desorganizados que, mesmo assim, realizam fantasias sexuais quando cometem assassinatos — mas essa explicação, para ser eficaz, exige narrativa mais longa, e na arena do debate público não foi capaz de superar o tipo de fraseado apelativo usado por Samples, que se adapta com perfeição ao estilo pílulas de informação do jornalismo televisivo.

A controvérsia chamou a atenção do programa *60 Minutes*, da CBS, que fez um segmento "investigativo" que no fim se revelou bastante superficial. ==Mas a ideia de síndrome de estresse *pós-Vietnã* estava na moda, e Duane Samples era muito articulado: juntos, os dois elementos se provaram irresistíveis para o programa jornalístico.== A CBS apresentou um ponto de vista favorável ao pedido de Samples. A essa altura, ele já sabia exatamente o que dizer e como se comportar. Quem não acreditaria em pessoa tão cordata e arrependida? Os Estados Unidos estavam superando o trauma da Guerra do Vietnã e a população precisava ser compreensiva com as vítimas remanescentes, os soldados que lutaram e foram recebidos com desdém ao voltar para casa. Para a produção da CBS, a principal questão era que a tentativa de impugnar a apelação de Samples afirmando que Randy Ingrahm não estava morto havia falhado.

Mas essa parte da questão também ainda não estava encerrada. Durante uma viagem de trabalho à Europa, consegui localizar Hugh "Bud" Hanna. Ele se tornara major, e estava alocado no quartel-general da SHAPE na Bélgica, onde conversamos. O oficial se lembrava muito bem de Samples, que deveria assumir o posto como observador avançado, porém houvera problemas. O psicólogo formado em Stanford vinha discursando contra a guerra para os recrutas e não era considerado um indivíduo estável. Em vez de mandá-lo para o combate de imediato, o comando decidiu recolocar Hanna em seu posto e esperar para ver se Samples se enquadrava. Enquanto atuava no posto avançado, Hanna levou um tiro que o atingiu na boca, na língua e no palato. Quando iria testemunhar contra Samples pela conduta antiguerra, Hanna mal conseguia falar e o assunto morreu. Reuni tudo o que apurei de Hanna e seus comentários e enviei para o gabinete de Van Dyke, que repassou o material para os assessores do governador. O verão chegou e passou, e nada de Atiyeh comunicar ao público sua decisão.

Foi então que entrou em cena o ex-comandante de Samples no Vietnã. No final de agosto de 1981, o coronel Courtney Prisk declarou ao jornalista Bob Smith que conhecia Samples "tão bem quanto qualquer outro oficial em posto de comando conhece um tenente de sua unidade. Provavelmente melhor, porque nós conversávamos com frequência". Na matéria de Smith, publicada no *Silverton Appeal-Tribune*, Prisk afirmou também que: "Duane demonstrava interesse pelos ideais 'elevados' da época. [...] Era sujeito que precisava de aconselhamento constante para manter a moral em alta. Era estranho — não peculiar —, mas estranho. Ficava perturbado com coisas que não incomodavam os demais". Prisk ressaltou o fato de que tanto Ingrahm quanto Hanna estavam vivos, e lembrou que houvera apenas uma baixa em sua unidade causada por mina terrestre, mas a explosão acontecera a centenas de metros do local onde estava Samples, e duvidava que Duane tivesse visto o ocorrido, embora o assunto tivesse se espalhado na unidade. Prisk resumiu assim a situação para o repórter: "Acredito que Samples tenha pegado duas ou três coisas que viu ou ouviu dizer e inventou outra coisa. [...] [Duane Samples] era bom soldado e fez um bom trabalho no Vietnã, não há dúvidas. É por isso que essa coisa de estresse é um tremendo papo-furado".

Talvez tenha sido o depoimento do comandante que enfim convenceu Atiyeh e seus assessores, ou então a apresentação convincente que eu e os demais membros da procuradoria distrital fizemos, ou os apelos da população expressos na forma de pressão sobre a legislatura estadual a aprovar a redução de poderes de reversão de sentença e a apreensão que os cidadãos comuns demonstravam em cartas para editores e colunistas de jornais — mas o fato é que, no final de 1981, Atiyeh voltou atrás. Samples seria obrigado a cumprir o restante da pena até que a junta de liberdade condicional o considerasse apto a deixar a prisão, caso um dia isso viesse a acontecer.

Depois da decisão, Samples atribuiu a culpa pela derrota a mim, o homem que o deixara confinado injustamente, e começou uma campanha contra minha pessoa que exigiu várias resmas de papelada e muitos anos para ser esclarecida. O vilão no caso não poderia ser alguém como John Cochran, que o conhecia bem, ou algum profissional de saúde mental que o tratara e recomendava que continuasse preso por um bom tempo; não, o responsável tinha que ser o difamador recrutado em Washington, o sujeito que quisera entrevistá-lo oficialmente, mas fora rejeitado. Samples mobilizou congressistas da legislatura estadual e até um senador federal, com cartas pedindo que fosse feita investigação oficial de minha participação no processo como um todo. Eu o havia caluniado diante do governador, Samples argumentou; não tinha autoridade alguma para comentar seus crimes ou os dos demais assassinos em série; não era Ph.D. em psicologia criminal e, portanto, não dispunha de credenciais acadêmicas para afirmar meu conhecimento sobre nada. Como costuma acontecer quando a burocracia é instigada a agir, uma investigação foi instaurada e todo mundo teve que gastar tempo e papel respondendo ao inquérito. Foi esse o resultado da correspondência frenética que

Duane Samples enviou da prisão tentando me prejudicar. Felizmente, tanto Van Dyke como eu havíamos procedido em perfeito acordo com as regras estabelecidas, e havia registros de sobra disponíveis a qualquer um que tivesse interesse em examiná-los. No fim, fui obrigado a depor sob juramento no Gabinete de Responsabilidade Profissional do FBI. O parecer do departamento foi que eu não fizera nada de errado e o inquérito foi encerrado.

Duane Samples foi libertado da prisão em 1991. Minha mais sincera esperança é de que tenha se reabilitado de fato e não venha a repetir o tipo de crime pelo qual foi condenado. Mas somente ao manter um comportamento adequado ele será capaz de provar isso, claro.

PROFILE
profile — 306

Novas regras

FECHANDO O CERCO

Entre o consumar o ato terrível
E seu primeiro gesto, o intervalo
Lembra um espectro, um sonho maligno.
William Shakespeare, *Júlio César*

ROBERT K. RESSLER E TOM SHACHTMAN

MINDHUNTER PROFILE
CAPÍTULO 10

Na década de 1950, havia um assassino e estuprador em série causando terror na região de Los Angeles, mas apenas um investigador achava que todos aqueles crimes cometidos contra moças jovens poderiam ser vinculados e atribuídos a um único homicida. A caçada a ele foi o pontapé inicial para que, um quarto de século mais tarde, fossem criadas estruturas governamentais para fechar o cerco contra todos os futuros criminosos em série.

Hunt Armed Escapee, Woman, Bab...

Los Angeles Times
LIBERTY UNDER THE LAW — TRUE INDUSTRIAL FREEDOM

9 A. FI...

Times Telephone Numbers
MAdison 5-2345 for subscriber service calls and all other calls except those concerning classified advertising.
MAdison 5-2411 for all classified advertising calls.

VOL. LXXVII — IN FOUR PARTS — FRIDAY MORNING, OCTOBER 31, 1958 — 92 PAGES

MAN ADMITS SLAYING OF THREE L.A. MODEL

L.A. Alarms Held Needless as Nevada Atom Tests End

See No Fall-out Danger

BY MARVIN MILES

An increase in Los Angeles radiation readings caused official concern yesterday and erroneous reports of the situation, officials pointed out, caused needless widespread worry.

Although radioactivity readings had increased slightly since Monday to yesterday that was considered above the maximum permissible, officials pointed out it would take a year of exposure at such a level before the health of the city's citizens could be impaired.

Receive Assurance

George Uhl, City Health Department engineer in charge of radiological testing, said he conferred with Dr. Poulson and the Mayor, telephoned Washington and received assurance that atomic tests on the Nevada test site would end as scheduled during the day.

Jack Rogers, City Health Department engineer in charge, said his instruments showed a reading of 1200 micro microcuries of radiation per cubic meter of air yesterday, whereas a count of 300 is considered the maximum permissible.

"One micro microcurie is one millionth of a millionth of a gram of radium," Rogers said.

Steady Increase

"It was not the level of Monday's reading that caused concern so much as the steady increase in daily readings over and above the normal reading of 3 to 5 micro microcuries in the present background counts."

Rogers said: "Monday's count was 25.4. Tuesday it raised to 214. Wednesday it stood at 320 and then raised to 1200 yesterday."

The city health official explained that the element of danger as well as degree of the radiation and precautions regarding radiation danger that these levels and amounts of assurance to the public...

Please Turn to Pg. 20, Col. 1

It's Got to Be Knowland
(An Editorial)

California is verging toward government by a coalition of union bosses and the Americans for Democratic Action, who are almost as far left as the foul line through third base.

William F. Knowland is the only man with the nerves and staying power to prevent the catastrophe. If he doesn't win next Tuesday, the Governorship will default to Edmund G. Brown, who has everything that Gov. Soapy Williams of Michigan has, including the guidance of Walter Reuther.

Brown would not be a Governor; he would be a satrap, managing a province for an absentee emperor.

The marvel is that Knowland should have an uphill fight. Would people rather ride a bandwagon in any company that will walk in self-respect? Are they flattered by the opportunity to downgrade their State from sovereignty to foreign dependence? Are they eager to pay for the privilege of being institutionalized by an invisible cabinet of union bosses and cryptosocialists?

Maybe. But Knowland, who didn't have to enter the fight, is staking his career and the national welfare of the Republican Party on the answers to these questions. He dignifies his fellow citizens with his conviction that the answer to all three is no.

He will fight to the last bell and we are staying in his corner. We earnestly ask everyone who reads this to vote for William F. Knowland for Governor.

Armed Escapee Hunted With Woman and Baby

Manhunt Touched Off in El Monte Area as Fugitive in Car, Deputies Trade Shots

An armed escapee with a woman and baby in his automobile last night traded gunfire with two deputy sheriffs in the county section of El Monte, touching off a massive manhunt by 45 officers.

The gun play started when Deps. Ed Little and Jack Hargraves, who had been warned by loud-speaker to stay indoors as searchlight-equipped officers hunted for Renteria.

When they tried to force his car to the curb, the deputies said, Renteria opened fire, piercing the windshield of their patrol car.

Renteria and the woman who accompanied him escaped in the darkness, they said.

Deputies from Temple City, Norwalk and San Dimas Sheriff's Stations and California Highway Patrol officers joined in the house-to-house search.

Residents of the area were warned by loud-speaker blasts to stay indoors as searchlight-equipped officers hunted for Renteria.

Has Prison Record

The Sheriff's office said Renteria escaped from a Sheriff's bus Sept. 9 while being taken to County Jail pending action on charges of grand theft, burglary and possession of narcotics.

His index card carried a list of attempted jail breaks and prison time, including a term at San Quentin in 1954 for burglary, dating back to 1944.

Please Turn to Pg. 11, Col. 3

Last Shot Fired in Tunnel

Illustrated on Page 2, Part 1

ATOMIC TEST SITE, Nev., Oct. 30 (UP) — The United States ended its fall nuclear test series today with a record underground blast that ripped a huge hole in the side of a mesa.

The climactic shot came at 7 a.m. when a tremendous explosion sent a 500-foot-wide column of debris soaring 1000 feet over a mesa.

It came from a device fired in a chamber at the end of a tunnel 2600 feet into the side of a mesa. The charge was equal to 20,000 tons of TNT, believed the mightiest underground blast ever. The Hiroshima and Nagasaki bombs of World War II were rated at the same power.

Quakelike Shock

Newsmen four and a half miles away first felt a jolting, earthquakelike shock, then saw the great fountain of rock and sand rise majestically heavenward from a point on the mesa's slope directly above the blast chamber.

Great rocks along the mesa's rim were dislodged and thundered downward.

A final scheduled shot was canceled shortly before midnight. High winds had been blowing all day and night, making it likely that the shock wave and fall-out would hit populated areas. The weapon was to have been fired from a balloon at 1500 feet.

Thus ended a series unique for two things: (1) A number of low-power blasts

Please Turn to Pg. 11, Col. 3

RUSS REJECT ONE-YEAR BAN ON A-TESTS

GENEVA, Oct. 30 (UP) — Russia tonight bluntly rejected an American-British proposal for a one-year suspension of nuclear tests. She took this step on the eve of important three-power talks on...

KILLER SUSPECT — Police officers in Santa Ana question Harvey Glatman, 30, left, Los Angeles TV repairman, who has admitted slaying three Los Angeles models and leaving their bodies in the desert. The officers are Det. Sgts. Jack Baker, center, and Donny Rice. Glatman was arrested in Orange County.

NO. 2 — Mrs. Shirley Ann Bridgeford, 24, second of three photo models killed.

SLAIN — Mrs. Judy Ann Dull, 19, first of confessed slayer's victims.

STRANGLED — Miss Ruth Mercado, 24, who was attacked and then garroted.

Knowland to Go on TV in 20-Hour Telethon

BY ROBERT BLANCHARD

U.S. Sen. Knowland, in an unprecedented move, will take his campaign for the Governorship to voters of the Southland in a 20-hour telethon beginning at 10:40...

residents of the outlying areas a chance to directly ask the Republican nominee where he stands on the various issues of the campaign.

According to officials at the studio, 200 persons can...

Attempt to Kill 4th Vi...

A mild-manne... sion repairman w... prison record of s... yesterday admitt... ing three beautif... geles models an... their bodies in lon... land desert areas.

The confessed k... tified as Harvey M... 30, of 1101 S Ma... was arrested Mer... in Orange County... fought savagely... and slay an inten... victim, according t... Rios, head of t... County Sheriff's... detail.

Lie Test G...

After two days... tioning and a l... test, he finally adm... three earlier slayin... disclosed last nigh... Investigator Joel... the Orange Count... Attorney's office.

As soon as inv... finished final quest... night, Glatman... in a police car w... for Escondido aran... through the back o... in an effort to locate t... of two of the v... rendezvous with a... San Diego County... was planned for... Glatman promised... would attempt to... to the location of ti...

Slain in Des...

His first victim, h... lice, was Mrs. Jud... a model, of 1502 N... Ave, West Hollyw... man said he stra... with a length of an... the desert near D... he attacked her la... ment, on Aug. 1, 19... ing a date to sh... photographs of her.

His next victim... Shirley Ann Loy B... 24, of 11087 Tuxfer... Valley, a divorcee... She too was strang... the same length of... stretch of wild cou... of Escondido, Marc... after he forced her... and submit to him... tomobile.

The third victim... man's passion clim... death was Miss R... Mercado, 24, mo... dancer, of 3714 W 2... She was strangled... same piece of rope... the area south of E... the night of July 2...

The fourth ma... death by Glatman... Lorraine Vigil, 28, ...

Harvey Murray Glattman era um assassino à frente de seu tempo. Nos anos 1950, colocou anúncios nos jornais prometendo testes a interessadas na carreira de modelo. O texto dizia que as mulheres não precisavam ter experiência profissional, mas que as perspectivas de ganho eram boas. Quando os anúncios eram respondidos, ele oferecia mais dinheiro por algumas horas de poses de fotografias do que as moças ganhavam em seus empregos. Então, as convencia a ir até um apartamento em local isolado, e ia pedindo para que tirassem mais e mais peças de roupas conforme fazia as fotos. Glattman sabia que as mulheres provavelmente não contariam a amigos ou parentes o que iam fazer, por medo de desaprovação; portanto, as vítimas demorariam certo tempo para serem dadas como desaparecidas. A linha de raciocínio do criminoso parecia ser a de que, como elas estavam tirando a roupa na frente de um desconhecido, estavam pedindo para ser estupradas, e ele as violentava e, em seguida, as matava para não denunciarem o estupro. Trata-se de padrão que mais tarde seria repetido por outros assassinos — como Jerome Brudos, em Oregon.

Comentei que Glattman estava à frente de seu tempo porque a ideia de publicar anúncios pessoais nos classificados era novidade na década de 1950; depois a prática se tornou lugar-comum, e os jornais menores e até algumas revistas importantes passaram a ter um espaço para pessoas interessadas em conhecer gente nova. Os leitores deste livro já devem ter visto esse tipo de anúncio: jovem solteiro, de boa aparência, procura mulher para companhia em atividades como esquiar, dançar etc. A maioria era publicada sem qualquer outra intenção por trás; alguns eram chamarizes de estupradores ou assassinos atrás de vítimas. No caso de Glattman, eram o resultado de quinze anos alimentando fantasias, período em que suas experimentações sexuais infantis se transformaram em assédio a garotas, depois eram atentados ao pudor e, por fim, estupros e assassinatos.

O detetive de homicídios de Los Angeles Pierce Brooks era o encarregado de dois assassinatos aparentemente não relacionados de duas jovens na mesma área. Brooks era considerado pessoa de métodos incomuns, oficial da marinha e piloto de dirigíveis que se tornara

Glattman tirou esta fotografia da vítima apavorada antes de matá-la para acrescentar a sua coleção de suvenires e mais tarde reviver suas fantasias homicidas.

detetive de primeiro escalão em Los Angeles. Ele estava frustrado com o rumo da investigação porque, apesar de achar que um único homem era responsável por ambos os crimes, e talvez alguns outros na região, não havia método sistemático para verificar a hipótese. Então o que ele fez foi passar um pente-fino nos classificados de vários jornais dos condados vizinhos, e também nos registros policiais, em busca de outros homicídios cometidos com o mesmo *modus operandi* do assassino que ele perseguia. Trocando em miúdos a longa história, o trabalho de apuração levou à captura de Glattman, que confrontado com as evidências, confessou.

A confissão detalhada obtida por Brooks é um dos primeiros documentos a registrar a mentalidade de um assassino em série, e contempla muitos dos fatores que abordei em outros capítulos deste livro. Alguns dos aspectos mais interessantes são a justificativa de Glattman e o relato das conversas com as mulheres depois do estupro. Assim como muitos homicidas, Glattman se irritava quando a mulher tentava controlar a situação — por exemplo, dizendo que não contaria a ninguém da agressão sexual caso a deixasse ir embora —, o que o deixava furioso a ponto de matá-la. Na verdade, a chance de uma vítima ser libertada depois do estupro era quase zero, pois a mente dele estava dominada por uma fantasia elaborada ao longo de vários anos, que necessariamente envolvia homicídio. Glattman foi condenado, julgado e executado em 1957; Brooks compareceu como testemunha na aplicação da pena de morte.

Se os leitores por acaso sentirem que a história parece familiar, é porque tanto o assassino quanto o detetive foram inspiração para obras ficcionais. Em um seminário para escritores policiais, eu apresentei o caso Glattman, e Mary Higgins Clark me procurou em busca de detalhes, que forneci de bom grado. Ela usou a história como base para seu romance, lançado em 1991, *Adoro música, adoro dançar*. Décadas antes, o detetive apresentado por Joseph Wambaugh em seu famosíssimo *Tempo para morrer* era Pierce Brooks, embora o tema da obra não seja o caso Glattman.

> **...até o início dos anos 1980, houvera uma transformação profunda e significativa no panorama de crimes violentos ocorridos nos Estados Unidos. Nas décadas de 1950 e 1960, quase todos os homicídios no país eram resolvidos em um ano.**

A experiência de Brooks de buscar informações em outras jurisdições das forças de aplicação da lei nos arredores de Los Angeles o levou a propor um sistema que interligasse todas as forças policiais da Califórnia, para que no futuro outros criminosos pudessem ser rastreados e pegos com mais facilidade. Imaginou fazer isso com computadores, porque os teletipos, outra opção possível, não eram nada práticos nem apropriados ao compartilhamento de informações. No fim dos anos 1950 e início dos 1960, os computadores eram novidade, o maquinário imenso e caríssimo, e o governo californiano afirmou não ter verba para adquiri-los e usá-los para investigações criminais.

Brooks deixou a ideia em banho-maria e prosseguiu com a carreira, ocupando os cargos de comandante dos detetives de homicídios da polícia de Los Angeles e, mais tarde, de chefe de polícia em Springfield e Eugene, Oregon, e em Lakewood, Colorado.

Em meados dos anos 1970, quando comecei a pesquisar a sério as biografias de assassinos em série, o caso Glattman chamou minha atenção, e me informei nos registros públicos disponíveis. Como os leitores a esta altura já sabem, passei o fim da década elaborando o Projeto de Pesquisa de Personalidades Criminosas, conseguindo a aprovação pelo FBI e buscando o financiamento do Departamento de Justiça para realizar entrevistas com homicidas condenados. Com esse projeto, e com a expansão da Unidade de Ciências Comportamentais, começamos a institucionalizar o que até então eram iniciativas pessoais minhas. Nessa época, Teten e Mullany estavam aposentados, e eu me tornara o principal criminólogo e elaborador de perfis psicológicos de criminosos no FBI; o que era apenas um punhado de agentes dedicados a estudar assassinatos, estupros e raptos se transformou em grupo formal de agentes que elaboravam perfis para forças policiais locais e pesquisavam dentro das cadeias. Além disso, e apesar de certa resistência no Bureau, eu havia conseguido treinar agentes de campo com larga experiência para a função de coordenadores na elaboração de perfis, reunindo-os em Quantico em 1979 para um curso intensivo de ensino da atividade que cada vez mais deixava de ser uma arte para virar ciência, e mandando-os de volta para as sedes regionais para disseminar o conhecimento. Com isso, 55 agentes se tornaram especialistas locais em perfis psicológicos de criminosos, habilitados a fazer a ponte entre nós e as forças policiais de sua região quando nossa ajuda era requisitada; nos passavam todas as informações e apresentavam nossas análises aos integrantes das polícias.

Em 1981, quando estava em um bar bebendo umas cervejas com Jim McKenzie, o diretor de Quantico, algumas ideias começaram a fluir.

Nós havíamos estabelecido a melhor instituição de treinamento para forças policiais do país, e talvez do mundo, e nosso arquivo de impressões digitais e nosso laboratório de análise de evidências

Robert Ressler (sentado) e Pierce Brooks, fundador do VICAP.

forenses eram considerados há tempos os melhores em todos os sentidos. Lembrei a Jim que a lei havia mudado, e que o FBI ganhara permissão para atuar em crimes violentos que antes eram de jurisdição exclusiva dos distritos policiais locais. Então sugeri que, considerando nossa equipe cada vez maior de especialistas em ciências comportamentais e que podíamos contar com coordenadores regionais, deveríamos desenvolver em Quantico um Centro Nacional de Análise de Crimes Violentos. Sob a tutela desse departamento estariam o CPRP, treinamentos específicos para policiais e programas para compilar os resultados dos projetos de pesquisa e aplicá-los de forma a ajudar os agentes a formular mandados de busca e elaborar interrogatórios com base em padrões de comportamento, além de outros aspectos já abordados nas aulas que dávamos às forças de aplicação da lei de esfera local e a nossos próprios agentes. Todo sério, McKenzie falou que o nome deveria ser Centro Nacional para a Análise de Crimes Violentos e afirmou que, em razão dessa simples mudança, a concepção da coisa passara a ser ideia sua. Nós dois rimos, pois entendíamos a maneira como a burocracia funcionava, com o alto comando sempre dando um jeito de pegar o crédito por tudo. Mas McKenzie reconheceu que a ideia do Centro Nacional foi minha, e que era boa. Nos anos seguintes, o diretor de Quantico lutou para tornar o NCAVC realidade, e com certeza tudo não passaria de uma simples ideia se não fossem seus esforços incansáveis; mudanças organizacionais no governo federal não acontecem sem um defensor convicto e obstinado na posição de comando.

No fim das contas, NCAVC absorveu todos os programas relacionados a ciências comportamentais de Quantico, nos quais eu estava envolvido. Os leitores devem se lembrar de que quando a Academia do FBI foi criada, em 1972, servia como um local de treinamento para agentes do Bureau e policiais visitantes, além de novos recrutas. Boa parte do serviço de treinamento foi incorporada pelo NCAVC; além disso, a ideia do novo centro incluía muitos programas de pesquisa e compilação de informações que jamais haviam sido realizados em Quantico antes de eu dar início às entrevistas com assassinos condenados em presídios. A partir do Projeto de Pesquisa de Personalidades Criminosas, por exemplo, foram desenvolvidos projetos similares que analisavam mais a fundo questões como abuso infantil, incêndios criminosos, estupros, mentalidade de assassinos, espionagem e contraespionagem e outros temas importantes para a justiça criminal. O NCAVC se tornou, na prática, o braço de treinamento para pesquisas de ciências comportamentais em Quantico. A BSU conseguira ampliar seu escopo de forma considerável.

Enquanto avaliávamos a possibilidade da criação do NCAVC, soube que um homem chamado Pierce Brooks conseguira verba do Departamento de Justiça para fazer o estudo de viabilidade para estabelecer um Programa de Apreensão de Criminosos Violentos. Mais de vinte anos depois, ele revivia seu sonho do final da década de 1950, e em uma época em que trabalhar com computadores era muito mais aceitável e muito menos dispendioso.

Desde a época em que Harvey Glattman cometia homicídios até o início dos anos 1980, houvera uma transformação profunda e significativa no panorama de crimes violentos ocorridos nos Estados Unidos. Nas décadas de 1950 e 1960, quase todos os homicídios no país eram

Pierce Brooks (no centro e ao fundo) e os membros da equipe do VICAP do FBI: Anna Boudee, Ken Handfland (à esquerda), o dr. David Icove (no centro, à frente) e Jim Howlett (à direita, à frente).

resolvidos em um ano. Isso acontecia porque a maioria dos aproximadamente 10 mil assassinatos anuais se encaixavam na categoria de crimes cometidos por pessoas que conheciam a vítima: cônjuge, parente, vizinho, colega de trabalho. Em termos estatísticos, pouquíssimos casos eram de autoria de estranhos ou considerados "insolúveis" por algum outro motivo. Nos anos 1970, entretanto, a situação se alterou de forma drástica. Dos aproximadamente 20 mil assassinatos registrados todos os anos nos Estados Unidos, cerca de 5 mil ficavam sem solução — de 25% a 30%. Era essa parcela de crimes que Pierce Brooks queria abordar com o sistema VICAP. Nos vinte anos passados a partir de sua ideia inicial, Pierce a havia aprimorado e ampliado de forma considerável; queria que o sistema fosse de abrangência nacional, e não restrito à Califórnia, e que todos os departamentos de polícia do país pudessem fornecer dados e ter acesso às informações armazenadas no programa para investigar os crimes sem solução.

Quando fiquei sabendo do financiamento do Instituto Nacional de Justiça à ideia de Brooks, entrei em contato e o convidei para fazer parte do conselho de nosso Projeto de Pesquisa de Personalidades

Criminosas e fazer uma visita a Quantico. Quando viu o que estávamos fazendo, ele por sua vez me convidou, junto de meu superior imediato, a nos juntar à sua força-tarefa, que operava a partir do gabinete do professor Doug Moore e das instalações da Universidade Estadual Sam Houston, em Huntsville, Texas, um dos principais centros acadêmicos do país de estudos das forças de aplicação da lei.

> Já tinha experimentado sensações de horror e já tentara empenhar-me para conferir-lhe as expressões adequadas, mas as palavras não expressam a ideia do abatimento desesperado em que me encontrava.
> **Mary Shelley,** *Frankenstein*

Eu nunca tinha visto ninguém conseguir verba federal da maneira como Pierce Brooks fizera. Qualquer um que tivesse conhecimento do funcionamento do governo teria solicitado alguns milhões só para avaliar a viabilidade do sistema nacional informatizado; Brooks pedira e recebera cerca de 35 mil dólares e fez valer cada centavo do dinheiro público. Ele reuniu um grupo de altíssimo nível de especialistas em homicídios e outros campos relevantes. Para comparecermos a uma conferência no Texas, fomos instruídos a reservar nossas passagens com meses de antecedência para conseguir bons descontos e manter os custos sob controle. Na Estadual Sam Houston, fomos colocados em alojamentos estudantis e, na hora de comer, Brooks nos levava de ônibus a lanchonetes de fast-food. Não havia lugar para grandes gastos ali. Apesar de ficar admirado com o respeito à verba que vinha do bolso do contribuinte, senti que o plano inicial de Brook para o VICAP muito em breve se revelaria impraticável.

Sua ideia era abrigar a sede nacional do VICAP em uma ou duas salas da sede do departamento policial de Lakewood. Haveria dez ou quinze terminais espalhados pelo país, apenas nos locais mais populosos, o que significava que cada um deveria atender a dois ou três estados. Para manter o sistema em uso, precisaria solicitar o financiamento federal todos os anos; seria então que apareceriam os acréscimos ao valor requisitado para o estudo inicial.

Depois que nos conhecemos melhor, sentei para conversar com Pierce e transmiti a ele meu ponto de vista do funcionamento da concessão de verbas públicas e assuntos relacionados. Considerando a natureza do governo federal, falei, mesmo que conseguisse um bom financiamento em 1982, haveria a possibilidade da mudança de administração em 1984, e de as novas pessoas no poder não renovarem a concessão de verbas, matando o projeto por falta de fundos. No entanto, se o programa fosse parte de instância governamental já existente, o financiamento faria parte da obrigação orçamentária dessa instituição, o que reduzia a quase nada a chance de ser abandonado em caso de mudança de governo. Além disso, argumentei, colocando o programa VICAP sob o guarda-chuva de uma agência federal, haveria sedes regionais e funcionários disponíveis, a estrutura de telecomunicações já instalada e talvez até um sistema informatizado operando abaixo da capacidade, o que direcionaria as novas verbas para propósitos mais úteis. Um programa como aquele poderia ser operado pelo Correio, ou pelo Departamento de Saúde, ou de Educação, ou do Bem-Estar Social — no entanto, o local mais indicado era o FBI. Embora alguns departamentos de polícia locais tivessem sérias reservas em relação ao Bureau — os leitores devem se lembrar da relação ao estilo "via de mão única" entre os agentes federais e os policiais comuns —, estava claro que o FBI era o lar mais adequado para o VICAP, em especial se operasse em conjunto ao NCAVC, cuja criação já vinha sendo planejada.

Brooks não teve como contestar a lógica da argumentação, e começamos a tomar as providências necessárias para trazer o programa VICAP para a égide do FBI, como parte do NCAVC; quando um novo e mais polpudo financiamento fosse obtido, Brooks se instalaria em Quantico para administrar o programa durante o primeiro ano de implantação. Com esse plano em mente, Brooks e o FBI solicitaram um financiamento milionário para dar início aos programas VICAP e NCAVC.

Meus motivos para demonstrar tamanho interesse pelo VICAP tinham como base o trabalho que realizei para o FBI ao longo da década anterior. Em diversos casos, policiais que se defrontavam com "assassinatos de estranhos" não souberam lidar com os casos da melhor maneira nos estágios iniciais da investigação. David Berkowitz matou diversas pessoas antes que fosse estabelecida a relação entre as vítimas e os crimes. Se o vicap existisse na época, essa conexão teria sido feita mais cedo, e a prisão poderia ter acontecido de forma a evitar mais homicídios. Da mesma forma, nos crimes cometidos por Wayne Williams em Atlanta, por mais de um ano a polícia local negou que houvesse um assassino em série na cidade.

O vicap era necessário para ajudar a polícia nesses casos, e também para associar o ncavc a outros programas governamentais do tipo, como o que reunia informações sobre pessoas desaparecidas, por uma boa razão — para evitar que pessoas como os pais de Johnny Gosch sofressem daquela forma. É possível superar uma morte, até mesmo de um filho, mas a incerteza significava a ferida aberta e dolorida que jamais cicatrizaria. Dez anos depois do rapto do filho, os Gosch ainda não sabiam se o seu menino estava vivo ou morto, se os restos mortais haviam sido encontrados, ou se o assassino fora capturado e preso, talvez por algum outro crime. Eles precisavam da conclusão para aquela história e, para isso, eram necessárias informações. O vicap e o ncavc poderiam ajudar a aliviar essa agonia.

Brooks comanda a busca pelos corpos das vítimas do assassino em série da década de 1960 Harvey Murray Glattman, em um terreno desértico nas proximidades de Los Angeles.

A implantação do VICAP e do NCAVC não foi a exceção à regra de que mudanças institucionais levam tempo. As discussões sobre o VICAP se prolongaram por um ano. Durante uma das reuniões no Texas, um membro da força-tarefa do programa, um ex-repórter, entrou na sala com a notícia de que um homem chamado Henry Lee Lucas confessara cem homicídios espalhados por quase todos os estados da União. Segundo ele, era o caso perfeito para defender a necessidade da existência de um programa como o VICAP.

Aqueles entre nós mais habituados a investigações de homicídios queríamos mais informações do caso Lucas, embora concordássemos que sua existência poderia ser útil para convencer a opinião pública da necessidade de implantação do programa.

Henry Lee Lucas era um andarilho caolho de quarenta e tantos anos condenado pelo assassinato de senhora de idade em uma cidadezinha texana em 1983. Quando recebeu a sentença, Lucas afirmou ao juiz que, embora tivesse sido pego pelas autoridades por aquele caso, não era nada de mais, porque desde que saíra da cadeia, em 1975 — depois de cumprir pena pelo assassinato da própria mãe —, matara centenas de pessoas pelo país, algumas sozinho e outras em parceria com outro andarilho, Ottis Toole, que conhecera em 1979. Essa afirmação, corroborada mais tarde em confissões oficiais, serviu para manter Lucas fora do corredor da morte e para que ele fosse transportado pela polícia por todo o país em uma atividade frenética que durou vários anos.

Os primeiros agentes da lei que Lucas enrolou foram os Texas Rangers. Houve diversos pedidos de chefes de polícia e xerifes de vários estados solicitando à polícia estadual texana que descobrisse se Lucas tinha envolvimento com casos não solucionados de homicídio ainda em aberto. Os Rangers discretamente deram a entender que, caso uma força policial tivesse um caso sem solução na jurisdição, poderia mandar os arquivos que eles dariam início a interrogatórios preliminares e avisariam, caso fosse necessário alguém se deslocar até o Texas para colher o depoimento de Lucas pessoalmente.

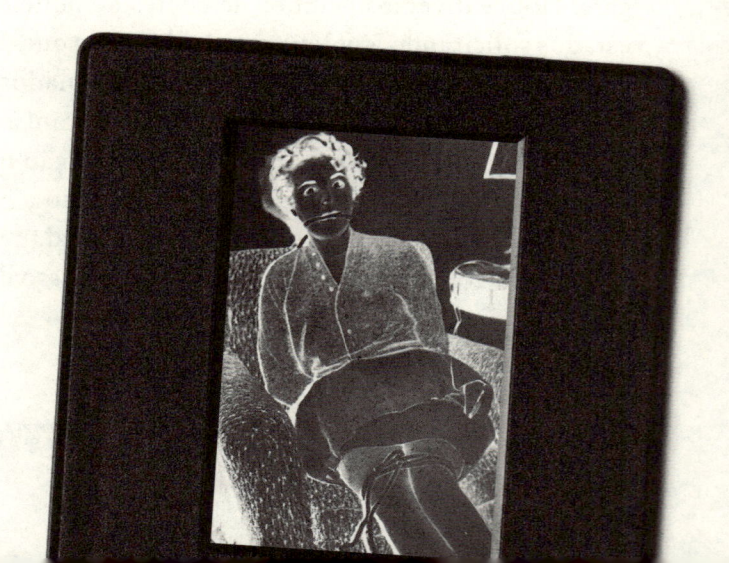

PROFILE
------ -
profile

Digamos que um distrito policial do sul de Illinois tivesse um homicídio não resolvido, jovem estuprada e esfaqueada até a morte atrás de uma loja de conveniência, e havia sinais de que o crime fora cometido por alguém apenas de passagem pelo local. O arquivo do caso era mandado para os Rangers, e eles tratavam da questão com o prisioneiro. Em vez de perguntas indiretas para saber se Lucas estivera em Illinois na data em questão, ou se já matara alguém perto de uma loja de conveniência, os Rangers faziam perguntas específicas que direcionavam a resposta de Lucas, por fornecer dados como etnia, gênero e idade da vítima, e às vezes até lhe mostravam fotografias da cena do crime — para ativar sua memória —, e só então lhe perguntavam se o homicídio era obra sua. Lucas foi esperto o bastante para negar envolvimento na maioria dos casos, mas assumiu a responsabilidade por vários. E, quando fazia isso, um representante da polícia local ia ao Texas para interrogá-lo pessoalmente e, muitas vezes, levava o suspeito para o estado em que o assassinato acontecera, para visitar a cena do crime, depor diante do tribunal e assim por diante. ==Quase nunca havia evidências ou testemunhas para embasar a condenação. De forma quase inacreditável, polícias de 35 estados se valeram desse expediente para encerrar 210 investigações de homicídios não resolvidos.==

Em meio a todos esses procedimentos, claro, Henry Lee Lucas podia sair da cela abafada no Texas por períodos longos; em suas viagens, era transportado a lugares distantes de avião ou de carro, ficava hospedado em hotéis, comia em restaurantes e era tratado como celebridade. Em determinado momento, ainda no início dessas apurações, foi realizada uma espécie de convenção em que policiais de todo o país foram até determinado local "discutir" os casos relacionados a Lucas. Eu não compareci, mas soube que o evento foi caótico; observadores relataram que a atmosfera era parecida com a abertura do pregão na bolsa de valores, com todos gritando e gesticulando para pegar pastas com documentos. Minha opinião é de que todo esse fiasco foi motivado não só pela necessidade dos distritos policiais de encerrar casos difíceis de assassinato, mas também pelo tédio de muitos policiais locais, que conseguiram convencer seus superiores de que era importante ir ao Texas em uma espécie de viagem de férias pagas para entrar na fila de interrogatórios com Lucas.

Um de meus superiores queria participar da farra e entrevistar Lucas no Texas — não exatamente pelas informações, mas para se gabar de que estivera lá e conversara com um criminoso hediondo. Como era eu quem controlava a verba do CPRP, o programa pelo qual ele queria viajar, pude vetar a ideia. Um agente da sede regional do FBI em Houston conseguiu interrogar Lucas, e perguntou se ele cometera algum homicídio na Guiana. "Sim", respondeu o preso. O agente então perguntou como chegou até lá. "De carro", foi a resposta. Perguntado a respeito da localização, Lucas disse não saber ao certo se a Guiana ficava em Louisiana ou no Texas. Resumindo, ele admitiu ter sido o responsável pelo destino de centenas de pessoas que morreram pelas mãos de Jim Jones no caso Jonestown, a milhares de quilômetros dos Estados Unidos, e obviamente não tinha nada a ver. Era clara indicação de que as confissões de todos aqueles outros crimes eram falsas.

No fim, os registros empregatícios de Lucas em campos de colheita de cogumelos na Pensilvânia, de vendas realizadas por ele em ferros-velhos da Flórida e de transações de cartões de crédito, além de outras evidências, foram verificados e comparados, e as discrepâncias nas histórias contadas por ele se manifestaram. Parte importante desse trabalho foi de Hugh Aynesworth e Jim Henderson, do *Dallas Times Herald*. A apuração foi capaz de estabelecer que, por exemplo, Lucas estava na Flórida quando foi cometido um assassinato no Texas pelo qual mais tarde se declarou responsável.

Quando entrevistei Lucas, anos depois de toda essa polêmica, a poeira havia baixado, e ele disse que na verdade não cometera nenhum dos homicídios que confessou na época. Interrogado com mais firmeza, admitiu que desde 1975 matara "alguns", menos de dez, talvez cinco, não tinha certeza. Só contara aquelas mentiras para se divertir e mostrar o que dizia ser a estupidez da polícia.

Foram necessários vários anos para que se resolvesse o fiasco do caso Lucas. Mas o membro da força-tarefa que aparecera com a notícia tinha razão: se o vicap estivesse em operação na época em que começou a fazer as confissões, teria sido fácil ver o que havia de verdadeiro naquelas declarações. Para começo de conversa, teríamos pedido aos distritos policiais que preenchessem formulários de seus homicídios não resolvidos e inserissem no sistema computadorizado do vicap. Assim poderíamos fazer a análise com base em datas, locais e *modus operandi*, o que rapidamente revelaria que vários crimes foram cometidos no mesmo dia em locais muito distantes, eliminando a possibilidade de ser o mesmo criminoso. Executando esse processo de eliminação, teríamos reduzido o escopo dos trabalhos rapidamente e permitido aos investigadores se concentrarem nas possibilidades reais.

==Enquanto desenvolvíamos o protótipo do formulário do vicap, a polícia de Los Angeles estava mobilizada na caça ao criminoso apelidado de Perseguidor Noturno.== Não havia a certeza de que um único assassino era responsável pela série de homicídios nos bairros latinos da cidade. Mandamos algumas pessoas da unidade do vicap ainda em implantação para prestar assistência técnica, em especial para ajudar a estabelecer quais vítimas podiam ser atribuídas ao assassino e quais deveriam ser descartadas. Boa parte desse trabalho era algo trivial para um investigador experiente como Frank Salerno, do lapd, que liderara o caso do Estrangulador de Hillside e fora encarregado das buscas do Perseguidor Noturno, mas estávamos em fase de teste do programa, e aquela era uma oportunidade de sermos úteis sem atrair os holofotes para a investigação. O objetivo era mostrar aos policiais que o fbi poderia ser usado como ferramenta de auxílio sem o risco de serem excluídos do processo. Richard Ramirez, o Perseguidor Noturno, foi preso quase sem ajuda do fbi, mas o caso nos ajudou a avaliar nosso formulário, que a princípio se revelou extenso e abrangente demais — como costuma acontecer quando o trabalho é realizado por um comitê. Mais tarde, conseguimos encurtá-lo, mas mesmo assim continua bastante detalhado, e toma cerca de uma hora de trabalho do policial para ser preenchido por completo.

Enquanto buscávamos financiamento para o VICAP e o NCAVC, por coincidência ocorreu o que Philip Jenkins, da Universidade Estadual da Pensilvânia, definiu como "a histeria dos assassinos em série de 1983 a 1985". Um artigo de Jenkins publicado em 1988 no *Criminal Justice Research Bulletin* citou inúmeras matérias de jornais e revistas desse período, todas afirmando que havia mais homicídios não resolvidos nos Estados Unidos do que nunca, que uma grande proporção dos casos era obra de assassinos em série e que o sistema judiciário e as forças de aplicação da lei precisavam de novas ferramentas para lidar com o problema que se agravava cada vez mais. Jenkins citou o caso Lucas como exemplo de que o assunto estava sendo tratado com boa dose de exagero. Como mencionei no início do capítulo, os números apontavam mais casos não resolvidos de "assassinatos de estranhos" nos anos 1970 e 1980 do que nas décadas anteriores, mas a tese de Jenkins estava correta: havia espécie de frenesi alimentado pela mídia, talvez até uma histeria, sobre o assunto em meados dos anos 1980, e nós do FBI e outras pessoas envolvidas na implantação do VICAP colaboramos com a impressão de que o problema era gigantesco e alguma coisa precisava ser feita. Não que tenhamos saído por aí atrás de publicidade, mas, quando algum jornalista entrava em contato e nos víamos diante da opção de colaborar ou não para uma matéria de crimes violentos, costumávamos fornecer boa dose de informações. ==Alimentando esse frenesi, usávamos uma tática muito conhecida em Washington, a de fazer barulho em torno de um problema para atrair a atenção do Congresso e de gente influente no Executivo.==

A maior complicação foi que algumas pessoas na máquina burocrática foram longe demais na busca por atenção. Pierce Brooks e eu ==defendíamos a implantação do NCAVC e do VICAP com argumentos sólidos, mas, para nós, eram trabalhos de longo prazo que poderiam não dar resultado imediato== — pelo menos não a ponto de capturar criminosos apenas apertando algumas teclas em um terminal computadorizado.

Eu me lembro de ter dito a Pierce que, se o VICAP começasse a funcionar oficialmente em 1985, só estaria operando em plena capacidade em 1995. Meus motivos para tal previsão eram simples de entender. O preenchimento dos formulários do VICAP e seu envio a Quantico seria um procedimento voluntário dos distritos policiais locais; levaria certo tempo até que todos se convencessem do benefício a ser obtido, e também demoraria para que o banco de dados se tornasse suficientemente amplo para ajudar a aprimorar o sistema capaz de produzir informações e se tornar útil na resolução de crimes.

O presidente Ronald Reagan anunciou a criação do NCAVC na convenção da Associação Nacional dos Xerifes realizada em 21 de junho de 1984 em Hartford, Connecticut. Ele afirmou que a principal atribuição da unidade era a identificação e o rastreamento de assassinos reincidentes. Verbas para programas pilotos foram liberadas pelo Instituto Nacional de Justiça. Pierce Brooks passou nove meses conosco e, no fim de maio de 1985, se acomodou diante de um terminal computadorizado em Quantico e observou a inserção dos dados do primeiro formulário oficial do VICAP a ser cadastrado no sistema. Havia demorado 27 anos, mas seu sonho de comparar dados entre crimes violentos enfim tomava forma. Três dias depois, Pierce voltou a Oregon, e o programa foi entregue aos meus cuidados.

Eu não queria essa função. O VICAP é o sonho de qualquer estatístico, mas gosto muito mais de trabalhar com questões relacionadas a ciências comportamentais e investigações policiais em andamento. O homem mais indicado para o cargo era Robert O. Heck, supervisor do Departamento de Justiça que acompanhara o processo de aprovação da verba nos meandros da burocracia, havia trabalhado bastante no projeto e, inclusive, esperava liderar o programa quando fosse posto em ação. Figuras do alto comando do FBI haviam lhe prometido o cargo. Quando o Bureau conseguiu o dinheiro, porém, Heck foi avisado que a administração ficaria a cargo de alguém de dentro. Heck ficou amargurado, assim como eu. Mesmo assim, as coisas continuaram andando. Em outubro de 1985, todo o financiamento do NCAVC foi assumido pelo FBI; seus quatro programas básicos

326. PROFILE
     profile

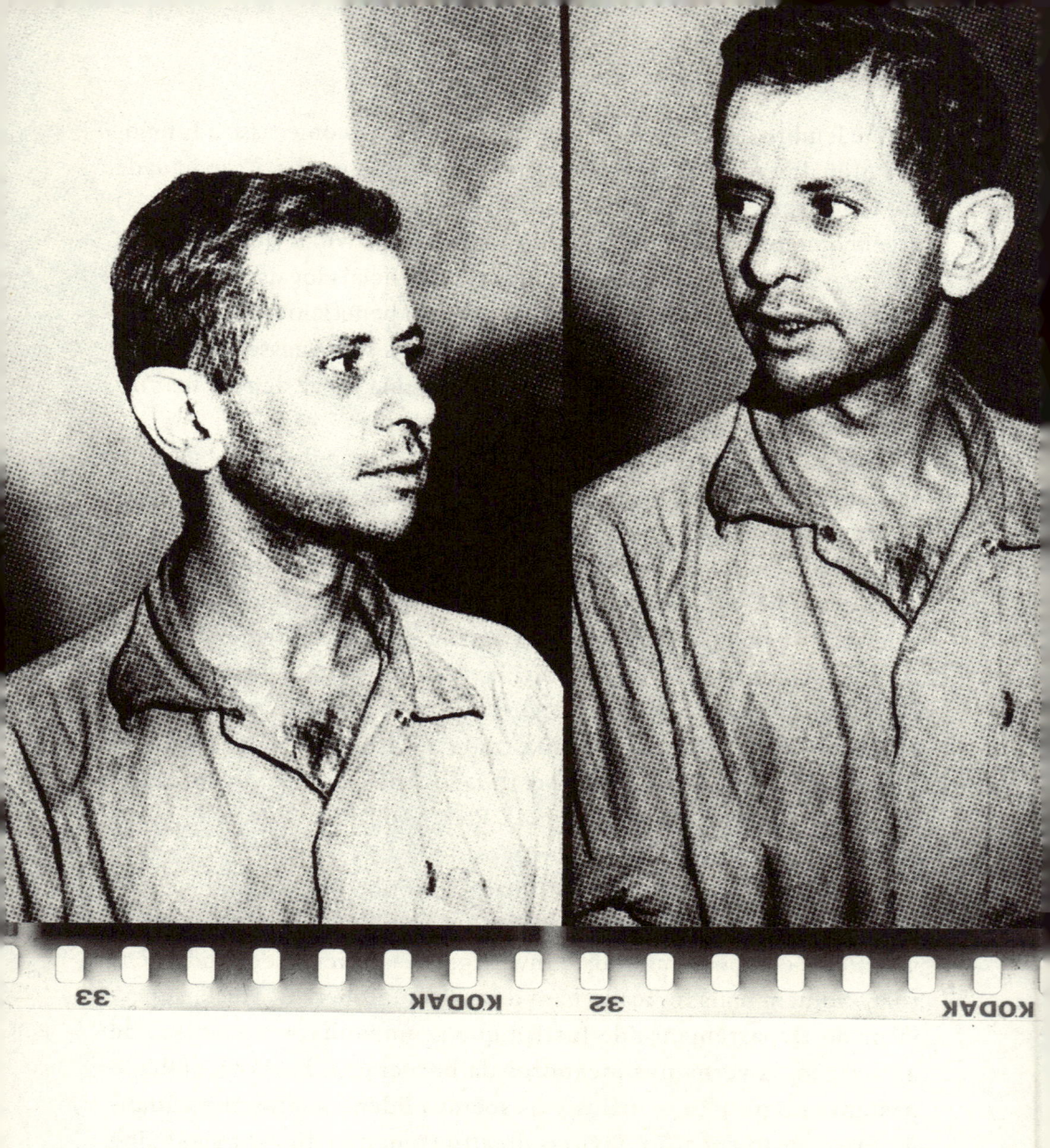

eram o de Pesquisa e Desenvolvimento (que se resumia basicamente no meu Projeto de Pesquisa de Personalidades Criminosas), o de Treinamento (de agentes de campos e policiais locais) o de Elaboração de Perfis e o VICAP.

Mais um obstáculo logo surgiria. O planejamento original do VICAP exigia um analista sênior e vários assistentes para inserir os dados dos formulários no sistema informatizado, além de outros profissionais cuja função seria convencer as polícias locais a usar o programa na investigação de homicídios não resolvidos e outros crimes violentos. Durante o primeiro ano de funcionamento, o dinheiro para os cargos subalternos foi direcionado por meus superiores para a compra de computadores. Portanto, tínhamos vários brinquedinhos eletrônicos novinhos e reluzentes e ninguém para encarar o trabalho tedioso e demorado de colocar as informações no sistema. Em apropriações subsequentes, meus chefes decidiram que, em vez de usar o dinheiro para recrutar gente para o trabalho de formiguinha de abastecer o banco de dados, era melhor contratar gerentes de informática e analistas criminais experientes que não tinham muito que analisar, já que o sistema não dispunha de quase nenhuma informação. A previsão ingênua com a qual se trabalhava era de que todos os casos não resolvidos do país entrariam no sistema no máximo um ano depois de cometidos. Como havia cerca de 5 mil homicídios sem solução por ano, isso significaria que, em 1989, depois de quatro anos de funcionamento, haveria 20 mil casos armazenados na memória do programa; mas, a essa altura, havia apenas 5 mil, e o programa parecia operar muito abaixo de seu potencial. Apenas no fim da década de 1980, perto da época de minha aposentadoria do Bureau, conseguimos contratar técnicos de nível médio para alimentar o sistema de dados e convencer os distritos policiais locais a nos mandar formulários para que o VICAP tivesse a chance de mostrar seu potencial.

Ainda existem várias cidades e estados importantes que não participam do programa VICAP, o que significa menos chance para o sistema cumprir as metas estabelecidas. Acredito que o governo federal deveria exigir que os departamentos locais enviassem seus crimes violentos sem solução para o banco de dados do VICAP, da mesma forma em que são instados a fazer isso para o Sistema Uniformizado de Informes sobre Crimes. Caso isso fosse feito, e se a comunicação ao VICAP se tornasse procedimento padrão em todos os distritos policiais, estou certo de que conseguiríamos reduzir essa porcentagem de 25% de homicídios sem solução para algo entre 5% e 10%.

Minha razão para pensar assim é a seguinte: o VICAP não diz respeito só a assassinos em série, que seriam rastreados porque, por exemplo, podemos associar o padrão de ferimentos à faca da vítima A em Massachusetts aos da vítima B em New Hampshire, fornecendo à polícia uma pista da movimentação do perpetrador. Diversos outros crimes poderiam ser reportados também. Por exemplo, digamos que tenha havido um homicídio por arma de fogo em Nova Jersey em que o projétil foi encontrado, mas não o atirador; no entanto, essa informação foi colocada no sistema do VICAP. Então, dois anos depois, em um bar no Texas, um homem foi preso por tentativa de estupro e uma arma foi encontrada com ele. Se os dados balísticos da arma fossem inseridos, o programa computadorizado do VICAP poderia encontrar outros registros de uso, e o homem preso no Texas poderia ser vinculado ao homicídio não solucionado em Nova Jersey.

Ainda não estamos nesse ponto, mas algum dia vamos chegar lá. E precisamos disso. No momento em que concluo a escrita deste livro, no início do segundo semestre de 1991, a necessidade de fortalecimento de um programa como o VICAP é mais clara do que nunca. Pouco tempo atrás, depois de admitir ter matado uma menina de dez anos, Donald Leroy Evans, de Gulfport, Louisiana, surpreendeu a polícia e o país inteiro afirmando que matou mais de sessenta pessoas em vinte estados desde 1977. Dois desses assassinatos foram comprovados, portanto, Evans pode ser um assassino em série de grandes proporções. No entanto, não há como ter certeza, e o caso pode acabar se tornando uma busca caótica, como a que girou em torno das confissões de Henry Lee Lucas no início dos anos 1980, a menos que esses crimes sejam examinados em detalhes. A melhor maneira para isso seria inserir os dados de todos os crimes que Evans alega no sistema informatizado do VICAP, fazer a busca cruzada com os programas de Pessoas Desaparecidas e Mortos Não Identificados do FBI e analisá-los levando em conta os deslocamentos do criminoso e outros elementos comprováveis para que a veracidade das alegações pudesse ser avaliada. Hoje é possível usar todos esses recursos, embora não sejam ainda interligados. Mesmo que algumas cidades e estados se recusem a colaborar com o VICAP, países como Inglaterra, Austrália, Nova Zelândia e Coreia já demonstraram grande interesse no programa. Desde minha aposentadoria, já dei palestras em alguns desses lugares sobre o VICAP e a elaboração de perfis psicológicos de criminosos. Suas forças policiais estão mais do que dispostas a juntar seus esforços aos nossos e fornecer dados na esperança de criar modos mais eficazes de capturar perpetradores de crimes violentos.

No fim, minha estimativa original de que o VICAP só estaria funcionando a plena capacidade em 1995 acabou se revelando um bom palpite, embora eu tenha sido muito criticado dentro do FBI por dizer isso em 1985.

PROFILE
profile — 330

Monstros reais

O SHOW DUPLO

> Você vai dizer: tudo muda. Não há dúvida, tudo muda, mas os arquétipos de crime não mudam, da mesma maneira que nossa natureza tampouco muda.
> **Roberto Bolaño, *2666***

ROBERT K. RESSLER E TOM SHACHTMAN

MINDHUNTER PROFILE
CAPÍTULO 11

Em 20 de junho de 1998, fui o mestre de cerimônias de uma estranha apresentação para circuito fechado de TV, estrelada por dois dos assassinos em série mais conhecidos e perigosos do país. A tentativa era aumentar a aceitação do programa VICAP; então, organizamos o primeiro Simpósio Internacional de Homicídios em Quantico. Na plateia havia trezentos agentes de aplicação da lei dos Estados Unidos e de outros países. Nosso foco era a padronização de procedimentos

PROFILE
profile

de investigação de homicídios em diferentes localidades; cada país — e, no caso dos Estados Unidos, cada jurisdição — parece conduzir a análise da cena do crime, a inquirição de testemunhas e a caçada aos criminosos de forma diferente. Como responsável pelo VICAP, eu queria que as pessoas conhecessem nosso programa nacional para a apreensão de criminosos violentos. Trazer aqueles profissionais para Washington DC era a primeira parte do plano do Bureau. Proporcionar a nossos convidados uma experiência que provavelmente não teriam em outro lugar — e lhes dar uma história para contar quando voltassem para casa — era a segunda parte, e isso seria oferecido por meio de entrevistas ao vivo com dois assassinos em série famosíssimos. Em razão de meu contato prolongado com ambos, que se estendia por quase dez anos, consegui convencer John Wayne Gacy e Edmund Kemper a fazerem essa "visita" a partir de onde cumpriam pena, em Illinois e na Califórnia, respectivamente. Eles confiavam em mim e, ao que me parece, não teriam concordado com um método tão incomum se eu não fosse o responsável pelos procedimentos e não tivesse feito o pedido pessoalmente. Depois de providenciados os arranjos preliminares, um burocrata do FBI em busca de holofotes tentou atribuir a si mesmo o papel de mestre de cerimônias; respondi que, se Gacy ou Kemper ouvissem a voz dele no lugar da minha, poderiam se recusar a participar, e nós passaríamos por uma tremenda saia justa. O burocrata concluiu que precisaria se contentar em fazer uma breve introdução e depois sentar e se comportar direitinho como bom membro da plateia, deixando a condução da apresentação sob minha responsabilidade.

A ideia de entrevistar um assassino condenado via satélite fora sugerida, a princípio, por produtores do programa do apresentador Geraldo Rivera, mas me recusei a fazer a intermediação para uma emissora de TV comercial, pois esse não era o papel de um agente do FBI. Os produtores de Rivera tentaram convencer o sistema prisional da Califórnia a permitir que Charles Manson fizesse uma participação ao vivo, mas não conseguiram; a direção do presídio, porém, dera permissão para que a equipe fosse até lá e fizesse longa entrevista com ele, que mais tarde foi transmitida em várias partes, durante as quais eu e o dr. Jack Levin, da Universidade Northeastern, fomos convidados a comentar e explicar o que Manson havia dito.

Nossa apresentação por circuito fechado de TV, no entanto, era "interativa". Os dois entrevistados foram colocados diante de câmeras de vídeo, cujas imagens foram transmitidas para Quantico via satélite e projetadas em telões. Primeiro, fiz a exposição com slides de seus casos para a plateia, depois repassei as perguntas dos convidados aos dois. Podíamos vê-los, mas eles só conseguiam nos ouvir. Cada um passou noventa minutos respondendo aos questionamentos, e foi um espetáculo e tanto, pois Gacy e Kemper são inteligentíssimos e extremamente articulados, além de assassinos em série de alta periculosidade.

À esquerda, fotografia da prisão de John Wayne Gacy em Northbrook, Illinois, três anos antes de ele matar o primeiro de uma série de 33 rapazes da região de Chicago. À direita, Robert Ressler, na época agente especial do FBI, e o assassino em série Edmund Kemper.

Eu estava em viagem de carro para Chicago com minha família no fim de 1978, para o recesso de fim de ano, quando ouvi no rádio que cadáveres haviam sido encontrados em uma pequena residência perto de Des Plaines, Illinois, um subúrbio de Chicago não muito distante do Aeroporto O'Hare e do local onde fui criado. Vários corpos haviam sido descobertos, e, segundo a reportagem, havia muitos outros.

Para alguém com interesse profissional em múltiplos homicídios, era uma oportunidade importante demais para desperdiçar, de férias ou não. Deixei minha família na casa de parentes, desejei boas-festas, pedi desculpas por ter que me ausentar, peguei a câmera e fui para a cena do crime. Havia dezenas de pessoas aglomeradas no local, muitas delas à procura de pistas de familiares desaparecidos. Solicitei ajuda ao agente local do FBI, que me apresentou ao encarregado das investigações, Joe Kozenczak, chefe dos detetives do distrito policial de Des Plaines. A essa altura, as buscas e a exumação dos cadáveres estavam a cargo da autoridade policial do condado de Cook, e fui apresentado a investigadores desse departamento também; por acaso, Howard Vanick, um tenente da polícia do condado, tinha sido meu aluno em Quantico, por isso não demorei a me inteirar dos detalhes sobre o caso.

Tudo começou em 11 de dezembro de 1978, dia do aniversário de Elizabeth Piest, que estava esperando seu filho de quinze anos, Robert Piest, encerrar o expediente na drogaria em Des Planes para levá-lo para casa e comemorar a ocasião em família. Robert disse à mãe que iria até o estacionamento conversar com um empreiteiro de um trabalho temporário de verão, que pagaria duas vezes mais do que ganhava no comércio. Dez minutos depois, como Bob não voltava, a sra. Piest ficou preocupada, foi para casa e ligou para a polícia. A resposta que ouviu foi que os adolescentes quase nunca chegam em casa na hora, e que era preciso manter a calma. Às onze e meia da noite, a sra. Piest não aguentava mais esperar, e insistiu para que a polícia desse início à busca pelo filho.

Cerca de 20 mil pessoas são dadas como desaparecidas na região de Chicago todos os anos, e provavelmente mais de 19 mil são encontradas no período de algumas horas até um ano. Por isso, muitas vezes a polícia se mostra relutante em mobilizar grandes esforços antes que se passe tempo suficiente para o caso se resolver sozinho. Mas o chefe dos detetives, Joe Kozenczak, estava determinado a levar a denúncia a sério; ele também tinha um filho de quinze anos que estudava no mesmo colégio de Robert Piest, e sabia que se tratava de um ótimo garoto, da equipe escolar de ginástica. Não era o tipo de adolescente que desapareceria sem ao menos ligar para casa; parecia ter acontecido alguma coisa mesmo. Conversando com o pessoal da drogaria, Kozenczak soube que um empreiteiro local, John Wayne Gacy, estivera lá em 11 de dezembro para fazer um orçamento de reforma, ocasião em que tirou fotos das instalações e anotou medidas.

> **Gacy tinha 36 anos, era baixinho e gordo, com queixo duplo e bigode escuro. Pelo que se sabia, era um empresário bastante atuante na comunidade [...] costumava se vestir e se maquiar de palhaço para divertir as crianças em eventos de caridade.**

Kozenczak havia pesquisado os antecedentes de Gacy, mas nada aparecera até a manhã do dia 13, quando o empreiteiro apareceu na sede do distrito policial para falar sobre o assunto depois de ter recebido um telefonema em casa. Gacy tinha 36 anos, era baixinho e gordo, com queixo duplo e bigode escuro. Pelo que se sabia, era um empresário bastante atuante na comunidade, um construtor que realizava trabalhos de decoração de interiores e de manutenção predial; também era engajado em política local — chegara a organizar um desfile do Dia da Constituição Polonesa que contou com a presença de Rosalynn Carter, e fora fotografado com a primeira-dama — e costumava se vestir e se maquiar de palhaço para divertir as crianças em eventos de caridade. Morava na mesma casa desde 1972 e era conhecido por todos na vizinhança.

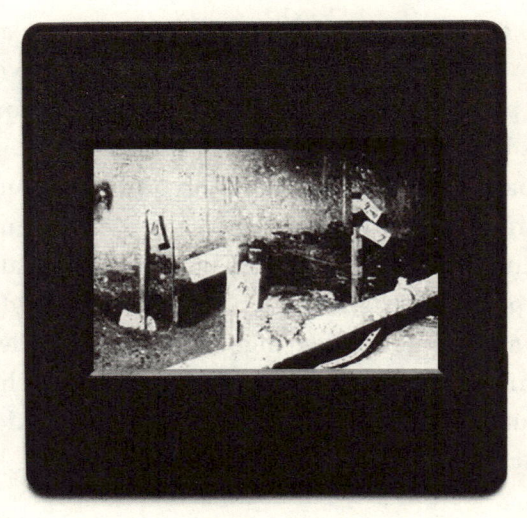

O cruel "porão" sob a casa de Gacy, com marcadores indicando os 27 corpos enterrados. Dois outros foram sepultados nos fundos da propriedade, e outros quatro desovados em rios nas proximidades.

Para Kozenczak, Gacy negou conhecer Robert Piest e garantiu que não tivera nenhum contato com o garoto. Joe rebateu afirmando que ele fora visto no estacionamento com Robert, e Gacy alterou um pouco sua versão dos fatos e admitiu que talvez pudesse ter tido um breve contato com o rapaz no local, mas que tudo se encerrou ali mesmo. ==Kozenczak mais tarde me contou que seu instinto dizia que Gacy estava mentindo; suas negativas pareciam efusivas demais e não eram muito convincentes.== Os homens de Kozenczak conseguiram um mandado de busca para uma revista preliminar à casa de Gacy; encontraram algumas roupas de jovens e um recibo de rolo de filme fotográfico deixado para revelar na drogaria[1] em Des Plaines onde Piest trabalhava, e que não estava no nome de Gacy. A investigação revelou que Piest emprestara a jaqueta a uma garota que também trabalhava na loja; ela encomendara a revelação das fotos e esqueceu o recibo na jaqueta quando a devolveu.

Kozenczak e seus superiores não consideravam ter elementos suficientes para prender Gacy por algum crime — oficialmente, Robert Piest estava apenas "desaparecido" —, mas já era o bastante para colocá-lo sob vigilância e interrogar os amigos, colegas de trabalho e conhecidos. O cerco se fechou para valer. Os policiais acompanhavam Gacy

---

1 As drogarias norte-americanas em muitos casos vendem produtos e serviços que vão muito além de remédios e itens de higiene e beleza, funcionando na prática como lojas de conveniência. [NT]

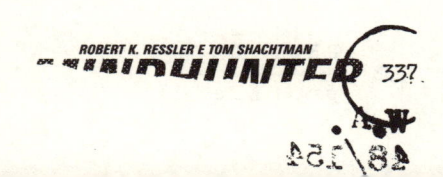

pela rua e, quando ele estava dirigindo, às vezes chegavam a encostar o para-choque das viaturas no de seu veículo, tentando provocar alguma reação. Gacy a princípio se mostrou calmo. Disse aos homens que o seguiam que era bobagem seus superiores os colocarem para fazer aquilo, e que pessoalmente não tinha nenhum problema com eles. Inclusive, avisava para onde estava indo, caso se perdessem em meio ao trânsito, e pelo menos uma vez se ofereceu para pagar pelo almoço deles na lanchonete por onde passaria. ==Depois de cinco dias de vigilância, porém, seu comportamento degringolou== a ponto de ele parar de se barbear, começar a beber, abusar de medicamentos e ser hostil com as pessoas. O que não o impediu de pendurar luzes de Natal na fachada de casa, como sempre fazia nas festas de fim de ano.

> Fiquei pensando nela, pensando que talvez fosse minha culpa [...], então pensei que a culpa era dela, foi ela mesma quem pediu. Então não sabia o que pensar, minha cabeça atirava para todos os lados, bang, bang, bang...
> **John Fowles**, *O Colecionador*

Gacy contatou dois advogados e pediu para abrir processo contra a polícia por constrangimento ilegal, sob a alegação de que a vigilância prejudicava os negócios.

Em 20 de dezembro, no dia seguinte à instauração do processo, Kozenczak enfim recebeu documentação comprovando que Gacy fora condenado por atos de sodomia com um adolescente em Iowa em 1968. Ele passara anos na cadeia por isso, mas se revelara prisioneiro exemplar a ponto de fundar na prisão uma seção da Câmara de Comércio Júnior dos Estados Unidos. A sentença previa dez anos de encarceramento, mas o comportamento impecável lhe rendeu o aceite do pedido de liberdade condicional em 1970. Depois da soltura, Gacy se mudou para Illinois, onde enfrentou acusações de lesão corporal e conduta negligente em meados de 1972; um jovem alegava que Gacy o apanhara em local frequentado por homossexuais, o levara para sua casa e tentara agredi-lo. Alguns dias depois da detenção, Gacy contou à polícia que o jovem estava tentando extorqui-lo em troca de retirar as queixas, e queria que fosse preso por isso. Ambas as acusações não deram em nada; quando o denunciante não apareceu na audiência para depor, o inquérito contra Gacy foi encerrado.

Munido dessa nova informação, Kozenczak concluiu que tinha elementos suficientes para pedir um mandado de busca mais abrangente e, em conjunto com a autoridade policial do condado de Cook, fez revista minuciosa da casa. Gacy estava presente e os detetives o acusaram de manter Robert Piest em cárcere privado na residência. Ele negou, mas admitiu que, em 1972, fora forçado a matar um parceiro homossexual em autodefesa e enterrara o corpo sob o piso de concreto da garagem. Sob a vigilância da polícia, Gacy pegou uma lata de tinta spray e marcou o local onde alegava estar o cadáver. Dentro da casa, a polícia encontrou o alçapão que levava a uma espécie de porão entre o assoalho e as fundações da construção e, quando se esgueiraram lá para baixo, encontraram três corpos em decomposição e partes de vários outros. Gacy foi preso sob acusação de homicídio. Em sua confissão inicial, na presença de seis detetives, se declarou culpado pelo assassinato de Robert Piest e de outros 27 jovens, e a maioria das vítimas ainda enterrada sob a casa, porém, nos casos mais recentes — como o de Piest —, os cadáveres haviam sido arremessados no rio Des Plaines. A polícia se pôs a vasculhar a casa de Gacy e o terreno da propriedade de tal forma que, quando os trabalhos terminaram, só restavam as paredes externas, o telhado e as vigas de sustentação. Como explicou o médico legista do condado, procuraram por "todo e qualquer vestígio de evidência — um anel, uma fivela de cinto, um botão — que ajudasse a identificar as vítimas". O motivo era que Gacy só se lembrava do nome de algumas poucas pessoas que matara. Quando a contagem de corpos foi concluída, havia 33 vítimas (29 embaixo da casa e quatro no rio), mais do que qualquer outro assassino que agia sozinho fizera na história dos registros criminais dos Estados Unidos. A maioria dos mortos era de jovens do sexo masculino entre quinze

PROFILE
profile

e vinte anos de idade. Ted Bundy pode ter matado mais gente, mas nem todos os corpos foram encontrados, e nem todos os casos puderam ser vinculados de forma direta a ele. John Gacy era oficialmente o pior assassino de nossa época.

A princípio, Gacy entrou em detalhes na confissão, mas depois, aconselhado pelos advogados, se recusou a falar. Conforme ele admitira, os crimes começaram em uma noite de janeiro de 1972. Gacy estava rondando uma parada de ônibus perto de Chicago à procura de parceiros sexuais, e foi para casa com um jovem, com quem teve relações. De acordo com seu relato, na manhã seguinte o rapaz o atacou com uma faca, os dois entraram em confronto físico e no fim Gacy conseguiu cravar a lâmina no peito do agressor. Ele enterrou o corpo embaixo da casa. Mais tarde, nesse mesmo ano, Gacy se casou pela segunda vez. (O primeiro matrimônio, no qual tivera dois filhos, terminou em divórcio na sua primeira passagem pela prisão.) A segunda esposa o questionou a respeito das carteiras de alguns jovens que o marido tinha em casa, mas, como ele reagiu com rispidez e falou que aquilo não lhe dizia respeito, a mulher não tocou mais no assunto. Depois ela começou a se queixar de odores estranhos na casa e, quando a esposa estava em viagem de férias, Gacy contou que concretou o piso sob o qual estava o primeiro corpo para abafar o cheiro. Sua sogra e os filhos do primeiro casamento viveram no local nos anos seguintes, durante os quais, de acordo com ela, o cheiro de "ratos mortos" continuou. Assim como os assassinatos.

Gacy não se recordava exatamente de quando matara pela segunda vez, mas achava que fora entre 1972 e 1975, e as evidências forenses confirmavam a estimativa. Ele estrangulou um jovem, cujo corpo deixou no closet antes de enterrar, e ficou incomodado com os fluidos corporais que vazaram da boca da vítima, pois mancharam o carpete. Mais tarde, conforme explicou às autoridades, Gacy aprendeu a enfiar panos e outros tipos de material na boca das vítimas para evitar esse tipo de incidente revelador de seus crimes.

De acordo com a primeira confissão, em meados de 1975, John Butkovich, empregado de 22 anos da empreiteira de Gacy, foi até a casa dele com alguns amigos exigindo o pagamento de salários atrasados;

depois de discussão em que nada foi resolvido, Butkovich foi embora. Mais tarde naquela noite, Gacy estava "passeando" de carro e encontrou Butkovich. Ele levou o jovem para casa e lhe ofereceu bebidas. Em seguida, quis lhe mostrar o "truque da algema". Deixando-se algemar, Butkovich ficou indefeso, e falou para Gacy que, quando fosse solto, o mataria. Como resposta, Gacy lhe mostrou seu segundo jogo mortal de entretenimento, o "truque da corda", no qual colocava um laço em volta do pescoço da vítima e, com um pedaço de madeira, apertava lentamente até matar a pessoa.

Os truques da corda e da algema de Gacy mais tarde foram mencionados por vários jovens que, levados à casa dele, se recusaram a participar das demonstrações de "mágica" e assim conseguiram sobreviver. Butkovich não teve a mesma sorte e foi enterrado em cova aberta no barracão de ferramentas perto da garagem, que mais tarde também foi concretada.

A família Butkovich desconfiou de Gacy na época, mas as autoridades não deram prosseguimento às denúncias. "Se a polícia tivesse nos dado atenção, poderia ter salvado muitas vidas", o pai de Butkovich declarou à imprensa mais tarde. As suspeitas do sr. Butkovich não foram investigadas porque os policiais acharam que, assim como milhares de

Dr. Robert Stein, médico-legista, orientando as buscas na cena do crime no porão da casa de Gacy, em 1979.

outros jovens pelo país, o filho havia fugido de casa. Além disso, para que o crime fosse investigado, seria necessária alguma evidência significativa para garantir o mandado de busca com um juiz.

Mais tarde, surgiram outras informações sobre as técnicas de Gacy para atrair e controlar as vítimas e sobre seus atos sádicos. Ele ia a locais frequentados por homossexuais em busca de vítimas, muitos dos quais estavam apenas de passagem pela cidade e cujo desaparecimento só seria percebido depois de um bom tempo. No entanto, em outras ocasiões, atacou pessoas mais próximas, convencendo funcionários temporários a irem até sua casa com a promessa de acertar salários atrasados. Uma vez lá, eram dopados com álcool e drogas, e Gacy sugeria que assistissem a filmes. Ele começava com pornografia heterossexual, e depois passava para os filmes gays. A essa altura, caso o jovem não manifestasse oposição veemente, ele se valia dos truques da algema e da corda. Quando a vítima estava imobilizada, Gacy cometia o ataque sexual. Depois, em geral, colocava o rapaz na banheira, às vezes, com um saco plástico na cabeça, até quase afogá-lo, e então o deixava se recuperar para mais sessões de estupro e tortura.

Gacy era inteligente, de QI elevado, mas acima de tudo era um manipulador de enorme eloquência verbal, capaz de usar a seu favor a paranoia e a curiosidade das vítimas. Era como uma aranha que atraía pessoas para o centro da teia para então matá-las. Enquanto Ted Bundy golpeava mulheres no rosto com um pé de cabra, Gacy não usava faca nem qualquer outro tipo de instrumento como arma, apenas imobilizava as vítimas se valendo da lábia e de expedientes enganosos.

Quanto mais conseguia raptar, agredir e assassinar sem consequências, mais elaborados os rituais de tortura se tornavam. ==Dono de opinião grandiloquente a respeito de si mesmo, e de um desprezo por policiais e pessoas em geral, Gacy se transformou em um assassino experiente e eficientíssimo.==

Em fevereiro de 1976, a segunda mulher de Gacy foi embora junto de sua família, e os homicídios se tornaram mais frequentes, chegando a média de um por mês. Enquanto os cometia, Gacy deve ter se convencido de que era invencível, pois ninguém sequer suspeitava dos crimes. Se tornou mais ousado e arrogante, deixou de lado o anonimato proporcionado pelos lugares frequentados apenas por gays e passou a abordar jovens no meio da rua — um voltava para casa depois de ir a um haras, e outros eram funcionários temporários de sua empresa. Esses jovens entre quinze e vinte anos de idade simplesmente desapareciam, e na maior parte dos casos se imaginava que haviam fugido de casa. Assim como a quantidade de crimes, o sucesso profissional de Gacy e seu prestígio na cidade só cresciam. Ele se tornou líder da vigilância comunitária do quarteirão, visitava crianças internadas em hospitais com roupa de palhaço e dava festas anuais para centenas de vizinhos. "Ele sempre se mostrou disponível para qualquer tipo de ajuda, lavava janelas, carregava cadeiras em reuniões — e até se oferecia para consertar vazamento em torneiras", um membro local do Partido Democrata disse à imprensa, e ainda arrematou: "Não conheço ninguém que não gostasse dele".

Os primeiros relatos nos jornais sugeriam que Gacy tinha dupla personalidade ao estilo "o médico e o monstro". Como argumentei nos capítulos anteriores do livro, a explicação não se aplica a esse tipo de assassino. ==O lado assassino está sempre presente, mas o homicida na maior parte do tempo consegue escondê-lo do mundo exterior.== Analisando o histórico de Gacy, era possível ver que o seu lado estranho e perigoso já vinha se revelando havia quinze anos. Nos anos 1960, em Iowa, quando gerenciava três unidades da rede de restaurantes de frango frito da qual seu sogro era franqueado, ele se aproveitava da posição para conseguir sexo com jovens funcionários. Em "declaração oficial dos fatos" entregue ao procurador estadual do condado de Cook, foi revelado que "os jovens eram recompensados com a permissão para fazer sexo com a primeira mulher de Gacy em troca de sexo oral no próprio Gacy". Além disso, "quando algum jovem vítima de sodomia o denunciava às autoridades, Gacy contratava outro rapaz para espancá-lo e convencê-lo a não testemunhar". Foi só depois que alguém mais bem relacionado prestou queixa que Gacy foi indiciado por sodomia, condenado e mandado para a cadeia.

Anéis de formatura, documentos de veículos e outros pertences dos mortos foram encontrados na residência de Gacy; em um dos casos, o assassino vendeu o carro de uma vítima a um funcionário. Na verdade, ele guardava troféus relacionados a quase todas as pessoas que matava. No início de 1978, Gacy concluiu que o porão sob o assoalho e os demais esconderijos disponíveis na propriedade não comportariam mais corpos, e começou a desová-los de pontes no rio Des Plaines.

Quando os policiais de Pueblo chegaram ao local, a princípio acharam que havia duas pessoas dentro da cabine telefônica — com mais de dois metros de altura e quase 150 quilos, Kemper era o tipo de sujeito que causava essa impressão.

Quando Kozenczak e seus investigadores interrogaram Gacy pela primeira vez em casa, em 12 de dezembro de 1978, o corpo de Robert Piest ainda estava no sótão. De alguma forma, antes que a fase mais intensa de vigilância policial começasse, o assassino conseguiu tirar o cadáver da casa e jogá-lo no rio; Piest só foi encontrado depois do julgamento. A essa altura, apenas metade das vítimas havia sido identificada.

No tribunal, os advogados de defesa argumentaram que Gacy sofria de múltiplas personalidades, e que "Jack Handley" cometera os assassinatos. (Gacy alegava que "Jack", sua segunda personalidade, e "John" tinham temperamentos opostos. O verdadeiro Jack Handley era policial da região de Chicago de cujo nome o criminoso se apropriara.) Mais tarde, Gacy afirmou que, por questões relacionadas ao trabalho, mais de uma dezena de pessoas tinham as chaves de sua casa, e que alguns colegas moraram lá um tempo e também estariam envolvidos nos crimes. Ele reformulou sua confissão afirmando que matara apenas alguns dos jovens, e não os 33, e que de forma nenhuma assassinara todos os rapazes com quem fez sexo. Algumas dessas teorias começaram a ser elaboradas a partir das 64 horas de fitas de áudio que Gacy gravou para que fossem usadas por seus advogados no julgamento, e nas quais admitia vários dos crimes.

A procuradoria estadual indiciou apenas Gacy, ignorando algumas evidências de que poderia haver de fato outras pessoas envolvidas — dois colegas de Gacy que passaram mesmo algum tempo morando na sua casa. Isso é algo comum em casos desse porte: a acusação se concentra em um suspeito sólido, e não vai atrás de outros porque isso criaria ramificações complexas na investigação a princípio bastante direta. O que se considera mais importante é seguir com o caso rapidamente, para que a condenação do suspeito mais óbvio aconteça sem desvios de rota.

No julgamento, Gacy e seus advogados alegaram inocência por insanidade. A acusação rebateu explicando que os artifícios de que Gacy se valia para procurar os jovens que se tornavam suas vítimas, imobilizá-los, matá-los e ocultar os cadáveres de forma deliberada, provavam que os crimes eram premeditados, e que ele claramente sabia a diferença entre certo e errado nas ocasiões em que os cometeu. Depois de quase seis semanas de procedimentos, o júri o declarou culpado pelo assassinato de 33 vítimas, e Gacy foi condenado à morte na cadeira elétrica.

Depois da condenação, requisitei uma entrevista com Gacy, que concordou em me ver, junto de alguns colegas meus da BSU. Ele alegava que me conhecia da infância. Morávamos a quatro quadras um do outro, e ele se lembrava de ter entregado compras na casa de minha mãe, inclusive descreveu em detalhes alguns vasos de plantas incomuns no jardim. Então, começamos a falar de nosso antigo bairro, e desenvolvemos certa proximidade. Nas conversas com outros assassinos, eu havia aprendido que era possível me comunicar com alguém como Gacy de forma objetiva, sem estigmatizá-lo pelo que fizera. A essa altura, Gacy estava convicto de que a polícia, as instituições psiquiátricas e os tribunais estavam cheios de imbecis que não eram capazes de entendê-lo e eram inferiores a ele em termos intelectuais — eu, por outro lado, estava habituado ao contato com criminosos inteligentes e sabia como conduzir a conversa a respeito da vida dele. Gacy afirmava que dois ou três de seus antigos funcionários tinham envolvimento nos crimes. Em nosso diálogo, eu lhe disse que concordava que a polícia deveria ter investigado com mais rigor as pessoas que moraram com ele. Fui sincero ao mencionar isso, e ==até hoje acho que há caminhos inexplorados da investigação que poderiam ser percorridos e talvez revelar a existência de cúmplices==.

Gacy não falava com a mídia e recusava até mesmo incentivos financeiros para entrevistas. Afirmava que queria contar a história algum dia, e eu o incentivei a fazer isso. No entanto, alertei que precisaria ser sincero e não poderia alegar que não matara todas as vítimas. Inclusive, afirmei acreditar que ele poderia ter assassinado mais de 33 pessoas; como costumava viajar muito a trabalho, passando por catorze estados, poderia ter ido a locais frequentados por gays em busca de vítimas em outra localidades. Gacy não confirmou ou negou a acusação.

Ao longo dos anos, nos mantivemos em contato. Em conversas posteriores, ele se referiu de forma desdenhosa aos jovens que matou como "veadinhos e vagabundos que não valiam nada". Eu o contestei nesse ponto. Por que desprezar as vítimas daquela forma? Se eram homossexuais que não valiam nada, então ele era o quê? A resposta de Gacy foi que os rapazes eram pessoas inúteis que tinham fugido de casa, enquanto ele era um empresário requisitado e bem-sucedido que não tinha muito tempo livre para namorar. Falou que considerava mais conveniente fazer sexo com um jovem do que cortejar uma mulher com vinhos, jantares e gestos românticos, o que ocuparia tempo demais em sua agenda lotada. Essa justificativa não me pareceu nada convincente, mas não questionei esse comentário na ocasião, para mantê-lo falando.

Mais tarde Gacy fez uma pintura e me deu de presente. A imagem representada era de um palhaço com traje bem parecido ao seu, posando em paisagem de árvores verdejantes e cercado de balões. Havia a inscrição: ==“Não é possível desfrutar da colheita sem antes semear os campos”==. Algumas pessoas entenderam como um elogio a mim, pois significaria que o tempo que passei entrevistando perpetradores de homicídios múltiplos me preparou de forma adequada para conversar com ele. Por outro lado, houve quem visse no texto a insinuação de que ainda havia mais vítimas de Gacy para se encontrar. Já o próprio assassino se recusou a se explicar.

Pessoas que ganham fama pelos crimes que cometem, muitas vezes despertam fascínio em desconhecidos quando sabem de seus feitos. Foi o que aconteceu com John Gacy na prisão em 1986: uma mulher divorciada duas vezes, com oito filhos, foi visitá-lo, e estabeleceram uma intensa correspondência. Dois anos e 42 cartas depois, ela foi convencida pelo *Chicago Sun-Times* a permitir a publicação de trechos de algumas delas. Havia passagens como estas:

> Sou um ingênuo, e acho que você também. Mas dá para superar isso. E não tem nada a ver com educação formal. Tenho três diplomas universitários. Grande coisa. Não significa nada sem bom senso. Sem pessoas espertas com quem você possa aprender. Mas é preciso tomar cuidado com os pilantras também. Quer dizer, [termo omitido] que pariu, a procuradoria afirmou que eu era manipulativo ou manipulador. Claro que sim. Mas se não fosse não teria como ser bem-sucedido. Você não consegue parecer alguém bem-sucedido sem recorrer à manipulação, às vezes.

O psiquiatra forense dr. Marvin Ziporyn, chefe de psiquiatria na unidade prisional onde Gacy estava, avaliou as cartas para o jornal e escreveu uma análise. Ziporyn também conduzira extensas entrevistas com Richard Speck e fizera um livro sobre ele, chamado *Born to Raise Hell* [Nascido para tocar o terror]. O psiquiatra escreveu que, em todas as cartas, praticamente em cada parágrafo, Gacy revelava os dois principais temas que ocupavam seu pensamento. O primeiro era a imagem que fazia de si mesmo como "bom sujeito", o que para Ziporyn também significava heterossexual, "prestativo, amigável, generoso, viril e corajoso". Por outro lado, escreveu o médico, Gacy tinha dificuldades em admitir que havia o "Eu Ruim, o que significa fraco, tímido, covarde e — acima de tudo — homossexual". Esse "Eu Ruim" era o responsável pelos homicídios. O fato de renegar o "Eu Ruim" o fazia acreditar que era bom. Isso, segundo Ziporyn, era um exemplo típico de comportamento sociopata, alguém cujo ego imenso "existe apenas para satisfazer o próprio apetite pela existência. Sua resposta para a pergunta 'O que uma pessoa tem permissão para fazer?' é 'Tudo o que conseguir e se safar'. A resposta para a pergunta 'O que é o bem?' é 'Tudo o que fizer bem para mim'". Mesmo nas cartas, Gacy estava tentando exercer controle sobre a nova amiga, na visão do psiquiatra, dizendo a ela "o que fazer, o que pensar, como lidar com a família, como resolver seus assuntos", o que era demonstração da necessidade de controle e dominação — justamente a dinâmica que o levava a imobilizar e matar pessoas.

Em anos posteriores, Gacy passou a acreditar que seus problemas remontavam à infância. Filho de imigrantes (poloneses e dinamarqueses), cresceu em um lar em que a disciplina era aplicada de forma estrita, e ao beber, seu pai maltratava os membros da família. Ele afirmava ter sido molestado aos cinco anos de idade por uma menina adolescente, e aos oito por um empreiteiro. Aos dez, começou a ter ataques epiléticos, e esse problema médico o impedira de praticar esportes e participar de várias atividades na época do Ensino Médio; quando começou a trabalhar, precisou tirar licença médica logo no terceiro dia. Também garantia que sua mente fora afetada pelo uso de álcool e drogas. Mais tarde, chegou inclusive a dizer que não morava mais na casa na época em que os corpos foram descobertos, e que os crimes foram cometidos por outra pessoa.

No final de 1972, Santa Cruz, na Califórnia, parecia ser a capital nacional dos assassinatos nos Estados Unidos. Todos os meses, aparecia algum relato macabro de crime — um cadáver encontrado aqui, um caronista desaparecido acolá. Levando em consideração as estatísticas *per capita*, havia mais homicídios na cidade do que em qualquer outro lugar do país. Os moradores demonstravam preocupação com a epidemia de violência; muitos compraram armas, e a segurança do campus de Santa Cruz da Universidade da Califórnia foi reforçada, já que muitas mulheres desapareceram quando estavam lá. Mais tarde se saberia que três autores de múltiplos homicídios agiam na região mais ou menos ao mesmo tempo: John Linley Frazier, Herbert Mullin e Edmund Emil Kemper.

Frazier e Mullin foram presos, mas os assassinatos continuaram até o feriado da Páscoa de 1973. Na quinta-feira seguinte, às três da manhã de 24 de abril, o distrito policial de Santa Cruz recebeu ligação feita de telefone público em Pueblo, também na Califórnia. A pessoa na linha se apresentou como Ed Kemper — funcionário do departamento de estradas de rodagem conhecido nos meios policiais porque frequentava um bar perto do tribunal e estava sempre na loja de armas da cidade. Kemper queria falar especificamente com um tenente da corporação, mas se contentou em conversar com o policial de plantão. Segundo contou, queria confessar o assassinato de várias estudantes do campus universitário de Santa Cruz e também o da mãe e de uma amiga dela. Se alguém fosse buscá-lo em Pueblo, mostraria onde estavam os cadáveres.

> ...o rastelo já se erguia para o lado com o corpo espetado, como só fazia na décima segunda hora. O sangue fluía em centenas de fios (não misturado com água, pois desta vez os caninhos de água também falharam). E então deixou de funcionar a última coisa: o corpo não se soltava das agulhas longas, seu sangue escorria, mas ele pendia sobre o fosso sem cair.
> **Franz Kafka,** *Na Colônia Penal*

A reação na sede do distrito policial de Santa Cruz foi de descrença; um dos policiais de plantão achava que Kemper estava só querendo encher o saco do responsável por atender às ocorrências. No entanto, Kemper respondeu a algumas perguntas sobre os assassinatos das estudantes que só alguém com acesso ao criminoso poderia saber. Enquanto o mantinha no telefone, o pessoal de Santa Cruz entrou em contato com a polícia de Pueblo e pediu para que Kemper fosse detido por lá até alguém buscá-lo. Quando os policiais de Pueblo chegaram ao local, a princípio acharam que havia duas pessoas dentro da cabine telefônica — com mais de 2 metros de altura e quase 150 quilos, Kemper era o tipo de sujeito que causava essa impressão.

Cinco anos depois, na primeira vez em que falei com Kemper, o que chamou minha atenção logo de cara foi seu tamanho. Eu sabia que se tratava de um grandalhão, claro, mas ficar cara a cara com um homem dessa estatura sempre causa impressão forte. Ele estendeu a mão, me cumprimentou e imediatamente quis saber se, em troca da entrevista, eu poderia lhe garantir alguns privilégios, além de alguns selos para correspondência. Falei que poderia dar os selos, mas nada além disso. Mesmo assim, se mostrou disposto a falar, e tinha algumas visões bem esclarecidas de seus crimes, pois vinha se consultando com profissionais de saúde mental fazia um bom tempo e passara parte da sentença como atendente no setor de atendimento psicológico do presídio. Ele achava que seus homicídios foram motivados pela hostilidade que nutria contra a mãe, que mantinha conduta opressora em relação ao filho, e que a vontade de matar desaparecera quando ele enfim eliminara a fonte de seus problemas. Era explicação clara e precisa de uma questão complexa, por isso perguntei a Kemper onde ele achava que se enquadraria no *Manual Diagnóstico e Estatístico de Transtornos Mentais*, então na segunda edição. Respondeu que conhecia as categorias, que havia lido o livro, mas não encontrara uma definição que o descrevesse, e não considerava isso possível, pois a ciência médica ainda não dispunha de informações suficientes para entender pessoas com seu perfil. E quando isso aconteceria? Quando o *DSM* estivesse na sexta ou sétima edição, foi a resposta — o que só aconteceria bem depois da virada do século XXI.

Com a resposta, Kemper estava querendo me mostrar que se considerava único, e também reproduzindo a opinião de um psiquiatra eminente que o entrevistara em longas sessões e escrevera um livro sobre ele, segundo o qual um criminoso desse tipo só aparecia uma vez a cada duzentos anos. Eu discordo. Ed Kemper, apesar de ser um caso notável, não é ave assim tão rara; existem outros criminosos como ele, mas o que o diferencia talvez seja seu grau de brutalidade e o tratamento que recebera na infância.

4 28 73   29026
SANTA CRUZ CO
SHERIFF CORONER
KEMPER

352 PROFILE
     profile

Seu tamanho sempre foi um problema; cresceu demais e muito depressa. Nunca teve a oportunidade de ser uma criança de verdade, porque, como sempre fora grande, era tratado como mais velho. Não conseguia fazer amizade com gente de sua idade, e aqueles que eram de seu tamanho estavam anos à frente em termos de maturidade psicológica. Não se tratava, claro, de obstáculo insuperável, capaz de impedir por si só que ele tivesse uma vida produtiva; as competições esportivas hoje em dia estão cheias de gigantes que na infância foram meninos grandes demais para a idade, e nenhum deles cometeu múltiplos homicídios. No entanto, no caso de Kemper, a estatura incomum era agravada pelos fatores de estresse causados pelo lar disfuncional, com mãe alcoólatra e autoritária, pai ausente, irmãs mimadas e avó que nem de longe era uma figura maternal. A mãe de Ed costumava tratá-lo com desprezo, dizendo que o filho era a causa dos problemas *dela*, e o submetia a vários outros tipos de abuso psicológico. Para mim, o acontecimento mais relevante ocorreu quando Kemper tinha dez anos: sem seu conhecimento, a mãe e as irmãs tiraram as coisas dele do quarto no segundo andar da casa e colocaram em um porão velho e decrépito perto da fornalha, porque ele era grande demais e elas não consideravam saudável que convivesse com a irmã de treze anos ou dormisse no mesmo cômodo que a caçula — Ed era considerado uma ameaça sexual dentro de casa. Isso deixou Kemper chocado, e chamou a atenção para seus problemas relacionados à sexualidade; depois disso, suas fantasias, que começaram em idade bastante precoce, foram se degenerando, passando a contemplar atividades sexuais bizarras com as irmãs e a mãe, além do assassinato daquelas que o atormentavam. De tempos em tempos, Ed entrava no meio da noite com uma faca ou martelo no quarto da mãe e imaginava que a matava.

A mudança para o porão aconteceu mais ou menos na mesma época do primeiro divórcio da mãe, quando se separou do pai biológico de Kemper. Ela se casou e se divorciou mais duas vezes quando o filho tinha entre dez e catorze anos. Em todas as vezes, quando surgia uma crise no casamento, Kemper era mandado pela mãe para morar na propriedade rural dos avós, o que ele passou a detestar. Por outro lado, tanto lá como dentro da esfera de influência da mãe, começou cedo a manipular armas de fogo. Um dos padrastos era especialista, e exigia que Kemper tivesse boa mira e soubesse tudo de armas, procedimentos de segurança, munições e afins. Conforme mencionado anteriormente neste livro, os avós tiraram a arma de Kemper quando a usou para matar pequenos animais — coisa que o padrasto o incentivava a fazer. Esse tipo de mensagem ambígua era característico das situações a que Kemper foi exposto na infância.

Em 1965, quando ele tinha quinze anos e a mãe estava em meio a outra mudança marital, Kemper foi mandado para morar com os avós. Ele estava extremamente infeliz, e se sentia usado pela avó e isolado pelos colegas de escola. Certo dia, Kemper se aproximou por trás da avó quando ela estava datilografando uma carta na escrivaninha. Ela o mandara ficar em casa ajudando nas tarefas domésticas naquele dia, enquanto ele preferia trabalhar nas plantações com o avô, de quem gostava mais. Ele atirou na avó com o rifle, depois a esfaqueou. Depois disso, decidiu que não queria que o avô visse aquela cena cruel, então esperou a volta dele e atirou nele também, antes que entrasse em casa. Como se quisesse deixar bem clara a relação entre o ato de violência e a fonte de seus problemas, Kemper entrou, ligou para a mãe no chalé onde passava a lua de mel e falou que a viagem teria de ser abreviada porque ele havia acabado de matar os pais dela.

Kemper passou os quatro anos posteriores no Hospital Mental Estadual de Atascadero. Nessa época, foi submetido a dezenas de avaliações e se saiu bem nos testes, provavelmente porque conseguia saber as respostas que os profissionais de saúde queriam ouvir; mais tarde, ele revelaria que havia memorizado 28 testes e suas respostas. Em 1969, os profissionais de saúde mental e reeducação do hospital de Atascadero consideraram Kemper apto a voltar ao convívio social. Afinal de contas, tecnicamente ainda era um delinquente juvenil; apesar das objeções da procuradoria estadual, foi liberado para morar em um Albergue da Autoridade Juvenil da Califórnia. No ano seguinte, por intervenção da mãe, foi colocado sob sua guarda — contrariando as recomendações da junta de liberdade condicional e de alguns dos psiquiatras de Atascadero.

Analisando em retrospectiva, considero inacreditável que Kemper tenha sido colocado em liberdade condicional sob a guarda da mulher que era a fonte de seus problemas. Ele passou a morar com a mãe e foi contratado como operário na fábrica de enlatados Green Giant. Ela continuou pressionando o sistema judiciário a colocar a ficha criminal juvenil de Ed sob sigilo judicial quando ele se aproximou da idade adulta. Mas, embora tenha feito questão de resgatá-lo, nunca parou os abusos psicológicos contra o filho. "Por sua causa, meu filho assassino", lhe dizia depois que Kemper voltou de Atascadero, "eu não faço sexo com um homem há cinco anos, porque ninguém quer chegar perto de mim por medo de você."

Em termos de sexualidade, Kemper ainda era virgem, e continuou assim; durante os anos em que deveria ter começado suas experiências sexuais, estava no hospital psiquiátrico, e se tornou ainda mais voltado para si mesmo e para suas fantasias. No apartamento que alugou para ficar quando não estivesse com a mãe, via material pornográfico e lia revistas policiais para estimulação erótica — e violenta. Suas fantasias homicidas não haviam cessado; na verdade, ganhavam cada vez mais detalhes e intensidade. Depois, ele revelaria às autoridades que durante a passagem por Atascadero dedicou um tempão ao aperfeiçoamento do método para desovar cadáveres depois dos assassinatos. Nenhum psicólogo foi capaz de arrancar esse tipo de informação de Kemper na época em que era um detento adolescente; acredito que escondesse as fantasias de forma deliberada, ciente de que a revelação apenas adiaria sua soltura.

Kemper começou a trabalhar no departamento estadual de estradas de rodagem em 1971, e em seguida se candidatou a uma vaga na polícia rodoviária estadual. Foi recusado por várias agências de aplicação da lei, evidentemente por causa do tamanho, mas estabeleceu amizade com policiais de Santa Cruz. Um deles lhe deu um distintivo da academia de treinamento e um par de algemas. Ele conseguiu uma arma emprestada com outro conhecido. Seu carro parecia o da polícia, equipado com rádio CB e antena flexível, e também tinha uma motocicleta. Com sua carteira de identificação de funcionário público, se mostrada rapidamente a pessoa ingênua, poderia se passar por policial rodoviário.

Em fevereiro de 1971, enquanto pilotava a moto, foi atingido por um automóvel e sofreu ferimentos graves no braço. Entrou na justiça com o pedido de indenização, porque precisou de gesso por vários meses, e em dezembro daquele ano aceitou um acordo de 15 mil dólares para retirar o processo. O braço engessado o deixou impossibilitado de trabalhar na estrada, portanto, tinha tempo livre de sobra e dinheiro na mão.

A mãe se tornara auxiliar administrativa bastante querida no campus de Santa Cruz da Universidade da Califórnia, e conseguira um adesivo de livre acesso ao local para Kemper poder buscá-la no trabalho. Sempre prestativa com os estudantes e o corpo docente, descontava todas as frustrações no filho. O relacionamento deles piorou. Depois de uma briga terrível no primeiro semestre de 1972, Kemper saiu batendo a porta da casa e prometeu a si mesmo que a primeira garota bonita que cruzasse seu caminho naquela noite morreria.

Essa vítima nunca foi encontrada, e Kemper não foi indiciado pelo crime sobre o qual deu poucos detalhes. Mas as duas jovens que matou em 7 de maio de 1972 foram identificadas mais tarde. Ambas eram estudantes da Universidade Estadual de Fresno que foram se encontrar com os namorados em Berkeley e estavam viajando de carona para Palo Alto a fim de visitar amigos em Stanford. Kemper escolheu as vítimas, conforme me contou mais tarde, porque eram "garotas hippies" do tipo que ele ao mesmo tempo admirava e desprezava, e havia muitas delas na estrada; ==em outras palavras, eram vítimas disponíveis cujo desaparecimento demoraria tempo para ser notado==.

Mais ou menos na mesma época em que Kemper encontrou suas potenciais vítimas na estrada, uma pesquisadora chamada Cameron Smith vinha abordando caronistas do sexo feminino em Berkeley e pedindo para que preenchessem um questionário. De acordo com relato de seu trabalho citado no livro de Ward Damio sobre os assassinatos em Santa Cruz, Smith descobriu que ==24% das entrevistadas já haviam sido estupradas pedindo carona, 18% tinham sido agredidas e 27% declararam nunca terem sofrido tentativas de violência==; ou seja, apenas cerca de um terço das moças completavam as viagens sem incidentes. Apesar do perigo, as jovens continuavam pedindo carona pelas estradas na região de Berkeley, portanto não foi difícil para Ed Kemper encontrar duas adolescentes de calça jeans e mochila nas costas na beira de uma rodovia movimentada. Ele carregava consigo as algemas e o distintivo, além de uma faca e a arma emprestada. Apontando-a para as garotas, avisou que iria estuprá-las, e saiu da rodovia para uma estrada secundária. As moças não achavam que seriam mortas, então a princípio decidiram não oferecer resistência. Kemper conseguiu convencer uma delas a entrar no porta-malas, se acomodou no banco traseiro do carro e algemou e amarrou a outra, que esfaqueou e estrangulou. Não quis usar a arma porque as balas poderiam ser rastreadas. Depois de matar a primeira jovem, abriu o porta-malas e esfaqueou a segunda até a morte. Com dois cadáveres no carro, foi até o apartamento, onde decapitou os corpos e arrancou-lhes as mãos.

Uma vez lá dentro, se limpou da melhor maneira que pôde. Ainda havia manchas de sangue no gesso, que cobriu com graxa branca de sapato até conseguir convencer os médicos a trocá-lo. A quantidade de sangue e as dificuldades que enfrentara matando as duas com a faca o deixaram abalado, e Kemper prometeu a si mesmo que os assassinatos seguintes seriam mais limpos. Naquela noite, tirou todas as roupas dos cadáveres com os quais havia copulado. Na manhã seguinte, percebeu que havia cometido pelo menos três erros que poderiam levá-lo à prisão, e decidiu prosseguir com mais cuidado dali em diante. Conforme costumava fantasiar desde quando estava em Atascadero, no dia seguinte desovou os restos mortais em vários locais diferentes — as cabeças em um lugar, os troncos em outro e as mãos em um terceiro. Alguém que localizasse os troncos seria incapaz de identificar os corpos, porque não haveria como fazer imagens dos rostos ou tirar impressões dentárias ou digitais. Todas as covas ficavam em um condado diferente daquele onde Kemper apanhara as caronistas. Ele descartou as roupas das vítimas em cânions remotos nas montanhas de Santa Cruz. O desaparecimento das jovens foi comunicado às autoridades, mas foram necessários meses para que fossem encontradas. Em agosto, a cabeça decepada de uma foi localizada. Sua identidade foi estabelecida, mas não havia a menor pista de como fora morta.

A essa altura, a mãe de Kemper vinha intensificando seu lobby para que a ficha criminal juvenil de Ed, na qual constava o assassinato dos avós, fosse colocada sob sigilo judicial. O procurador distrital se opôs, afirmando que as informações deveriam continuar públicas por mais dez anos. Uma avaliação psiquiátrica de Kemper foi marcada para meados de setembro. Quatro dias antes, ele saiu à caça de novo. Apanhou uma mulher bonita que pedia carona com o filho de doze anos. Enquanto se afastava, percebeu que a amiga dela havia anotado o número da placa de seu carro, então levou a mãe e o menino ao lugar para onde queriam ir e voltou aos arredores de Berkeley, quase desesperado para encontrar outra vítima. Isso indica que Kemper é um criminoso extremamente organizado cujo intelecto mantinha firme controle sobre a compulsão assassina. Ele viu uma garota asiática, estudante de balé de quinze anos, e a pegou.

Quando foi avisada de que estava sendo raptada, a menina teve um ataque histérico, mas, quando Kemper sacou a nova arma emprestada por outro amigo, conseguiu fazê-la colaborar, e a manteve tranquila dizendo que estava com problemas e queria conversar com ela. Depois de parar o carro ao norte de Santa Cruz, sufocou a mulher até a inconsciência e então a estuprou e estrangulou até a morte com a própria echarpe, para em seguida fazer sexo com o cadáver. Com o corpo no porta-malas do carro, decidiu visitar a mãe; foi bizarramente prazeroso para Kemper jogar conversa fora com ela enquanto a garota estava morta lá no carro.

O prazer que Kemper extraiu ao conversar com a mãe sabendo ter uma mulher morta no carro, a apenas poucos metros dele, era elemento revelador da progressão das fantasias. Tratava-se de algo que poderia ser acrescentado ao ritual, para prolongar a excitação da fantasia. A realidade jamais seria tão boa quanto a fantasia, me diria mais tarde, mas Kemper continuava tentando aprimorar tanto o desempenho quanto o alcance de sua imaginação.

Entre os assuntos que Kemper discutiu com a mãe naquela noite deveria estar a avaliação psiquiátrica marcada para dali a poucos dias; quando seus registros criminais fossem colocados sob sigilo judicial, como ela já lhe dissera várias vezes, estaria livre do passado. Mais tarde naquela noite, em seu apartamento, Kemper colocou o cadáver em sua cama e fez sexo de novo com o corpo morto. Pela manhã, gastou horas em um desmembramento meticuloso, drenando os fluidos corporais no ralo e mais tarde despejando líquido desentupidor para eliminar as evidências da tubulação. Em seguida, saiu para a desova em estradas vicinais. As mãos foram enterradas em um condado, o tronco em outro, e a cabeça ficou no porta-malas do carro, e ainda estava lá quando foi falar com os psiquiatras designados pelo tribunal. Isso também causou muita satisfação em Kemper.

Ambos os profissionais que o avaliaram em setembro de 1972 concluíram que ele fizera um grande progresso desde a passagem por Atascadero. Como escreveu um deles:

> Se falasse com esse paciente sem ter acesso a seu histórico e sem conversar dessa questão com ele, acharia que estava lidando com um jovem bem ajustado, com iniciativa, inteligência e sem nenhum problema psiquiátrico. [...] Em minha opinião, sua resposta aos anos de tratamento e reabilitação foi excelente, e não vejo motivos psiquiátricos para considerá-lo um perigo para si mesmo ou para qualquer outro membro da sociedade.

O segundo psiquiatra acrescentou:

> Ele parece ter se recuperado bem da ruptura trágica e violenta que se deu dentro de si. Parece estar funcional e direcionando seus sentimentos com ajuda de verbalização, trabalho, esportes e não permite nenhum acúmulo de neuroses dentro de si. Como isso deve proporcionar mais liberdade a ele como adulto para desenvolver seu potencial, eu considero razoável a exclusão permanente de sua ficha criminal juvenil. Fico contente por ele ter recentemente "obliterado" sua motocicleta e gostaria que ele fizesse isso ("excluí-la") de forma permanente, pois parece uma ameaça muito maior para sua vida e saúde do que ele no momento representa para qualquer um.

==Como ambos os psiquiatras recomendaram que esses registros criminais fossem colocados sob sigilo judicial para que Kemper pudesse prosseguir sua vida, em 29 de novembro de 1972 isso foi feito oficialmente.==

Depois de matar a dançarina asiática, Kemper conseguiu manter os impulsos homicidas sob controle por vários meses antes e depois de sua ficha criminal juvenil ser excluída dos registros públicos e colocada sob sigilo judicial. ==Na virada do ano, porém, a necessidade de matar reapareceu.== Ele devolveu as armas emprestadas dos amigos e decidiu comprar uma. Como seus antecedentes criminais não eram mais públicos, isso lhe dava o direito de adquirir armas de fogo. Kemper foi até a cidade onde trabalhara na fábrica de enlatados e comprou uma pistola calibre .22 de cano longo e alguma munição de ponta oca que explodia sob impacto; na mesma tarde, em plena luz do dia, apanhou outra caronista, garota bastante robusta. Ele disse à moça que queria conversar, e ela se mostrou receptiva. Mesmo assim, Kemper a matou com um único tiro com a nova arma e foi até a casa da mãe. Como ela não estava, Kemper tirou o corpo do carro e guardou no closet do quarto. Depois que a mãe saiu para trabalhar no dia seguinte, desmembrou o cadáver. Parte do motivo para a decapitação foi remover o projétil que usara; dessa forma, não haveria evidências forenses que o ligassem ao crime. Dispensou os restos mortais no mar, de um desfiladeiro em ponto remoto. Algumas partes foram encontradas poucos dias depois. A cabeça foi enterrada logo abaixo da janela do quarto da mãe.

A essa altura, como Kemper e Herbert Mullin estavam matando pessoas ao mesmo tempo na região, muita gente ficou assustada, e as forças de segurança se tornaram mais alertas em relação a figuras suspeitas.

Menos de um mês depois de matar a moça acima do peso, e após desentendimento especialmente tenso com a mãe, em fevereiro de 1973, Kemper foi até o campus da UCSC, apanhou duas jovens e matou ambas a tiros antes mesmo de sair do perímetro da universidade. As estudantes ainda não estavam mortas, e uma gemia de forma audível quando Kemper passou pelo portão com dois seguranças recém-contratados na guarita. Ambos observaram a passagem do carro, mas nenhum dos dois viu as garotas moribundas ou entendeu o que estava acontecendo no interior escuro do veículo. A moça do assento da frente, vestida de preto, estava quase tombada no volante, e a do banco traseiro escondida embaixo do cobertor que Kemper mantinha no carro para uma situação com essa. Os guardas prestaram mais atenção ao adesivo que dava livre acesso ao campus na janela do que aos gemidos das pessoas quase imóveis lá dentro, e deixaram Kemper passar. Para Ed, foi um momento de triunfo.

Esses corpos também foram manipulados quando a mãe estava nas proximidades, e Kemper se excitou com a possibilidade de ser pego em meio a ação. Ele as decapitou no porta-malas do carro bem em frente à casa dela e entrou com as cabeças, para poder olhá-las com calma no quarto. A masturbação fazia parte desse ritual macabro. Kemper recolocou as cabeças no carro pela manhã, e manteve os restos mortais no veículo no dia seguinte, quando foi jantar na casa de amigos. Mais tarde naquela noite, despejou as partes de corpos em vários lugares, mais uma vez tomando o cuidado de remover as balas das cabeças.

No entanto, havia um buraco de tiro no carro, e tanto sangue no porta-malas que era impossível lavar e tirar tudo, além de outras evidências reveladoras. Kemper parecia ciente desse fato, que lhe causava certa apreensão. No início de abril de 1973, comprou outra arma, uma pistola calibre .44. Quando um xerife recebeu o registro da compra, se lembrou da condenação anterior de Kemper e decidiu verificar seus antecedentes. Ao descobrir que a ficha criminal estava sob sigilo judicial, foi até o apartamento de Kemper e pediu que ele entregasse a arma, que seria mantida sob custódia até que um tribunal decidisse se ele era legalmente apto a tê-la em seu poder. Kemper abriu o porta-malas do carro e, sem contestação, entregou a pistola ao xerife. O policial se contentou apenas com isso e não revistou o veículo — e portanto não encontrou a .22 dos crimes, escondida sob o assento.

Depois que o xerife foi embora, porém, Kemper começou a analisar algumas possibilidades. E se o policial tivesse visto as marcas de sangue ou cabelos no porta-malas? E se descobrisse a respeito da .22 da mesma forma como soubera da .44? E se as autoridades voltassem e revistassem o carro, seu apartamento e a casa de sua mãe? E se o estivessem vigiando naquele exato momento? Kemper contou mais tarde à polícia que foi nesse momento que decidiu matar a mãe e se render.

362 PROFILE
     profile

Duas semanas depois de o xerife confiscar a pistola .44, em 20 de abril de 1973, Sexta-Feira Santa, Kemper foi até a casa da mãe. Ela chegou tarde, depois da confraternização entre funcionários da universidade, e os dois tiveram uma breve conversa na qual, como sempre, a mãe o tratou com sarcasmo. Às cinco da manhã, Kemper pegou o martelo de bife na cozinha e, como fizera tantas vezes na imaginação, entrou no quarto dela enquanto dormia. Desta vez, porém, bateu com o martelo na têmpora direita dela com força considerável, e em seguida cortou sua garganta com o canivete que levava no bolso. O sangue ainda jorrava do corpo quando decidiu arrancar a cabeça, como fizera com as outras vítimas. Então, removeu a laringe, que jogou no triturador de lixo da pia da cozinha. O aparato não foi capaz de moer e cuspiu de volta essa parte do corpo, o que Kemper considerou justiça poética. ==Ele enrolou o corpo nos lençóis ensanguentados e o guardou no armário.==

Mais tarde naquela manhã, foi até o bar frequentado pela polícia local e depois à loja de armas, onde conversou tranquilamente com amigos e até tentou obter uma arma emprestada com algum deles, mas não conseguiu. Naquela tarde, porém, se deu conta de que, como era feriado prolongado, familiares ou alguém mais próximo de sua mãe que também trabalhava na universidade poderia aparecer na casa e descobrir o corpo. Decidindo tomar a iniciativa, convidou Sara Hallett, colega da mãe, para ajudar a planejar um jantar surpresa e, quando a mulher chegou, cortou a garganta dela. Kemper deixou o corpo em sua cama e passou a noite no quarto da mãe. Na manhã do domingo de Páscoa, colocou o corpo de Hallett em outro closet, juntou as armas, cartões de crédito e o dinheiro das vítimas, colocou no carro da amiga de sua mãe e saiu para o último passeio.

Depois de se entregar, se mostrou determinado a fornecer à polícia todas as evidências necessárias para ser condenado. Estava convencido de que os investigadores jamais descobririam tudo por si sós e achava que, se simplesmente desse a confissão sem revelar as provas físicas, um advogado habilidoso poderia torná-la inválida mais tarde e evitar a condenação. Portanto, além de confessar, contou à polícia onde achar os corpos na casa da mãe e, antes mesmo dos crimes virem a público, levou a polícia aos locais onde desovara e enterrara os restos mortais de várias outras vítimas; outras evidências relacionadas às moças mortas — uma echarpe, um caderno e assim por diante — foram encontradas na casa de sua mãe, em seu apartamento e em seu carro. Parte desse material foi obtido pela polícia com condução inteligente do interrogatório: Kemper foi elogiado o tempo todo pelo intelecto, memória e capacidade de se recordar dos detalhes até que revelasse por iniciativa própria onde encontrar itens como o cobertor empapado de sangue com comentários desdenhosos do tipo: "Aqui tem outra evidência para o caso de vocês".

Enquanto aguardava julgamento, Kemper tentou o suicídio duas vezes cortando os pulsos, e foi imediatamente transferido para a solitária. O procedimento judicial em si foi bem rápido. As evidências estavam todas lá, e demonstravam com clareza a premeditação. Todos os psiquiatras chamados a testemunhar afirmaram que Kemper sem dúvida estava no controle de todas as suas faculdades mentais quando cometeu os crimes. No tribunal, lhe perguntaram por que matara as caronistas. "Era a única forma de elas serem minhas", respondeu, e acrescentou: "Os espíritos delas eram meus. Ainda são". Kemper foi condenado por sete homicídios e sentenciado à pena de morte. Quando solicitaram sua opinião de qual seria a punição apropriada por seus crimes, respondeu: "Tortura".

Ele não morreu nem foi torturado; em vez disso, acabou no presídio, pois, embora a Califórnia adotasse a pena de morte como princípio, ninguém mais era executado no estado nessa época. Na cadeia, Kemper se acalmou e se tornou um detento comportado, bem aceito pela população carcerária em geral e que aos poucos foi conquistando privilégios, senão liberdades, dentro da instituição.

Em nossas entrevistas, que começaram cinco anos após os crimes, Kemper se concentrou de início nos fatos dos assassinatos, na revelação do máximo de coisas que pudessem ser de interesse das forças de aplicação da lei; por exemplo, que fizera um esforço consciente para dar a seu carro a aparência de veículo de policial, e que quebrava os dentes das vítimas como forma de evitar a identificação. Falava dos assassinatos de forma bem direta, não para chocar, mas como se já tivesse revisitado aquelas histórias milhões de vezes na sua cabeça e as visse como algo desconectado de sua vida àquela altura. Apenas um patologista, alegou, saberia mais de cadáveres do que ele; Kemper ainda se divertia com o fato de que um dos legistas da autópsia de uma das vítimas não entendera que ele cortara os tendões de Aquiles da moça não como parte de algum estranho ritual, mas para impedir a intensificação do *rigor mortis* e facilitar atos sexuais com o cadáver.

Ele falava de sua infância também, mas não como alguém que desejasse usá-la para fugir da responsabilidade pelos assassinatos, e sim como quem expressava surpresa em relação a tudo a que fora submetido. Foi só depois da internação em Atascadero que começou a entender que a vida que levava com a mãe não era normal. Kemper estava de fato começando a se recuperar quando foi liberado pela Autoridade Juvenil da Califórnia e jogado de volta no caldeirão. Perguntei se cometera algum ato sexual com o corpo da mãe depois de assassiná-la, e ele me encarou e respondeu que "humilhou o cadáver". Era capaz de entender que, apesar de ter matado a fonte de seus problemas, não estava livre deles, e jamais poderia voltar ao mundo exterior. E, o que era igualmente importante, me contou que foram as fantasias que o levaram aos homicídios e que, à medida que o tempo passava durante os meses de matança, elas iam se tornando mais e mais elaboradas e intensas. Ainda assim, em meio aos crimes, sempre havia algum detalhe que não saía conforme o planejado, ou que, em sua opinião, poderia ser aprimorado. Essas imperfeições o motivavam a matar de novo. O ato homicida em si, Kemper concluiu, nunca se igualava à fantasia, e isso jamais aconteceria.

Em 1988, durante a transmissão via satélite, Kemper e Gacy se comportaram conforme eu esperava. Kemper falou de forma aberta e franca dos crimes, admitiu tudo, forneceu detalhes às vezes macabros e deu explicações dignas de um psicólogo a respeito do papel que a fantasia desempenhou em seus assassinatos. Seu ponto de vista foi revelador para muita gente na plateia. Em certo sentido, as recordações e explicações minuciosas de Kemper eram demonstração da necessidade de manter vivos até mesmo os criminosos hediondos. Acredito que não devam ser executados, e sim mantidos presos e submetidos a tratamento psicológico para que possamos aprender como evitar que outros homicidas em potencial sigam seus passos. As execuções desses homens não têm qualquer utilidade social. Inclusive, não desestimula o surgimento de outros assassinos em série, que costumam ser tão envolvidos com as próprias fantasias que a possibilidade de serem presos ou mortos nunca os impede de cometer crimes. Na verdade, as execuções nem sequer economizam dinheiro público, porque matar um preso nos dias de hoje exige milhões de dólares em despesas legais. É mais proveitoso manter alguém como Ed Kemper vivo e estudá-lo.

John Gacy usou os noventa minutos para tentar convencer a plateia de agentes de aplicação da lei de que era inocente dos assassinatos pelos quais fora condenado, e que eles, especialistas em investigação criminal, deveriam ir atrás das pontas soltas e das testemunhas perdidas, e anular sua sentença para que pudesse ser libertado. Gacy na época estava com a apelação em andamento, e a decisão seria tomada em breve. Alguns membros da plateia se mostraram irritados comigo mais tarde por não ter colocado Gacy contra a parede na apresentação, por não o forçar a admitir os crimes diante de nós. Tentei explicar que isso seria inútil, e que meu objetivo era deixar que ambos revelassem sua personalidade para os presentes, para que, por exemplo, pudessem entender por si mesmos a perspectiva de Gacy, sua capacidade de negar tudo e o ponto a que chegava a capacidade de manipulação dele. Alguns não foram capazes de compreender a questão, mas, em minha opinião, é justamente por isso que precisamos de mais seminários e continuar informando as pessoas sobre a mente de perpetradores de múltiplos homicídios.

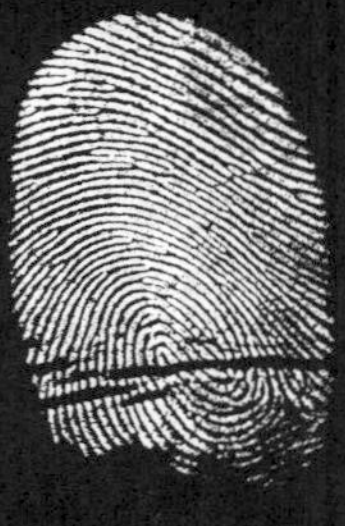

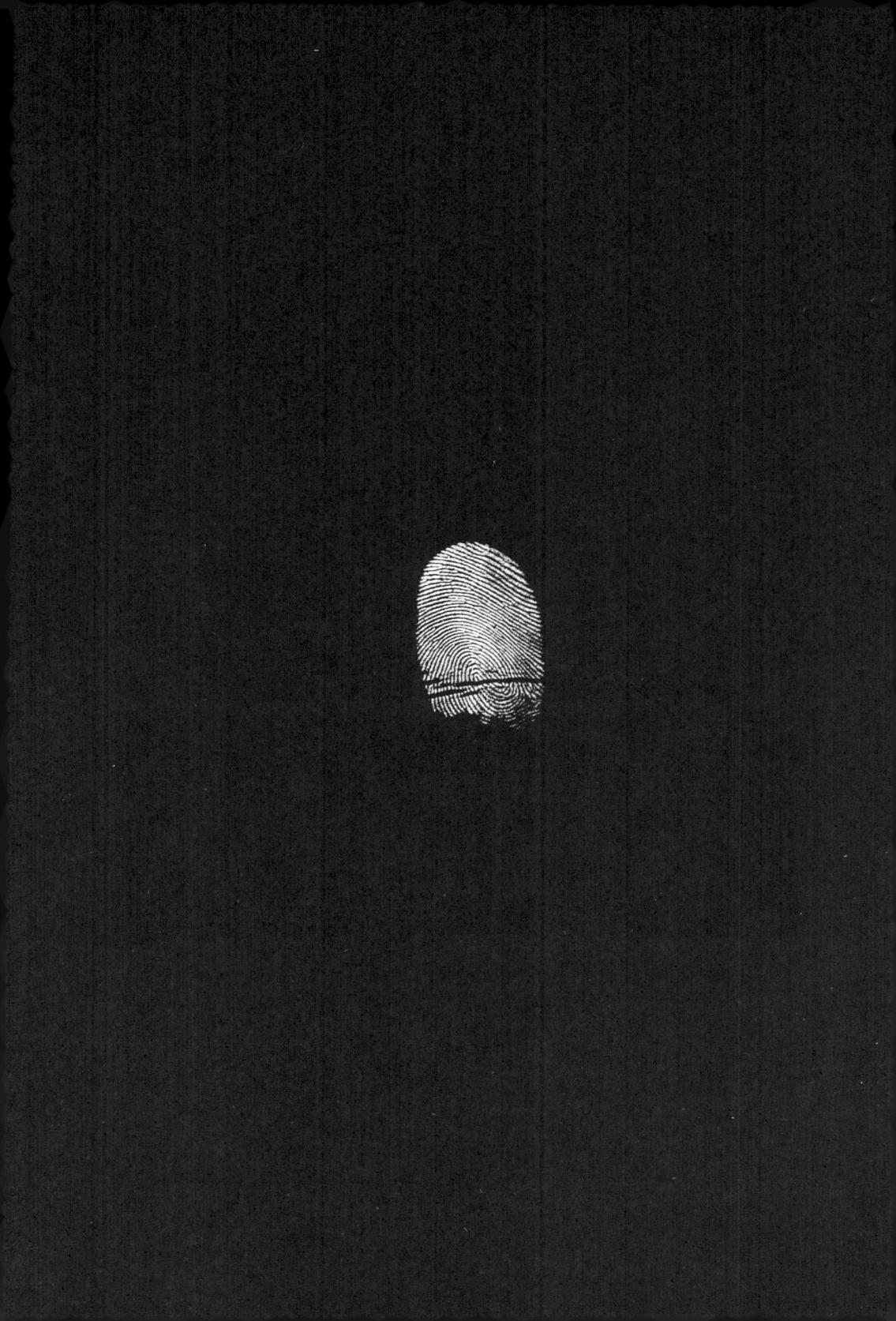

PROFILE
profile — 368

Eterno caçador

PORTAS ABERTAS

Nós somos os sonhadores da América. [...] Não assassinamos pelo lucro. Não assassinamos a mando do governo ou por contrato. Matamos por matar. Somos empreendedores num negócio que não para de crescer.
Neil Gaiman, *Sandman 14*

ROBERT K. RESSLER E TOM SHACHTMAN

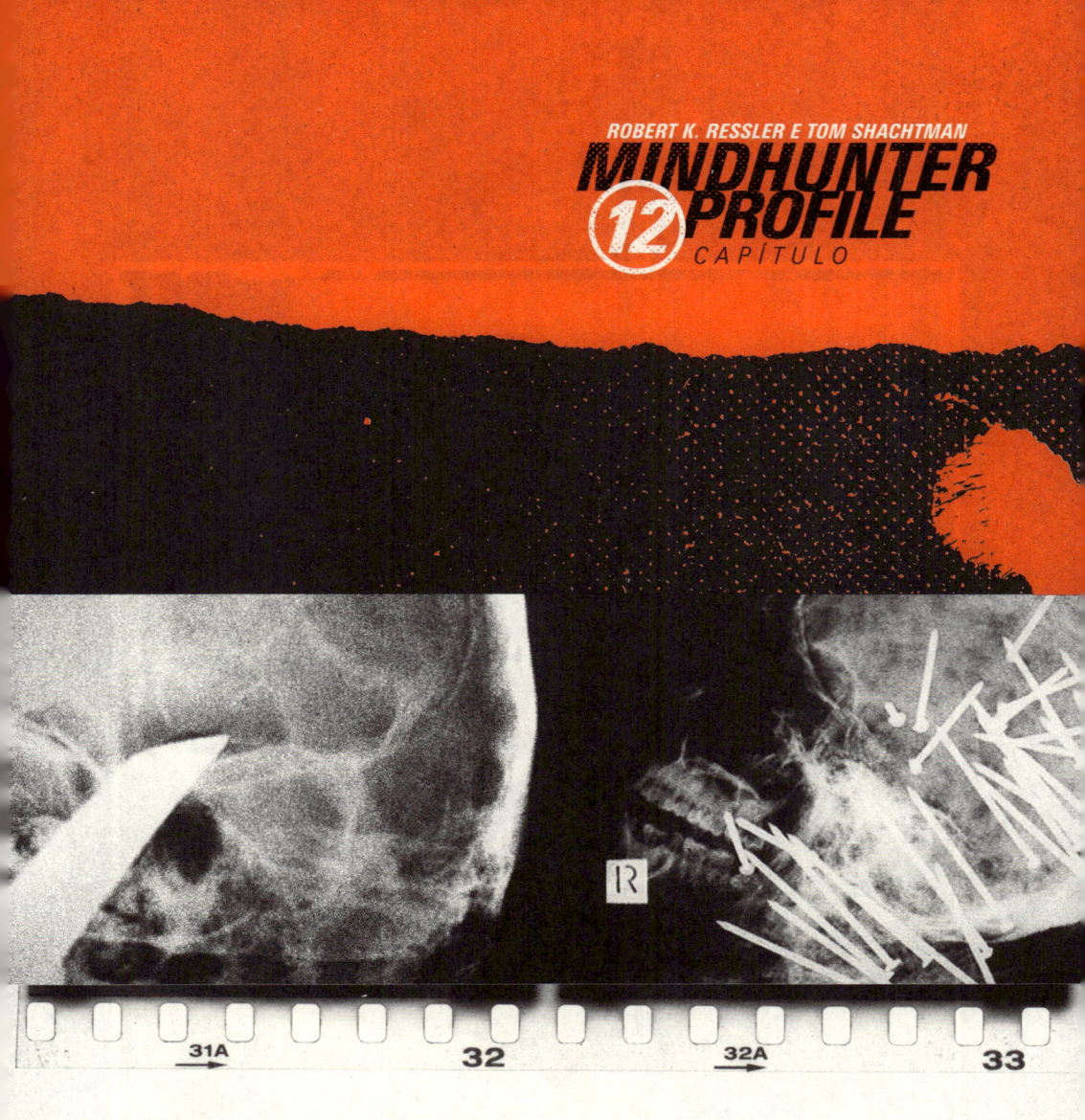

MINDHUNTER PROFILE
CAPÍTULO 12

Desde a criação da BSU até hoje, a exposição pública vem se revelando uma faca de dois gumes para os integrantes da unidade, e em minha trajetória essa questão sempre esteve presente. Para mim, tudo começou ainda na época em que eu estava me tornando o principal elaborador de perfis do Bureau, assumindo o lugar deixado por Teten e Mullany. Eu estava dando treinamento de negociação com refém em Chicago. Patricia Leeds, repórter policial veterana da cidade, estava participando das

PROFILE
profile

aulas para escrever matéria sobre o tema. Nós conversamos, e mencionei meu interesse por William Heirens, cujo caso ela conhecia muito bem. A jornalista queria visitar Quantico para uma matéria de perfis psicológicos e crimes violentos. Consultei meu superior imediato e a divisão de relações públicas, e consegui uma espécie de autorização para que ela fosse até lá para entrevistar a mim e a outros colegas.

Pat passou um dia por lá e manifestou interesse em permanecer por mais tempo. Uma das prerrogativas especiais dos agentes de Quantico é permitir que os visitantes passassem a noite no local, existem até quartos preparados especialmente para isso, então a coloquei em um deles. À noite, fomos conversar no bar da Academia com vários policiais de Chicago que estavam em treinamento de três meses em Quantico. Já estava tarde, e eu queria ir para casa, então pedi aos alunos que levassem Pat de volta ao quarto quando as cervejas e a conversa terminassem. Mas o destino — ou o tipo de sorte que pareço atrair — se encarregou de fazer com que Pat fosse vista por John Otto no bar sem a companhia do agente responsável por supervisioná-la. Na época, Otto havia sido recém-promovido a diretor assistente do Bureau, e antes comandava a sede regional do FBI em Chicago. Otto estava passando por lá na companhia de um grupo de figurões do Bureau, entre eles o diretor Webster e Ken Joseph, que na época chefiava as instalações de Quantico. Joseph ficou irritado ao ver uma visitante perambulando pela academia sem a supervisão de nenhum agente.

No outro dia de manhã, Joseph foi pedir explicações ao departamento de relações públicas, que por sua vez afirmou não ter conhecimento da presença de uma repórter em Quantico, e muito menos do motivo de ela ter permissão para circular pelas instalações sem supervisão. Quando cheguei para trabalhar, Joseph estava em pânico. Quem poderia imaginar o que aquela jornalista demoníaca poderia escrever sobre Quantico? E se mencionasse que havia policiais bebendo cerveja nas instalações do FBI? E se comentasse que os agentes federais não mantinham as camisas brancas perfeitamente engomadas? Estava claro que havia razão para a existência do boato de que o fantasma de J. Edgar Hoover assombrava os corredores de Quantico.

"Não vamos ficar nesse jogo de adivinhação", falei para Joseph enquanto estava sentado na sala, ouvindo as especulações. Era repórter com quem tínhamos boas relações, envolvida em uma pesquisa que com certeza levaria a matéria de viés positivo. Além disso, tinha avisado meu superior imediato e o departamento de relações públicas antes de permitir que ela viesse a Quantico. Caso a reportagem fosse negativa, falei, haveria motivos de sobra para me espinafrarem; até lá, porém, eu achava aquele pânico desnecessário. Como bom amigo que é, Ken Joseph me permitiu expor o meu lado da história, mas, assim que saí da sala, estava mais do que claro de que eu lhe devia um favor.

A reportagem de primeira página de Pat Leeds no *Chicago Tribune* em 15 de fevereiro de 1980 tinha a manchete: "Eles estudam os assassinatos mais estranhos", com o subtítulo "Unidade pouco conhecida do FBI elabora perfil de criminosos bizarros". O texto não tinha como ser mais preciso e elogioso, e nunca mais ouvi reclamações paranoicas sobre repórteres circulando pela Academia sem supervisão. A matéria foi comprada pelas agências de distribuição de conteúdo e republicada em vários outros jornais, o que levou a mais uma série de reportagens sobre o tema, e em publicações importantes como o *New York Times*, e as revistas *People* e *Psychology Today*, para mencionar só alguns veículos de imprensa, além de convites para aparições minhas em vários programas de TV e de rádio. O interesse era alto porque a BSU era exceção nas forças de aplicação da lei na época. Em Los Angeles e em Nova York, havia psicólogos no departamento de polícia, mas eles não elaboravam perfis de criminosos, como nós fazíamos.

Outro ponto de contato com elementos externos cujos esforços foram liderados por mim — e de forma bem mais deliberada do que a exposição pública — foi o estabelecimento da ponte com a comunidade dos psiquiatras e dos profissionais de saúde mental. O fato de ter me voltado para a psiquiatria era parte do impulso de ir além dos limites que tradicionalmente prevaleciam na atuação do FBI. Comecei isso em meados dos anos 1970, e nunca mais parei. Sem dúvida alguma, sentia que tinha o que aprender com psiquiatras, psicólogos e outros profissionais da saúde mental, das ciências forenses, do sistema prisional e campos relacionados, e muitas das associações de classe reagiam de forma muito positiva à participação de alguém do FBI nos encontros. Invariavelmente, quando eu aparecia em um evento representando o FBI, falava para uma casa cheia. Descobri que a diferença entre apresentar informações sobre nosso trabalho a uma plateia de agentes da aplicação da lei e a outra de psiquiatras é que os policiais em geral se limitavam a sentar e observar — muitas vezes de braços cruzados, como se me desafiassem a falar alguma coisa que não sabem — enquanto os médicos (talvez por passarem muitos anos na sala de aula) sempre faziam anotações minuciosas.

Os psiquiatras forenses já tinham aprendido a não confiar apenas na autodeclaração, e usavam relatórios de outras fontes, registros judiciais e outros documentos do tipo para questionar o tempo todo a veracidade daquilo que um criminoso sob seus cuidados revelava de sua vida e ações.

Um acontecimento importante que se deu pelo meu contato com os representantes da ciência médica ocorreu na conferência de psiquiatras em que apresentei o caso de Monte Rissell. Esse foi um caso que me deixou intrigado desde que soube dele, em especial porque, se eu tivesse elaborado o perfil desse estuprador e assassino na época em que ele estava à solta, teria errado feio. A quantidade e a magnitude dos crimes me sugeriam que se tratava de um homem de vinte e tantos ou trinta e poucos anos; eu teria dito ou escrito para a polícia de Alexandria, Virgínia, para ir atrás do suspeito errado. Considerando o que eu sabia sobre a mente dos criminosos, teria achado improvável que alguém ainda na adolescência fosse capaz de cometer mais de uma dezena de estupros, em que as últimas cinco vítimas também foram assassinadas. Mas foi isso o que Rissell fez.

Como pesquisador, sabia que era necessário analisar com paciência e empenho as informações que desafiam as noções pré-concebidas, e isso valia para os dados sobre Monte Rissell. Seus problemas se manifestaram na mesma idade dos demais criminosos apresentados neste livro, e ele também vinha de família disfuncional, porém em seu caso tudo parecia ter acontecido de forma acelerada. Começou a estuprar mulheres aos catorze anos; condenado, foi mandado para um hospital psiquiátrico na Flórida, e cometeu mais cinco estupros quando tecnicamente ainda estava em tratamento pela instituição; um durante as férias, outro em uma fuga e os demais enquanto morava lá — no estacionamento do hospital, em uma piscina pública e locais semelhantes.

Três semanas depois de receber alta e voltar para casa, Rissell foi acusado de assalto à mão armada que na verdade fora tentativa de estupro. O caso só foi ao tribunal um ano depois, e durante esse tempo o juiz determinou que se tratasse com um psiquiatra. Infelizmente, o profissional designado não tinha experiência com delinquentes juvenis violentos.

Rissell comparecia às consultas com o psiquiatra de forma regular e — de acordo com o médico — estava progredindo. Mas esse progresso era ilusório: durante o ano em que esteve submetido ao tratamento, Rissell matou pela primeira vez uma das vítimas de estupro. O crime ocorreu perto do prédio de apartamentos onde morava. Quando o assalto à mão armada foi a julgamento, Rissell foi condenado e colocado

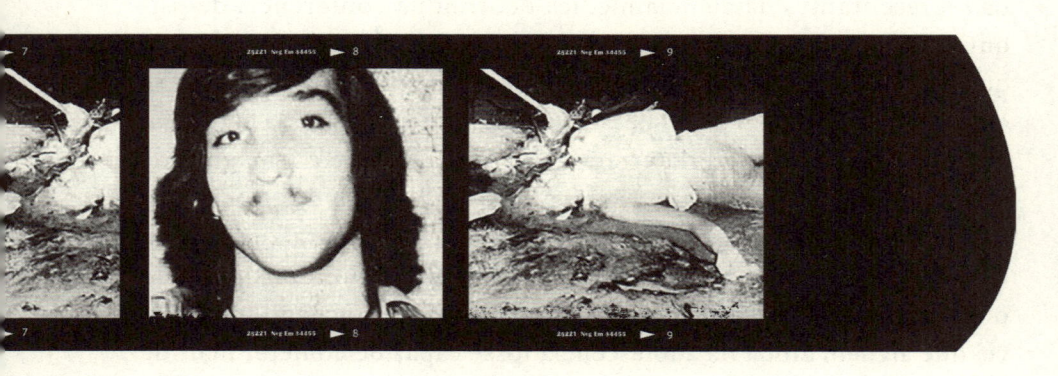

Monte Rissell na época da prisão pelo assassinato de diversas mulheres em Washington DC. À direita, corpo de uma vítima de Rissell encontrado perto de sua casa em Alexandria, Virgínia.

em liberdade condicional com a exigência de continuar o tratamento médico. Na época da condenação, ninguém sequer desconfiava que o assassinato pudesse ter sido cometido por ele.

Durante a liberdade condicional, enquanto se consultava com o psiquiatra, Rissell cometeu mais quatro estupros seguidos de assassinato perto de seu prédio. Não parecia haver padrão nos crimes. As vítimas eram bem diferentes entre si: algumas eram mais jovens, outras passavam de trinta anos; algumas eram brancas, outras negras; algumas solteiras, outras casadas. A polícia estava procurando por alguém de fora, e a prisão de Rissell por esses crimes não se deu porque a análise das pistas levou os investigadores até sua porta, e sim por uma revista aleatória em seu carro. Ele confessou os homicídios, foi condenado e sentenciado a cinco prisões perpétuas. Somente depois de passar dois anos na cadeia contou às autoridades dos estupros anteriores, que cometera enquanto estava sob responsabilidade da instituição psiquiátrica.

Entrevistei Rissell na prisão e o considerei bastante articulado, alguém que falava de forma franca sobre os crimes, mencionava detalhes significativos das motivações e de seu estado mental e rastreava as origens desses comportamentos à infância. Ele concordou em fazer parte do Projeto de Pesquisa de Personalidades Criminosas e nos forneceu dados importantes. Por exemplo, contou que deixara uma vítima ir embora. Só não a matara porque ela lhe disse que uma pessoa da família que tinha câncer dependia dela para se sustentar. Um familiar de Rissell também sofria da mesma doença, por isso ele permitira que a vítima sobrevivesse. De acordo com nossos termos, o criminoso se envolveu pessoalmente com ela a ponto de não conseguir mais despersonalizá-la e matá-la.

Era esse tipo de informação sobre Rissell que eu estava apresentando a um grupo de psiquiatras forenses no início da década de 1980 em Chicago. Com as fotos de Rissell no momento da prisão estampadas na tela, minha palestra para a plateia de cerca de oitenta profissionais de saúde era sobre seu caso. Estava de frente para a porta, e vi a cena que parecia saída de um desenho animado: um homem passou, espiou para dentro e continuou andando; depois a cabeça apareceu na porta de novo, para mais uma olhada. Em seguida, o homem entrou e sentou perto do palco. Continuou vendo e ouvindo tudo com atenção absoluta enquanto eu seguia a apresentação, na qual mencionei que Rissell estava se consultando com psiquiatra enquanto cometia estupros e assassinatos, e que esse médico não se deu conta de que o criminoso estava mentindo até não poder mais para garantir o diagnóstico de bom progresso. Isso, conforme afirmei, era prova da capacidade de manipulação dos assassinos organizados. Em meu ponto de vista, esse problema vinha da tradição histórica da psiquiatria de se valer da autodeclaração — ou seja, a confiança de que o paciente iria contar ao médico tudo o que lhe acontecia e estava disposto a colaborar com o processo de tratamento. Os psiquiatras forenses já tinham aprendido a não confiar apenas na autodeclaração, e usavam relatórios de outras fontes, registros judiciais e outros documentos do tipo para questionar o tempo todo a veracidade daquilo que um criminoso sob seus cuidados revelava de sua vida e ações.

Durante a apresentação, esse homem que entrara por acaso começou a transpirar em profusão e a empalidecer. No fim da palestra, quando as luzes se acenderam e as pessoas começaram a sair, o homem suado, pálido e claramente perturbado veio falar comigo.

"Sou psiquiatra", contou.

"Parece mais que você está precisando de um", respondi.

"Sou Richard Ratner", se apresentou. "O cara enganado por Monte Rissell. Esse caso pesa na minha consciência há muitos anos. Podemos conversar?"

Para encurtar a longa história, nós conversamos e nos tornamos amigos. Reafirmei que eu também teria sido enganado por Rissell da mesma forma que as vítimas, e que ele não deveria se culpar tanto. Falei ainda que em futuros trabalhos forenses era fundamental que ele não se valesse apenas da autodeclaração dos pacientes criminosos.

Nos anos seguintes, o dr. Ratner se tornou um adepto convicto dessa ideia. Ainda incomodado com a noção de que, se tivesse sido mais astuto no caso Rissell, a vida de várias pessoas poderia ter sido poupada, em suas palavras o dr. Ratner usava a si mesmo como exemplo de alguém que foi enganado por um mestre na arte da manipulação. Ele me convidou para apresentações a psiquiatras em vários hospitais da região de Washington DC, e eu o levei como palestrante convidado a Quantico, onde se tornou conselheiro de nosso Projeto de Pesquisa de Personalidades Criminosas. É com esses laços que se progride na compreensão das mentes criminosas — ou pelo menos é o que esperamos.

> **Enquanto executava rapidamente os passes mesméricos, em meio a exclamações de "morto! morto!" irrompendo da língua e não dos lábios do paciente, seu corpo inteiro — no decorrer de um minuto, ou menos — encolheu, desintegrou e apodreceu sob minha mãos.**
> **Edgar Allan Poe,** *A Verdade sobre o Caso do Sr. Valdemar*

Eu já vinha palestrando para psiquiatras fazia alguns anos quando um segundo incidente importante aconteceu. Era uma reunião no mesmo estilo da anterior, e eu estava falando daquilo que rotulei de "necrofilia regressiva". Na tela havia um slide com a cena de uma mulher com galho de árvore na vagina. Expliquei que a expressão necrofilia regressiva era usada para descrever a inserção de objetos estranhos no canal vaginal e no ânus da vítima, que observávamos em casos que envolviam criminosos altamente desorganizados. Interpretávamos isso como ato que demonstrava tremenda hostilidade às mulheres e, ao mesmo tempo, o desconhecimento por parte do agressor da noção de sexo consentido. Trata-se de algo muitas vezes interpretado de forma equivocada na análise de cenas de crime como mutilação, quando na verdade é substituto do ato sexual.

Alguém na plateia, um psiquiatra de cabelos grisalhos que não era da área forense, fez objeções vociferantes contra o slide e minha abordagem do assunto. Ele me acusou de querer apenas chocar o público, e insistiu que aquilo deveria ter acontecido em um caso incomum e que jamais voltaria a ocorrer. A palestra foi interrompida de tal forma que não havia como prosseguir sem lhe responder.

Perguntei ao homem quantas cenas de crime ele já havia analisado na vida.

"Nenhuma", disse. "Sou psiquiatra, não policial."

Outra pessoa da plateia pediu para que o responsável pela interrupção sentasse e ouvisse, para que talvez aprendesse alguma coisa. Mas o outro não quis se acalmar, e saiu pisando duro. Mais tarde, outras pessoas que assistiram à palestra me explicaram que foi uma espécie de sobrecarga sensorial, que ele estava acostumado demais à sua forma de ver as coisas para conseguir assimilar informações novas. Os demais consideraram a apresentação instrutiva. No geral, obtive a mesma reação positiva de dezenas de grupos de profissionais para quem falei em mais de quinze anos.

No segundo semestre de 1991, meus esforços para estabelecer a ponte com a comunidade dos profissionais de saúde foram reconhecidos quando a Associação Norte-Americana de Psiquiatria Legal me homenageou na conferência anual em Orlando, Flórida, com o prêmio Amicus, concedido à pessoa de fora da área que mais colaborou para o avanço do conhecimento na psiquiatria. Nenhum outro agente do FBI jamais havia sido cogitado para o prêmio.

Desde que comecei a trabalhar em Quantico, estava determinado a fazer com que nosso trabalho fosse uma via de mão dupla, e não de mão única, como era norma no FBI até então. Para isso, sempre buscava trazer pessoas que pudessem nos ajudar. O dr. Murray Miron, acadêmico do campo da psicolinguística, fora recrutado como consultor do Bureau por Pat Mullany. Meus mentores, Mullany e Teten, também foram fundamentais para treinar, dentro do FBI, pessoas que pudessem servir como auxiliares dos especialistas em hipnose, que às vezes usávamos para ajudar as testemunhas a se lembrar de detalhes mais vívidos dos crimes. Estabeleci contato com vários psiquiatras forenses, com os doutores Park Dietz, James Cavanaugh, Richard Ratner, Robert Simon, entre outros, e para meu Projeto de Pesquisa de Personalidades Criminosas com a dra. Ann Burgess e colaboradores como o dr. Marvin Wolfgang, da Universidade da Pensilvânia, autores de estudos pioneiros sobre criminosos violentos.

Boa parte de meu tempo era dedicada a dar cursos para agentes do FBI e a policiais que iam a Quantico passar por treinamento, e para isso sempre trazia palestrantes de fora. Burgess, Dietz e outros que mencionei deram palestras na Academia, assim como o capitão Frank Bolz, que praticamente inventou as técnicas de negociação em situação com refém para a polícia de Nova York. Percebi que, por mais que nossas apresentações fossem bem trabalhadas, eram os palestrantes convidados que sempre se destacavam nos relatórios que os participantes submetiam aos superiores quando voltavam ao trabalho.

Eu ia muito além das forças de aplicação da lei e das ciências forenses para encontrar convidados interessantes. Um amigo me contara que a paciente do caso narrado em *As três faces de Eva*, Chris Sizemore, havia se recuperado do transtorno de múltipla personalidade que serviu de base para o famoso livro e para o filme estrelado por Joanne Woodward, e se tornara palestrante requisitadíssima. Conheci Chris e decidi que precisava levá-la a Quantico. A regra geral do Bureau, ainda que tácita, era que o convite a palestrantes de caráter pouco convencional precisaria ser submetido ao superior imediato. A chefia não fazia objeções, mas informava ao agente que a responsabilidade era só sua, não de seu superior, caso alguém da cúpula da hierarquia se irritasse. Recebi essa resposta de meu chefe, e alguns questionamentos adicionais. Aquela mulher não era doente mental? Respondi que estava recuperada e não era perigosa. Ele falou que era o meu traseiro que estava na reta, não o dele; com a maior cara de pau, respondi que o maior problema era que, como Chris tinha três personalidades, precisaríamos triplicar nosso cachê habitual para contratá-la. Ele não entendeu a piada.

Chris foi um sucesso, e explicou como era sofrer de doença mental e conseguir se recuperar. Houve vários casos famosos nos tribunais em que advogados tentaram se valer da defesa envolvendo múltiplas personalidades. Chris falou de forma convincente que, se uma das personalidades do paciente for capaz de cometer assassinatos, então todas são; e que, se uma não for, nenhuma das outras é. Em resumo, ela afirmou que o fato de ter múltiplas personalidades não exime ninguém da acusação de homicídio.

Todos os convidados deram sua contribuição específica para ampliar nossos conhecimentos. Entre outros visitantes incomuns estavam o escultor Frank Bender — especializado em modelos faciais mostrando qual poderia ser a aparência de um suspeito que não era visto em dez ou vinte anos — e a vidente, Noreen Renier. Ela me foi muito bem recomendada, e já trabalhara em casos com agências de aplicação da lei, ajudando a localizar cadáveres e encontrar pistas. Meu superior me disse para deixar claro que estávamos apenas trazendo uma palestrante que falaria coisas interessantes, e não que recomendávamos a contratação de Renier por departamentos de polícia ou que acreditávamos em seu trabalho.

Ela foi a Quantico no início de 1981, e na palestra nos contou que não controlava seus poderes, que às vezes funcionavam e às vezes não. Diante do grupo de policiais, Renier previu que uma tentativa de assassinato ao presidente Ronald Reagan ocorreria até o fim do mês. Afirmou que o presidente seria atingido no lado esquerdo do peito e que não morreria, conquistaria enorme simpatia da opinião pública depois de recuperado e que a partir daí realizaria grandes feitos.

Depois que Reagan foi baleado, convidei a vidente para uma segunda palestra em Quantico, e, dessa vez, ela previu que o presidente morreria assassinado em novembro, em atentado cometido por homens vestidos com fardas de forças estrangeiras brandindo metralhadoras. Na ocasião, comuniquei a previsão ao Serviço Secreto; eles se incomodaram com o fato de não terem sido informados da primeira vez, mas naquela ocasião pensei que se tratava apenas de palpite exótico. Ela estava ao mesmo tempo certa e errada sobre esse atentado; foi o presidente Sadat do Egito que foi morto — em outubro, e não em novembro — por homens com fardas de forças estrangeiras brandindo metralhadoras. Em outro caso, ela ajudou a localizar um avião onde estava o corpo de um familiar de um agente do FBI. A vidente também falou sobre minha vida. Vários dias antes da viagem de seis semanas que faria à Alemanha, ela me avisou que seria necessário voltar mais cedo, por algum motivo relacionado a uma mulher de cabelos escuros. Três dias depois de pousar em solo alemão, fui chamado de volta aos Estados Unidos porque minha esposa, que tinha cabelos escuros, sofrera acidente automobilístico gravíssimo.

Dessa segunda vez, porém, a informação de que Renier dera palestra em Quantico foi divulgada pela mídia, em matéria em nada acurada anunciando que o FBI tinha entre os consultores uma vidente. Uma segunda reportagem distorceu ainda mais os fatos, afirmando que ela fora contratada pelo FBI para prever acontecimentos como atentados contra pessoas ilustres. A direção de Quantico se irritou com isso, e fui proibido de convidá-la para novas palestras.

> A fantasia o consumia. Ele não pensava em quase mais nada. E decidiu agir. Fazer o desejo bizarro virar realidade. Foi o primeiro passo na estrada pro Inferno.
> **Derf Backderf,** *Meu Amigo Dahmer*

Um ou dois anos depois, fomos confrontados com um assassinato ocorrido nas instalações de Quantico, no qual a esposa de um agente da DEA foi morta — caso que nos deixou abalados por muito tempo. Enquanto ainda estávamos perplexos com o acontecimento, meu superior (na época um novato na Unidade de Ciências Comportamentais) veio me pedir para convocar a vidente como palestrante outra vez, para poder consultá-la e requisitar ajuda nas investigações. Eu me opus à ideia, avisando que fora repreendido pelo alto comando sobre a ideia de chamá-la de novo. Ele insistiu que a trouxesse mesmo assim e assumiu a responsabilidade pelas consequências caso a presença dela fosse tornada pública. Depois da palestra, ele a chamou para uma sala de aula e permitiu que visse e tocasse em evidências relacionadas ao caso, mas suas percepções não ajudaram muito, e o homicídio permaneceu sem solução.

Apesar de a publicidade envolvendo Noreen Renier não ter sido positiva para a BSU, continuamos a chamar atenção de gente de fora do Bureau. No início dos anos 1980, o interesse se manifestou no uso de nosso trabalho como base para a criação de obras de ficção.

Jornalistas e, sobretudo, ficcionistas muitas vezes especulavam em seus textos o que o FBI poderia ser capaz de realizar com a elaboração de perfis psicológicos de criminosos. Esses escritores faziam esse

A face de um monstro: o assassino em série confesso Jeffrey Dahmer.

trabalho parecer uma ferramenta mágica que, quando colocada à disposição da polícia, imediatamente solucionava o crime. Como os leitores deste livro bem sabem a esta altura, nosso trabalho não tem nada de mágico. A elaboração de perfis envolve apenas a aplicação de princípios sólidos das ciências comportamentais, adquiridos em parte pela avaliação de cenas de crime e evidências, e também de entrevistas com criminosos encarcerados, com o objetivo de orientar os investigadores sobre a categoria mais provável em que se encaixavam os suspeitos. O perfil nunca é responsável pela prisão de um assassino, e sim a polícia.

Por mais que enfatizássemos esse fato, os ficcionistas parecem preferir que os elaboradores de perfis retratados em suas obras façam muito mais. Certo dia, no início dos anos 1980, o departamento de relações públicas do FBI me pediu para receber um escritor na BSU. Seu nome era Thomas Harris, autor do best-seller, *Domingo negro*, adaptado para o cinema. Harris me contou que estava escrevendo um novo livro, que teria como personagem um assassino em série. Ele queria saber como o FBI poderia se envolver em um caso assim, como o perfil era elaborado e como prestávamos assistência às polícias locais. Passamos várias horas conversando, e lhe mostrei slides de vários casos, entre eles os de Kemper e de Chase. Apesar de falar muito pouco, Harris absorvia absolutamente tudo o que ouvia. Também tocamos no assunto de meu já extenso programa de entrevistas nas prisões, e contei que em tempos recentes vínhamos convidando vários psiquiatras e outros especialistas em saúde mental para serem consultores do Bureau.

Mais tarde, Thomas Harris juntou a ideia de entrevistas em prisões e de pedir a colaboração de psiquiatras em seu romance *Dragão Vermelho*, no qual agentes do FBI recorrem ao auxílio do hoje famosíssimo personagem Hannibal Lecter, psiquiatra e assassino em série encarcerado que ajuda a resolver crimes misteriosos. O personagem e o enredo são criações de Harris, claro, mas me orgulho de ter fornecido os fatos que estimularam sua fértil imaginação.

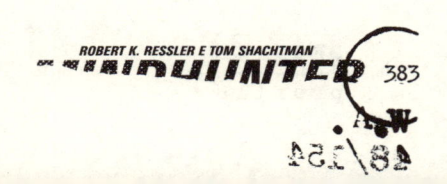

Depois da publicação de *Dragão Vermelho*, perguntei a Harris por que o herói do livro era um civil prestando auxílio ao FBI, e não um agente. Ele me explicou que queria que o homem tivesse problemas psicológicos decorrentes da primeira experiência com Lecter, o que impediria de ser um agente. Considerei isso engraçadíssimo, considerando as misteriosas perdas de peso, os pseudoataques cardíacos e outros problemas experimentados por tantos de nós na BSU.

Na segunda visita, enquanto ele trabalhava em um novo livro, passei mais algumas horas conversando com Harris e lhe mostrei outros casos, inclusive o de Ed Gein, que serviram como inspiração para o vilão de *O silêncio dos inocentes*. Também apresentei Harris à única agente do sexo feminino que trabalhava conosco na BSU na época.

Em termos ficcionais, ambos os romances de Harris são sensacionais, mas não oferecem um retrato realista nem dos assassinos em série nem dos heróis e heroínas que trabalham no FBI. Por exemplo, o criminoso do primeiro livro, Francis Dolarhyde, reúne características de diferentes assassinos e personalidades que dificilmente existiriam juntas em uma única pessoa no mundo real. Além disso, os agentes do FBI não participam das caçadas a esses homicidas; nós avaliamos as cenas de crime, elaboramos perfis psicológicos e damos sugestões às polícias locais, que executam todo o trabalho de campo e por fim realizam as prisões.

Depois das visitas de Harris à BSU, fui usado como fonte por vários outros autores de romances e livros de não ficção. Entre as figuras mais famosas do meio com que tive contato estão Mary Higgins Clark, cuja obra *Adoro música, adoro dançar* se baseou em parte na apresentação que fiz do caso Harvey Glattman (e consultas subsequentes às quais respondi depois de me aposentar do Bureau), e Ann Rule, que se tornou minha colega na força-tarefa da VICAP. Mais tarde, eu inclusive a convidei para falar de Ted Bundy em Quantico, sobre quem escreveu o livro *Ted Bundy: Um Estranho ao Meu Lado*. Eu lhe mostrei o caso de Jerome Brudos, e ela mais tarde viajou a Oregon, fez extensas pesquisas e escreveu também sobre ele, livro intitulado *Lust Killer*.

Com os anos, o verniz de glamour, o falatório em torno da elaboração de perfis e a interpretação errônea do que o pessoal do Bureau realmente faz só aumentaram. A imagem criada pela mídia é a de que as pessoas que trabalham com ciências comportamentais são superdetetives com capacidade muito superior aos demais policiais e que resolvem casos que ninguém mais é capaz de solucionar.

Infelizmente, o próprio FBI parece ter embarcado nessa onda. Isso ficou bem claro na cooperação do Bureau com os produtores do longa-metragem *O silêncio dos inocentes*. Uma das últimas tarefas de que me encarreguei antes da aposentadoria foi um parecer sobre o roteiro do filme, e apresentei diversas objeções. Em minha opinião, como o FBI se envolveria nas filmagens, pois as instalações de Quantico seriam usadas de cenário, deveríamos exercer mais influência para tornar o enredo mais realista. Por exemplo, a heroína, interpretada nas telas por Jodie Foster, era uma agente em treinamento; nós jamais colocaríamos uma novata em tal posição de responsabilidade e perigo, como o roteiro exigia. Esse detalhe poderia ser alterado sem prejuízo à estrutura dramática, assim como dezenas de outras questões do tipo. Nenhuma alteração foi feita, e algumas cenas rodadas em Quantico inclusive usavam gente do Bureau como figurantes. O alto comando claramente avaliara que o filme traria publicidade positiva para o FBI, e não fazia diferença se as situações retratadas eram realistas ou não.

Com o sucesso e o imenso apelo tanto do livro quanto do filme *O silêncio dos inocentes*, surgiu um frenesi para explorar o tema dos assassinos em série e dos elaboradores de perfis psicológicos de criminosos. Isso é bastante aparente em especial na televisão. Se nos anos 1980 havia programas bem informados sobre assassinos em série, esse tipo de produção foi deixado de lado para dar lugar a equivalentes televisivos de tabloides sensacionalistas. Minha principal queixa em relação a esses programas mais recentes é o fato da apuração factual ser apressada e descuidada. Por exemplo, uma atração que costuma ser de grande utilidade para as forças policiais é o programa *America's Most Wanted*. No entanto, a produção não perdeu tempo em retratar Joe Fisher, que estava preso em Nova York, como responsável pela morte de 150 pessoas. Era essa a alegação de Fisher, mas, embora tenha matado a esposa e talvez mais algumas outras vítimas, não havia assassinado centenas, e uma rápida pesquisa teria revelado isso. Assim como Henry Lee Lucas, Fisher era um andarilho alcoólatra que se valeu da ideia de fazer afirmações grandiloquentes para chamar a atenção de jornais e emissoras de televisão.

Essa avalanche de publicidade provocou algumas reações estranhas e perturbadoras. Vários assassinos em série passaram a receber cartas na cadeia de pessoas que não conhecem, dizendo que querem ser como eles e reproduzir seus feitos. Também ouvi de várias pessoas diferentes que poderia ser interessante conhecer e bater um papo com gente como Ted Bundy e outros criminosos do tipo. ==Esses homicidas são péssimos exemplos para a humanidade, e não deveriam ser idolatrados ou imitados.==

Algumas pessoas da BSU ainda afirmam ter sido usadas como inspiração para os personagens do FBI no livro e no filme *O silêncio dos inocentes*, embora Harris tenha afirmado (e eu o corroboro) que seus personagens são criações e não se baseiam em ninguém em particular. E o problema não se restringe aos integrantes mais antigos da BSU. Novos candidatos a entrar na unidade parecem se espelhar na personagem de Jodie Foster como modelo; ou seja, querem ser superdetetives. ==Se os aspirantes às forças policiais convencionais se identificassem com "Dirty Harry" Callahan, por exemplo, teríamos uma polícia rapidíssima no gatilho, composta por indivíduos violentos e perigosos. Não precisamos de gente assim, e da mesma forma não queremos superdetetives no FBI.== Como sociedade, estamos nos aproximando demais do fogo em busca de estímulo — somos como espectadores entediados mais conectados com a fantasia do que com a realidade, correndo o risco de despencar no abismo, como alertava Nietzsche.

Desde que me aposentei do FBI, continuei trabalhando como consultor especializado e palestrante. Entre os casos mais recentes em que me envolvi está o de Ricky Greene, um assassino texano. Ele matou várias pessoas em ato aparentemente gratuito de violência, e estava aguardando sua sentença ser anunciada. Dei meu testemunho afirmando que ele poderia ser inclusive mais perigoso que Ted Bundy, que escolhia as vítimas levando em conta determinado tipo, enquanto Greene parecia disposto a matar qualquer um. Não sou capaz de afirmar que efeito meu testemunho causou em meio a tanto outros, mas Greene foi condenado à morte.

Em um caso muito mais famoso em Rochester, Nova York, Arthur J. Shawcross foi acusado de onze homicídios de mulheres na região, muitas delas prostitutas. Shawcross já havia passado catorze anos preso por ter violentado e estrangulado até a morte uma garota de dezoito anos. Ele também admitiu ter assassinado um garoto, mas essa acusação foi retirada em troca da admissão de culpa no caso da mulher. Mesmo assim, foi libertado e imediatamente voltou a matar.

No novo caso em que se envolveu, o assassinato em série de prostitutas, Shawcross alegou inocência por insanidade. Parte de sua defesa se baseava na afirmação de que sofrera abusos sexuais, psicológicos e físicos na infância. Outro argumento era que ele sofria de doença mental de "estados alterados", semelhante ao transtorno de múltipla personalidade, e a terceira linha de defesa se baseava em problemas relacionados a experiências no Vietnã, que teriam ocasionado o transtorno de estresse *pós-traumático*.

Dois bons amigos que testemunharam como especialistas em lados opostos no julgamento de Dahmer — o psiquiatra Parker E. Dietz pela acusação e Ressler pela defesa, para reforçar a alegação de insanidade.

Enquanto o psiquiatra e meu colega e amigo de longa data dr. Park E. Dietz orientou a acusação sobre como lidar com as alegações de abuso na infância e o transtorno de múltipla personalidade, eu me encarreguei da questão do TEPT. A essa altura, já tinha 35 anos de experiência como oficial da ativa e da reserva na Polícia do Exército e na CID, o que me ajudou a demolir rapidamente essa linha de defesa. Minha pesquisa revelou que a afirmação de ter testemunhado atrocidades em tempos de guerra era um ultraje e uma grande mentira, e minha investigação pré-julgamento foi tão demolidora que a questão do TEPT sequer foi apresentada no tribunal. As outras duas questões foram rebatidas com eficiência similar pelo dr. Dietz e Shawcross foi condenado por dez homicídios dolosos no primeiro caso — com dez sentenças de prisão perpétua — e por um assassinato não qualificado no segundo julgamento, que lhe rendeu uma sentença de 25 anos de cadeia, com possibilidade de extensão para prisão perpétua. É improvável que algum dia deixe a prisão.[1]

Assim como o restante do mundo, em meados de 1991 acompanhei pela imprensa as notícias da prisão de Jeffrey Dahmer por dezessete assassinatos em Milwaukee, Wisconsin, que descreviam em detalhes os atos de violência sexual, mutilação, canibalismo e necrofilia. Com violência extrema, Dahmer parecia sintetizar em um só caso todo o horror dos assassinatos em série e de natureza sexual ocorridos nos 25 anos anteriores. Na verdade, ele cometera homicídios esporádicos durante boa parte desse período, já que seu primeiro assassinato acontecera em 1978, quando Dahmer tinha dezoito anos. Perto de Bath, Ohio, onde fora criado, ele pegou um caronista e o matou — de forma um tanto espontânea, ao que parece, sem planejamento prévio. Ao longo dos nove anos seguintes, suas fantasias homicidas bizarras foram se acumulando até levá-lo a matar de novo, uma vez em 1987, duas vezes em 1988, uma vez em 1989, quatro vezes em 1990 e oito vezes em 1991, com os dois últimos homicídios separados por apenas alguns dias, antes de finalmente ser preso.

---

1 Shawcross morreu na cadeia em 2008, de causas naturais. [NT]

Analisando o caso à distância, para mim estava claro que Dahmer seguia o padrão previsível dos assassinos em série. Começam a matar com cautela, assustados com os próprios crimes. Então o ritmo se intensifica, e se transformam em eficientes e efetivas máquinas de matar. Por fim, se tornam arrogantes e descuidados, por achar que nenhum mortal é capaz de capturá-los. Acreditam ter poder e autoridade inigualáveis sobre todas as outras pessoas.

Como os leitores bem sabem, ao longo de minha carreira ministrei cursos itinerantes para o FBI sobre como avaliar a personalidade de criminosos e elaborar perfis psicológicos, e, por muitas vezes, dei aulas em Milwaukee e arredores. Depois de aposentado, fui convidado pela Universidade de Wisconsin a dar aulas sobre o assunto na cidade em parceria com Ken Lanning, o principal especialista do Bureau em crimes envolvendo exploração e violência sexual contra crianças. Durante meus anos de atividade fiz muitos contatos com policiais, advogados e profissionais de saúde mental naquela região. Portanto, de certa forma não foi uma surpresa quando, em agosto de 1991, recebi uma carta de um detetive da polícia de Milwaukee que fizera meu curso em janeiro daquele ano e estava envolvido na investigação do caso Dahmer. "Não sou capaz de expressar como foram úteis para os recentes acontecimentos aqui em Milwaukee as informações apresentadas por vocês", escreveu o policial. "Saber o que procurar foi de grande ajuda tanto para mim como para os demais investigadores [do caso Dahmer]."

Apesar de ter ficado contente com o reconhecimento, fiquei chateado ao tomar conhecimento da conduta de alguns policiais no caso, em especial aqueles que foram demitidos por permitir que um menino de catorze anos continuasse no apartamento de Dahmer mesmo depois de terem conversado com ele e se deparado com circunstâncias extremamente suspeitas na residência. Eu gostaria que esses homens pudessem ter participado do curso que ministrei, como o detetive fizera; tinha certeza de que, se tivesse sido assim, o desfecho de seu contato inicial com o assassino seria outro. Dahmer matara esse garoto laosiano apenas minutos depois que a polícia o deixou em suas mãos. Além disso, matou mais quatro vítimas nos dois meses seguintes antes de ser capturado. É muito provável que cinco vidas houvessem sido salvas se esses policiais que trabalhavam na ronda de rua conhecessem mais de padrões e motivações de assassinos de crimes de conotação sexual. Se a polícia de Milwaukee como um todo fosse mais bem-informada a esse respeito, Dahmer poderia ser identificado como suspeito muito antes, quando vários jovens frequentadores de bares gays da cidade começaram a desaparecer. Em termos mais realistas, porém, o departamento policial local não pode ser crucificado por tais erros de julgamento; pouquíssimos agentes de aplicação da lei no país foram treinados para reconhecer a dinâmica complexa das ações de criminosos violentos. ==Esse incidente como um todo só renova minha crença de que os policiais precisam ser mais bem instruídos disso.==

Mais perto do final de 1991, fui contatado pelos advogados de acusação e de defesa no caso Dahmer para prestar serviços de consultoria especializada. Meu amigo Park Dietz colaboraria com a procuradoria e, em estranha reviravolta, no fim me convenci de que deveria depor para o outro lado, a favor da defesa.

==Para um ex-agente do FBI, atuar na defesa do réu é extremamente incomum, e pode ser uma atitude mal compreendida pelos leigos — e até por alguns de meus antigos colegas de Bureau.== No entanto, desde que me aposentei e passei a ser contratado para dar parecer em tribunais, aprendi que um verdadeiro especialista só pode ter uma opinião, e não importa a qual lado sua avaliação é mais conveniente, pois é baseada em fatos e experiência profissional e não pode ser alterada para se adequar às estratégias da acusação ou de defesa. Foi com isso em mente que concordei em trabalhar em conjunto com Gerald P. Boyle, o advogado de Milwaukee contratado para a defesa de Jeffrey Dahmer. ==Eu jamais deporia a favor dos atos ou do comportamento de Dahmer, e jamais seria conivente com o fato de ele ter matado dezessete pessoas — mas sou capaz de entender esses crimes e o estado mental do assassino.== Minha posição não era de me mostrar de forma contrária ou favorável ao réu, e sim usar meus conhecimentos para que todos os envolvidos pudessem ter uma compreensão correta da situação, para avaliar o caso de maneira justa. ==O que defendo é um sistema judiciário que seja capaz de lidar com questões difíceis como o caso Dahmer.==

Em 13 de janeiro de 1992, Boyle anunciou que Dahmer mudaria o posicionamento nos quinze assassinatos por que fora indiciado — em vez de inocente por insanidade, ele se declararia culpado, porém insano. "A decisão de se declarar culpado foi do sr. Dahmer, não minha", o advogado declarou à imprensa. "O caso gira em torno de sua condição mental. Sua intenção é admitir a culpa." A declaração de "culpado, porém insano" é admissível pela lei de Wisconsin, ainda que seja vetada em vários outros estados norte-americanos. Como a culpa de Dahmer não está mais em questão, ele será submetido a um julgamento abreviado, cuja segunda fase se restringirá a avaliar o estado mental. Seja qual for o resultado, é quase certo que Dahmer vá passar o resto da vida preso, seja em instituição psiquiátrica ou penitenciária[2] — o que, em minha opinião, é o desfecho mais adequado para o caso. Ao conseguir fazer com que Dahmer se declarasse culpado, Gerald Boyle poupou o sistema judicial de Milwaukee de semanas e talvez meses de testemunhos arrastados, além de milhões de dólares em despesas, e possibilitou que o caso terminasse com resultado bastante satisfatório para a sociedade.

Acompanhado pelo advogado de Dahmer, eu o entrevistei por dois dias. Para me preparar para a tarefa, mergulhei a fundo no caso. A figura que me veio à mente de forma mais imediata foi o terrível espectro de Richard Trenton Chase, o assassino vampiro cujos crimes foram apresentados em detalhes no Capítulo 1. Dahmer também consumiu sangue e carne humana, mas não era tão desorganizado quanto Chase. Era alguém que percorria os bares gays de Milwaukee em busca de vítimas, que levava a seu apartamento, mas em suas ações se colocou em situações bastante vulneráveis à ação policial. Nesse sentido, me lembrava John Gacy. Dahmer guardava partes de corpos,

---

[2] Dahmer foi condenado a cumprir a sentença em uma penitenciária para presos comuns, onde foi assassinado em 1994 por outro detento. [NT]

como esqueletos e crânios, mesmo ciente de que poderiam ser usadas contra ele, caso fossem encontradas. Também recebi informações que faziam parte dos registros judiciais que ainda não tinham sido reveladas ao público em geral: Dahmer bebia sangue, ingeria pedaços de corpos e preferia o contato sexual com os cadáveres desmembrados das vítimas. Por essas atitudes, ele também me remetia a Ted Bundy e Ed Kemper.

Fiquei perplexo ao descobrir que, quando uma vítima de Dahmer escapou do apartamento no meio de um ataque, ele calmamente esperou pela chegada da polícia e não fez qualquer tentativa de esconder a enorme quantidade de evidências estocada nos cômodos da residência — centenas de fotografias de vítimas vivas e mortas, crânios e partes de corpos na geladeira, em tonéis e caixas. A parafernália usada para imobilizar e matar as vítimas estava espalhada pelo local. Minha angústia foi imensa ao tomar conhecimento de que, meses antes de ser preso, Dahmer deixara várias pessoas, inclusive o proprietário do imóvel e policiais, entrarem no apartamento onde todas essas coisas estavam à vista, na sala de estar e cômodos adjacentes cujas portas estavam abertas. Todos os sinais de um assassino estavam presentes, mas ninguém os reconheceu.

Embora exibisse muitas das características do criminoso organizado — ele saía à caça de vítimas, que atraía para o apartamento com promessas de dinheiro e favores sexuais e depois dos assassinatos escondia as evidências dos crimes —, o caso Dahmer também revelava muitas dinâmicas associadas ao homicida desorganizado: fazia sexo com cadáveres, consumia carne das vítimas, mutilava corpos e mantinha partes como suvenires. Em nossa terminologia, portanto, Dahmer era um criminoso "misto". Na verdade, reúne tantas dinâmicas em geral não relacionadas que seríamos obrigados a considerá-lo um exemplo de categoria inteiramente nova de assassino em série.

Dahmer é insano ou não? Depois de dois dias de entrevista, só senti empatia pela pessoa atormentada e perturbada diante de mim. Dahmer mostrou um nível de sinceridade e cooperação muito raro em outros assassinos em série com quem me deparei, mas não era capaz de compreender como fora capaz de cometer todas as atrocidades das quais tinha ciência de ser o responsável. No ambiente controlado da cadeia, foi capaz de compreender a que ponto suas compulsões e fantasias dominaram sua mente racional, fazendo-o continuar a agir, crime após crime. Fumou sem parar durante toda a conversa, e chegou a sugerir que o câncer de pulmão poderia ser a solução para seus problemas. Não havia como aquele homem desnorteado estar de posse da sanidade quando cometeu os crimes. Fiquei satisfeito com o fato de que, qual fosse o desfecho do processo judicial, ele passaria o resto da vida em confinamento.

Fiquei igualmente satisfeito por não haver pena de morte no estado de Wisconsin, pois não havia nenhum benefício em executá-lo. O governo da Flórida gastara 8 milhões de dólares na execução de Ted Bundy, dinheiro que teria sido mais bem investido na construção de unidade prisional dedicada à pesquisa e ao estudo de pessoas como ele, Kemper, Gacy, Berkowitz e Dahmer, que haviam violado de forma tão grotesca a confiança da sociedade. Os criminólogos já chegaram há tempos ao consenso de que a pena de morte nunca serviu para desencorajar criminosos violentos. Esse procedimento tem utilidade apenas para satisfazer as famílias das vítimas e o desejo da sociedade em geral por vingança. Se, como no caso Dahmer, pudermos assegurar que esses monstros não poderão ser devolvidos ao convívio com a população depois de alguns anos de encarceramento — se concordarmos em mantê-los em confinamento pelo resto da vida —, aí sim teremos feito progresso. Exatamente onde e como serão mantidos à distância da sociedade é uma questão que já deveria ter sido resolvida.

A existência de alguém como Jeffrey Dahmer me incentiva a continuar a pesquisa. Existem alguns assassinos mantidos em prisões norte-americanas com quem ainda não conversei. Continuo prestando serviços ao Instituto Nacional de Justiça e ao Centro Nacional para Crianças Desaparecidas e Exploradas, trabalhando na investigação e análise daqueles que molestam, sequestram e matam crianças. Mantenho-me afiliado à Escola de Justiça Criminal da Universidade

PROFILE
------ -
profile

Estadual de Michigan e ao Programa de Psiquiatria Legal da Universidade Georgetown, e de tempos em tempos dou palestras em várias outras instituições de ensino superior. Em breve vou me aposentar como oficial da reserva do Exército dos Estados Unidos, mas pretendo seguir participando do treinamento dos agentes da CID espalhados pelo mundo, se isso for do interesse das forças armadas. Seria muito gratificante acreditar que todos os meus esforços no combate a criminosos violentos colaboraram para a redução na incidência de seus crimes, mas as manchetes sobre assassinatos terríveis que surgem com frequência nos jornais do país e os relatos rotineiros de violência no noticiário televisivo me dizem que o combate a essas monstruosidades não pode parar — e que eu preciso continuar na luta.

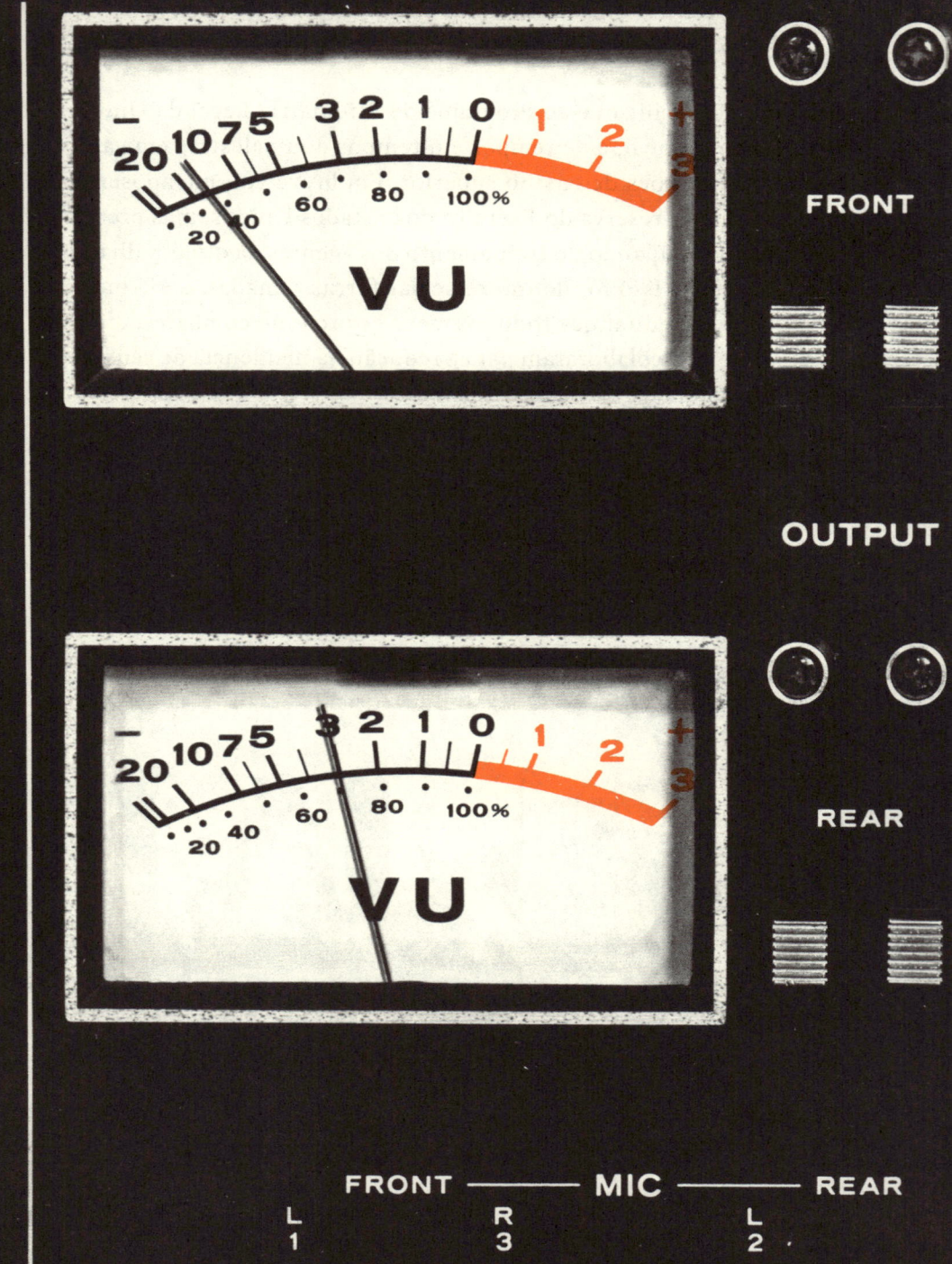

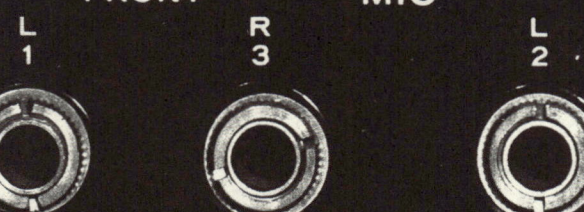

FRONT

OUTPUT

REAR

FRONT —— MIC —— REAR

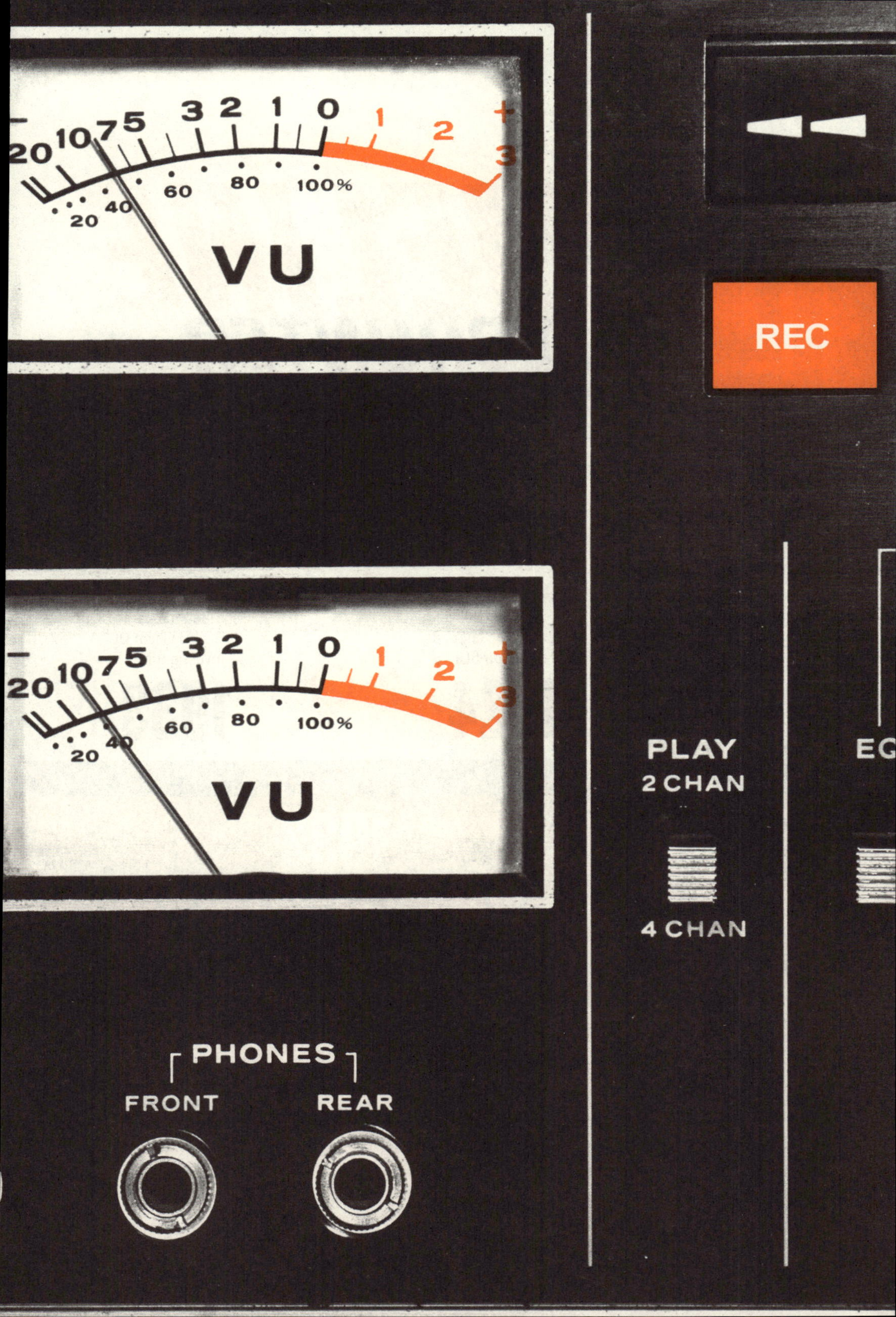

VU
100%
VU
100%
REC
PLAY
2 CHAN
4 CHAN
PHONES
FRONT
REAR

TIMELINE
MINDHUNTER
SERIAL KILLERS
PROFILE

J. Edgar Hoover torna-se chefe de depto do BOI
1924

Mudança para DOI (Division Of Investigation)
1933

1908
Fundação do BOI (Bureau Of Investigation)

1932
Mudança de nome para USBOI (United States Bureau Of Investigation)

Abertura do Scientific Crime Detection Laboratory

1935
Mudança de nome pra FBI (Federal Bureau of Investigation).

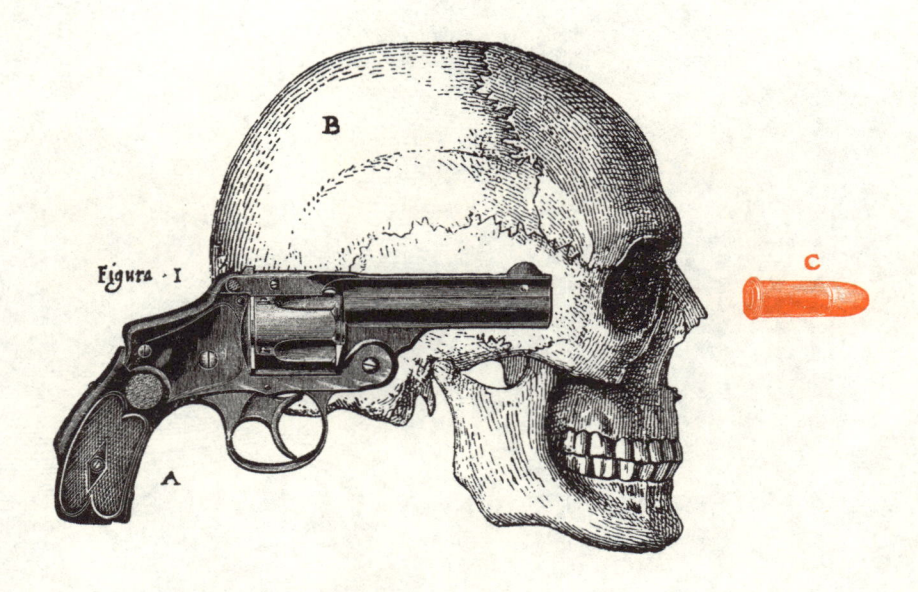

1956
Surge o COINTELPRO (COunter INTELigence PROgram)

1963
Com assassinato de Kennedy, todos os crimes federais passam a ser do FBI

1972
Morre J. Edgar Hoover supervisor do Bureau desde 1935

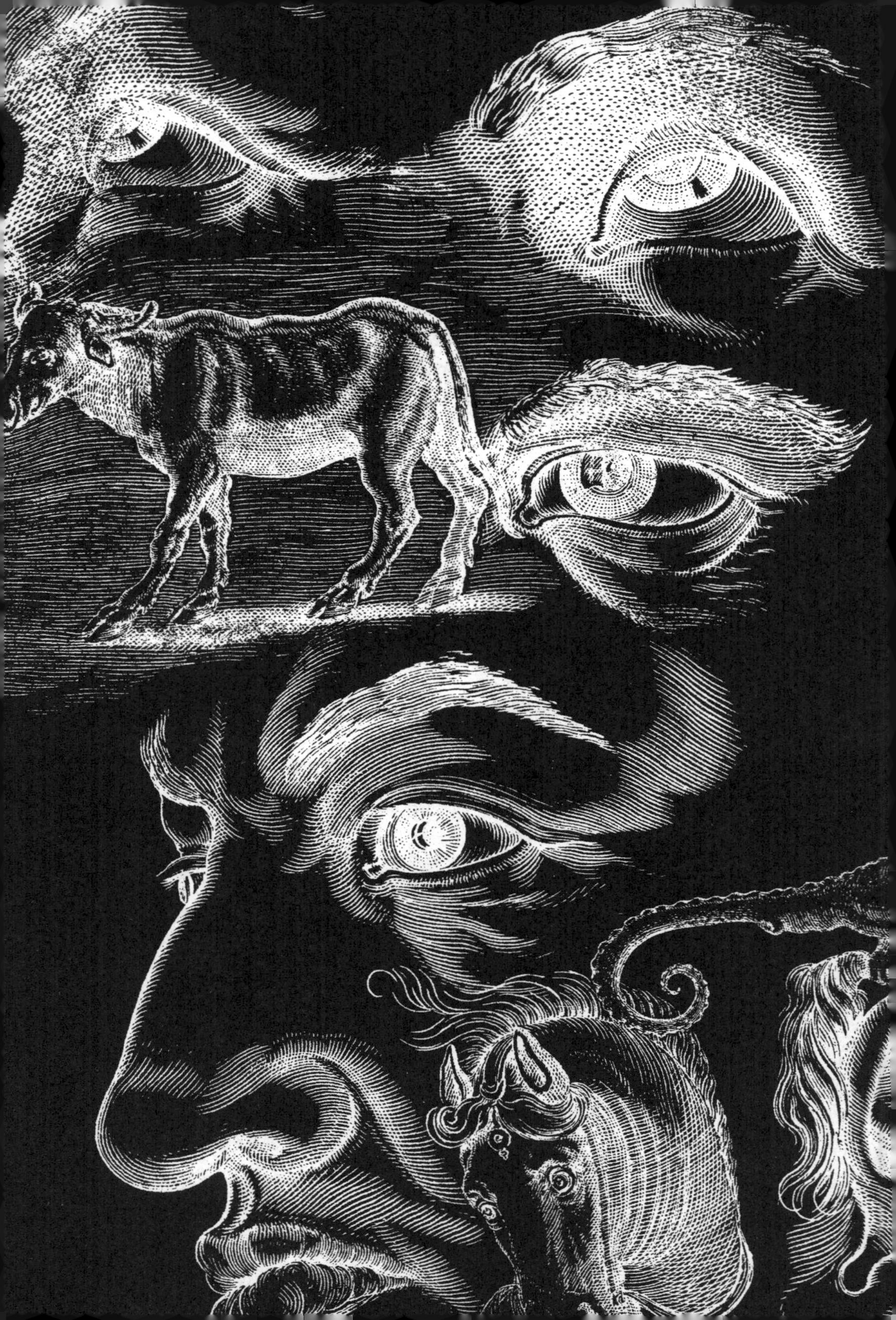

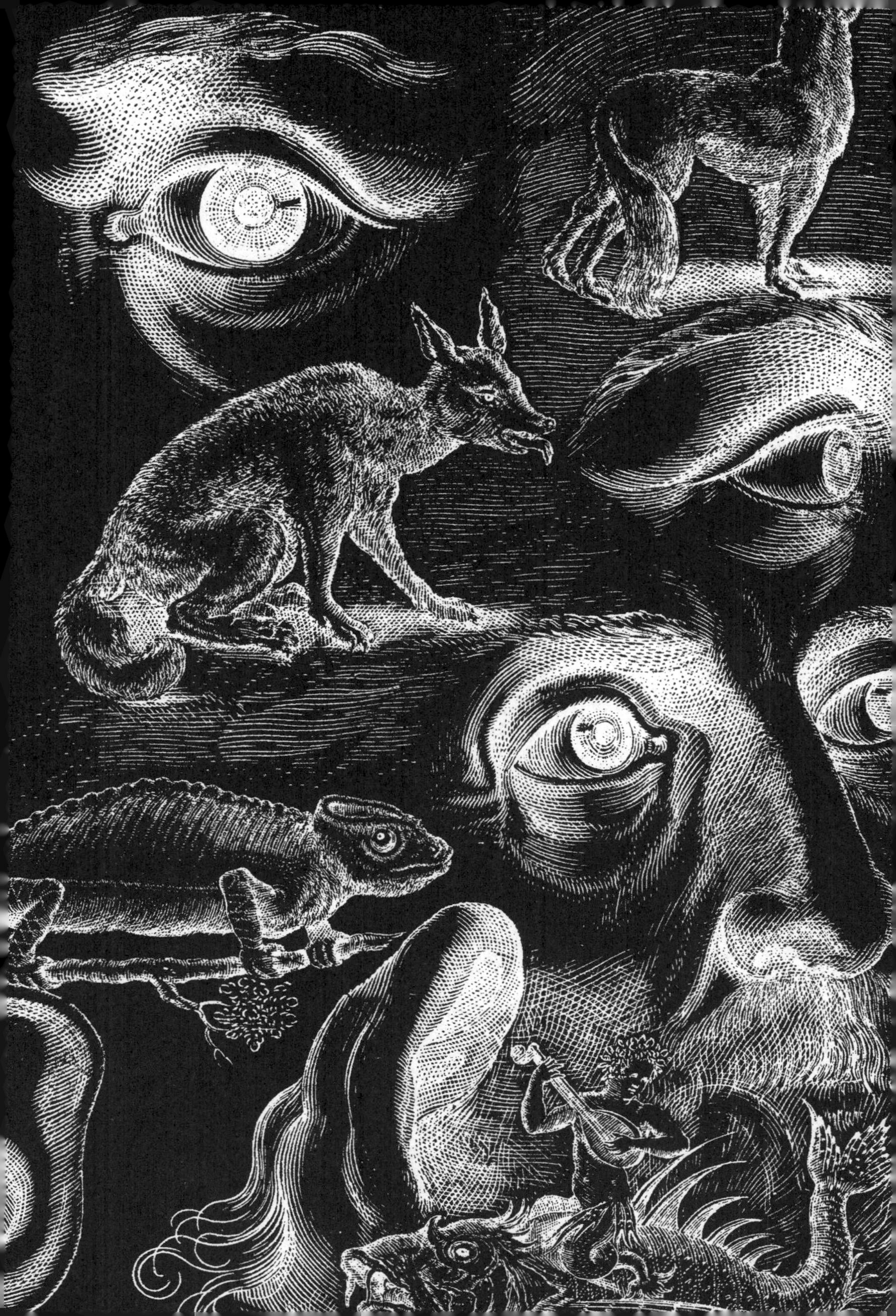

ÍNDICE REMISSIVO
XXXVI

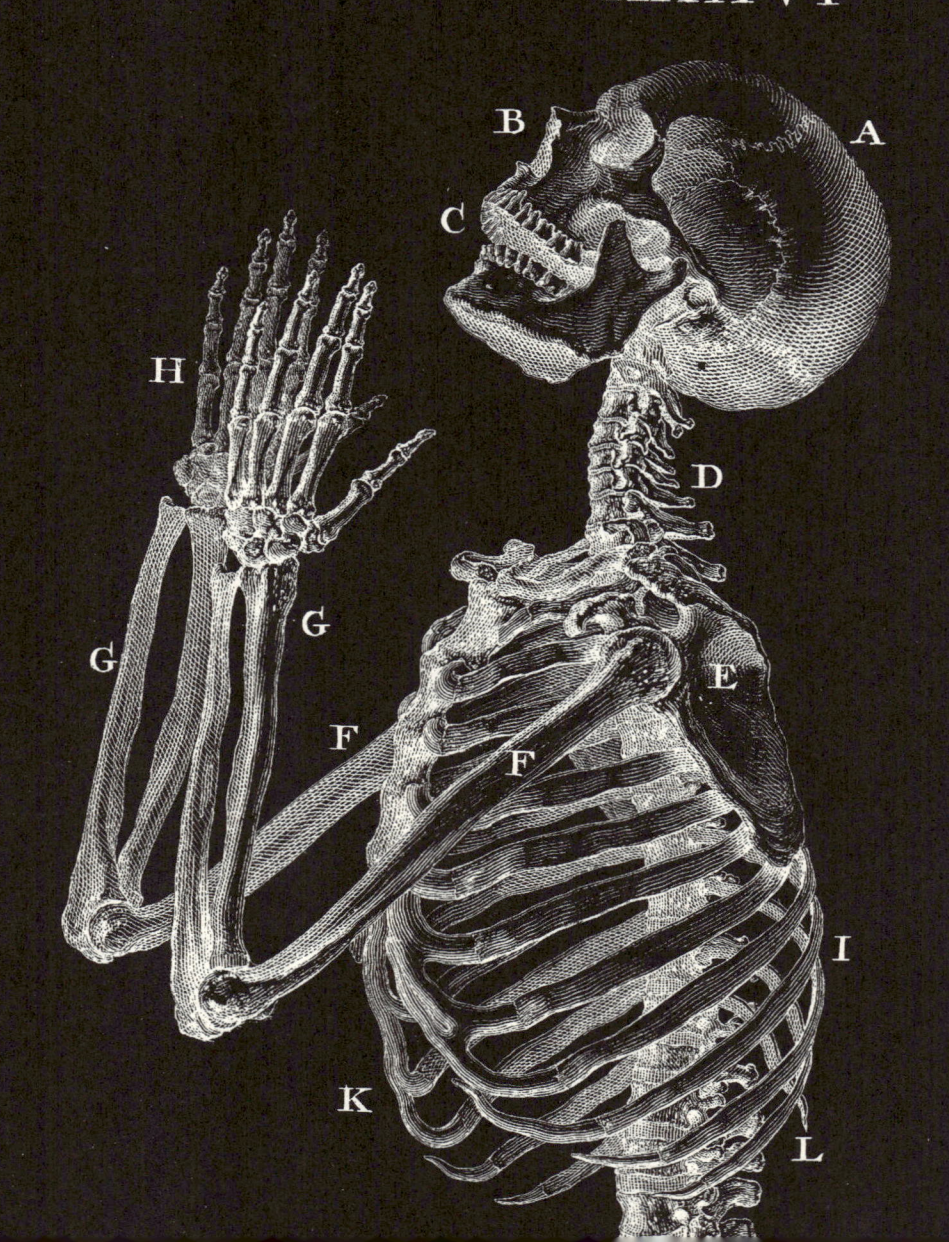

A

Abbott, Bud ("Tremedeira") 60
abusos sofridos na infância, criminosos 130, 131, 132, 145
Academia Nacional do FBI 60
adaptabilidade e a flexibilidade 193
adolescência, assassinos durante a 140
Adoro música, adoro dançar (Clark) 311, 384
amarras, uso de 194
America's Most Wanted 159, 385
As três faces de Eva 379
assassino em série, criação do termo 62, 63, 64
Atiyeh, Vic 292, 295, 299, 301, 303, 304
Atkins, Susan 109
atos sexuais com vítimas 199
  kit de estupro 194, 206, 227, 229
atratividade, criminosos desorganizados 343
Aynesworth, Hugh 322

B

Beausoleil, Bobby 100
Bender, Frank 380
Berdella, Bob 196
Berkowitz, David 62, 69, 96, 117, 119, 120, 121, 122, 123, 124, 153, 166, 191, 232, 318, 393
Bolz, capitão Frank 64, 379
Boyle, Gerald P. 390, 391
Bramshill 62, 263, 264
Bremer, Arthur 76, 232, 234
Breslin, Jimmy 122, 123
Brooks, Pierce 309, 310, 311, 312, 314, 315, 316, 317, 324, 325
Brudos, Jerome 139, 298, 301, 309, 384
Brussel, dr. James A. 219, 221
Bundy, Ted 114, 132, 152, 192, 196, 203, 245, 263, 341, 343, 384, 386, 392, 393
Burgess, dra. Ann 129, 378
Bush, dra. Katie 129
Butkovich, John, assassinato de 341, 342

C

Calabro, Carmine 230, 231, 232
Carter, Jimmy 66
Carter, Rosalynn 336
Casper, Joe ("Fantasminha") 58, 59
Cavanaugh, dr. James 235
Cavanaugh, dr. James L. Jr. 129
cegueira de vinculação 212
cena de crime 28, 189, 190, 191, 196, 226, 242, 274
  fabricação de 189, 196, 270
  rapto vs. assassinato 170
  retorno à 121
cenas de rapto 170
Centro Nacional para a Análise de Crimes Violentos (NCAVC) 66, 314, 317, 318, 319, 324, 325
Chapman, Mark 76
Chase, Richard Trenton 30, 31, 33, 34, 35, 36, 37, 38, 39, 40, 41, 42, 43, 45, 46, 132, 194, 229, 245, 383, 391
Clark, Mary Higgins 311, 384
Cochran, dr. John 297, 299, 304
Conway, John 14, 41, 42, 46, 73, 74, 91, 102
Corona 74, 76
corpos, ocultação de 199
crimes com conotação sexual 22, 23, 140, 145
criminosos organizados vs. desorganizados 23, 24, 46, 76, 189
Cronin, Tom 236, 237
Crutchley, John 197, 241, 242, 243, 244, 245, 247

D

Dahmer, Jeffrey 388, 389, 390, 391, 392, 393
D'Amico, tenente Joseph 231
Damio, Ward 356
DeCoursey, dr. Peter 299
Degnan, Suzanne, assassinato de 51, 52, 86
detector de mentiras e psicopatas 174, 223, 225, 241, 272
disfunção sexual e assassinos 143
distúrbio situacional transitório 293
divórcio e infância de criminosos 133, 134
Dobson, dr. James 117
doença mental 23, 24, 29, 35, 36, 130, 189, 203, 213, 216, 229, 293, 379, 387
  esquizofrenia 24, 25, 74, 209, 211
  testes de polígrafo e 174, 223, 225, 272
  transtorno de estresse pós-traumático (TEPT) 293, 294, 388
Domaille, John 263, 265, 267
Douglas, John 78, 91, 262, 265
Dragão Vermelho (Harris) 383
drogas e assassinos em série 35
Dunbar, Pete 222
Dunbar, Susan, rapto e assassinato de 222, 224, 225
Dunn, John 248, 249, 250, 251, 252

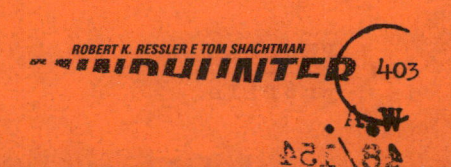

E

Eberle, Danny Joe, assassinato de 159, 160, 161, 162, 163, 164, 166, 167, 169, 170, 171, 172, 174, 180, 182, 184
Elveson, Francine, assassinato de 228, 229, 231
entrevistas com criminosos violentos, técnicas de 94, 95, 96, 97, 98, 99
escolas e assassinos 140, 141
escritores, representações de elaboradores de perfis por 311, 381, 383, 384, 385, 386
esquizofrenia 24, 25, 74, 209, 211
esquizofrenia paranoide 24, 25, 74, 209, 211
esquizofrênico 25, 209, 211, 232
   introvertidos 25
   mães de 34, 132
Estrangulador de Boston 221
Estrangulador de Hillside 196, 323
estresse 94, 96, 97, 98, 132, 151, 152, 153, 155, 166, 180, 184, 200, 203, 229, 270, 279, 293, 294, 299, 302, 304, 353, 387
   pós-traumático 293
   pré-crime 153, 154, 166, 180, 191, 203, 229, 270
Estripador de Yorkshire 263, 267
estupro. *Ver* atos sexuais com vítimas
Evans, Donald Leroy 328
Evans, Johnny 160, 161, 169, 170, 173, 177
evidências criminais 219

F

fabricação de cena de crime 257, 274
fantasia 51, 53, 63, 64, 99, 108, 123, 124, 145, 146, 147, 149, 151, 152, 179, 180, 184, 185, 191, 199, 235, 286, 288, 291, 311, 358, 365, 366, 386
   homicídio de conotação sexual e 145, 147, 149, 150, 151, 152, 153
Felt, Mark 75
Ferriera, Michael 27, 28, 41
fetiche, roubos por 29, 34, 39, 52, 85
ficcção, representação de elaboradores de perfis na 311, 381, 383, 384, 385, 386
Fisher, Joe 385
Fitzjohn, Debbora, assassinato de 243, 245
flexibilidade e adaptabilidade 193
Foley, Thomas 228, 229, 230, 231
Ford, Gerald, tentativa de assassinato de 78, 111
Frazier, John Linley 74, 76, 350
Fromme, Lynette "Squeaky" 78, 79, 109, 111

G

Gacy, John Wayne 133, 192, 196, 199, 203, 204, 333, 334, 336, 337, 338, 339, 341, 342, 343, 344, 345, 346, 347, 348, 349, 366
Gall, Jack 272
Gary, Carlton 262
Gein, Ed 384
Glattman, Harvey Murray 309, 310, 311, 312, 314, 384
Good, Sandra 78, 109, 111
Gortmaker, Gary 292
Gosch, Jimmy, rapto e assassinato de 159, 160, 169, 318
Graszer, Frank 54
Greene, Ricky 386
Griffin, Ambrose, assassinato de 33, 38, 41

H

Hallett, Sandra, assassinato de 363
Hance, William H. 261, 262
Handley, Jack 345
Hanna, Hugh 294, 296, 303
Harris, Tom 383, 384, 386
Heck, Robert O. 325
Heirens, William 52, 53, 85, 86, 87, 100, 154, 371
Henderson, Jim 322
Hinckley, John 76, 233, 234, 235
Hoekstra, Ray 105
Hoover, J. Edgar 58, 60, 79, 81, 371
Hopper, Grace 73, 78, 83

I

infância 29, 72, 85, 86, 94, 98, 107, 119, 123, 129, 130, 132, 133, 134, 140, 143, 144, 145, 146, 151, 179, 202, 209, 244, 289, 298, 346, 349, 351, 353, 354, 365, 375, 387, 388
   de criminosos organizados vs. desorganizados 200
Ingrahm, Randy 294, 296, 299, 301, 302, 303
introvertidos 25, 138
isolamento durante a infância e assassinos 137, 138, 140

J

Jack, o Estripador (Estripador de Yorkshire) 122, 263
Jackson, Gail, assassinato de 258, 259, 260
Jenkins, Philip 324
Jensen, Steven H. 299
Jones, Jim 322
Joseph, Ken 57, 60, 79, 80, 83, 177, 371, 372
Joubert, John 133, 151, 152, 177, 178, 179, 180, 181, 182, 183, 184, 185, 191, 193, 248, 249

K

Kelley, Clarence 81, 83
Kemper, Edmund Emil 74, 89, 91, 92, 93, 94, 104, 138, 147, 149, 150, 151, 153, 189, 193, 203, 204, 212, 298, 301, 333, 334, 350, 351, 353, 354, 355, 356, 357, 358, 359, 360, 361, 363, 364, 365, 366, 383, 392, 393
Kennedy, Robert F., assassinato de 74, 75, 76
Keppel, Robert 116
kit de estupro 194, 206, 227, 229
Kozenczak, Joe 335, 336, 337, 338, 339, 345
Kretchmer, dr. Ernest 25

L

Lanning, Ken 183, 389
Leeds, Patricia 369, 372
Levin, dr. Jack 334
Levine, dr. Lowell 183, 230
limites aceitáveis de comportamento 154
Low, Duane 27
Lucas, Henry Lee 319, 321, 328, 385
Lust Killer (Rule) 384

M

mãe, papel no desenvolvimento dos criminosos 34, 130
Manson, Charles 69, 70, 74, 76, 77, 78, 79, 80, 96, 99, 100, 101, 102, 103, 104, 105, 106, 107, 108, 109, 111, 204, 242, 333
mapeamento cognitivo 150
Marquette, Richard Lawrence 140, 152, 298, 301
McCoy, Kilburn 283, 292
McDermott, John ("Rabanete") 81, 83, 84
McGreevy, Tom 259, 260, 261
McKenzie, James 83, 233, 312, 313
McMillen, Sarah 292, 299, 301, 302
Meirhofer, David 222, 223, 224, 225
Meredith, Daniel J., assassinato de 27, 28, 31
Metesky, George 221
Mihaljevic, Amy, assassinato de 247, 251, 252
Milk, Harvey, assassinato de 41
Minderman, John 69, 72, 78
Miron, dr. Murray 259, 270, 378
Miroth, Evelyn e Jason, assassinato de 27, 28, 31, 41
Modlin, dr. Herbert C. 181
Monroe, Larry 78, 79, 80
Moore, Doug 316
Moore, Sara Jane 78, 232
mordidas, assassinato de conotação sexual 167, 184
Mosconi, Francisco George, assassinato de 41
Mullany, Pat 61, 219, 222, 223, 224, 312, 369, 378
Mullin, Herbert 74, 76, 209, 210, 211, 212, 213, 215, 216, 350, 360
múltiplas personalidades 345, 379
Murman, George. *Ver* Heirens, William

N

NCAVC *Ver* Centro Nacional para a Análise de Crimes Violentos
necrofilia regressiva 377
negociação em situação com refém 65, 66, 67, 69, 92, 379

O

O silêncio dos inocentes (Harris) 384, 385, 386
O'Connell, Joe (\ 59
Oldfield, George 263, 264, 265, 267
organizados vs. desorganizados
  criminosos 24, 45, 76
  personalidades 200, 202
Otto, John 371

P

pai. *Ver* mãe, papel no desenvolvimento de criminosos
perfis psicológicos 219
perfis psicológicos, técnicas de elaboração de 21, 23, 33, 65, 212, 221, 225, 227, 231
personalidade desviante, fórmula para a produção de 143
personalidades 77, 85, 95, 99, 109, 111, 143, 189, 200, 345, 379, 384
pichações e vandalismo 275, 277, 278, 279

Piest, Robert, assassinato de 335, 336, 337, 339, 345
polígrafos, psicopatas 174, 223, 225, 272
pós-traumático 293, 387
Powell, Jody 66, 67
pré-crime 153, 166, 180, 191, 203, 229, 270
Prêmio Jefferson 94
Prisk, coronel Courtney 303
Programa de Apreensão de Criminosos Violentos (VICAP) 66, 161, 169, 183, 315, 316, 317, 318, 319, 323, 324, 325, 327, 328, 329, 331, 333, 384
psicopatas 223, 272
    esquizofrênicos 24
    polígrafos e 225, 272
    transtorno de estresse pós-traumático (TEPT) 293, 388
psiquiatras, conexão do FBI com 372, 373

R

raiva reprimida 200
Ramirez, Richard *Ver* Perseguidor Noturno
Ratner, dr. Richard 376, 378
reabilitação de criminosos, prognóstico de 143, 144
Reagan, Ronald
    tentativa de assassinato de 146, 232, 234, 235, 380
Renier, Noreen 380
Rissell, Monte Ralph 134, 135, 141, 152, 190, 191, 193, 194, 197, 373, 374, 375, 376
Rivera, Geraldo 333
Roscetti, Lori, assassinato de 235, 236, 237, 238, 239
Ross, Dan 181, 183
Ross, Diane, tentativa de assassinato de 285, 286, 287, 288
roubos por fetiche 29, 34, 39, 52, 85
Rule, Ann 384

S

Sadat, Anwar 380
Salerno, Frank 323
Samples, Duane 283, 285, 286, 287, 288, 289, 290, 291, 292, 293, 294, 295, 296, 297, 298, 299, 301, 302, 303, 304, 305
Schaefer, Gerard John 204, 206, 207, 208, 271
Schlossberg, Harvey 64
Shawcross, Arthur J. 387, 388
Sheldon, dr. William 25
Sheppard, dr. Sam 248
Simon, dr. Robert 378
Simpósio Internacional de Homicídios 331
síndrome de Estocolmo 68, 92
síndrome de estresse pós-Vietnã 293, 294, 299, 302, 387
Sirhan, Sirhan 69, 74, 75, 76, 77, 80, 104, 232
Sistema Uniformizado de Informes sobre Crimes 328
Sizemore, Chris 379
Smith, Bob 303
Smith, Cameron 356
Snyder, Tom 99, 100
soro da verdade e psicopatas 223
Speck, Richard 70, 112, 113, 114, 348
Steffens, Fran, assassinato de 285, 286, 289, 293
Steinbach, George 269
Stetson, Ricky, assassinato de 182, 183
Strandberg, Clarnell 138
Strunack (assassino de Amy Mihaljevic) 250, 251, 252
surto homicida 112
Sutcliffe, Peter *Ver* Estripador de Yorkshire
suvenires 53, 73, 86, 199, 310, 392
SWAT, equipes da 65, 66

T

Tempo para morrer (Wambaugh) 311
teorias de tipos físicos 25
Teten, Howard 61, 115, 219, 222, 223, 312, 369, 378
Thirkield, Irene, assassinato de 261
Thomas, xerife Pat 161
Toole, Ottis 319
transtorno de estresse pós-traumático (TEPT) 293
troféus 196, 199, 207, 208, 242, 245, 345
Truman, Garry 274

V

Van Dyke, Chris 292, 299, 303, 305
vândalos, características de 277
Vanick, Howard 335
videntes, trabalho do FBI com 380, 381
Vine, Debra Sue, assassinato de 268, 269, 273, 274
violência e sexualidade exacerbada 221, 354
vítimas, escolha de 213
vitimologia 260
Vorpagel, Russ 19, 22, 28, 33

W

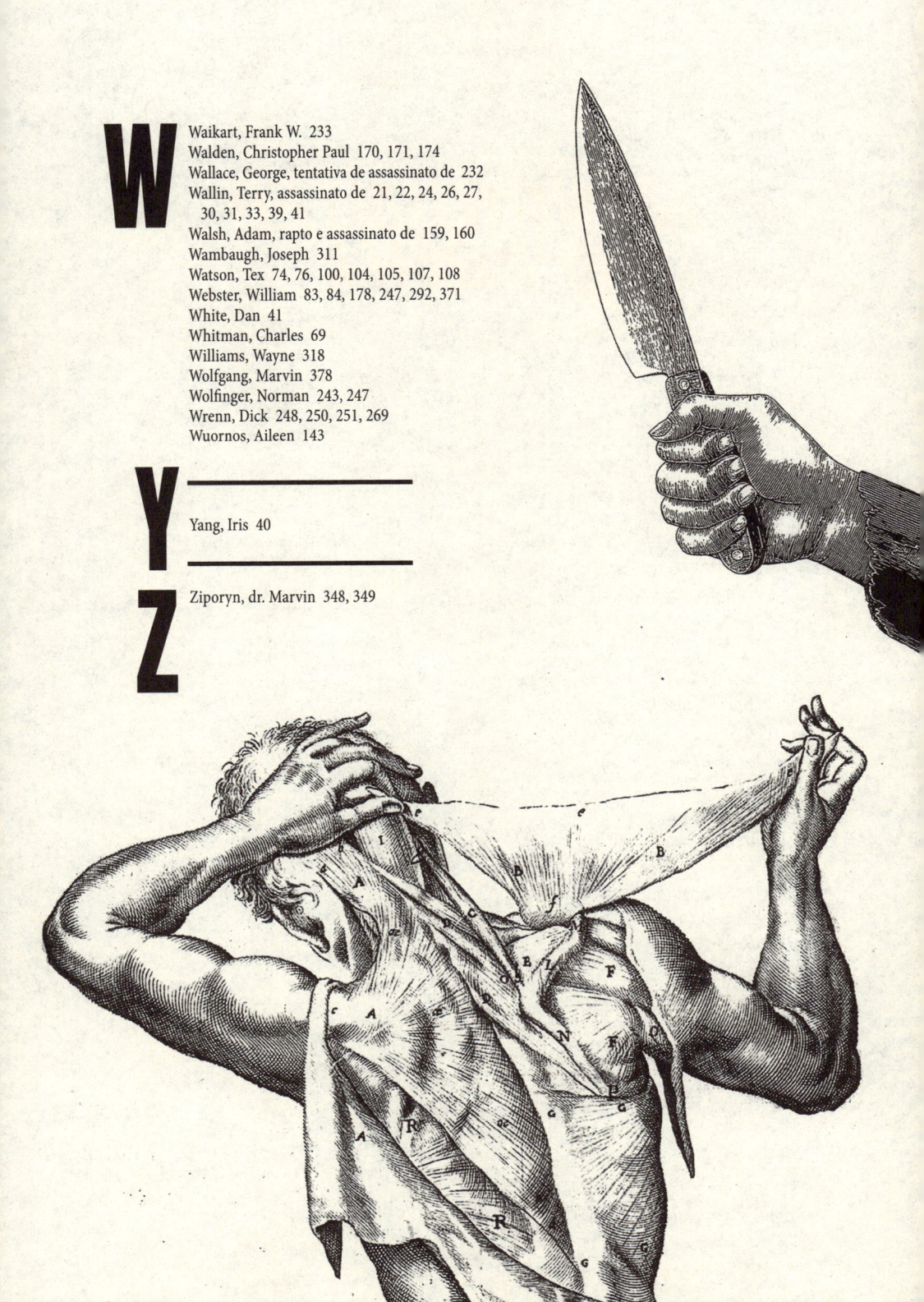

Waikart, Frank W. 233
Walden, Christopher Paul 170, 171, 174
Wallace, George, tentativa de assassinato de 232
Wallin, Terry, assassinato de 21, 22, 24, 26, 27, 30, 31, 33, 39, 41
Walsh, Adam, rapto e assassinato de 159, 160
Wambaugh, Joseph 311
Watson, Tex 74, 76, 100, 104, 105, 107, 108
Webster, William 83, 84, 178, 247, 292, 371
White, Dan 41
Whitman, Charles 69
Williams, Wayne 318
Wolfgang, Marvin 378
Wolfinger, Norman 243, 247
Wrenn, Dick 248, 250, 251, 269
Wuornos, Aileen 143

Y

Yang, Iris 40

Z

Ziporyn, dr. Marvin 348, 349

ROBERT K. RESSLER E TOM SHACHTMAN
MINDHUNTER SERIAL KILLERS PROFILE
REFERÊNCIA DAS CITAÇÕES

- **381.** **Backderf, Derf.** *Meu Amigo Dahmer* (DarkSide Books). Tradução: Érico Assis.
- **093.** **Bataille, Georges.** *La Littérature et le Mal* (Gallimard). Tradução do editor.
- **088.** **Beckett, Samuel.** *Malone Morre* (Globo). Tradução: Ana Helena Souza.
- **175.** **Benjamin, Walter.** "Escavar e recordar" em *Imagens de Pensamento. Sobre o Haxixe e Outras Drogas* (Autêntica). Tradução: João Barrento.
- **236.** **Bíblia** Versão Almeida revista e atualizada.
- **295.** **Blake, William.** *Marriage of Heaven and Hell*. Tradução do editor.
- **330.** **Bolaño, Roberto.** *2666* (Companhia das Letras). Tradução: Eduardo Brandão.
- **098.** **Brecht, Bertolt.** "Galileu" em *Teatro Completo de Bertolt Brecht v. 6* (Paz e Terra). Tradução: Roberto Schwarz.
- **282.** **Brontë, Emily.** *O Morro dos Ventos Uivantes* (DarkSide Books). Tradução: Marcia Heloisa.
- **285.** **Camus, Albert.** *L'Étranger* (Gallimard). Tradução do editor.
- **186.** **Dostoiévski, Fiódor.** *Os Demônios* (34). Tradução: Paulo Bezerra.
- **263.** **Doyle, Sir Arthur Conan.** "Scandal in Bohemia" em *The Adventures of Sherlock Holmes*. Tradução do editor.
- **218.** **Doyle, Sir Arthur Conan.** *The Sign of the Four*. Tradução do editor.
- **338.** **Fowles, John.** *O Colecionador* (DarkSide Books). Tradução: Antonio Tibau.
- **031.** **Freud, Sigmund.** *O Mal-Estar na Civilização* (Companhia das Letras). Tradução: Paulo César de Souza.
- **368.** **Gaiman, Neil.** *Sandman 14* (DC Comics). Tradução do editor.
- **055.** **Genet, Jean.** *Diário de um Ladrão* (Nova Fronteira). Tradução: Jacqueline Laurence e Roberto Lacerda.
- **227.** **Ginzburg, Carlo.** "Sinais de um paradigma indiciário" em *Mitos, Emblemas, Sinais: Morfologia e História* (Companhia das Letras). Tradução: Federico Carotti.
- **141.** **Goya, Francisco de.** *Manuscrito del Prado*. Tradução do editor.
- **052.** **Hammett, Dashiell.** *O Falcão Maltês* (Brasiliense). Tradução: Candida Villalva.
- **287.** **Harris, Thomas.** *The Silence of the Lambs* (St. Martin's Press). Tradução do editor.

350.	**Kafka, Franz.** "Na colônia penal" em *Essencial* (Companhia das Letras). Tradução: Modesto Carone.
296.	**Mann, Thomas.** *A Montanha Mágica* (Nova Fronteira). Tradução: Herbert Caro.
103.	**Mann, Thomas.** *Doutor Fausto* (Companhia das Letras). Tradução: Herbert Caro.
026.	**McCarthy, Cormac.** *A Estrada* (Alfaguara). Tradução: Adriana Lisboa.
070.	**Miller, Henry.** *O Mundo do Sexo* (José Olympio). Tradução: Roberto Cavalcanti de Albuquerque.
202, 209 E 254.	**Nietzsche, Friedrich.** *Aurora* (Companhia das Letras). Tradução: Paulo César de Souza.
017.	**Nietzsche, Friedrich.** *Para Além do Bem e do Mal* (Companhia das Letras). Tradução: Paulo César de Souza.
377.	**Poe, Edgar Allan.** "A verdade sobre o caso do sr. Valdemar" em *Edgar Allan Poe v.2* (DarkSide Books). Tradução: Marcia Heloisa.
268.	**Rice, Anne.** *The Vampire Lestat* (Knopf). Tradução do editor.
306.	**Shakespeare, William.** *Julius Caesar*. Tradução do editor.
259.	**Shakespeare, William.** *The Tempest*. Tradução do editor.
316.	**Shelley, Mary.** *Frankenstein* (DarkSide Books). Tradução: Márcia Xavier de Brito.
048 E 137.	**Stevenson, Robert L.** *O Médico e o Monstro e Outros Experimentos* (DarkSide Books). Tradução: Paulo Ravieri.
018 E 195.	**Stoker, Bram.** *Drácula* (DarkSide Books). Tradução: Marcia Heloisa.
126.	**Svevo, Italo.** *A Consciência de Zeno* (Nova Fronteira). Tradução: Ivo Barroso.
156.	**Todorov, Tzvetan.** *Goya à Sombra das Luzes* (Companhia das Letras). Tradução: Joana Angélica D'Avila Melo.
241.	**Voltaire.** *L'Ingénu*. Tradução do editor.

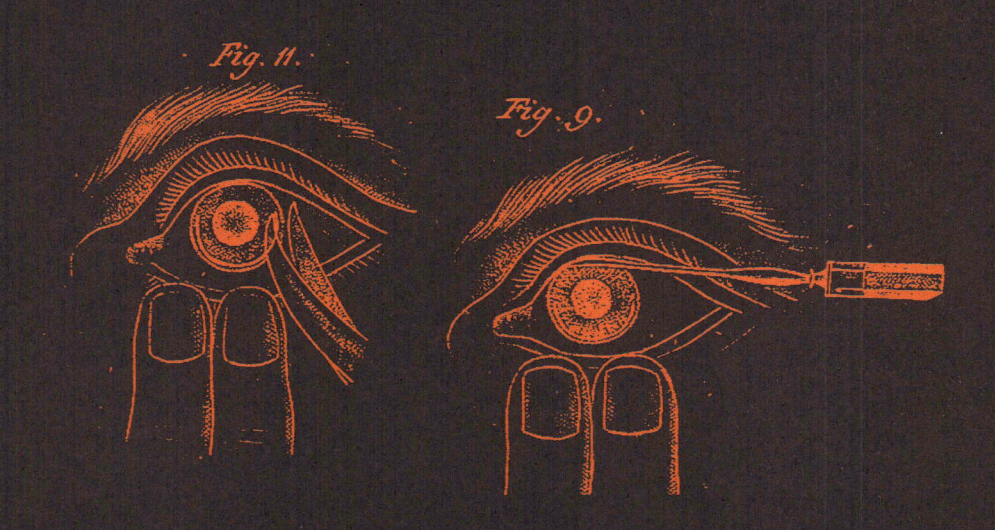

Fig. 11.

Fig. 9.

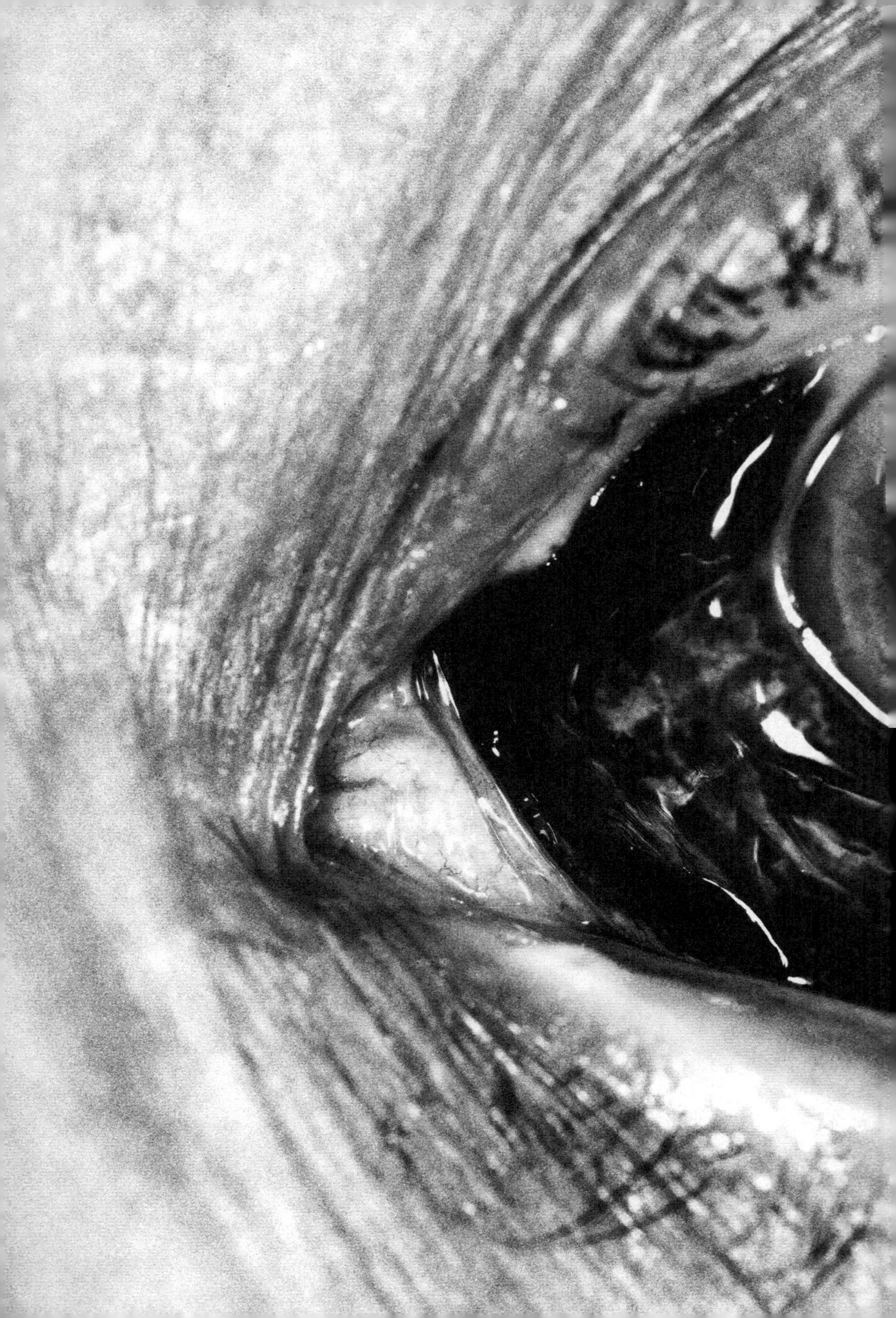

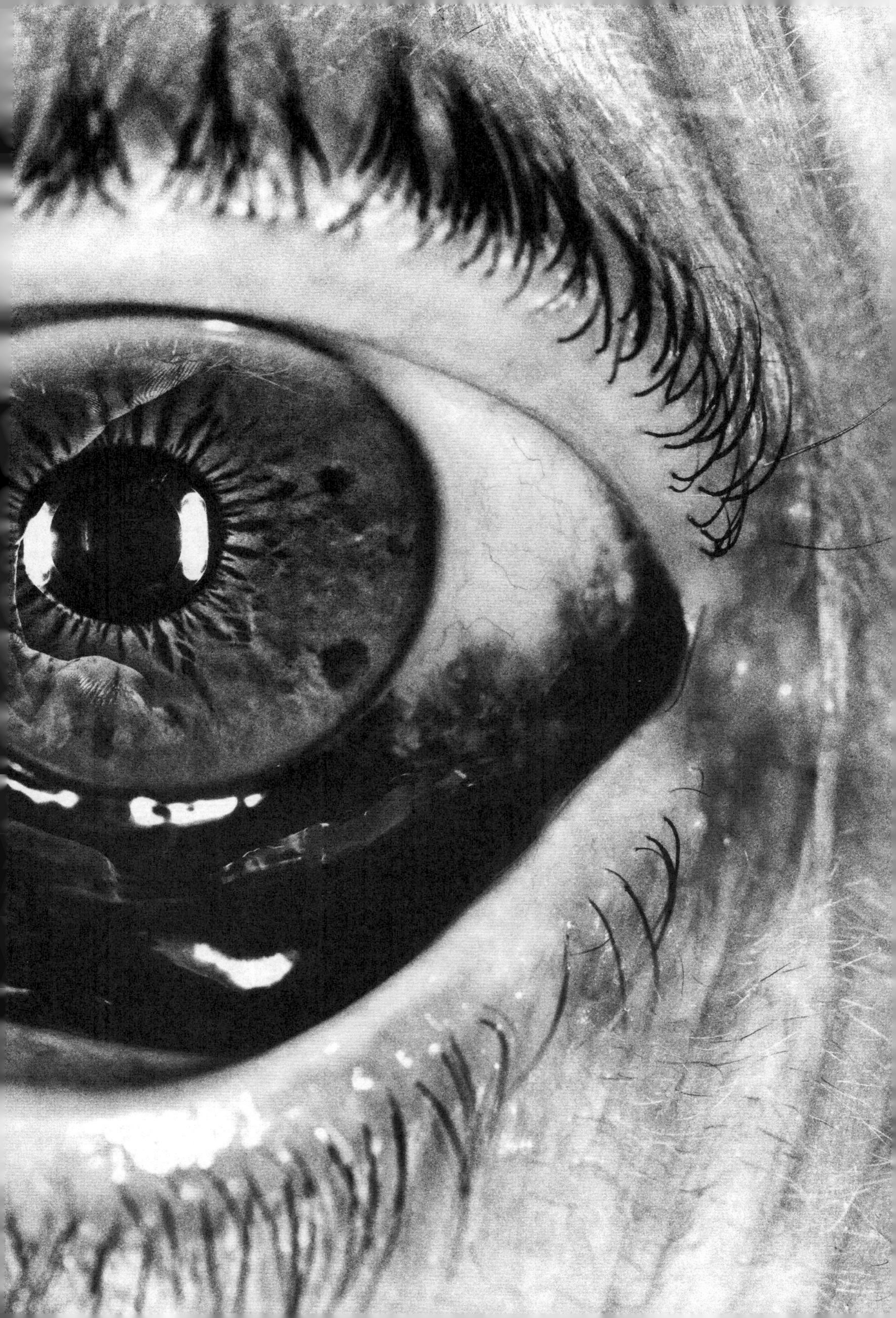

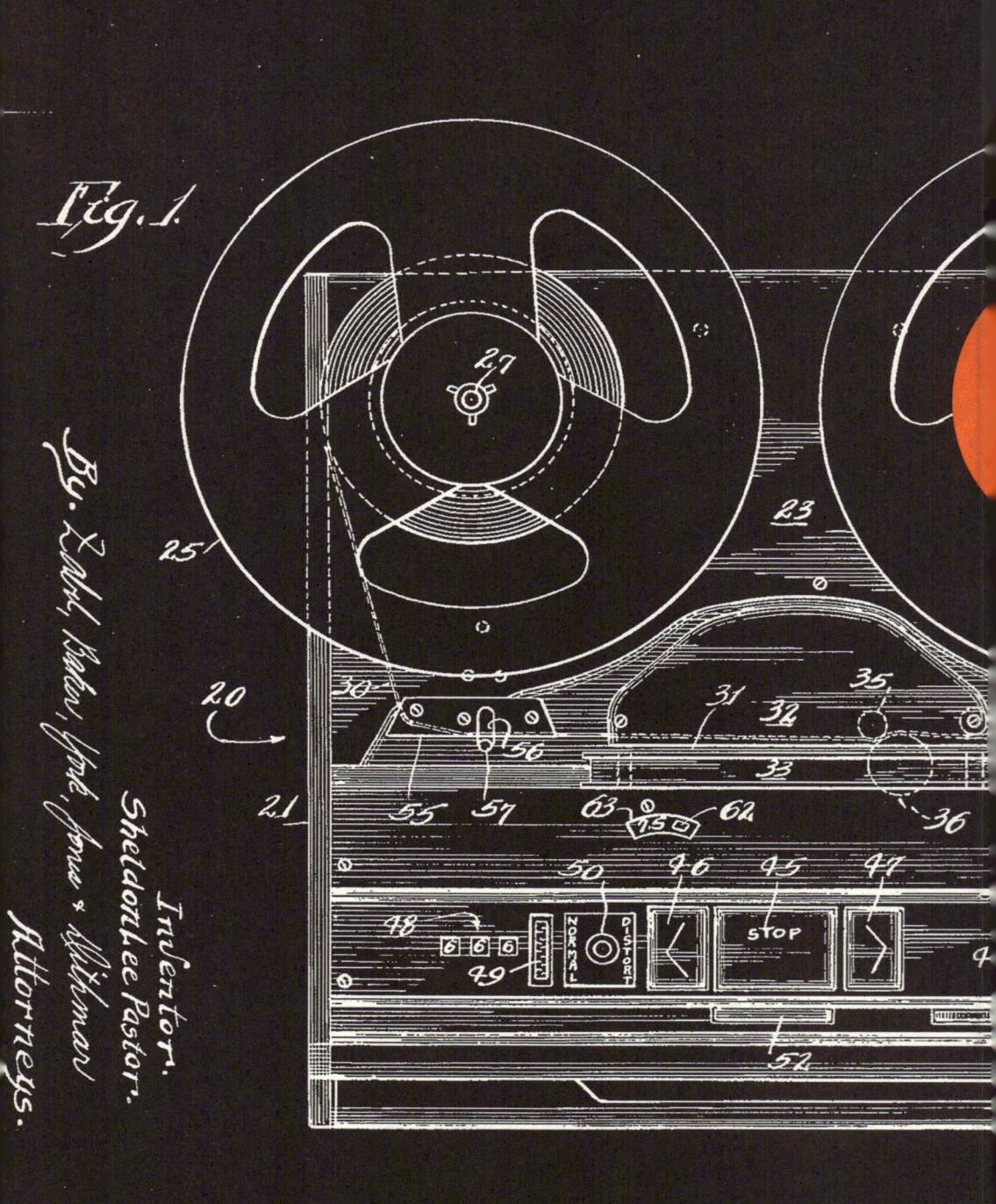

Fig. 1

Inventor.
Sheldon Lee Pastor.
By Dahl, Baker, Funk, Jones & Wishman
Attorneys.

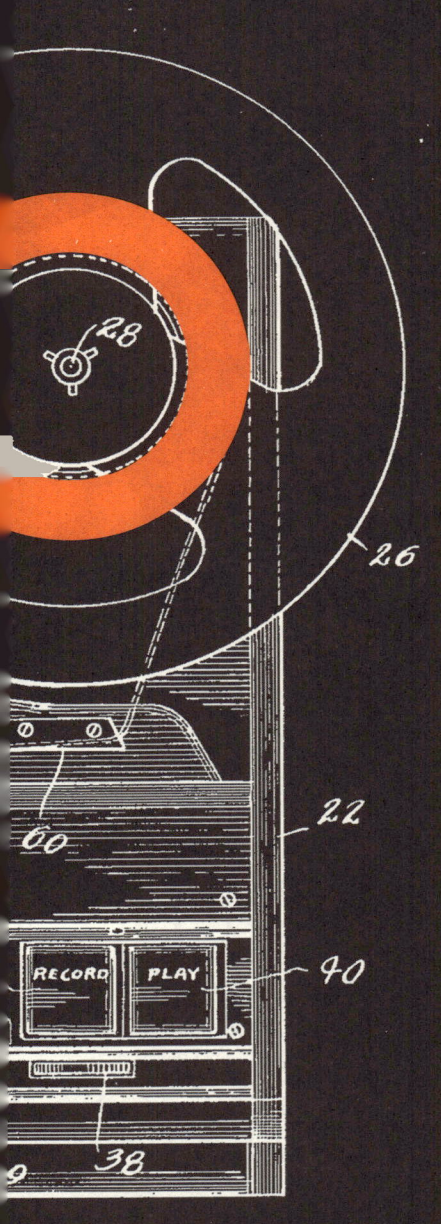

ROBERT KENNETH RESSLER foi criminólogo e escritor. Serviu por 10 anos no exército dos EUA e entrou para o FBI, onde trabalhou por duas décadas. Seu trabalho foi determinante para a criação de perfis psicológicos de assassinos violentos na década de 1970, além de ser considerado o criador do termo "serial killer". Foi também consultor de Thomas Harris durante a redação de *O Silêncio dos Inocentes*. O personagem Bill Tench, interpretado na série de TV *Mindhunter* por Holt McCallany, é baseado nele, assim como o detetive Kessler do romance *2666* de Roberto Bolaño. Ressler morreu em 2013 em decorrência do Mal de Parkinson.

TOM SHACHTMAN é cineasta e prolífico autor de mais de trinta livros, entre infantis e de não ficção, sobre os mais diversos temas. Além de *Mindhunter Profile: Serial Killers*, coescreveu outras duas obras com Robert K. Ressler. Vive em Connecticut. Saiba mais em **tomshachtman.com**

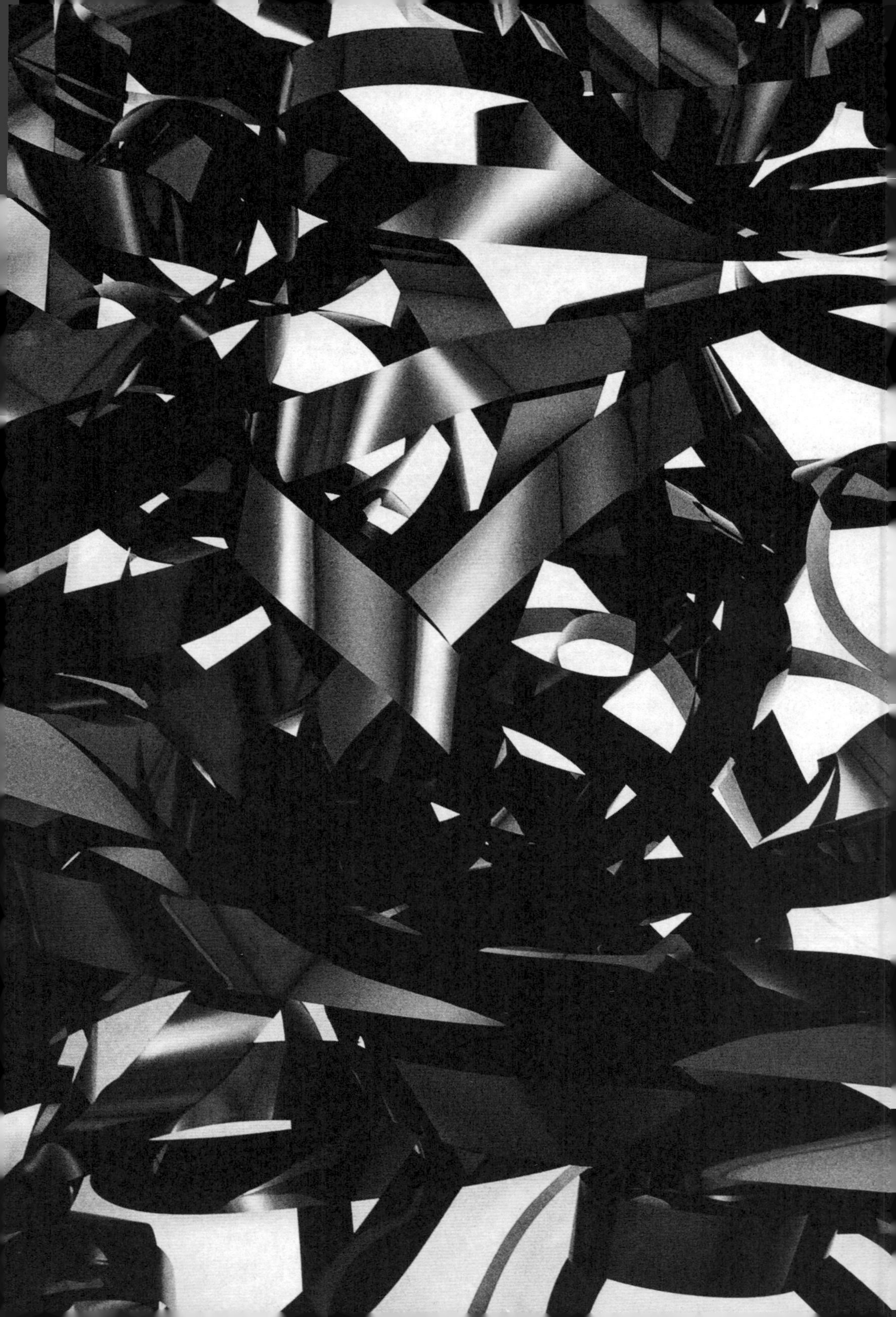

ROBERT K. RESSLER E TOM SHACHTMAN

MINDHUNTER
SERIAL KILLERS PROFILE

Your head will collapse//But there's
nothing in it//And you'll ask yourself//
Where is my mind?--------PIXIES

CRIME SCENE
DARKSIDE

DARKSIDEBOOKS.COM

Cou..

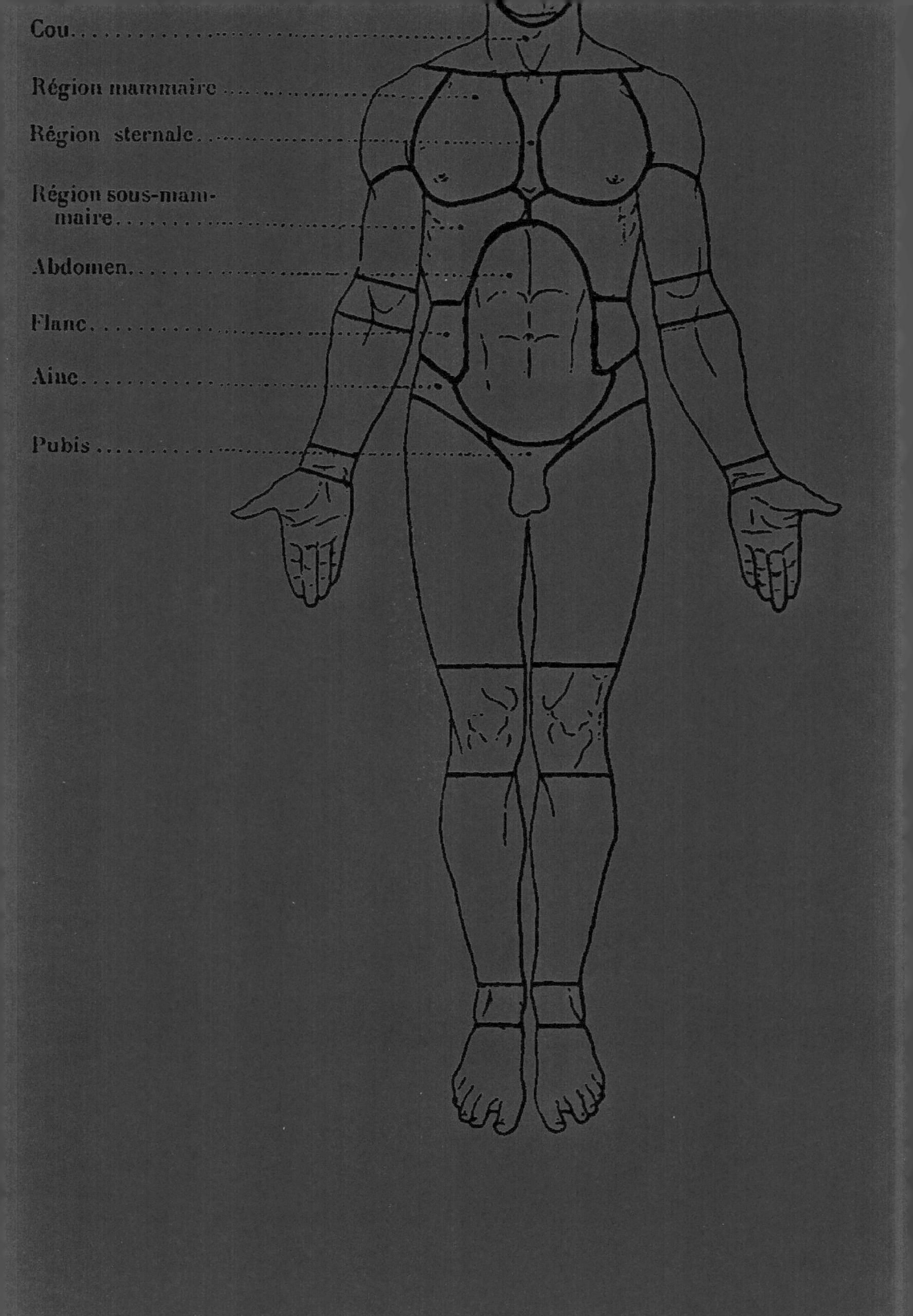

Région mammaire ....

Région sternale..............................

Région sous-mam-
 maire.......................................

Abdomen.....................................

Flanc..

Aine...

Pubis..